经以险也

建设尚未

贺教方印

科技向项目

心里主张

李宝林
辛卯春八

教育部哲学社会科学研究重大课题攻关项目

税收对国民收入 分配调控作用研究

THE IMPACT OF TAX SYSTEM ON INCOMES DISTRIBUTION IN CHINA

郭庆旺 等著

经济科学出版社
Economic Science Press

图书在版编目（CIP）数据

税收对国民收入分配调控作用研究/郭庆旺，吕冰洋，岳希明著.
—北京：经济科学出版社，2014.2
（教育部哲学社会科学研究重大课题攻关项目）
ISBN 978 - 7 - 5141 - 4121 - 4

Ⅰ.①税…　Ⅱ.①郭…②吕…③岳…　Ⅲ.①税收调节 - 关系 - 国民
收入分配 - 研究 - 中国　Ⅳ.①F812.423②F124.7

中国版本图书馆 CIP 数据核字（2013）第 300680 号

责任编辑：白留杰　凌　敏
责任校对：杨晓莹
责任印制：邱　天

税收对国民收入分配调控作用研究
郭庆旺　吕冰洋　岳希明　著
经济科学出版社出版、发行　新华书店经销
社址：北京市海淀区阜成路甲 28 号　邮编：100142
总编部电话：010 - 88191217　发行部电话：010 - 88191522
网址：www.esp.com.cn
电子邮件：esp@ esp.com.cn
天猫网店：经济科学出版社旗舰店
网址：http://jjkxcbs.tmall.com
北京季蜂印刷有限公司印装
787 × 1092　16 开　27 印张　510000 字
2014 年 5 月第 1 版　2014 年 5 月第 1 次印刷
ISBN 978 - 7 - 5141 - 4121 - 4　定价：68.00 元
（图书出现印装问题，本社负责调换。电话：010 - 88191502）
（版权所有　翻印必究）

课题组主要成员

（按姓氏笔画为序）

郭庆旺　吕冰洋　岳希明

编审委员会成员

总　序

哲学社会科学是人们认识世界、改造世界的重要工具，是推动历史发展和社会进步的重要力量。哲学社会科学的研究能力和成果，是综合国力的重要组成部分，哲学社会科学的发展水平，体现着一个国家和民族的思维能力、精神状态和文明素质。一个民族要屹立于世界民族之林，不能没有哲学社会科学的熏陶和滋养；一个国家要在国际综合国力竞争中赢得优势，不能没有包括哲学社会科学在内的"软实力"的强大和支撑。

近年来，党和国家高度重视哲学社会科学的繁荣发展。江泽民同志多次强调哲学社会科学在建设中国特色社会主义事业中的重要作用，提出哲学社会科学与自然科学"四个同样重要"、"五个高度重视"、"两个不可替代"等重要思想论断。党的十六大以来，以胡锦涛同志为总书记的党中央始终坚持把哲学社会科学放在十分重要的战略位置，就繁荣发展哲学社会科学作出了一系列重大部署，采取了一系列重大举措。2004 年，中共中央下发《关于进一步繁荣发展哲学社会科学的意见》，明确了新世纪繁荣发展哲学社会科学的指导方针、总体目标和主要任务。党的十七大报告明确指出："繁荣发展哲学社会科学，推进学科体系、学术观点、科研方法创新，鼓励哲学社会科学界为党和人民事业发挥思想库作用，推动我国哲学社会科学优秀成果和优秀人才走向世界。"这是党中央在新的历史时期、新的历史阶段为全面建设小康社会，加快推进社会主义现代化建设，实现中华民族伟大复兴提出的重大战略目标和任务，为进一步繁荣发展哲学社会科学指明了方向，提供了根本保证和强大动力。

　　高校是我国哲学社会科学事业的主力军。改革开放以来，在党中央的坚强领导下，高校哲学社会科学抓住前所未有的发展机遇，紧紧围绕党和国家工作大局，坚持正确的政治方向，贯彻"双百"方针，以发展为主题，以改革为动力，以理论创新为主导，以方法创新为突破口，发扬理论联系实际学风，弘扬求真务实精神，立足创新、提高质量，高校哲学社会科学事业实现了跨越式发展，呈现空前繁荣的发展局面。广大高校哲学社会科学工作者以饱满的热情积极参与马克思主义理论研究和建设工程，大力推进具有中国特色、中国风格、中国气派的哲学社会科学学科体系和教材体系建设，为推进马克思主义中国化，推动理论创新，服务党和国家的政策决策，为弘扬优秀传统文化，培育民族精神，为培养社会主义合格建设者和可靠接班人，作出了不可磨灭的重要贡献。

　　自 2003 年始，教育部正式启动了哲学社会科学研究重大课题攻关项目计划。这是教育部促进高校哲学社会科学繁荣发展的一项重大举措，也是教育部实施"高校哲学社会科学繁荣计划"的一项重要内容。重大攻关项目采取招投标的组织方式，按照"公平竞争，择优立项，严格管理，铸造精品"的要求进行，每年评审立项约 40 个项目，每个项目资助 30 万 ~ 80 万元。项目研究实行首席专家负责制，鼓励跨学科、跨学校、跨地区的联合研究，鼓励吸收国内外专家共同参加课题组研究工作。几年来，重大攻关项目以解决国家经济建设和社会发展过程中具有前瞻性、战略性、全局性的重大理论和实际问题为主攻方向，以提升为党和政府咨询决策服务能力和推动哲学社会科学发展为战略目标，集合高校优秀研究团队和顶尖人才，团结协作，联合攻关，产出了一批标志性研究成果，壮大了科研人才队伍，有效提升了高校哲学社会科学整体实力。国务委员刘延东同志为此作出重要批示，指出重大攻关项目有效调动了各方面的积极性，产生了一批重要成果，影响广泛，成效显著；要总结经验，再接再厉，紧密服务国家需求，更好地优化资源，突出重点，多出精品，多出人才，为经济社会发展作出新的贡献。这个重要批示，既充分肯定了重大攻关项目取得的优异成绩，又对重大攻关项目提出了明确的指导意见和殷切希望。

　　作为教育部社科研究项目的重中之重，我们始终秉持以管理创新服务学术创新的理念，坚持科学管理、民主管理、依法管理，切实增强服务意识，不断创新管理模式，健全管理制度，加强对重大攻关项目的选题遴选、评审立项、组织开题、中期检查到最终成果鉴定的全过程管理，逐渐探索并形成一套成熟的、符合学术研究规律的管理办法，努力将重大攻关项目打造成学术精品工程。我们将项目最终成果汇编成"教育部哲学社会科学研究重大课题攻关项目成果文库"统一组织出版。经济科学出版社倾全社之力，精心组织编辑力量，努力铸造出版精品。国学大师季羡林先生欣然题词："经时济世　继往开来——贺教育部重大攻关项目成果出版"；欧阳中石先生题写了"教育部哲学社会科学研究重大课题攻关项目"的书名，充分体现了他们对繁荣发展高校哲学社会科学的深切勉励和由衷期望。

　　创新是哲学社会科学研究的灵魂，是推动高校哲学社会科学研究不断深化的不竭动力。我们正处在一个伟大的时代，建设有中国特色的哲学社会科学是历史的呼唤，时代的强音，是推进中国特色社会主义事业的迫切要求。我们要不断增强使命感和责任感，立足新实践，适应新要求，始终坚持以马克思主义为指导，深入贯彻落实科学发展观，以构建具有中国特色社会主义哲学社会科学为己任，振奋精神，开拓进取，以改革创新精神，大力推进高校哲学社会科学繁荣发展，为全面建设小康社会，构建社会主义和谐社会，促进社会主义文化大发展大繁荣贡献更大的力量。

教育部社会科学司

前　言

改革开放以来，我国 GDP 年均增长速度高达 9.9%，人均 GDP 从 1978 年的 190 美元迅速增加到 2012 年的 6 000 美元。然而，在国民收入"蛋糕"迅速做大的同时，国民收入分配出现了严重问题：从部门收入分配来看，企业和政府部门的分配份额过大；从要素收入分配来看，劳动要素收入的分配份额过低；从居民收入分配来看，个人间的收入分配差距过大。早在 2 500 年前孔子就曾说过："不患寡而患不均，不患贫而患不安。盖均无贫，和无寡，安无倾"。[①] 因此，胡锦涛同志在中国共产党第十七次全国代表大会上的报告中，明确提出了要"逐步提高居民收入在国民收入分配中的比重，提高劳动报酬在初次分配中的比重"，"逐步扭转收入分配差距扩大趋势"，并提出了一系列政策措施，其中就包括"强化税收调节"。

本书作为教育部人文社会科学重大课题攻关项目"税收对国民收入分配调控作用研究"的最终成果，比较深入地探讨了税收对要素收入分配和居民收入分配的调控作用。首先，在经过详细测算而形成完整的 1978～2008 年"资金流量表"的基础上，详尽分析了部门收入分配格局的演变及其成因，为以后各章的分析以及他人对相关问题的深入研究奠定了数据基础。其次，基于资金流量表、经济普查和住户调查数据，测算和分析了要素收入分配和居民收入分配状况，探讨了要素收入分配对居民收入分配的影响机理与途径。再次，基于一般均

[①] 出自《论语·季氏》。尽管史学界对"不患寡而患不均"的解读不尽相同（李振宏，2005），但我们还是借用孔子的这句话来表达人们对收入分配状况的担忧。

衡分析，研究了税收影响要素收入分配的作用机制，并利用平均有效税率方法，实证分析了主体税种对要素收入分配的影响。最后，基于住户调查数据，运用可计算一般均衡模型和微观模拟分析相结合的方法，实证分析了我国税收制度的整体累进性、间接税的收入分配效应、个人所得税的收入分配效应以及未来税制改革可能产生的收入分配效应。这些较为系统的理论分析与实证检验，有助于决策者找准税收调节国民收入分配的角度、切入点，匹配不同的税收措施，形成不同层次的、不同环节的、不同强度的完整的税收调控体系。

在本课题的研究过程中，得到了许多专家学者的指导和帮助。国家统计局许宪春先生、施法启先生和许亚婷女士对于我们能够准确地核算和分析部门收入分配格局，起到了关键性作用；可计算一般均衡模型的主要创建者西安大略大学的 John Whalley 教授，对于我们在可计算一般均衡模型的理解与应用上给予了很多指导。除此之外，北京师范大学李实教授、中山大学聂海峰副教授、中国人民大学财政金融学院岳树民教授、禹奎副教授、李时宇博士、郎涛博士、卢艺博士、徐静博士等在我们的研究过程中给予了许多帮助，在此向他们表示衷心感谢！

需要说明的是，本项研究成果是在近三年集中完成的，其中绝大部分内容曾以阶段性成果陆续发表在一些学术期刊上。我们将这些阶段性成果及其所发表的学术期刊列示出来，表示谢意：

1. 《论要素收入分配对居民收入分配的影响》，《中国社会科学》2012 年第 12 期。

2. 《中国税收高速增长的源泉：税收能力和税收努力框架下的解释》，《中国社会科学》2011 年第 2 期。

3. 《垄断行业高收入问题探讨》，《中国社会科学》2010 年第 3 期。

4. 《中国梯度发展模式下经济效率的增进：基于空间视角的分析》，《中国社会科学》2009 年第 6 期。

5. 《中国要素收入分配的测算》，《经济研究》2012 年第 11 期。

6. 《论税收对要素收入分配的影响》，《经济研究》2011 年第 6 期。

7. 《财政扩张与供需失衡：孰为因？孰为果？》，《经济研究》2011 年第 3 期。

8. 《财政分权、政府组织结构与地方政府支出规模》,《经济研究》2010 年第 11 期。

9. 《市场权力、财政支出结构与最优财政货币政策》,《经济研究》2010 年第 4 期。

10. 《公共教育政策、经济增长与人力资本溢价》,《经济研究》2009 年第 10 期。

11. 《政府间税收分权的配置选择和财政影响》,《经济研究》2009 年第 6 期。

12. 《财政规则、经济增长与政府债务规模》,《世界经济》2011 年第 1 期。

13. 《中央财政转移支付与地区经济增长》,《世界经济》2009 年第 12 期。

14. 《地方政府间策略互动行为、财政支出竞争与地区经济增长》,《管理世界》2009 年第 10 期。

15. 《有关税收公平收入分配的几个深层次问题》,《财贸经济》2012 年第 8 期。

16. 《免征额变动对个人所得税累进性的影响》,《财贸经济》2011 年第 2 期。

17. 《我国税收负担的走势与国民收入分配格局的变动》,《财贸经济》2009 年第 3 期。

18. 《我国个人所得税的居民收入分配效应》,《经济学动态》2012 年第 6 期。

19. 《中国税收负担的综合分析》,《财经问题研究》2010 年第 12 期。

20. 《我国税收制度与三类收入分配的关系分析》,《税务研究》2010 年第 3 期。

21. 《收益递增与中国工业经济资本积累》,《经济理论与经济管理》2009 年第 3 期。

22. 《中国生产率争论:方法的局限性和结论的不确定性》,《清华大学学报》(哲学社会科学版) 2010 年第 3 期。

23. 《间接税归宿对城乡居民收入分配影响研究》,《经济学季刊》2013 年第 1 期。

尽管本课题组成员竭尽全力，但因水平有限，呈现给各位读者的这份研究成果，仍有不尽如人意之处，敬请批评指正。

2013 年 10 月 11 日

摘　要

这项成果在通过住户调查和数据挖掘取得丰富可靠的收入分配核算数据的基础上，利用国民收入核算法、经济计量方法、可计算一般均衡方法、投入产出法、微观模拟法，系统分析了税收对国民收入分配的调控作用。首先，在经过详细测算而形成完整的 1978～2008 年"资金流量表"的基础上，详尽分析了部门收入分配格局的演变及其成因，为以后各章的分析以及他人对相关问题的深入研究奠定了数据基础。其次，基于资金流量表、经济普查和住户调查数据，测算和分析了要素收入分配和居民收入分配状况，探讨了要素收入分配对居民收入分配的影响机理与途径。再次，基于一般均衡分析，研究了税收影响要素收入分配的作用机制，并利用平均有效税率方法，实证分析了主体税种和三大税基对要素收入分配的影响。最后，基于住户调查数据，运用可计算一般均衡模型和微观模拟分析相结合的方法，实证分析了我国税收制度的整体累进性、间接税的收入分配效应、个人所得税的收入分配效应以及未来税制改革可能产生的收入分配效应。这些较为系统的理论分析与实证检验，有助于决策者准确定位税收调节国民收入分配的角度、切入点，匹配不同的税收措施，形成不同层次的、不同环节的、不同强度的完整的税收调控体系。

Abstract

This project focuses on the redistributive effects of taxation in China. The project contains four major analyses as follows.

Firstly, we compiled, for the first time, the flow of funds accounts (physical transaction: FFA) for the period of 1978 through 1991. The new data set, together with the FFA that is already available for the period from 1992 until now, are used to investigate the evolution of income distribution of national income and its causes.

Secondly, using data from FFA, the economic censuses, and household surveys, we explored the link between two types of income distribution: functional distribution and size distribution, with focus on how the former affects the latter.

Thirdly, using the computable general equilibrium (CGE) model, we investigated the mechanism of effects of taxation on the functional income distribution. Especially, the effects of major taxation in China on income distribution among factors of production are examined using the mean effective rate of taxation.

Finally, this study uses the household survey data to investigate the progressivity of the whole tax system in China, as well as the redistributive impact of the direct and indirect taxes. Some simulations of potential impacts of taxation reforms in the future are also provided. The new methodology of combining CGE and micro-simulation is used for these analyses.

The investigation of both theoretical and empirical evidences of this project will help policy makers in designing the taxation reforms that intend to improve on the functions of taxation in China.

目 录

Contents

Contents

1

3

第1章

导　论

收入分配是经济学的永恒主题，也是社会和政治争论中的"命门"（Boadway and Keen，2000）。自从亚当·斯密（1776）的《国富论》最早系统阐述收入分配理论、形成古典收入分配理论以来（Asimakopulos，1988），学术界就从未间断对收入分配问题的讨论。学术界在不同的历史时期站在不同的研究角度，选择不同的重点问题，运用不同的分析方法和工具，不断推进有关收入分配问题的研究。本书仅就中国当前的迫切需要，研究税收对国民收入的调控作用。

1.1　研究主题

从一个较长的时期来看，在国民收入总量一定的条件下，国民收入的分配状况如何，直接关系到经济发展的水平、社会稳定的状况、贫困人口的多少、居民福利水平的高低等社会重大问题。不仅如此，当期国民收入的分配直接影响到政府财力水平、居民消费和储蓄行为，进而决定着未来国民收入水平。因此，国民收入分配的状况既是经济学研究的永恒主题，也是社会各界关注的焦点问题。

我国从 1978 年实行改革开放政策以来，经济体制逐渐由计划经济向市场经济转轨，经济总量在高速增长的同时，经济结构发生了巨大变化。伴随着经济体制、经济总量、经济结构的变动，国民收入分配格局也发生了明显变化。国民收入分配格局的这种变化，对当今中国经济社会的许多方面都产生了深刻影响，也引发了许多社会和政治问题，不少问题已到了迫在眉睫需要解决的程度。可以说，对国民收入分配变动的规律、成因和调控措施的科学认识和准确把握，关系到中国未来的经济发展和社会稳定。正因为这一问题的重要性和迫切性，在中国共产党第十七次全国代表大会报告中，明确提出了要"逐步提高居民收入在国民收入分配中的比重，提高劳动报酬在初次分配中的比重"，"逐步扭转收入分配差距扩大趋势"。实际上，这三句话分别关注了部门收入分配、要素收入分配和居民收入分配，吹响了着力调控国民收入分配的号角！

政府如何有效地调控国民收入分配？客观地说，国民收入分配格局的形成是许多因素共同作用的结果，政府要朝着社会期待的方向调控国民收入分配，需要在不同的历史阶段采取不同的复合措施。回顾过去30余年改革发展的历程，我们不难发现，我国目前形成的国民收入分配格局，既有长期形成的城乡二元结构以及因自然、历史等客观条件形成的区域发展不平衡造成的城乡之间、地区之间的收入分配不公，也有垄断行业收入分配不规范、最低工资标准制度刚性不强、城乡居民的社会保障体系不健全等制度因素造成的收入分配不公，还有财经纪律软约束等法律因素造成的收入分配不公。尽管这些因素在国民收入分配格局的形成过程中至关重要，但本项研究只关注税收对国民收入分配的调控作用，因为税收是国民收入分配格局形成的一个重要因素，更是政府调控国民收入分配的重要手段。

首先看看下列一个事实。如果观察1994年"分税制"改革前后国民收入分配格局变化趋势，不难发现以下三大特点：（1）以政府、企业和居民三者收入占GDP比重划分的部门收入分配而论，不论是初次分配还是再分配环节，居民部门收入占比呈不断下降趋势，政府和企业部门收入占比呈上升趋势；（2）以资本要素和劳动要素收入占GDP比重划分的要素收入分配而论，不论是初次分配还是再分配环节，劳动要素分配份额均呈下降趋势，而资本要素分配份额呈上升趋势；（3）以居民之间收入分配差距而论，居民收入不平等程度持续扩大。简言之，分税制改革以来，国民收入分配变动趋势就是：部门收入分配向政府和企业倾斜，要素收入分配向资本倾斜，居民收入分配差距扩大。

分税制改革与国民收入分配格局的这种变化难道是一种巧合？不是。众所周知，税收是政府筹集财政收入最重要的手段，它体现在国民收入流程的各个环节中，是政府打入市场的一个"楔子"，这势必会对国民收入分配格局产生重要影响，或者说税收具有较强的收入分配效应。而1994年的分税制改革实际上是适应走向社会主义市场经济之路的两项重大改革：一是税收制度的改革，建立、健全了税种，完善了税收制度；二是财政体制的改革，建立了中央税、地方税和共享税的税收分权体制。正是因为这种相对规范的税收制度和明显分权的税收体制对国民收入分配格局产生了重大影响。

一般来说，税收的收入分配效应可归纳如下：就对部门收入分配影响而言，税收增长会提高政府部门在 GDP 中的分配份额，纳税主体的选择会影响企业和居民收入在 GDP 的分配份额；就对要素收入分配的影响而言，选择劳动要素为税基征税会降低劳动要素收入在 GDP 中的分配份额，对资本要素征税也同样会如此；就对居民收入分配的影响而言，以流转税为主的税制对收入分配不平等具有恶化效应，以所得税和财产税为主的税制能够改善收入分配的不平等。正是意识到税收的这种明显的收入分配效应，在中国共产党第十七次全国代表大会报告中，同时提出了要"强化税收调节"。

如何"强化税收调节"？古人云："兵马未动，粮草先行"。要落实"强化税收调节"之战略部署，首先需要在理论上找准税收调节国民收入分配的角度、切入点，然后匹配不同的税收措施，形成不同层次的、不同环节的、不同强度的完整的税收调控体系。为了科学、系统、深入地研究税收对国民收入分配的调控作用，我们着重研究以下几个问题：

第一，测算中国 1978～1991 年整体经济的"资金流量表"。资金流量核算是以全社会资金运动为对象的核算，为经济分析和经济决策提供系统的数据，是制定分配政策、财政政策和金融政策的重要依据。我国迄今公布了 1992～2008 年共 17 张资金流量表，缺失 1978～1991 年资金流量表。本书经过详细数据测算，补充这一时期重要历史数据资料，为深入研究国民收入分配打下重要数据基础。

第二，全面考察我国国民收入分配格局变动情况。本书详细归纳和总结部门收入分配、要素收入分配和居民收入分配的各种研究方法，进而运用资金流量表、省际收入法 GDP 分解数据、税收和社会保障数据、住户调查数据等，全面考察我国部门收入分配、要素收入分配和居民收入分配的变动情况，力图科学判断我国国民收入分配的现状和走势。

第三，研究要素收入分配对居民收入分配的影响。我国近 20 年的收入分配变动趋势是：劳动要素相对资本要素分配份额下降，居民收入分配差距扩大。那么，这两种收入分配之间是否存在紧密联系呢？本书从理论上阐述了要素收入分配对居民收入分配的影响机理，进而通过实证分析检验它们的关联程度，从而找到缩小居民收入分配差距的新视角。

第四，研究税收对要素收入分配的影响。在理论分析中，通过建立最优化模型，阐述税收对要素收入分配的影响机制；在实证分析中，详细测算了主体税种的平均税率，以及资本所得、劳动所得和消费支出的平均税率，进而从税种和税基两个角度计量分析税收对要素收入分配的影响，从而找到使要素收入分配趋于合理的税收措施。

第五，多角度深入研究税收的居民收入分配效应。本书运用 MT 指数、K 指数、S 指数、微观模拟、可计算一般均衡模型等研究方法，从整体税制的累进性、间接税的归宿、个人所得税对收入分配的影响、税制改革的收入分配效应等多个角度，详细剖析了税收在居民收入分配中的作用效果，从而找到公平居民收入分配的税制完善措施。

1.2　主要概念

国民收入分配是指一国在一定时期内新创造的国民收入在各经济主体之间的分配。根据这一定义，如果把社会中的主要经济主体分为政府、企业和家庭，就形成了三大部门收入分配。而虽然劳动创造价值，但在现实中都是通过土地、资本和劳动力三大生产要素来取得收入，从而形成了要素收入分配。由于人们的禀赋状况不同再加之其他因素，个人间的收入有多有少，就形成了个人收入分配。不管是哪一层面的收入分配，都要经过初次分配和再分配，形成最终分配。本书在研究税收对国民收入分配的调控作用时，将从国民收入分配的三个方面——部门收入分配、要素收入分配和居民收入分配分别予以考察。

1.2.1　部门收入分配

部门收入分配指的是国民收入在各部门之间的分配。这里的部门涵盖范围有狭义和广义之分，狭义的部门仅指政府、企业和居民三大部门，广义的部门是将企业和居民两大部门。进一步细化，如将企业部门分为重工业部门、轻工业部门、农业部门、商业部门等，甚至可以将工业部门细化为几十个行业部门，将居民部门分为城市和农村等。目前，我国官方公布的国民经济核算数据中，政府、企业和居民部门的收入分配状况较为详细，也具有连续性，并且这三大部门收入分配也是社会热点问题，因此本书所指的部门收入分配特指国民收入在政府、企业和居民之间的分配。

政府部门的收入来源主要是财政预算内收入和预算外收入，其中以税收为主。居民部门的收入来源主要是以工资、劳务报酬等形式体现的劳动要素收入，以及以利息、股息、红利等形式体现的资本要素收入。企业部门收入来源主要是企业未分配利润和补充资本损耗的资本折旧。当然，这种收入来源归属划分只是大概意义上的，详细分类须结合国民经济核算特点进行细致的测算。

1.2.2　要素收入分配

要素收入分配是指收入在生产要素之间分配，也称功能收入分配（functional distribution of income）。在指出某种生产要素收入分配事实时（例如劳动要素收入占 GDP 的比重），文献中有要素分配份额、要素收入占比、要素份额（factor share）、要素收入份额等提法，本书统一用要素分配份额术语。

尽管学界关于要素收入分配的定义没有歧义，但是对什么是生产要素，以及收入是什么要素创造的，理论界的认识却不统一，其分歧甚至关系到整个经济学构架的设计方向。

古典经济学家十分关注要素价格的形成和要素收入分配，他们所指的生产要素包括劳动、资本和土地，相应取得的收入分别是工资、利润和地租。亚当·斯密（Smith，1768）最先正确地论述了资本主义社会的阶级结构，将国民划分为工人、资本家和地主三个阶级，三个阶级分别取得工资、利润和地租三种收入，认为"工资、利润、地租是一切收入和一切交换价值的三个根本源泉。"三种收入决定价值的这一价值定义在经济学说史上被称为"斯密教条"。在大卫·李嘉图（Rcardo，1817）那里，要素收入分配是经济理论的中心，他除了接受斯密关于资本主义社会的三个阶级和三种收入的论断外，还认为所有价值都是劳动创造的，即坚持劳动价值论，工资只是商品价值的一部分，而利润和地租是超过工资以上的余额，这实际上就承认了资本家和地主的收入都是工人创造的。马克思发展了李嘉图的劳动价值论，认为商品价值虽然是劳动创造的，但是资本主义生产关系决定了商品价值分配。资本主义社会劳动者的劳动不仅能够创造出劳动力自身的价值，而且能够创造出比劳动力自身更大的价值，这就是剩余价值。追求更多剩余价值的欲望和竞争的压力迫使资本家不断把剩余价值的一部分转化为资本，资本积累促进了社会生产力的飞速发展，同时也使得社会财富越来越集中在少数的资本家手中，由此产生资本主义社会危机。

进入 20 世纪后，新古典主义经济学成为经济研究的主流，建立了以边际分析、均衡分析为研究工具的收入分配理论。新古典主义经济学认为，商品价值是通过组织以资本和劳动为代表的要素进行生产而创造的，要素收入来自要素的边际收益，在市场处于均衡状态时，要素的边际收益等于要素的边际成本，由此决定了要素收入分配。

5

在本书研究中，由于土地的贡献难以测算，因此所指的要素收入分配是收入在资本和劳动之间的分配。对收入是由哪种要素创造的，政治经济学有各种争论，本书不做评判，只是通过详细的数据测算，给出要素收入分配的现实状况并进行相关研究。

1.2.3 居民收入分配

居民收入分配是指收入在家庭之间或个人之间的分配，也称为个人收入分配，或规模收入分配（size distribution of income）。居民收入分配程度直接影响到居民之间收入差距，关系到社会稳定和社会正义的实现，成为政府和人们高度关注的问题。也正因为如此，在多如牛毛的相关文献研究中，如没有特别注明，收入分配一般都指的是居民收入分配。

人们通常从居民收入角度考察收入不平等问题，但在研究税收对居民收入分配影响时，这样做是不够的。当居民将取得的收入用于购买商品时，由于征收商品税可以影响商品价格，居民购买商品时会承担一部分税款，由此导致税负在居民之间分配不平等问题。因此，在研究税收对居民收入分配影响时，需要从收入来源和支出去向两个方面来分析（Musgrave，1959；McLure，1970）。

1.2.4 三种收入分配之间的联系

虽然居民收入分配、要素收入分配和部门收入分配是分别从三个层面来探讨国民收入分配状况的，但它们之间存在着密切联系（见图1-1）。

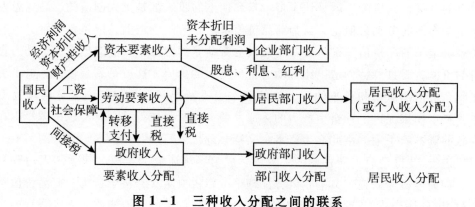

图1-1 三种收入分配之间的联系

首先分析要素收入分配与部门收入分配之间联系。国民收入分为三部分：工资、各种形式社会保障缴款、政府针对个人的转移支付属于劳动要素所得，财产性收入、资本折旧和经济利润属于资本要素所得，税收属于政府收入。资本要素收入分别归属企业部门和居民部门，以股息、利息和红利形式分配出去的利润属于居民部门收入，未分配利润和资本折旧属于企业部门收入。因此居民部门收入来源既有劳动要素所得，也有资本要素所得，现实中以劳动所得为主，以2008年为例，在居民部门初次分配收入中，83.2%来自劳动报酬所得。因此从我国当前居民和企业收入来源判断，增加劳动要素收入，一般会提高居民部门收入所占比重。增加资本要素收入，一般会提高企业部门收入所占比重。税收增长会提高政府部门收入。税收的基础可归为资本所得、劳动所得和消费支出三大类，针对资本所得和劳动所得征税属于直接税，针对消费支出征税属于间接税，不管是直接税还是间接税，征税均会通过要素收入效应和替代效应而影响到要素收入分配（见第8章）。

其次分析要素收入分配与居民收入分配之间联系。一般而言，高收入者收入来源以资本要素收入为主，低收入者收入来源以劳动要素收入为主。从各国的经验数据来看，资本收入不平等程度普遍严重高于劳动收入，当要素收入分配向资本倾斜时，一般会扩大居民收入分配差距（见第6章的证明）。

因此，这三种收入分配存在密切联系，而以要素收入分配为枢纽：要素收入分配向劳动要素倾斜，一般会改善居民收入分配和增加居民部门收入占比；要素收入分配向资本要素倾斜，一般会降低居民部门收入占比和增加企业和政府部门收入占比。

1.3 分析框架

1.3.1 研究逻辑

为说明本书的研究逻辑，有必要先观察国民收入形成过程和税收对国民收入分配的影响机制，同时也简要刻画了本书的研究逻辑（见图1-2）。在图1-2中，左列是国民收入形成过程，右列是税收对国民收入分配的影响，中间一列是概括当前我国国民收入分配状况存在的问题。

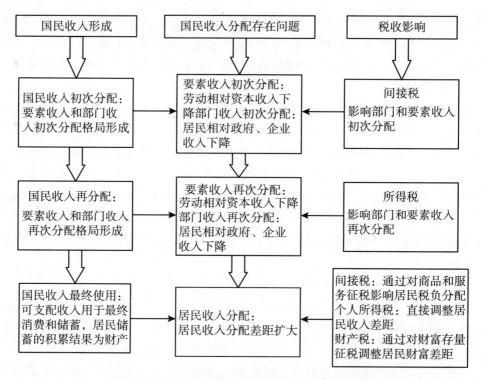

图 1 - 2　税收对国民收入分配的影响机制

在国民收入的初次分配环节，分配的主导者是市场，各收入主体分得的份额来自各部门的增加值，增加值中包括四项内容：劳动者报酬、营业盈余、资本折旧和生产税净额。劳动者报酬属于劳动要素初次分配收入，营业盈余和资本折旧属于资本要素收入，生产税净额属于政府分配收入（见第4.3节的说明）。企业创造的价值归属三个部门：向政府交纳的生产税归属政府部门，支付给居民的劳动收入和资本收入（如资本租金）归属居民部门，剩下的归属企业部门。税收介入要素收入初次分配和部门收入初次分配的是间接税：针对要素征收的间接税会影响要素间收入分配份额，间接税收入总量影响政府部门分配份额，间接税转嫁程度影响企业部门和居民部门之间分配份额。当前，我国国民收入初次分配存在的最主要问题是：在要素收入分配中，劳动要素分配份额下降，资本要素分配份额上升；在部门收入分配中，政府和企业部门分配份额上升，居民部门分配份额下降。

在国民收入的再分配环节，分配的主导者是政府。政府通过向居民征收个人所得税和转移支付影响居民部门分配份额，也影响劳动要素再分配收入。政府通过向企业征收企业所得税影响企业部门分配份额，也影响资本要素再分配收入。与国民收入初次分配存在问题类似，当前我国国民收入再分配存在的最主要问题是：在要素收入分配中，劳动要素分配份额下降，资本要素分配份额上升；在部门收入分配中，政府和企业部门分配份额上升，居民部门分配份额下降。

在国民收入的使用环节，居民将取得的收入用于消费或储蓄，税收对收入分配的影响是：由于间接税影响商品和服务价格，因此居民在购买商品和服务时承担部分税负，导致税负分配不平均；征收个人所得税直接影响居民税后可支配收入的多寡，征收财产税直接影响居民财富的多寡。当前，居民收入分配不平等的扩大是该环节的最主要问题。

1.3.2　研究结构

根据图 1-2 所示的国民收入形成过程和税收参与国民收入分配的特点，我们确定了本书的研究路线，形成了下列研究结构（见图 1-3）。

税收对国民收入分配调控作用研究

第一部分　导论与文献综述
　第 1 章　导论
　第 2 章　文献综述
第二部分　国民收入分配格局的测算和分析
　第 3 章　部门收入分配格局
　第 4 章　要素收入分配趋势
　第 5 章　居民收入分配差距
　第 6 章　要素收入分配对居民收入分配的影响
第三部分　税收的要素收入分配效应
　第 7 章　税收对要素收入分配效应：税种视角
　第 8 章　税收对要素收入分配效应：税基视角
第四部分　税收的居民收入分配效应
　第 9 章　税收制度的累进性：税收归宿视角
　第 10 章　间接税对城乡居民收入分配的影响
　第 11 章　个人所得税对居民收入分配的影响
　第 12 章　新个人所得税法的收入再分配效果
　第 13 章　税制改革的居民收入分配效应
第五部分　结论与政策建议
　第 14 章　主要结论与政策建议

图 1-3　本书研究结构

本书的研究分为五部分。第一部分包括导论和文献综述 2 章，除第 1 章导论之外，第 2 章详细综述有关收入分配的度量方法、税收累进性的度量、税收收入分配效应的研究方法，并分别综述了三大税系——所得税、商品税和财产税的收

9

入分配效应的研究结论，为以后各章奠定了方法论基础。

第二部分是关于国民收入分配格局的测算和分析，分为 4 章。第 3 章对政府、企业和居民之间的部门收入分配进行测算和分析，其数据基础是中国"资金流量表（实物交易）"。在公开的数据资料中，国家统计局只公布 1992 ~ 2008 年度"资金流量表"，为了进行历史比较，我们经过详细测算，补充了 1978 ~ 1991 年度"资金流量表"。第 4 章是关于要素收入分配的测算和分析，第 5 章是关于居民收入分配的测算和分析。为观察要素收入分配与居民收入分配之间的联系，第 6 章研究要素收入分配对居民收入分配的影响。通过第二部分的研究，我们可以科学、准确地把握我国部门收入分配格局、要素收入分配趋势和居民收入差距，由此才能进一步分析税收调控国民收入分配的方向、力度、效果，同时也为以后各章的研究奠定了数据基础。

第三部分共分为 2 章，研究税收的要素收入分配效应。第 7 章通过一般均衡分析，研究税收对要素收入分配影响的作用机制。在详细测算以增值税、营业税、企业所得税、个人所得税为代表的主体税种平均税率的基础上，实证分析主体税种对要素收入分配的影响。第 8 章运用经济合作与发展组织（OECD）提供的测算税基平均税率方法，实证分析以资本、劳动和消费为税基的平均税率对要素收入分配的影响。

第四部分由 5 章构成，研究税收的居民收入分配效应。第 9 章运用住户调查数据，实证分析我国税收制度的整体累进性。第 10 章运用城乡居民消费支出项目和收入数据，实证分析间接税的收入分配效应。第 11 章根据税率表和住户调查数据中个人收入结构的信息，研究个人所得税的收入分配效应。第 12 章针对我国 2011 年 9 月起实施的《个人所得税修正案》，将税收再分配指数和税收累进性指数进行分解，分别考察工资薪金所得和非工资薪金所得的扣除额和税率结构对税收再分配效果的贡献。第 13 章根据中国税制改革的方向，研究未来税制改革可能产生的收入分配效应，即运用可计算一般均衡模型和微观模拟分析相结合的分析手法，模拟了以增值税减税和个人所得税增税为内容的税制改革的收入分配效应。

第五部分是在前面各章研究的基础上，总结全书研究结论，提出调整国民收入分配格局的政策建议，并对未来研究进行展望。

1.4　基　本　观　点

本书从税收对不同层面的收入分配的影响角度来探讨税收调控国民收入分配

的切入点、机理与机制、作用效果，寻求解决国民收入分配问题的政策方向与措施体系。但需要说明的是，本书的所有分析都是建立在下列一些基本观点基础上展开的。

（1）当前的收入分配状况具有一定客观性。中国当前的国民收入分配状况，无论是部门收入分配格局、要素收入分配趋势还是居民收入分配差距都显示出不尽如人意，但这种国民收入分配状况是在中国长期高速经济增长、经济"蛋糕"迅速做大的前提下形成的；在我国"一穷二白"、"百废待兴"的经济发展初级阶段，效率与公平未能兼顾是事实，但应当说这是"鱼与熊掌不可兼得"[①] 的客观反映。况且，在改革开放初期，我们的国策就是"让一部分人先富裕起来"，[②]后来党中央又提出"提高两个比重"。[③] 现在，无论是个人收入分配的差距还是部门收入分配的格局，无不体现了当时的大政方针在后来的贯彻落实。只是过去了 20 余年，这些目标实现了，但新的问题又凸显出来，属于快速发展进程中的阶段性突出矛盾，需要我们在以后的岁月里着重解决的矛盾。

（2）中国的收入分配问题具有特殊复杂性。从当前来看，无论是在部门收入分配中政府部门和企业部门的分配份额偏高，还是要素收入分配中劳动要素分配份额偏低，抑或是在居民收入分配中个人收入差距偏大，这种国民收入分配格局的形成原因极其复杂，既有体制上的原因、制度上的原因，也有法律上的原因、认识上的原因，还有政策上的原因、措施上的原因，更有执行偏差上的原因。而且，上述种种问题可能已经在初次分配阶段就已播下了种子，甚至生根发芽了。而这些方方面面的原因在很大程度上都是在我国探索社会主义市场经济道路过程中出现的，是要必然经历的一个历史阶段。所以，在思考解决国民收入分配格局的上述问题时，必须首先认识到以下三点：第一，收入分配不平等是一个长期存在的现象，我们要解决的问题是收入分配的过度不平等，况且我国还未达到必须放弃增长而只顾均贫富的发展阶段。第二，解决收入分配问题需要假以时日，不能"只争朝夕"，否则欲速则不达。第三，需要全方位的战略思考，健全制度，完善体制，同时运用经济、法律、行政手段，不能靠个别措施的"单打独斗"。

---

① 成语"鱼与熊掌不可兼得"出自孟子《鱼我所欲也》。本意并非说二者必然不可兼得，而是强调当如果不能兼得的时候，我们应当如何取舍。

② 我国改革开放的总设计师邓小平同志多次指出"让一部分人、一部分地区先富裕起来"，成为当时的国策之一。相关论述在邓小平（1983；1993）的《邓小平文选》中有十几处，比如第 2 卷第 152 页，第 3 卷第 23 页、第 52 页、第 111 页、第 155 页、第 166 页、第 277～278 页、第 373～374 页等。

③ 改革开放后，面临财政收入占 GDP 的比重持续下降且中央财政又十分困难的情况，时任中共中央总书记江泽民（2006）同志在 40 周年国庆讲话中指出："在治理整顿期间，更要强调适当集中，逐步提高国家财政收入在国民收入中的比重，提高中央财政收入在国家财政收入中的比重。"

（3）税收调控工具具有一定局限性。从马克思的社会再生产理论来说，税收是一个分配范畴，是政府参与并调节国民收入分配的一种工具，更确切地说主要是一种再分配工具（郭庆旺、赵志耘，2010，第152页）。不过，在分析税收调控国民收入分配的作用时，必须要以科学严谨的态度，正确认识税收工具的局限性，防止"税收万能论"。第一，从税收职能上说，税收作为国家凭借政治权力取得财政收入的一个主要手段，其首要职能是获取财政收入，而税收的调控（调节）职能是次要职能。而就税收的调控职能而论，也是一分为二：一是调节纳税人的经济行为，二是调节国民收入分配特别是调节个人间的收入分配。第二，从税收经济理论上说，所得税因具有累进性而有助于公平收入分配，商品税因呈现累退性而不利于公平收入分配。在我国目前以商品税（流转税）为主的税制结构下，税收的公平收入分配作用想必是有限的。第三，从学术界对税收调控效果的实证分析来上说，虽然有些学者认为"现行的税制在决定收入分配中起着决定全局性作用"（Wulf，1983，p. 348），但绝大多数学者的结论是税收对居民收入分配的公平作用很有限（Okner，1975，p. 65；Pechman，1985；Weinberg，1987；Karoly，，1994；Harberger，1998；Tanzi，1998；Chu，Davoodi and Gupta，2000；Hartman，2002；Cubero and Hollar，2010）。① 所以，税收工具到底是以筹措财政收入为己任，还是以调控收入分配为重点，既要考虑到经济发展阶段的需要，又要考虑到税收手段的作用效果。这不仅关系到收入分配问题能否得到有效解决，还关系到我国税制改革的方向，确立怎样的税制模式。

（4）公平收入分配要有度。在本书的前言中曾借用孔子的一句话——"不患寡而患不均，不患贫而患不安"，表达收入分配要公平。但什么是"公平"？我们把它理解成是"公正、平均"的简称。公平收入分配就是建立在公正基础上的"平均"分配收入，但不是绝对额上的人人相等。南宋朱熹在其所著《四书章句集注·论语集注》中对孔子的这句话作出这样的解释："寡，谓民少；贫，谓财乏；均，谓各得其分；安，谓上下相安。"其中的"均谓各得其分"中的"均"，显然不是"平均"之意，而是人们得到他们应该得到的份额，可以推演为依据每个人的努力程度和贡献大小获取他们的所得。但是，那些天生就没有能力或能力低的人的收入如何保障？这正是当今政府所要出手解决的问题，但总不能使这些人的收入水平与能力强大、为社会作出巨大贡献的人的收入水平完全一样。倘若如此，这个社会就会失去"公正"，失去动力，失去秩序。合理适当

---

① 这一结论主要是与福利性财政支出——社会性支出特别是转移性支出的再分配效果相比较而言的，而且不管是在发达国家还是在发展中国家都是如此。

的收入差距是推动社会进步所必需的，但过度的两极分化则会造成社会动荡不安，也就无从谈起社会发展。所以，公平收入分配是针对超越在"公正"前提下的两极分化的收入分配而言的；相应地，税收调控工具的运用也要适度，不然不仅没有解决国民收入分配问题，反而大大损伤了效率。①

---

① 2200多年前我国古代思想家韩非子就曾言："今上微敛於富人以布施於贫家，是夺力俭而与侈惰也。而欲索民之疾作而节用，不可得也"（见《韩非子·显学第五十》）。意思是说，现在君主向富足的人家征收财物去布施给贫穷的人家，这是夺来勤俭节约者的财物而送给奢侈懒惰的人，这样还想督促民众努力耕作，省吃俭用，就根本办不到了。

第 2 章

文 献 综 述

20o 余年来，学术界从未间断过对国民收入分配问题的讨论，从不同收入分配理论的创立和发展①到影响收入分配的各种因素分析，研究成果之多，汗牛充栋。本章仅就税收对国民收入分配影响的相关文献做简要综述，而且着重综述税收对居民（个人）收入分配影响的文献，② 因为无论是部门收入分配还是要素收入分配，问题终归要反映到居民收入分配上，况且学术界在研究税收与国民收入分配关系时，也主要讨论税收与居民收入分配的关系。

2.1 收入分配的度量方法

要研究税收对收入分配的影响，首先应该了解收入分配的度量方法。目前关于收入分配的度量方法大致可以分为两大类：第一类是以等分法为基础，这种方法主要是把家庭按收入从低到高进行排序和分组，比较某一组家庭收入在所有家庭收入（或另一组家庭收入）中的比重；第二类是以洛伦兹曲线为基础构建的

---

① 仅就成为一个学派的收入分配理论而言，目前就有"古典收入分配理论"、"马克思收入分配理论"、"新古典收入分配理论"、"马歇尔收入分配理论"、"后凯恩斯收入分配理论"、"新李嘉图收入分配理论"以及"一般均衡收入分配理论"等。有关这些理论的介绍与分析，请参阅 Asimakopulos（1988）主编的《收入分配理论》。

② 因此，本章所说的收入分配均指居民（个人）收入分配。

指数（或系数）。下面将依次对这两大类度量方法进行介绍。

2.1.1　以等分法为基础的度量方法

1. 五等分法

经济学家把家庭按收入从低到高进行排序，然后将其划分成5组。每组由总住户数的20%组成。如果收入是完全均等分配的，则每组住户的收入之和应该占所有住户收入之和的20%。但实际上收入分配并不能达到均等，各组住户的收入之和相差甚远，如2010年美国收入在前20%的住户拥有了全国50%的收入。[①]

2. 阿鲁瓦利亚指数

阿鲁瓦利亚指数（Ahluwalia index）指最贫穷的 $x\%$ 的人口（家户）收入占全体人口（家户）的收入比重。分组数据中，用人口比重为 $x\%$ 的最低组收入除以总收入，该指数的最大值为 $x\%$。该指数越小，收入差距越大。当 x 取值为 5时，与五等分法类似。

3. 欧希玛指数

欧希玛指数（Ouxima index）即收入不良指数，指最富有的一部分人的收入与最贫穷的一部分人的收入之比，计算上通常将分组数据中的最富有10%（10等分）或20%（5等分）人的平均收入除以最贫穷10%（10等分）或20%（5等分）人的平均收入，如下式所示：

$$5 \text{ 等分欧希玛指数} = \frac{\text{最高收入的20\%家庭的人均收入}}{\text{最低收入的20\%家庭的人均收入}}$$

$$10 \text{ 等分欧希玛指数} = \frac{\text{最高收入的10\%家庭的人均收入}}{\text{最低收入的10\%家庭的人均收入}}$$

可见，欧希玛指数是五等分法的一个扩展。当收入分配完全均等时，该指数值为1；收入分配越不均等，该指数值越大。

4. 库兹涅茨比率

Kuznets（1955）在研究经济增长与收入不平等关系时，提出了一个度量收入分配差距的方法，后人称之为库兹涅茨比率（Kuznets ratio）——最富裕的20%的人获得的总收入份额除以最贫穷的40%的人获得的总收入份额；此比率越大，该社会的收入分配越不公平。库兹涅茨比率也可用公式一般化为：

$$R = \sum_{i=1}^{n} |y_i - p_i|, \ i = 1, 2, 3, \cdots, n \tag{2-1}$$

[①]　US Bureau of Labor Statistics：Consumer Expenditure Survey（2010）.

$$y_1 + y_2 + \cdots + y_n = \sum y_i = 1$$
$$p_1 + p_2 + \cdots + p_n = \sum p_i = 1$$

即把各个阶层的收入比重和人口比重的差额的绝对值加总起来。其中，R 为库兹涅茨比率；y_i 为第 i 组收入占总收入的比重；p_i 为第 i 组人口占总人口的比重。计算得到的 R 值越大，收入差距就越大，反之收入差距就越小。经济发展过程中一般存在库兹涅茨倒 U 假说，即经济增长初期收入分配不平等程度恶化，在经济增长达到中等水平时，不平等程度达到顶峰，之后随着经济的进一步增长而下降。[①]

2.1.2 以洛伦兹曲线为基础的度量方法

1. 洛伦兹曲线的弯曲程度

洛伦兹曲线（Lorenz curve），也译为"劳伦兹曲线"，研究的是国民收入在国民之间的分配状况。Lorenz（1905）提出了著名的洛伦兹曲线，用以比较和分析一个国家在不同时代或者不同国家在同一时代的财富不平等问题。通过洛伦兹曲线，可以直观地看到一个国家收入分配平等或不平等的状况。具体来说，该曲线可以通过以下方法得到：画一个矩形，矩形的高反映社会总收入的百分比，将之分为 n 等份，每一等分为 $1/n$ 的社会总收入。矩形的长反映家庭数（人口）的百分比，所有家庭从最贫者到最富者由左向右排序，也分为 n 等分，第一个等份代表收入最低的 $1/n$ 的家庭。在这个矩形中，将每一等分的家庭所拥有的收入百分比累计起来，并将相应的点画在图中，便得到了洛伦兹曲线。

洛伦兹曲线的弯曲程度就反映了收入分配的不平等程度。如果所有收入都集中在某一个人手中，而其余人口均一无所有，收入分配达到完全不平等，洛伦兹曲线变为一条折线；另一方面，如果任一人口百分比等于其收入百分比，从而人口累计百分比等于收入累计百分比，则收入分配就是完全平等的，洛伦兹曲线成为通过原点的 45 度直线。一般来说，弯曲程度越大，收入分配越不平等，即如果曲线 A 完全位于曲线 B 的上部，则 A 曲线所反映的收入分配情况要比 B 曲线公平、平等一些。因此，对于两条不相交的洛伦兹曲线，可以很容易地比较出两者收入分配的平等程度。对于两条相交的洛伦兹曲线，如果要比较其反映的收入分配平等程度，则必须对不同的收入区间赋予各自的权重。不同的权重赋予方法，将得到不同的结果。根据洛伦兹曲线揭示收入分配平等程度的特性，其也被

---

① 不过，也有学者认为库兹涅茨倒 U 假说不成立或只在部分国家成立（Deininger and Squire，1998；Fields，2001；Khasru and Jalil，2004）。

运用到分析税收对收入分配的影响程度，如 Samuelson（1948）借助洛伦兹曲线分析，得出应对不同收入阶层实行差别税赋，以维持收入分配的平等性。

2. 基尼系数

Gini（1912）在洛伦兹曲线的基础上提出了基尼系数（gini coefficient），又称基尼指数（gini index）或基尼比率（gini ratio），对收入分配不平等程度进行了量化。具体来说，基尼系数是指完全平等线（45 度线）与洛伦兹曲线之间的面积占完全平等线下总面积的比例，或者说是不平等分配的那部分收入占总收入的百分比。基尼系数为"1"，表示居民之间的收入分配绝对不平等；基尼系数为"0"，则表示居民之间的收入分配绝对平等。但这两种情况只是在理论上的绝对化形式，在实际生活中一般不会出现。因此，基尼系数的实际数值只能介于 0~1 之间。收入分配越是趋向平等，洛伦兹曲线的弧度（即弯曲程度）越小，基尼系数也越小；反之，收入分配越是趋向不平等，洛伦兹曲线的弧度越大，那么基尼系数也越大。

3. 恩格尔系数

恩格尔系数（engel coefficient）是指一个社会中家庭用于食品消费的支出占家庭消费总支出的比重。根据恩格尔法则——随着收入水平的提高，家庭花费在食品方面的收入比例将下降，可以通过比较不同收入阶层的恩格尔系数，衡量贫富差距状况和收入分配不公平程度。高收入阶层和低收入阶层的恩格尔系数相差越大，则收入分配越不平等。一般说来，居民的恩格尔系数平均超过 60%，属于贫困，50%~59% 为温饱，40%~49% 为小康，30%~39% 属于比较富裕，20%~29% 属于富裕，20% 以下则是非常富有。

2.2　税收累进性的度量方法

要研究税收对收入分配的影响，首先必须了解整个税制的累进性，而用何种方法度量累进性一直是学术界探讨的重要问题。对此，学术界一直没有达成共识。Baum（1987）认为，另一部分原因在于技术上采用这些度量方法有困难，另一部分原因在于对税收累进性的不同理解。一种理解认为税收累进性要使纳税人的受损程度平等，为了使损失平等，税率应该随着收入上升。另一种理解认为累进税应该作为一种政策工具，用来降低收入分配的不平等。

上述两种理解把当前关于税收累进性度量方法分成两大类。一类是关注于内部税率结构的税收累进性，其度量方法主要有平均税率法、边际税率法、应纳税额法等，这些属于税收累进性的局部度量法（local measures of tax progression），这些方法度量的是某一收入区间的累进性。另一类是从整个收入分配区间度量税收的累进性，主要分析税收对收入分配的影响，其度量方法主要有有效累进法、S指数法等，这些属于税收累进性的全部度量法（global measures of tax progression）。[①] Musgrave 和 Thin（1948）指出，衡量一种税收的累进性是上升还是下降，完全取决于不同的累进性度量方法。

2.2.1 局部度量法

1. 平均税率法

平均税率法由 Pigou（1928）提出，以平均税率随收入的变化而发生的变化来度量税收累进性。其设计思路来源于税率累进性的定义：累进税是随着收入的增加，平均税率上升；比例税是平均税率为常数；累退税是随着收入的增加，平均税率下降。如果税收（T）可表示为收入（Y）的函数，即 $T = f(Y)$，平均税率为 $\{f(Y)\}/Y$，平均税率随着收入上升（累进的）、不变（比例累税）或下降（累退的），可用下式表达：

$$\frac{\mathrm{d}}{\mathrm{d}Y}\left\{\frac{f(Y)}{Y}\right\} \begin{matrix}>\\=\\<\end{matrix} 0 \tag{2-2}$$

$$\frac{\mathrm{d}}{\mathrm{d}Y}\left\{\frac{f(Y)}{Y}\right\} = \frac{1}{Y^2}\{Yf'(Y) - f(Y)\} = \frac{1}{Y^2}\left\{f'(Y) - \frac{f(Y)}{Y^2}\right\} = \frac{1}{Y^2}(M - A) \tag{2-3}$$

其中，M 为边际税率；A 为平均税率。即如果边际税率大于平均税率，则这种税是累进税；如果边际税率等于平均税率，则这种税是比例税；如果边际税率小于比率税，则这种税是累退税。

Slitor（1948）也提出了一种与平均税率法类似的度量方法，即采用边际税率和平均税率的差异与净收入的比率来度量税收累进性，这其实与 Pigou（1928）平均税率法的公式等价。Slitor（1948）也认为在某一收入点上的税收累进性，可定义为有效税率曲线（the curve of effective rate of tax）的斜率。

由表达式也可看出，平均税率累进性是平均税率与收入关系曲线的斜率，在不同的收入范围，平均税率累进性是不同的，由此度量出的累进性程度也是不同的，且随着收入的上升，平均税率累进性将逐渐下降。

---

① Duncan 和 Peter（2008）从是否适合用于国际比较的角度，把税制累进性的度量方法划分为三大类，即最高法定税率法（top statutory rate measures）、有效累进性法（effective progressivity measures）以及结构累进性法（structural progressivity measures）。

2. 边际税率法

边际税率法也由 Pigou（1928）提出，则是以边际税率随收入的变化而发生的变化来度量税收累进性。可由下式表达：

$$\frac{\dfrac{T_2 - T_1}{Y_2 - Y_1} - \dfrac{T_1 - T_0}{Y_1 - Y_0}}{Y_2 - Y} = \frac{M_{2-1} - M_{1-0}}{Y_2 - Y} = \frac{\mathrm{d}^2}{\mathrm{d}Y^2}\{f(Y)\} \qquad (2-4)$$

如果 $\dfrac{\mathrm{d}^2}{\mathrm{d}Y^2}\{f(Y)\} > 0$，则这种税是累进税；如果 $\dfrac{\mathrm{d}^2}{\mathrm{d}Y^2}\{f(Y)\} = 0$，则这种税是比例税；如果 $\dfrac{\mathrm{d}^2}{\mathrm{d}Y^2}\{f(Y)\} < 0$，则这种税是累退税。在不同的收入范围，边际税率累进性是不同的，由此度量出的税收的累进性程度也是不同的，且随着收入的上升，边际税率累进性将逐渐下降。

3. 应纳税额法

Musgrave 和 Thin（1948）提出了用应纳税额的累进性来度量税收的累进性，即应纳税额法——应纳税额变化百分比与收入变化百分比的比率，用公式表达如下：

$$\frac{T_1 - T_0}{T_0} \bigg/ \frac{Y_1 - Y_0}{Y_0} = \frac{\mathrm{d}f(Y)}{\mathrm{d}Y}\frac{Y}{f(Y)} = \frac{\mathrm{d}f(Y)}{\mathrm{d}Y} \bigg/ \frac{f(Y)}{Y} = M/A \qquad (2-5)$$

如果 $M/A > 1$，则这种税是累进税；如果 $M/A = 1$，则这种税是比例税；如果 $M/A < 1$，则这种税是累退税。可以看出，平均税率是累进、比例或累退的，应纳税额也相应是累进、比例或累退的。

4. 剩余收入法

Musgrave 和 Thin（1948）还提出了剩余收入法，即税后收入变化百分比与税前收入变化百分比的比率，用公式表达如下：

$$\frac{(Y_1 - T_1) - (Y_0 - T_0)}{Y_0 - T_0} \bigg/ \frac{Y_1 - Y_0}{Y_0} = \frac{Y}{Y - f(Y)}\frac{\mathrm{d}}{\mathrm{d}Y}\{Y - f(Y)\}$$

$$= \frac{Y}{Y - f(Y)}\{1 - f'(Y)\} = \frac{1 - f'(Y)}{1 - \dfrac{f(Y)}{Y}}$$

$$= \frac{1 - M}{1 - A} \qquad (2-6)$$

如果 $\dfrac{1 - M}{1 - A} < 1$，则这种税是累进税；如果 $\dfrac{1 - M}{1 - A} = 1$，则这种税是比例税；如果 $\dfrac{1 - M}{1 - A} > 1$，则这种税是累退税。

Pfingsten（1986）指出，如果按照现在公认的税收累进性的定义——平均税率随着收入增加而提高（Atkinson and Stiglitz，1980；Jakobsson，1976；Samuelson，1980），那么，上述四种度量方法都存在一些问题：边际税率法与累进性的定义不一致；应纳税额法只有在应纳税额为正时，才与累进性的定义一致；只有平均税率法和剩余收入法完全与累进性的定义一致。但是平均税率法和剩余收入法两者对于累进程度的变动方向，可能产生不一致的结论。Eichhorn（1984）指出，平均税率法、边际税率法和应纳税额法只对于比例所得税是一致的，因为比例税不存在累进性的问题，这需要在实践中寻求其他的度量方法。Jakobsson（1976）指出剩余收入法是与税制再分配效应紧密相关的。当税收再分配效应保持不变时，整体税负的增加会导致低收入群体的税负份额增加。同时，Jakobsson（1976）也指出剩余收入法相对于其他三种方法而言，是一个比较好的度量方法。

5. P 局部度量法

Pfingsten（1986）指出，税收累进性的局部度量法必须与不平等的度量方法相联系，不平等度量方法不同，所采用的局部度量法也应有差别。用 μ 来表示不平等的度量方法，定义 $\mu = 0$ 为绝对不平等厌恶，$\mu = 1$ 相对不平等厌恶，$0 < \mu < 1$ 为混合不平等厌恶。Pfingsten（1986）建议用以下公式度量税收累进程度：

$$P_{\mu}(T, x) = \frac{\mu[xT'(x) - T(x)] + (1 - \mu)T'(x)}{\mu[x - T(x)] + (1 - \mu)} \qquad (2-7)$$

其中，x 为收入；$T(x)$ 为税收函数。对于绝对不平等厌恶（即 $\mu = 0$），$P_{\mu}(T, x) = T'(x)$，即边际税率度量法较好；对于相对不平等厌恶（即 $\mu = 1$），$P_{\mu}(T, x) = \frac{xT'(x) - T(x)}{x - T(x)}$，即等于 $1 - RIP$（residual income progression，剩余收入累进度）。

如果 $T(x) = 0$，则不管不平等采用何种度量方法，税收累进度量方法都应采取边际税率法。如果边际税率大于 1，则不管不平等采用何种度量方法，$P_{\mu}(T, x)$ 始终大于 1。

设 T^a 和 T^b 是两个税收函数，如果 $P_{\mu}(T^a, x) \geq 0$，则称 T^a 对于收入 x 和不平等的度量方法 μ 是累进的。如果 $P_{\mu}(T^a, x) \geq P_{\mu}(T^b, x)$，则称对于收入 x 和不平等的度量方法 μ，T^a 的累进程度至少不比 T^b 差。

上述 5 种度量方法反映的都是在某一收入水平下的累进程度，对于同一税收体系和同一收入水平，上述度量指标都能给出一致的结论，即该税收体系是累进、比例还是累退。但上述度量方法不能对整体税率结构的累进情况进行定量的分析。例如，对于某一收入区间，税收体系 A 比 B 更累进；但另一收入区间，税收体系 B 比 A 更累进。体现在洛伦兹曲线上，就是两条相交的洛伦兹曲线。如果想对 A 和 B 两种税收体系进行比较，则有必要采取另一类税收累进性的度量方法，即税收累进性的全局度量法，其度量的是整个收入区间内的税收累进性，在测量和比较不同税制的累进性方面，有突出作用。

2.2.2 全局度量法

文献中主要存在两大类全局度量法。第一类全局度量法，如 Kiefer（1984）所指出的，关注于税收的再分配效应，税后的收入分配状态一般被包含在指数当中，同时税收的规模大小也会对度量法产生影响。具体来说，如果所有收入区间的税后收入都成比例增加，该度量法不会发生变化，该度量法只依赖于税后收入的分配情况。第二类全局度量法，如 Blackorby 和 Donaldson（1984）所得出来的，关注于税收负担分配与税前收入分配的情况，而不考虑税后收入分配的情况，并且与税收的规模大小无关。具体来说，如果所有收入区间的税收都成比例增加，该度量法不会发生变化，该度量法只依赖于税收在各收入区间内的分配情况。[①]

下面依次介绍几种比较重要的税收累进性全局度量法。

1. 有效累进性法

Musgrave 和 Thin（1948）提出了有效累进性（effective progression），其不仅仅依赖于税率结构，而且依赖于收入分配，属于第一类全局度量法（即关注于税收的再分配效应）。有效累进性衡量某一给定税收，在多大程度上导致收入分配趋向平等，用公式表达为：E_a/E_b，其中，E_a 为税后收入分配平等系数；E_b 为税前收入分配平等系数。如果有效累进性等于 1，则属比例税；如果有效累进性大于 1，则属累进税；如果有效累进性小于 1，则属累退税。

E_a 的计算依据如下：设实际收入分配曲线和收入分配绝对平等曲线之间的面积为 A，实际收入分配曲线右下方的面积为 B。并以 B 除以（$A + B$）的商表示平等程度，这个数值被称为收入分配平等系数。由基尼系数的计算依据可知，基尼系数和收入分配平等系数之和为 1。因此，有效累进性又可以写成（$1 - G_a$）/（$1 - G_b$）。

与前四种度量方法相比，虽然有效累进性法可以度量单一税收的累进性，但也存在缺陷。第一，正如岳树民和卢艺（2009）指出的，在给定税率结构的前提下，个人所得税的累进程度取决于税前收入的分配状况。如果税前收入分配很公平，不论比例税率还是累进税率的有效累进系数均应为 1；如果税前收入分配不公平，税率结构应设计为累进税率，有效累进系数应大于 1。税前收入分配越

---

① Zhang（2001）在其博士学位论文中对全局度量法进行了比较详细的介绍和分析。

不公平，税率的累进性应当越强。第二，Kakwani（1977）指出，有效累进性指数存在以下问题：首先，有效累进性指数仅考虑税前收入分配与税后收入分配，对于既定的税收弹性和累进性，平均税率越大，税后收入分配就越平等；而平均税率越小，税后收入分配就越不平等。假设平均税率的变化不影响税前收入分配，即使所有收入区间的税收弹性都保持不变，Musgrave 和 Thin（1948）的有效累进性指数也可能增加或者减少。当且仅当社会平均税率是 50% 时，该指数与下面提到的 Kakwani（1977）指数才是一致的。其次，按照 Musgrave 和 Thin（1948）的说法，如果在所有收入区间的税率翻倍，税收累进性会增加。很明显，这很难说是度量税收累进性的合适方法，因为累进性应该度量税制偏离比例税制的程度。最后，Musgrave 和 Thin（1948）实际上度量的是税收的再分配效应，但税收再分配效应是税收累进性与平均税率的函数，因此有效累进性指数不能区分平均税率的变化和税收累进性的变化对收入分配的效果。

2. PO 指数法

Pechman 和 Okner（1974）提出了另一个关注于收入再分配的全局度量法，简写成 PO 指数法，考察的是税收引起的收入不平等改变的相对值，具体公式如下：

$$PO = \frac{G_b - G_a}{G_b} \tag{2-8}$$

如果 $\frac{G_b - G_a}{G_b} = 0$，则为比例税；如果 $\frac{G_b - G_a}{G_b} > 0$，则为累进税；如果 $\frac{G_b - G_a}{G_b} < 0$，则为累退税。

3. MT 指数法

Musgrave 和 Thin（1949）提出用税前基尼系数减去税后基尼系数来度量税收的收入分配效应，简写成 MT 指数法，用公式表示如下：

$$MT = G_b - G_a$$

如果 *MT* 指数是正数，说明税后基尼系数会小于税前基尼系数，税收降低收入分配不平等，其数值越大，税收降低收入不平等的程度也就越大。相反，如果 *MT* 指数是负数，说明税后基尼系数会大于税前基尼系数，税收扩大了收入差距。

上述三种指标同属于第一类全局度量法，且只是数学公式的表达上存在差异，所反映的税收累进性随时间的变化方向是完全一致的。其中，*MT* 指数在文献中使用较多。Kiefer（1984）指出，如果税前收入分配比较公平，即使税收对收入分配的影响很小，*PO* 指数也会因为税前基尼系数较小而被扩大。因此，利用绝对值（如 *MT* 指数）的变化度量税收累进性比利用相对值（如 *PO* 指数）要好。

第二类全局度量法度量的是税收负担分配相对于税前收入分配的情况，由于这类度量法对税收规模相对于收入规模的大小不敏感，因此平均税率并不影响该度量指标的大小。下面依次介绍几个代表性的第二类度量法。

4. *KP* 指数法

Khetan 和 Poddar（1976）提出通过比较税前收入洛伦兹曲线和税收集中度曲线（concentration curve of tax）来度量税收的累进程度。两条曲线如图 2-1 所示。

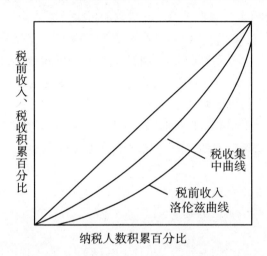

图 2-1 税收累进度的度量：洛伦兹曲线和税收集中度曲线

如果用 $L_b(P)$ 表示税前收入的洛伦兹曲线，$L_T(P)$ 表示税收集中度曲线，横轴是纳税人口百分比，则税前收入基尼系数可写成：

$$G_b = 1 - 2\int_0^1 L_b(P)\,\mathrm{d}P \qquad (2-9)$$

税收集中度系数可以写成：

$$C = 1 - 2\int_0^1 L_T(P)\,\mathrm{d}P \qquad (2-10)$$

KP 指数可以写成 $\dfrac{1 - G_b}{1 - C}$。如果 *KP* 指数等于 1，则为比例税；如果 *KP* 指数大于 1，则为累进税；如果 *KP* 指数小于 1，则为累退税。

Suits（1977）和 Kakwani（1977）几乎同时且独立地提出了一种新的税收累进性度量方法。两种方法都与基尼系数和收入不平等相关，下面分别对这两种方法进行介绍，并对其进行简单的对比。

5. *S* 指数法

S 指数是 Suits（1977）提出的衡量税收公平性的指标，该指标的计算和基

尼系数类似。在计算 S 指数时，把所有家庭的收入由低到高排序后绘制税收集中曲线。此时的横坐标是从低收入家庭开始的收入在总收入的累计百分数，相应的纵坐标是这些家庭负担的税收在总税收中的累计百分比。如果税收是和收入成比例的，这时税收集中曲线就和完全平等线重合，表示整个税收是比例税收；如果税收是累退的，低收入家庭负担的累计税收比例大于他们的收入在总收入中的比例，这时候的税收集中曲线就位于完全平等线的上方；如果税收是累进的，税收集中曲线就位于完全平等线的下方。S 指数的可由下式表达：

$$S = (K - L)/K = 1 - (L/K) \qquad (2-11)$$

其中，K 表示完全平等线下面的面积，用 L 表示税收集中曲线下面的面积。S 指数是介于 $-1 \sim +1$ 的一个数，负数表示税收是累退的，正数表示税收是累进的，0 表示税收是比例税收。

假定某一税收 x 的税收集中曲线代表对应的总税负累积百分比，表示为 $T_x(y)$。那么该税收集中曲线之下区域数学表达式为：

$$L_x = \int_0^{100} T_x(y)\,dy \qquad (2-12)$$

进一步得出税收 x 累进性指数为：

$$S_x = 1 - \left(\frac{L_x}{K}\right) = 1 - (1/K)\int_0^{100} T_x(y)\,dy \qquad (2-13)$$

实践中，$T_x(y)$ 的值是通过一系列 y 的值来获得的。

Alchin（1983）指出 S 指数有几个重要的性质：

第一，如果税制的改变使得富人承担更多的税收，则 S 指数将增加；同理，任何能够将税收负担转嫁到更低收入家庭的税制变化都会减少 S 指数。

第二，如果要衡量包含多种税的税收体系的累进性，S 指数将是该税收体系内每个税收对应的 S 指数的加权平均，权数为该税收对应的平均税率。该性质数学表达式为：

$$S_{xz} = (A_x S_x + A_z S_z)/(A_x + A_z) \qquad (2-14)$$

其中，S_x 和 S_z 分别为税收 x 和 z 的 S 指数；A_x 与 A_z 分别为平均税率，S_{xz} 为包含两税的税收体系的累进性指数。当将税制体系作为一个整体考虑，累进税种与累退税种相抵消，容易出现一个比例税制的效果。

同时，S 指数度量的是某一税种或整体税制对所有收入段的平均累进性。但是某些税种在一定的收入阶段是累进，而在另一收入阶段累退。如果整体来看，累进部分与累退部分相抵，则该税种的 S 指数值为零，即判定该税为比例税。某些情况下，S 指数无法完全描述出某些税种税收累进性的具体细节，但这不妨碍它成为一个被广泛采纳的度量税收累进性的方法。

第三，在解释 S 指数时，应该注意到该指数受到初始收入分配的影响。人头税是一个最简单的例子。由于人头税的税制设计，人头税的 S 指数往往容易受到税前收入分配不平等状况的影响。再比如销售税，其本身并不具有累退的特性，销售税的累退性缘于初始收入分配的不平等性。因此，某一给定税收的 S 指数值，与初始的收入分配状况有关的，当使用 S 指数比较不同国家税收累进程度时，必须考虑到各国不同的初始收入分配状况。S 指数对收入分配的依赖也体现出它在比较不同收入分配制度条件下的税收累进性时的局限性。

Davis（1980）与 Kienzle（1980）对 S 指数提出了一些质疑。他们认为 S 指数没有解决税负转嫁以及如何正确度量家庭收入从而进一步度量税收负担等基本问题。具体说，他们认为 S 指数没有解析清楚在某一特定时间内的税收负担与一生税收负担在分配上的差异。对税收归宿的估计与针对税收转嫁的假设不同。Kienzle（1980）指出最大的差异体现在包括企业所得税在内的对财产课税的税负分配上。而 Davies（1980）同样指出 S 指数取决于收入的度量方法，而且进一步提出了收入度量的调整方法。他指出应该运用一生税负和一生收入的估计，对 S 指数进行调整。但是，Suits（1980）认为，上述调整会受限于对最终纳税人的确定。尤其当离婚、寡居和再婚发生时更是如此。Davies（1980）的另一个质疑，指出没有任何单一指数能够汇总一个复杂税制的整体情况，即产生汇总而丢失信息的问题。然而，Suits（1980）也指出这种情况是普遍存在的。即使如此，S 指数也是有价值的，并不像 Davies（1980）所说的税制过于复杂无法通过单一的税收累进性指数进行统一度量。

6. K 指数法

Dalton（1955），Slitor（1948），Musgrave 和 Thin（1948）以及 Bracewell-Milnes（1971）关于税收累进性的度量方法，都没有区分平均税率和累进性变化对收入分配的影响。Kakwani（1977）研究了在税收累进性不变的情况下，平均税率的变化在多大程度上影响了税收的再分配功能；在平均税率不变的情况下，税收累进性在多大程度上影响了税收的再分配功能。

Kakwani（1977）指出，通过简单比较税前和税后收入分配平等系数的 MT 有效累进性指标，并不能很好地度量税收的累进性。Kakwani（1977）税收累进性指数设计思路如下：首先，"税收累进性"的概念与"税收弹性"的概念相关，指的是税收函数与收入之间的弹性。税收累进性的度量体现出的是一个既定税制与比例税制的偏离。既然对比例税制而言税收弹性总是一致的，对税收累进性的度量应该取决于税收弹性与比例税收弹性的差别。其次，收入洛伦兹曲线和税收集中度曲线两者之间的距离取决于税收弹性。如果对所有的收入区间，税收弹性是相同的，那么两条曲线将重合。换句话说，税收弹性的差距越大，两条曲线之间的距离越大。这说明税收累进性的一个合适的度量方法可以通过比较收入洛伦兹曲线与税收集中曲线来获得，即度量税收集中程度对收入集中程度的偏离。其具体公式如下：

$$K = C - G_b = 1 - 2\int_0^1 L_T(P)\,\mathrm{d}P - \left[1 - 2\int_0^1 L_b(P)\,\mathrm{d}P\right] = 2\int_0^1 \left[L_b(P) - L_T(P)\right]\mathrm{d}P$$

$$(2-15)$$

Kakwani 的累进性系数等于税前收入洛伦兹曲线和税收集中度曲线之间面积的两倍。K 值随着税收弹性的增加而增加，随着税收弹性的减少而减少。如果税收是累进的，说明随着收入的增加，所纳税额占收入的比例也应增加，税收集中度曲线应位于税前收入洛伦兹曲线之下，则 K 大于 0；如果税收是累退的，税收集中度曲线应位于税前收入洛伦兹曲线之上，则 K 小于 0；如果是比例税，税收集中度曲线应位于税前收入洛伦兹曲线应该重合，则 K 等于 0。

如果用 G_a 和 G_b 分别为税后的和税前的基尼系数；A 为平均税率，则税后的基尼系数可以写成：

$$G_a = G_b - \frac{A \times K}{(1-A)}$$

$$(2-16)$$

则税后的基尼系数可以表示为以下三种变量的函数：税前的基尼系数、平均税率和税收累进性。用 η_A 和 η_K 分别表示税后基尼系数对于平均税率的弹性和税后基尼系数对于税收累进性的弹性。

$$\eta_A = \frac{A \times K}{(1-A)^2 G_a}, \quad \eta_K = -\frac{A \times K}{(1-A)G_a}$$

$$(2-17)$$

由于 $\eta_A / \eta_K > 1$，所以和税收累进性相比，税后基尼系数对于平均税率更敏感。下面分解出 G_b、A、K 这三种变量的变化对于税后基尼系数的影响。

$$\frac{\mathrm{d}G_a}{G_a} = \frac{G_b}{G_a}\frac{\mathrm{d}G_b}{G_b} + \eta_K\frac{\mathrm{d}K}{K} + \eta_A\frac{\mathrm{d}A}{A}$$

$$(2-18)$$

上述公式给出了某一特定税收对收入分配的影响，如果要考虑整个税收体系对收入分配的影响，可以通过以下公式得到。假定经济中共有 n 个税种，总税收函数 $T(x)$ 等于 n 个税种的税收函数 $T_1(x)$，$T_2(x)$，$\cdots$，$T_n(x)$ 之和。因此，

$$C = \sum_{i=1}^n \frac{A_i}{A} C_i$$

$$(2-19)$$

其中，C_i 为第 i 个税种的税收集中指数；A_i 为第 i 个税种的平均税率。由此可知，

$$K = \sum_{i=1}^n \frac{A_i}{A} K_i$$

$$(2-20)$$

其中，K_i 为第 i 个税种的税收累进性。式（2-20）说明整体税制的累进性

等于单个税种累进性的加权均值，其权重与他们的平均税率成等比。

$$\frac{G_a - G_b}{G_b} = -\frac{\sum_{i=1}^{n} A_i K_i}{(1-A)G_b} \qquad (2-21)$$

式（2-21）表示每个单一税种对整体税制累进性的贡献百分比。如果 K_i 是正的，则第 i 种税的贡献是负的；如果 K_i 是负的，则第 i 种税的贡献是正的。

一些学者对 K 指数的合理性进行了分析。Dorrington（1979）指出 K 指数没有考虑应纳税额的构成要素对税收累进性的影响。他指出纳税人的应纳税额也取决于收入之外的其他要素，例如，婚姻状态、孩子数目和他在某些商品和服务上的支出。这些要素与收入相关，也与税收集中曲线相关，因此 Kakwani（1977）提出的 K 指数是经济结构、支出格局和税制结构的函数。例如，假设 A 国与 B 国的税前收入分配和税制结构相同。如果在 A 国相对富裕的人拥有更多孩子而在 B 国相对贫穷的人拥有更多孩子，那么 A 国税收集中曲线在 B 国税收集中曲线之上。由此，Kakwani（1977）的度量方法将显示 A 国税制比 B 国税制更累进。因此，Dorrington（1979）认为 K 指数忽略了类似上述要素的影响，因此会产生对税收累进性的误导。

Formby，Seaks 和 Smith（1981）比较了 Kakwani（1977）和 Suits（1977）两种度量方法，并用公式表达出两种度量方法的异同：

$$K = 2\int_0^1 [L_b(P) - L_T(P)]\mathrm{d}P \qquad (2-22)$$

$$S = 2\int_0^1 [L_b(P) - L_T(P)]L_b'(P)\mathrm{d}P \qquad (2-23)$$

由（2-22）式和（2-23）式可以看出，K 和 S 的区别就在于 S 多了一个隐藏的权重，即 $L_b'(P)$，收入洛伦兹曲线的斜率。值得注意的是，对于低收入者 $L_b'(P) < 1$，对于高收入者 $L_b'(P) > 1$。S 指数区别于 K 指数的权重随着收入的不同而变化。S 指数对于高收入者给予了较多的权重。

同时，Kakwani（1977a，1977b）也给出了联系两大类全局度量法的关系式：

$$G_b - G_a = \frac{A}{1-A}K \qquad (2-24)$$

（2-24）式左边就是 Reynolds 和 Smolensky（1977）提出的 MT 指数，右边是 Kakwani 累进性指数（K 指数）的线性函数。上式可写成：$MT = \frac{A}{1-A}K$，其中，A 是指平均税率。

7. St 指数法

Stroup（2005）在税前洛伦兹曲线和税收集中度曲线的基础上，提出了另一个相似的指标，即税收负担不平等指数（tax burden inequality index）。该指数的具体定义是：洛伦兹曲线和税收集中度曲线中间的面积除以洛伦兹曲线和横轴之间的面积。即使在税收政策没有发生改变的情况下，该指标也可以反映出税收累进性的变化。例如，在累进的所得税保持不变的情况下，收入不平等上升，则税收总收入将上升（因为穷人所面临的边际税率要小于富人所面临的边际税率）。由于收入不平等的加剧，税收的累进程度上升，但税收本身并未发生改变。

8. PROTA 指数法

Alchin（1984）认为，税收累进性可以通过运用平均税率和初次收入分配对税收的再分配功能进行折现而得到。Alchin（1984）定义的税收累进性如下：

$$PROTA = R/(T \times G) \tag{2-25}$$

其中，PROTA 为税收累进性；R 为税收引起的收入再分配数额；T 为平均税率；G 为初次收入分配的基尼系数。Alchin（1984）同时检验了 PROTA 指数、S 指数、K 指数和 Musgrave-Thin 的有效累进性指数四个指标的相关性，结果显示前三者都存在较高的正相关性，但 Musgrave-Thin 有效累进性指数却与前三者存在负的相关性，这主要是因为 Musgrave-Thin 有效累进性指数忽略了平均税率对再分配的影响。

9. P 全局度量法

Ebert（1992）指出，了解全局度量法的相关性质非常重要，因为选择不同的全局度量法往往得到不同的结论。例如，如果某一税收体系在某一收入区间是累退的，在另一收入区间又是累进的，则选择不同的全局度量法可能会出现不同的结论。因此，非常有必要根据一定的价值判断来选择全局度量指标。Pfingsten（1986）指出，未来的研究不应该局限在对现有度量法性质的考察和评价上，未来的研究应该先提出一系列公理，再推理出满足上述公理的全局度量法。

Pfingsten（1986）提出，全局度量法必须满足下面几个公理：第一，最小性公理（minimality axiom），即如果社会上存在 $n \in N$ 个家庭，则对于 $n=1$ 的税收累进性全局度量法必须与对应的局部度量法相一致。第二，扩展公理（extension axiom），即如果把每个收入阶层的家庭数目乘以某一实数，税收累进的全局度量指数并不改变。第三，匿名公理（anonymity axiom），即社会上家庭的总数目，并不影响税收累进的全局度量指数。第四，等同标准化公理（equality normalization axiom），即如果税收累进性的局部度量指数对于所有家庭都是相同的，则其也必须与税收累进性的全局度量指数相同。第五，单调性公理（monotonicity axiom），即如果某一家庭的税收累进性局部度量指数增加，且其他家庭的税收累进性局部度量指数并没有减少，则税收累进的全局度量指数将增加。第六，平均值公理（mean-value axiom），对于同一税收，混合两种收入分配后的税收累进全局度量指数一定界于混合前的两个税收累进全局度量指数值之间。

Pfingsten（1986）指出，上述几种税收累进全局度量法都至少违反了一项设定全局度量指数的公理，如单调性公理。因此，还需要设计其他的税收累进全局度量法。与 Pfingsten 设计的局部度量法类似，Pfingsten（1986）建议运用以下公式度量税收累进程度：

$$P_\mu^n(T, x^n) = \frac{1}{n} \sum_{i=1}^n P_\mu(T, x_i) \qquad (2-26)$$

设 T^a 和 T^b 是两个税收函数，如果 $P_\mu^n(T^a, x^n) \geq 0$，则称 T^a 对于收入 x 和不平等的度量方法 μ 是累进的。如果 $P_\mu^n(T^a, x) \geq P_\mu^n(T^b, x)$，则称对于收入 x 和不平等的度量方法 μ，T^a 的累进程度至少不比 T^b 差。

10. B 系数法

Baum（1987）提出了相对比例调整系数法（relative share adjustment，RSA），按家庭收入从低到高进行排序，然后将其划分成 n 组，每组由总住户数的 $1/n$ 组成。则相对比例调整系数可以写成：

$$RSA_i = \frac{税后第 \ i \ 组人收入占总收入的份额}{税前第 \ i \ 组人收入占总收入的份额} \qquad (2-27)$$

比如，如果 RSA_i 代表的第 i 组人（1/5 或 1/10 的人口），税前收入占总收入的比重是 3%，税后收入占总收入的比重为 6%，则 $RSA_i = 2$，说明该组人受益于累进性的税收体系。如果 RSA_i 小于 1，则该组人税后受损；如果 RSA_i 等于 1，则该组人不受税收影响；如果 RSA_i 大于 1，则该组人税后受益。如果按收入由低到高对 RSA_i 进行排序，RSA_i 依次递减，则说明该税收体系是累进的，即税收使低收入得到的好处大于高收入者得到的好处。

相对比例调整系数是对现有税收累进性度量方法的重要补充，因为其具体计算出了每一组人从累进（或累退）税中的受益（受损）程度。

11. KaP 指数

上述累进性度量方法大多需要收入和税收负担分布情况等微观数据，而有时很难获得完整的此类微观数据。为了简化税收累进性的计算，Kakinaka 和 Pereir（2006）采用了一种新的指数来测算累进性，即基于波动性的累进性指数（简称 KaP 指数）。与计算基尼系数和洛伦兹曲线不同，KaP 指数计算更加简便，只需要宏观层面数据。一国的税收累进性程度可由下式表示：

$$\gamma_t = \frac{\hat{\sigma}_{T,t}}{\hat{\sigma}_{Y,t}} \qquad (2-28)$$

其中，$\hat{\sigma}_{T,t}$ 为 t 年税收收入的比例标准差；$\hat{\sigma}_{Y,t}$ 为 t 年收入的比例标准差。比例标准差是指标准差除以平均值。由（2-28）式可以看出，此累进性度量指标只需要总收入和总税收收入两个宏观的时间序列数据。如果是累进税，税收收入的比例标准差大于收入的比例标准差，$\gamma_t > 1$；如果是累退税，税收收入的比例标准差小于收入的比例标准差，$\gamma_t < 1$；如果是比例税，税收收入的比例标准差等于收入的比例标准差，$\gamma_t = 1$。

从直观上来解释，如果一国税收制度是累进的，在上升的经济周期内，税收收入的增长速度应当快于收入的增长速度，因为高收入阶层的收入增长将比低收入阶层多。在下降的经济周期内，结果正好相反。虽然 KaP 指数没有考虑收入分配和税收负担的公平性，但提供了一种更便捷的计算各国税收累进性的方法。

2.2.3 税收累进性指数的分解

一国的税收体系是复杂的，单一的累进性指标很难为政策制定者和研究人员提供评价税收累进性和税制改革所需的全部信息。因此，非常有必要对税收累进性来源进行分解。首先，定义以下几个变量：税前收入用 x 表示，免税额（exemptions）用 e 表示，扣除额（deduction）用 d 表示，应纳税收入 $TI = x - e - d$。直接税收负担为 $T^d = T(x - e - d)$，$T(\cdot)$ 是税收函数。税收抵免（tax credit）用 c 表示，则最终的税收负担为 $T^f = T - c$，最终可支配收入为 $x^d = x - T(x - e - d) + c$。Oberhofer（1975）分解了税基和税率的效应，如 $G(x)$ 和 $G(x - e)$ 之差为免税额的效应，$G(x)$ 和 $G(x - d)$ 之差为扣除额的效应。总的税基效应可通过比较 $G(x)$ 和 $G(TI)$ 之差得到。税率的效应可表示为 $G(TI)$ 和 $G(TI - T^d)$ 之差，而不是 $G(x)$ 和 $G(x - T^d)$ 之差。但是，Oberhofer（1975）的分解没有包含税收抵免的效应，而且也未能体现再分配效应的内在联系，因此不算系统地分解了税收累进的全局度量法。

Pfähler（1990）对所得税再分配效应的各个因素进行了分解，揭示了各个组成部分相互之间的关系，其最初分解由 Reynolds-Smolensky 指数和 Kakwani 指数的关系式得来。

第一步：

$$G_x - G_{x_d} = \frac{\overline{T}_f}{\overline{x} - \overline{T}_f}(G_{T_f} - G_x) \qquad (2-29)$$

（2-29）式左边为 Reynolds-Smolensky 指数，右边为两项的乘积，第一项为净平均税除以净收入，第二项为 Kakwani 指数。

第二步分解 Kakwani 指数为税基效应和税率效应。

$$G_{T_f} - G_x = (G_{T_f} - G_{TI}) + (G_{TI} - G_x) \qquad (2-30)$$

（2-30）式左边是 Kakwani 指数，右边被分解为两项之和，第一项为税率的效应，第二项为税基的效应。

第三步分解税基的效应。

$$G_{TI} - G_x = \frac{\bar{e}}{\bar{x} - \bar{e} - \bar{d}}(G_x - G_e) + \frac{\bar{d}}{\bar{x} - \bar{e} - \bar{d}}(G_x - G_d) \qquad (2-31)$$

（2-31）式左边是税基效应，右边被分解为两项之和，第一项为免税额的效应，第二项为扣除额的效应。

2.3　税收的收入分配效应研究方法

在分别对收入分配度量方法和税收累进性度量方法进行研究之后，就可以着手分析税收对收入分配的影响。在以往的文献中，普遍采用的研究方法主要有静态理论模型方法、动态理论模型方法、可计算一般均衡模型方法和实证研究方法，下面依次对这四种方法进行介绍。

2.3.1　静态理论模型

Harberger（1962）通过建立一般均衡的静态理论模型，分析公司所得税的影响及其税收归宿，开创了研究税收负担的新方法。Harberger（1962）指出，像公司所得税这样重要的税种，因其与许多部门都有联系和交叉，不宜进行局部均衡分析，而应该在一般均衡的框架下进行分析。Harberger 的一般均衡模型，通过假定代表性个人的同质性，忽略消费模式不同所带来的影响，虽然大大简化了分析的难度，但也因此不能对税收负担分布进行准确的测算。在 Harberger（1962）模型的基础上，后人又对其进行了扩展，例如，加入除公司所得税之外的其他税种，考虑多部门情况，消费者偏好不一致，以及代表性个人异质性等。

2.3.2　动态理论模型

对于 Harberger（1962）的另一个扩展方向就是引入跨时动态税收负担，在生命周期理论的框架下构建动态理论模型，如 Kotlikoff 和 Summers（1987）、Fullerton 和 Rogers（1991，1993）、Fullerton 和 Metcalf（2002）。Kotlikoff 和 Summers（1987）指出，静态模型忽略了税收归宿的两方面影响：第一，税收会影响储蓄和投资决策，进而影响资本积累，进而改变资本和劳动力的边际生产力和要素报酬，静态模型不能对这一影响作出分析；第二，税收的改变会影响征税资产和非

31

征税资产的价格，税收政策变化带来的资本收益或损失是税收归宿的重要方面之一（资本化效应）。由于不同资产被不同年龄段的个人所持有，这就涉及税收的代际归宿，税收政策给不同代人带来的负担是不同的。Fullerton 和 Rogers（1993）认为，在个人一生的不同时期内，收入水平有很大的差异，以时间点为依据划分不同的收入群体是不合理的，而应该以一生的收入来划分收入群体，在此基础上研究税收对收入分配的影响才是合理的。总之，生命周期概念的引入应该说更加符合客观世界的实际情况。

2.3.3 可计算一般均衡模型

20 世纪 60 年代以来，随着计算机技术的发展，一般均衡理论由应用分析进入了实质性计算的阶段，可计算一般均衡（computable general equilibrium，CGE）模型问世。在 CGE 模型中，对经济主体的行为有明确的设定，即在各自的约束下，他们的行为是理性的或优化的。这些优化假定突出强调了商品和要素的价格对消费者和生产者的消费和生产决策的作用。世界上第一个 CGE 模型是 Johansen（1960）提出的。这个模型包括 20 个成本最小化的产业部门和一个效用最大化的用户部门。对于这些行为优化的主体来讲，价格对他们的消费和生产决策起着重要作用。

此后，作为政策分析的有力工具，CGE 模型得到越来越广泛的应用，尤其是带有世代交叠（over lapping generations，OLG）结构的 CGE 模型。OLG 模型基于生命周期理论，它提示了经济增长与全社会每个家庭与企业的消费与储蓄行为的关系，并可以对生产要素的投入进行全面、细致和定量的分析与研究。CGE 模型突出了各个市场之间的相互影响与作用。因此，两个模型的结合，可以反映在各个市场供给与需求的模式下，家庭与企业的消费和储蓄行为的一般均衡关系。目前，基于 OLG 模型的 CGE 模型已经被广泛地运用在养老保险、医疗保险、税收、人口等政策改革的研究上。

Shoven 和 Walley（1984）在多部门的可计算一般均衡模型中，引入并分析多种税收的影响。Auerbach 和 Kotlikoff（1987）将两阶段的世代交叠模型扩展为多期。在 Auerbach-Kotlikoff 模型（A－K 模型）中，每个人生存 55 年，也就是说每期存在 55 代人。基于该动态模型，作者分析一系列的动态财政政策问题，包括政府赤字融资对于私人投资、利率以及社会福利的影响、税制结构对于经济的动态影响、社会保障对于储蓄、劳动力供给以及社会福利的影响、人口出生率对于社会保障体系的影响等。Fullerton 和 Rogers（1991）将可计算一般均衡扩展到了考虑多时期消费的情况。David，Auerbach，Kotlikoff，Smetters 和 Walliser

（2001）运用多阶段的可计算一般均衡模型，模拟了美国的税制改革。

2.3.4 实证研究

实证研究（empirical study）主要是运用数据考察税收在不同人群之间的分布，以及税收对于收入分配的影响。可获得的数据一般有个人或家庭的收入数据和消费数据。[①] 在进行这方面的实证研究中，最好的数据资料就是微观的税前和税后收入资料。这种数据在英、美等发达国家容易获得，在这种标准数据不易获得的国家，学者们在进行税收调节收入分配的实证研究方面，主要采取了以下两种处理方法。

1. 微观模拟模型方法

Orcutt（1957）首次运用微观模拟模型方法（microsimulation model）分析政府政策对特定经济个体，如个人、家庭、和企业的微观影响。之后，随着计算机技术的进步，该方法被运用于分析各税政府政策，如税收制度、转移支付制度、养老保险制度和社会救助制度等对微观个体的影响，如对收入分配的影响。Bourguignon 和 Spadaro（2006）总结了微观模拟模型作为收入再分配政策分析工具的理论背景、基本技术和未来的发展方向。常用的模型主要有 TRIM3、STIN-MOD、EUROMOD、SPSD/M 等。张世伟等（2008）运用微观模拟模型对吉林省税制的收入分配进行实证分析，他们通过收入修正模块、收入时化模块、税收制度实施模块、税收制度效果模块四个模块组成静态微观模拟模型。[②] 张世伟等（2008）得到的主要结论为：城镇居民收入增长必然带来收入差距的扩大；由于个人所得税制度无法使低收入群体完全免除税负，使得目前个人所得税制度没有起到明显的缩小居民收入差距的作用；然而，税收制度调控收入差距的能力必将随着收入的持续增长和收入差距的持续扩大而增强。

2. 直接利用微观数据进行实证分析

直接利用微观数据进行实证分析，即直接利用国家统计年鉴（或省统计年

---

① 收入数据可以考察不同收入来源的纳税情况，以及其随时间的变化规律；消费数据可以考察个人在购买商品时的具体税收负担（支出），以及其随差别税率变化的规律。

② 该四种模块的计算依据如下：税收修正模块通过个人缴纳的保险数据，根据工资、薪金与收入的比例关系，将保险收入还原为个人的收入，然后通过行业获得分组薪金收入；税收时化模块针对不同行业，依据行业平均工资的时间序列数据，应用回归模型估算行业收入增长率，从而获得个人在各年的修正收入。税收制度模块是根据具体的个人所得税制度，衡量还原收入缴纳个人所得税的过程，从而计算个人所得税的调节作用；税收制度效果模块在收入、税制明确的情况下，用来衡量整个人所得税制的分配效应，主要衡量三个方面的效应：财政效应、收入不平等性和税负公平性。在上述四个模块建立和数据收集后，通过计算机模拟个人所得税调节收入分配的过程。

鉴）中居民的实际总收入作为税前收入、将居民可支配收入视为缴纳个人所得税后的收入（即税后收入），进行基尼系数的计算和比较。比如 Pechman 和 Ockner（1974）利用每组收入群体的收入和支出数据，计算每组群体所负担的税收情况，从而比较税收在不同收入群体中的分配情况。Bishop，Chow，Formby 和 Ho（1997）利用纳税人遵从度量程序（taxpayer compliance measurement program，TCMP）中被审计的个人纳税申报表的微观数据，采用剩余收入和应纳税额累进性的全局度量法，评估了 1979 ~ 1988 年美国联邦所得税的现实累进性变化。分析表明，美国所得税的再分配效应并没有随着时间的推移而发生变化，具体地说现实剩余收入累进性的总体状况没有变化，但现实应纳税额累进性在统计上显著下降。王亚芬等（2007）和周肖肖等（2008）分别比较了税前收入和可支配收入的基尼系数。在数据翔实的情况下，这种实证方法比一般均衡分析更准确地得到了税收负担的分布情况。

2.4　税制结构对收入分配的影响

税制结构从广义上说是指构成税制的各税种在社会再生产中的分布状况及相互之间的比重关系，由税类、税种、税制要素和征收管理层次所组成，各部分相互协调、相互补充。合理地设置各类税种，是有效发挥税收职能作用的前提，也是充分体现税收公平与效率原则的有力保证。

2.4.1　直接税和间接税所占比重的影响

一般而言，直接税，如所得税等具有累进性，其收入再分配功能比较大；间接税，如商品税等具有累退性，其收入再分配功能比较低。因此，税制结构中直接税和间接税所占的比重，将影响到整个税制的收入再分配功能。

Verbist，De Swerdt 和 Decoster（2006）运用微观模拟模型，分析下列改革（减少直接税比重和增加间接税比重）的再分配效应：社会保障缴费减少 25%，间接税税率（主要是增值税税率）提高一定比例用来补偿社会保障缴费的下降额。研究结果表明，高收入者将因为这项改革受益，而低收入者将受损，整个税制的再分配功能将减弱。同时，这种改革也将产生代际效应：退休的人员将受损，工作的人员将获益。

Amarante 等（2011）运用静态微观模拟模型框架以及家庭支出调查数据，

考察了乌拉圭不同税制结构对收入分配的影响，即不同的间接税和直接税的组合对收入分配的影响。在间接税方面，考虑了两种改革方案（当然这种改革方案的设计，使税收总额下降相同的数额）：一种是降低所有商品的增值税率2个百分点，另一种是对于低收入家庭消费较多的商品，降低其增值税率。结果表明，这两种改革方案仍然体现出间接税的累退性，但第二种方案累退性要弱很多。在直接税方面，在二元所得税制度下，考察了分别提高劳动所得税的免征额与资本所得税税率的影响。[①] 结果表明，直接税的这种改革在减轻收入不平等方面的作用非常有限，因为所得税本身就具有累进性。总体来说，降低部分商品的增值税率和提高资本所得税率之后的税收体系，更具有累进性了。但这种税收体系的收入再分配功能仍然很有限。

Levy（2008）利用普通最小二乘法（OLS）测算了1995年和2000年美国州和地方政府来自不同税基的税收收入比重对税制累退程度的影响。[②] 具体而言，销售税收入比重提高1个百分点，州和地方税制的累退程度上升12～17个百分点，而所得税收入比重提高1个百分点，州和地方税制的累退程度下降12～13个百分点。美国州和地方税制整体来看是累退的，其中，华盛顿哥伦比亚特区的税制累退程度最高，特拉华州税制的累退程度最低，这种差异的主要原因在于有些州的所得税收入比重不到10%，而有些州的销售税收入比重不到20%；华盛顿哥伦比亚特区之所以是累退性最高的州，就是因为没有所得税而销售税很高。

关于我国税制结构的收入分配效应，学术界的观点几乎是一致的，那就是我国现行的税制结构不利于公平收入分配（刘广仲，2002；张斌，2006；寇铁军和赵桂之，2008；王乔和汪柱旺，2008；闻媛，2009；赵福昌，2011）。王乔和汪柱旺（2008）认为，在我国以流转税为主体的现行税制结构对居民收入分配差距的影响不甚显著的同时，加上我国目前的税收征管水平低下，个人所得税主要来源于工薪阶层，对高收入者的个人所得税实征率很低，导致个人所得税调节居民收入差距的效用大大弱化。闻媛（2009）的分析结论是：以流转税为主体的税制结构使税制整体呈现出累退性，个人所得税对工薪收入的过分关注以及对财产性收入调节的缺位，增强了个人所得税制收入分配逆向调节的特征。

---

① 二元所得税（dual income tax，DIT）是个人或家庭所得税的一种税制设计模式，是按照不同的税率对资本所得和劳动所得分别予以课税，而对劳动所得按累进税率课税的制度。

② 由于美国是联邦制国家，所以50个州加一个华盛顿哥伦比亚特区，就等于有51种不同的州和地方税制；虽然各州无不依赖三大税基——财产、所得和消费，而且所有州主要依赖财产税为地方一级政府融资，但有些州也征收所得税或销售税或兼而有之。

2.4.2　税制结构对现实收入分配的反应

在税制结构中，除了直接税和间接税的组合比例会影响整个税收制度的收入分配功能，税制结构与现实收入分配之间的相互作用也会动态地影响整个税收体系的收入分配功能。如 Meltzer-Richard 假说指出，越不均等的收入分配越是孕育出收入的再分配需求（Meltzer and Richard，1981）。之前，实证上对该假说的验证大部分集中在政府部门规模上，Borge 和 Rattsø（2004）的实证研究运用的是挪威 434 个地方政府的税制结构的数据，包括人头税和财产税。[①] 研究结果发现，税制结构对于现实收入分配状况是有反应的：一方面，越是均等的收入分配，暗含着税收负担从财产税转向人头税，即收入再分配的需求越小。另一方面，如果收入分配越不公平，绝大多数人就越会赞同废除人头税，税收负担将越向与收入成正比的财产税转移，即收入再分配的需求越大。

2.5　商品税对收入分配的影响

商品税是对商品流转额和非商品流转额（提供个人和企业消费的商品和劳务）课征的税种的统称，也称流转税。商品流转额是指在商品生产和经营过程中，由于销售或购进商品而发生的货币金额，即商品销售收入额或购进商品支付的金额。非商品流转额是指在非商品生产经营的各种劳务提供过程中，所发生的货币金额，即提供劳务取得的营业服务收入额或取得劳务支付的货币金额。商品税主要包括增值税、消费税、营业税、关税、流转税附加税（城建税与教育费附加）等。古今中外，商品税在各国税收中占有十分重要的地位，并且曾经是或正是许多国家的主要税收来源。

2.5.1　商品税的累退性

传统观点认为商品税一般具有累退性质，难以体现税收的公平原则。商品税一般按比例税率征收，对于不同收入阶层而言，低收入阶层负担的流转税税负占其可支配收入的比重往往要高于中等收入阶层和高收入阶层。这样，随着个人收

---

①　这里所说的人头税是指按每标准户收取的公用事业设施费。

人的提高，相应的税负就会下降。因此，商品税征收的结果是穷人用自己较大份额的收入承担了这类税收的负担，而富人只用了其收入的较少份额。从这个意义上说，穷人的税收负担率更高。因而，当社会对公平问题予以较多关注时，必须降低此类税收在税制结构中的地位。

一些学者运用税收和收入数据，分析了各国商品税的累退性。如 Pechman 和 Okner（1974）分析指出，美国的营业税和消费税具有明显的累退性。Frideman（1980）指出，比例税制的流转税必定使高收入者所承担的流转税占其收入的比重大大低于低收入者，这是造成商品税累退性的原因之一。Brown（2000）利用英国 1975～1986 年的数据分析了英国商品税的累进程度，由于这一阶段英国增值税的征收范围一直在扩大，增值税增大了收入不公平程度。Leahy 等（2011）利用爱尔兰 2004～2005 年家庭预算调查数据，估计了家庭支付的增值税额占周可支配收入的比例，以此来考察增值税的分配效应，得到的结论是，现行增值税制具有明显的累退性。

虽然总体上商品税具有累退性质，但比较各种商品税，各自的累退程度和对收入分配的影响程度也不尽相同，例如，增值税的累退性要弱于销售税，直观上来理解，主要源于增值税采用进项扣除方式，只对增值额进行课税，避免了重复征税的问题。Whalley（1975）运用一般均衡的方法，对 1973 年英国各项税收改革对收入分配的影响进行了研究。他指出虽然增值税是累退的，但其累退程度相对于其他的销售税来说要小得多，因此给收入分配带来的负面影响也小得多。Altig 等（2001）运用美国数据也得出了类似的结论，如果采取用增值税取代美国现行销售税制的改革，个人长期收入将增加 9% 左右。因此，与一般销售税相比，增值税的累退性要弱很多。[①]

上述分析都是从时点来分析商品税（如增值税）的收入分配效应，Metcalf（1994）从生命周期的角度分析了增值税的收入分配效应，发现在整个一生中增值税对于总支出是成比例负担的。可以这样直观地理解该理论：从消费者一生的预算约束来看，个人一生消费的贴现值等于个人一生收入的贴现值，则不管是穷人还是富人，从生命周期的角度来看，一生的收入都或早或晚地被消费掉。因此，整个一生中增值税对于总支出是成比例的，即增值税具有比例税的特性。

同时，在计算商品税的累退程度时，选择不同的收入指标也会影响计算结果。以销售税为例，一般采用毛收入或者净收入来作为计算销售税累进性的标准。这主要是因为普遍认为收入是支付能力的最好度量。Davies（1959）提出采

---

① 有学者提出，增值税本质上可具有累进性（Tamaoka，1994；Grinberg，2006；Jenkins et al.，2006）。通过对食品等免税、对必需品课征低税率、对奢侈品课征高税率等，就可消除增值税累退性，甚至可使之具有累进性。

用矫正可支配收入来度量真正的消费能力。现实中，低收入群体经常出现消费多于总收入或者净收入的情况。很明显，对消费的有效需求和支付与消费相关税收的能力是与当前收入状况存在本质区别。当前消费可以超过当前收入。在这个过程中净资产可以减少，可以增加，也可以不变。消费是过去和现在收入的函数，从某种意义上说，它还是未来收入预期的函数。因此，Davies（1959）认为，只有同时考虑过去收入和未来收入预期的影响，税收累进性度量才能真正具备现实意义。因此，他建议采用一个更加明显的变量，矫正可支配收入。用这个方法计算有效税率虽然用的是当前数据，但体现出长期的影响。近期清偿的资产实际上是过去收入的长期积累，同时又体现为近期支付能力的增加。未来收入预期导致的近期债务也增加了近期的支付能力。反之，亦然。采用矫正可支配收入的一个主要影响是它会纠正对低收入群体的可支配收入低估，也会纠正对高收入群体可支配收入的高估。如果用 C 代表消费，CDR 代表矫正可支配收入，而 Y 代表净收入，对于高收入群体而言，$C/CDR > C/Y$；对于低收入群体而言，$C/CDR < C/Y$。Davies（1959）指出，对于不对食品消费免税的地区，如果用矫正可支配收入来替代可支配收入，一个显著的变化是销售税由累退变为累进。Davies（1959）认为，这个发现对于政策的制定和修改很有指导意义。

2.5.2 环境税对收入分配的影响

国外环境税基本类型有资源税、能源税、污染税和交通环保税等多种，征税范围涉及资源、能源、污染防治和交通等领域的多个方面，征税依据则有排放量、含量、产品销售、生产投入、消费量或市场价格等，且在征税中广泛运用到重税和税收减免等特殊政策。

关于环境税的收入分配效应的实证分析可分为两类：一类是只集中于环境税的直接效应，另一类是包括直接效应和间接效应。环境税的间接效应是指对生产者征税会转嫁到消费者价格中，继而对家庭产生分配效应。这类研究一般使用的都是投入—产出表和微观模拟模型，比如对加拿大（Hamilton and Cameron，1994）、英国（Symons et al.，1994）、澳大利亚（Cornwell and Creedy，1996）、西班牙（Labandeira and Labeaga，1999）、丹麦（Wier et al.，2005）、荷兰（Kerkhof et al.，2008）以及爱尔兰（Verde and Tol，2009）等国家的研究。

从现有的文献来看，绝大多数学者研究的主要还是环境税的直接效应。一般结论认为，环境税是累退的，低收入的家庭收入中支付环境税的比例高于高收入的家庭。但 Poterba（1991），Bull，Hassett 和 Metcalf（1994）以及 Metcalf（1994）从生命周期的角度质疑了环境税的累退性。如 Bull，Hassett 和 Metcalf

（1994）在生命周期的框架下研究了能源税的税收归宿，其研究主要考虑了两方面的因素：第一，由于能源税对于个人一生有不同的归宿影响，因此不能仅仅分析能源税在某一年的负担，而应该在生命周期的框架下研究能源税的归宿。第二，能源税的影响来自两个方面，不仅仅具有直接影响，即提高了能源产品的价格，同时也存在着间接影响，即提高了其他以能源产品作为中间品的商品的价格。其研究结果表明，在生命周期框架下，碳税的累退性明显减弱。[1] 当仅考虑直接效应时，碳税是累退的，当同时考虑直接效应和间接效应时，其累退性大大减弱。

　　最近，欧洲学者集中于单个国家研究环境税的分配效应，并大多用微观模拟方法，得到的结论是环境税具有累退性。这些国家包括德国（Bork，2003）、英国（Dresner and Ekins，2006）和爱尔兰（Callan et al.，2009）。在有些国家，环境税是否为累退的，取决于该国的税制设计。比如在爱沙尼亚，Poltimäe 和 Võrk（2009）利用家庭预算调查数据和微观模拟模型，分析了爱沙尼亚环境税的收入分配效应。2000～2007 年，因环境税中最重要的税种——机动车燃油消费税具有累进性，[2] 故整个环境税是累进的。但自 2008 年以来，因新增了电力消费税和对天然气等的增税而导致环境税的累进性降低。又如在意大利，尚未发现环境税累退性的证据（Tiezzi，2005）。作者认为，之所以如此，是因为对机动车燃油征税较重，而对取暖燃油征税较轻所致。

　　上述对于环境税的研究，是孤立地考察环境税的一种税收，也许单独地考察环境税本身，它是累退的，但通过收入中性的税制改革（即改革不影响税收总收入），用环境税代替其他一些税收，可以达到累进的效果。Hamond，DeCanio，Duxbury，Sanstad 和 Stinson（1997）提出对污染和废气征税，同时减少对劳动和资本征税，可以使全社会效用提高。Metcalf（1999）指出，当环境税收入通过减少工薪税和个人所得税的方式返还给家庭，征收相当于联邦收入 10% 的环境税可以不影响收入分配。因此，这种环境税对收入分配不会造成累退的影响。

2.5.3　燃油税对收入分配的影响

　　一直以来，燃油税都被认为是累退的，如 Santos 和 Catchesides（2005），Walls 和 Hansen（1999）以及 KPMG Peat Marwick（1990）。KPMG Peat Marwick

---

　　① 碳税是一种污染税，它是根据化石燃料燃烧后排放碳量的多少，针对化石燃料的生产、分配或使用征收税费。

　　② 在爱沙尼亚，2007 年以前机动车燃油消费税一直是其环境税的主要税种。2007 年，该税收入占整个环境税收入的 98%。

（1990）利用消费者收入和支出的年度数据，指出诸如汽油税（gasoline tax）等消费税（excise taxes）的开支，在低收入家庭中所占的比重，要大大高于在高收入家庭中所占的比重，具有很强的累退性。Santos 和 Catchesides（2005）认为，在英国，如果只包括有车家庭，燃油税具有很强的累退性，但如果把无车家庭也包括进来，此税就大致显现出中性。Asensio 等（2003）对西班牙的研究表明，燃油税的最大负担落在了中等收入者身上。

最早研究欧洲碳税的 Pearson 和 Smith（1991）估计了7个欧洲国家（法国、德国、意大利、荷兰、西班牙、英国和爱尔兰）碳税的分配效应。他们发现，在前5个国家，碳税的税收负担与收入的关系十分微弱，而在英国和爱尔兰却存在明显的累退关系。Barker 和 Köhler（1998）利用欧洲能源—环境—经济模型分析了11个国家（比利时、西班牙、荷兰、爱尔兰、意大利、卢森堡、葡萄牙、法国、德国、英国和丹麦）收入中性的生态税改革的影响，发现对取暖燃油征税是累退的；在所研究的大多国家里，只有当交通燃油被征税时，这种税制改革才具有累进性。

上述这些文献研究的都是发达国家的情况。这些国家的发展水平远远高于世界的平均水平。以美国为例，即使是贫困的人也拥有车。一般来说，穷人的车会比较旧，比较耗油，穷人住的地方一般离工作地点很远，要开很久的车去上班。这些都会造成穷人要花费较多的汽油在代步工具——车上。这些都加剧了燃油税的累退性。然而，发展中国家的情形可能完全不同，多数学者的研究结论是发展中国家的燃油税可能具有累进性（Brenner，Riddle and Boyce，2007；Sterner and Lozada，2009；Blackman，Osakwe and Alpizar，2010；Datta，2010）。Sterner 和 Lozada（2009）运用 Suits 指数，考察了墨西哥燃油税的再分配效应，结果显示：如果仅考虑燃料（如汽油、柴油等）的直接使用，燃油税是累进的；如果把燃料在公共交通方面的间接使用也包括进来，燃油税对于收入来说基本呈现中性；如果新增的燃油税收入，用来降低生活必需品上的税收，则该税收体系很容易变成累进的体系。Blackman，Osakwe 和 Alpizar（2010）运用2005年家庭收入和支出调查数据及2002年投入—产出矩阵考察了哥斯达黎加的燃油税负担情况，研究结果表明：燃油税通过影响汽油消费所产生的效应是累进的；燃油税通过影响柴油消费所产生的效应是累退的（包括直接和间接的影响，如公共汽车等。这主要是由于穷人更多地依靠公共交通）；燃油税通过影响除燃料和公共交通以外的商品消费所产生的影响相对较小，尽管也是累退的。Yusuf（2008）利用多部门、多家庭可计算一般均衡模型分析了印度尼西亚开征碳税的分配效应，认为与大多数发达国家相反，印度尼西亚开征碳税不一定具有累退性：在农村地区表现出显著的累进性，而在城市地区要么表现为中性，要么表现为微弱的累进性，从全国整体来看则具有累进性。同样，Brenner，Riddle 和 Boyce（2007）利用 1995年的全国典型家庭收入和支出调查数据，把家庭支出分为 6 类并估计出不同类型家庭消费中的碳含量，以此分析中国碳收费的分配效应，得到的结论是碳收费具有累进性。他们认为，碳收费的累进性主要源于城乡支出格局的差异，并推测其他发展中国家也会存在类似的格局差异。

此外，运用不同的方法或不同的数据考察燃油税的累退程度，通常会有不同的结论。Kasten 和 Sammartino（1988）以及 Poterba（1989）提出低收入者每年收入的波动，也会夸大消费税的累退程度。从生命周期的视角来看，消费税，尤其是汽油税的累退程度要比一般想象的低得多。Sterner（2012）用一生收入（以总支出作为近似指标）研究了 7 个欧洲国家（包括法国、德国、英国、意大利、塞尔维亚、西班牙和瑞典）的燃油税的再分配效应，得到的结论是：燃油税在有些国家具有微弱的累进性，而在有些国家则具有微弱的累退性，总之这种税可以大致说是中性的或是比例税。Poterba（1991）指出，年度支出比年度收入更能反映家庭的福利。考察某项税收是否具有累退性，应该分析其是否给低支出家庭带来比高支出家庭更高的负担。Poterba（1991）运用消费者支出调查数据（consumer expenditure survey），计算出汽油支出在低支出家庭和高支出家庭所占的比重。通过这种考察汽油税负担分配的方法得到的结论，与传统的依靠年度收入数据得出的结论，差异很大。低支出家庭的汽油支出在其总支出的比重小于对应的中等支出家庭。虽然收入在前 5% 的人，汽油支出在总支出中的比重大大小于收入较低的群体，但总体来说，比起汽油支出在家庭收入中的比重，汽油支出在家庭总支出中的比重要平稳得多。但这种局部均衡分析方法的缺陷将导致以下两个问题：第一，较高的汽油税会导致消费者价格（consumer price）和稍微偏低的生产者价格（producer price），这将使汽油税的一些负担被转嫁到当前油田的拥有者身上，这些人绝大多数是美国石油公司的大股东和外国人。将较高的汽油税负担转嫁国外的这种情况，值得今后继续研究。第二，Poterba（1991）的文章仅是把汽油看成最终消费品，忽视了将汽油看成中间投入品的消费，这个可以通过投入产出表和可计算的一般均衡模型这种方法加以弥补。

2.5.4 弥补商品税累退性的措施

由于商品税在一国税收收入中的重要地位，对于商品税累退性的特点，经济学家提出了一系列的政策建议。阿尔布里奇（2005）指出，可以从税基和税率两个方面来降低商品税的累退性，如在税基的选择上：可以通过排除占较低收入家庭大部分收入的商品（比如食品等生活必需品）来减轻低收入者的税收负担；

41

可以通过把服务纳入征税范围以扩大税基，来增加高收入者的税收负担；如在税率的选择上：可以通过对更多地由高收入阶层消费的特定项目，实施差别税率，来增加高收入者的税收负担。对于差别税率，罗森（2006）认为，如果政府既关心效率也关心公平，最优商品税必须偏离反弹性法则。[①] 简单说来就是生活必需品少征或不征税，奢侈品征高税。但罗森也指出在存在累进所得税的情况下，实行差别税率的商品税可能会增加税制的超额负担，使征管工作变得复杂。

对于上述降低商品税累退性的建议，一些学者进行了实证检验。Creedy（1992）指出，通过对一些商品实行免税政策（如食品等生活必需品），可以为间接税引进累进因素。如下列改革，即由所得税转向带有免税政策的消费税，对政府收入和社会收入分配没有影响，即实现收入中性和收入分配中性。Creedy（1993）指出，在间接税体系内，可以设定两个不同的税率，如富人消费较多的商品采用高税率，穷人消费较多的商品采用低税率。上述研究都从横截面（cross-sectional）数据上证明了，类似于对食品进行税收豁免的政策，是可以减轻不平等现象的。然而，Cameron 和 Creedy（1995）考察了所得税转向带有税收减免政策的消费税在整个生命周期里，对于降低不平等现象的作用。研究结果表明，在整个生命周期内，这种税制改变并不能改善不平等现象。对于改善收入不平等现象而言，采用更高的转移支付要比广泛使用税收减免要有效得多。Metcalf（1994）指出，对增值税进行的一些改革，如对生活必需品实行零税率和对家庭进行一揽子税收返回，都将大大提高增值税的累进性，但这些额外的累进性是以税收的大幅度减少为代价的。

Decoster, Loughrey, O'Donoghue 和 Verwerft（2009）把家庭个人支出数据加入到 EUROMOD 的收入和税收微观数据文件中，考察间接税体系，主要包括增值税、特定消费税和其他消费税的累退性。结果如下：第一，增值税和消费税具有相同的累退性。由于高收入者储蓄比较多，其收入中支付的间接税比重就比较少。第二，将福利指标从可支配收入换成非耐用品支出，证明了收入指标更容易出错，并且从生命周期的视角来看，可支配收入变化太大，而不适合度量一个人的福利水平。第三，降低社会保障缴费和提高增值税率的税制改革，即使在保持储蓄不变的前提下，也会使低收入者受损和高收入者受益。这表明即使间接税对于总支出来说是累进的，其累进性也低于雇员的社会保障缴费。[②] 这就对这种

---

① 反弹性法则是指只要商品在消费上相互独立，最优商品税要求对各种商品课征的各自的税率必须与该商品自身的价格弹性呈反比，即一种商品的需求弹性越大，征税潜在的扭曲效应也越大，税率应该与补偿需求弹性呈反比。因此应该对需求弹性较小的商品课征较高的税率，而对需求弹性较大的商品课征相对较低的税率。

② 间接税的累进程度低于社会保障缴费的原因如下：没有工作的人员主要来自于低收入群体，这部分人需要支付间接税，但不需要社会保障缴费。

类似的税制改革提出了一点忠告：如果要保持再分配功能不变，税制转向间接税时，必须提高直接税的累进程度。

Aasness，Benedictow 和 Hussein（2002）分析了挪威 1999 年以来的间接税，研究结果表明，2000 年 11 月通过的间接税制改革具有明显的收入再分配效应：食物类商品增值税税率的降低以及服务类增值税的引进，使得低收入家庭（收入在后 70% 的家庭）获益，并且高收入家庭（收入在前 30% 的家庭）受损。

巴西的商品税占据巴西政府 60% 的税收收入，具有举足轻重的作用。然而，巴西的贫富分化（收入不平等）在世界上也是非常严重的：在全国总人口中，最富有的 1% 人口能赚得最贫穷的 50% 的人口的收入。Barbosa，Fiuza，Scharth 和 Asano（2003）运有微观数据（即 1995~1996 年全国家庭支出调查数据，National Household Expenditure Survey），模拟最优商品税以及最低收入转移支付的收入分配效应。研究结果表明，包含最低收入转移支付的最优商品税体系，使低收入家庭获得收益的提升。这说明最低收入保障项目与商品税体系的结合，对于收入再分配、保障低收入家庭的收益具有很大作用。

Decoster，Schokkaert 和 Camp（1997）运用微观模拟模型 ASTER 进行模拟，比较了比利时目前的间接税体系和一个更简单的两税率间接税体系。结果表明，两税率的间接税体系在收入再分配方面更加有效，主要是由于后者在税率上更加累进，同时也消除了偏好不同的人在选择商品消费时由于税率差异过大带来的负面影响。

Prasada，Silva 和 Weerahewa（2005）提到，发展中国家的直接税税基并不完善，利用间接税对商品和服务征税是维持政府稳定税收收入的重要途径。斯里兰卡的税收收入主要来自于所得税、印花税和对中央银行持有的国库券、商品和服务以及国际贸易征税。2000 年，为了维护税收收入的稳定性，政府提高了对国内商品和服务的征税，具体包括商品服务税（goods and services tax，GST），国民保障税（national security levy，NSL），进口关税（import tariff）等。文章采用斯里兰卡家庭调查中的食物支出和非食物支出数据，总共分析了 49 种商品的税收归宿得出三点结论。第一，96% 呈现累退性的间接税，是对生活必需品征收的税收；呈现累进性的间接税，都是高收入者消费较多的商品，如奢侈品。第二，不管是对何种商品征收间接税（即不管是对生活必需品征收还是奢侈品征收），该税收的设计方案将决定其累进或累退的性质。如引进税收豁免，将降低其累退性。斯里兰卡的 GST 累退性弱于 NSL，就在于 GST 的税收设计方案里引进了一系列的税收豁免政策。第三，进口关税虽然可以保护本国生产者和增加税收收入，但却降低了低收入者的福利。因此，需要进一步考察进口关税带来的收益是否足以弥补低收入者的损失。

2.5.5　偷漏税带来的商品税累进性

上述研究都假设商品税按照税法的规定，对所有出售的商品进行征收，不存在偷税漏税的情况。但是在实际经济中，商品税的偷税漏税的情况确有存在，这是否会影响到商品税的累退程度？Jenkins，Jenkins 和 Kuo（2006）运用多米尼加共和国家庭收入和支出的数据，包括不同收入和消费层次的家庭购买的 2042 种商品和服务，加入了每种商品的增值税在实际经济中是否确实被征收的因素，考察了增值税的累退程度，其研究表明多米尼加增值税的对于各个收入阶层都是非常累进的。其主要原因在于，商品出售给穷人和富人的方式与场所是有区别的，这种区别在发展中国家尤其显著。穷人一般去小商店和自由市场购买商品和服务，富人一般去大型超市和商场购买商品和服务。一般来说，增值税的征收成本在小商店和公开市场较高，其征管力度要比在超市和商场小得多，因此小商店和公开市场里的部分商品可以逃避增值税。

2.5.6　国内学者研究

国内学者对于商品税对收入分配的影响也进行了积极的探索和研究。我国商品税影响收入分配的研究也普遍认可商品税具有累退性。王剑锋（2004）建立了一个流转税影响个人收入分配调节的理论模型并进行了实证分析，把城镇居民家庭按收入从低到高分成了 7 组，证明了低收入阶层居民的流转税负水平明显高于高收入阶层居民，这会在很大程度上抵消个人所得税超额累进税率所起到的调节作用。因此，应对增值税优惠范围和流转税税率进行调整，以此来降低低收入阶层的税收负担。蒋洪、于洪（2004）利用我国城镇居民收入和消费数据，证明了税收负担在不同商品和不同收入群体间存在很大差异。因此，商品课税应该依据低收入群体消费的商品低税或无税，高收入群体消费的商品高税的原则来设计，从而达到纠正税收负担不合理分布的目的。齐代民（2007）指出流转税难以体现公平原则。由于消费者成为流转税的最终归宿，不可避免地使低收入或无收入居民的消费也承担了流转税税负，与量能负担的公平原则相悖，从而加剧了低收入或无收入者的贫困程度。于洪（2008）认为，对于需求弹性小的消费品征收流转税会使得流转税呈现出累退性。

虽然普遍认为商品税具有累退性，但不同商品税的累退程度并不相同。刘怡、聂海峰（2004）利用城市住户调查资料（消费者的收入和支出数据）分析了在现行税制结构下，整个间接税的收入分配效果，即增值税、消费税和营业税这三项主要的间接税在不同收入群体的负担情况，发现并非所有商品税都具有累退性，商品税的累退程度也与具体国家的实际情况有关。[①] 文章的样本家庭有1 240 户，把家庭根据 2002 年的总收入分成 5 个收入类别，从低到高的分类标志收入分别为 2 万元、4 万元、6 万元和 8 万元。由于收入差异，不同的收入类别包含不同的家庭数目，比如收入低于 2 万元家庭的数目是收入高于 8 万元家庭的3 倍。通过比较增值税、消费税、营业税历年的 Suits 指数发现，低收入家庭收入中负担增值税和消费税的比例大于高收入家庭，但高收入家庭收入中负担营业税的比例大于低收入家庭，即增值税和消费税负担是累退的，而营业税负担是累进的。其研究表明，这与 Pechman 和 Okner（1974）分析的美国营业税的累退性相悖。中国大部分服务的税率为 3%，对于日常生活服务的税率是 5%，而对于歌厅、舞厅、茶座等高档娱乐场所的营业税率为 20%。由于税率的设定和高档服务作为奢侈品的特性，营业税出现了微弱的累进性。由于增值税在税收收入中所占比重大，综合增值税、消费税和营业税之后，整个间接税体系恶化了收入分配，尽管影响不显著，但从总体上讲，低收入者的流转税负担仍然要高于高收入者。

平新乔和梁爽等（2009）指出，增值税与营业税都分别具有公平的性质，即税收对富人的相对福利影响较大，并且营业税带来的福利损失相对于增值税来说是偏重的。与刘怡等（2004）得出结论相异的主要原因在于平新乔和梁爽等（2009）关注的是营业税的重复征税问题，但在实际经济中，通过税收筹划以及税务机关的纳税辅导，企业有可能通过详细的账务来有效避免营业税的重复征税问题。

2.6　所得税对收入分配的影响

所得税的代表性税种是个人所得税、企业所得税，其中个人所得税作为国际通行的调节收入公平分配的一个重要税种，对个人收入分配有着决定性影响，对调节收入公平分配发挥着独特的作用，因此本节重点综述个人所得税对收入分配的影响。企业所得税对收入分配也产生影响，不过目前学界对其影响机制和影响方向仍存在争议。

---

① 最近，两位作者专门就我国增值税的累进性进行了研究。他们使用最新的投入产出表和城镇家庭消费数据，研究了近年来不同收入家庭的增值税负担分布及累进性演变情况，发现所有家庭负担的税收比例都在增加——增值税是累退的（聂海峰、刘怡，2010a）。

2.6.1 个人所得税的累进性

个人所得税的累进特征使得它在缩小收入差距中发挥着重要作用，一些学者的实证研究也证明了这一点。

Milanovic（1999）对个人所得税的收入再分配效应进行了大量的实证研究，比较了近 79 个国家和地区在 20 世纪四个阶段的税前和税后基尼系数。第一，个人所得税使税后基尼系数平均值显著下降；第二，个人所得税在发达国家的调节力度略高于发展中国家；第三，收入分配差距越大的国家，其向低收入者进行收入再分配的偏好越强。Verbist（2004）通过运用 15 个欧洲国家的收入数据，分析了个人所得税的收入再分配效应，也证明了个人所得税的累进性，并指出税率的累进性是个人所得税累进性的重要来源。

上述是关于个人所得税累进性的实证研究，关于企业所得税，是否具有相同的性质？直观上理解，由于同属于所得税，会想当然地认为企业所得税也具有累进性。但在实际生活中，由于企业的税负可以很容易地转嫁给劳动者，即企业主会把税收负担转嫁在工人身上，因此企业所得税的上升会以工人工资的下降为代价。Felix（2007）采用 19 个发达国家的税收数据分析得出，企业所得税并不具备如个人所得税的累进特性，不能达到收入再分配的效果。同时，企业所得税还会带来税收超额负担，进而降低社会的经济效率。

对于各国所得税的累进性作用，学者们也做了一些研究。Bach，Corneo 和 Steiner（2008）运用 1992 ~ 2002 年德国个人纳税单的数据，研究了德国个人所得税对高收入阶层的累进性和再分配效应。结果显示，德国存在大量的税基侵蚀（应税收入和总收入之间的差额很大），同时近年来高收入阶层边际税率又不断下降，但德国的所得税仍然是累进的：税收负担的分布比较集中，2002 年收入前 10% 的人支付的税收超过总税收的一半，收入前 1% 的人支付的税收达到总税收的 20%。

Bogetit 和 Hassan（1995）采用保加利亚家庭收入、支出和税收调查数据，分析了所得税对城镇和农村收入分配的影响。由于城镇工资收入水平明显高于农村，累进税率的个人所得税起到了调节城镇和农村收入差距的作用。

橘木俊诏（2003）采用日本的居民收入数据，分析了 1966 ~ 1996 年个人所得税的收入再分配作用，也证明了个人所得税的累进性。在这 30 年间，个人所得税使税前和税后差距缩小了 1%。

Urban（2008）对克罗地亚的社会保险缴费、个人所得税、公共养老金、根据经济情况调查结果确定的现金补贴（means-tested cash benefits）和非根据经济情况调查结果确定的现金补贴（non-means-tested cash benefits）的收入再分配效应进行了比较分析。结果显示，个人所得税和公共养老金有非常强大的再分配功能，其中公共养老金在减少收入不平等方面贡献最大，社会保障缴费和个人所得税次之。

Creedy，Enright，Gemmell 和 McNabb（2010）运用 2006～2007 年家庭经济调查（household economic survey）数据考察了所得税和转移支付的累进性和再分配功能，结果显示该所得税和转移支付体系使得基尼系数下降了 15%。此外，该文章通过分析新西兰低收入纳税人的特征，研究了低收入者初始免税额的优缺点。文章指出不同的低收入者受税收和转移支付体系的影响也不同，如果要帮助最贫穷的这一部分人，免税额的设定不一定比其他定向的福利政策好。

Kakwani 和 Lambert（1998）提出所得税应该满足三个公理：税收对于收入应该是单调递增的；富人的平均税率应该高于穷人；在满足前两个公理的前提下，税收不能引起再排序效应（re-ranking effect），即富人的税后收入应该仍然高于穷人。对上述三个公理的背离，即构成了税收抵消收入分配公平的三种原因。以澳大利亚的所得税为例：1984 年澳大利亚通过征收所得税使收入分配的基尼系数下降了 2.4 个百分点。更进一步，如果改革可以消除上述三种抵消收入分配公平的原因，可使基尼系数进一步下降 11.4 个百分点。他们认为，相对于纵向不公平，横向不公平是抵消个人所得税调节收入分配功能的主要因素。[①]

Lin 和 Zeng（2010）运用中国城镇家庭调查数据以及加拿大社会经济信息管理（CANSIM）数据，考察了所得税对不同收入群体的负担，不同收入阶层的平均所得税率，以及中国和加拿大所得税累进性差异。结果显示，1997～2005 年，中国高收入阶层的所得税平均税率一直在上升，但中国高收入者支付的所得税比例仍然低于加拿大。中国的各收入阶层的所得税平均税率也低于加拿大。此外，两国的所得税都具有累进性，但加拿大所得税制度的累进性比中国要高，这可能源于以下几个原因。第一，两国的税收政策和税收管理不同。Bahl 和 Bird（2008）指出，发展中国家和发达国家的税收政策和税收管理存在很大的差异，这导致税收规模（如税收占 GDP 的比重）和税制结构（如收入税、间接税在总税收中所占的比重）存在差异。事实上，中国和加拿大的所得税制度的确存在差异，比如资本所得税在加拿大是进行收入再分配的重要工具，而在中国资本所得税却还没有实施。第二，税收的执行力度，世界银行在给各国税收制度执行的容易程度进行排名时，中国被排在了最后十位内。

---

① 横向不公平指相同收入的纳税人会由于其取得收入的类型不同，或来源于不同类型的收入次数不同而承担不同的税负；纵向不公平是指不同类型所得的计征时间规定不同，分为月、次和年，不能反映纳税人的支付能力，使课税带有随意性，会出现支付能力低者税负高于支付能力高者的不正常现象。

2.6.2　个人所得税累进性的来源

所得税累进性的来源主要有以下几种：税率水平、税收抵免和非应税所得（如实物收入等）。如 Steuerle 和 Hartzmark（1981）指出，税率水平、税收抵免和非应税所得共同影响了个人所得的再分配效应。Wagstaff（2001）分析了 15 个 OECD 国家 20 世纪 80 年代中后期个人所得税累进性的来源因素：税率结构、免税额、费用扣除和税收抵免四项，并归结出意大利、法国等属于税率结构型；除澳大利亚以外以英语为主要语言的国家属于免税额型；德国、比利时属于一半来源于税率结构，一半来源于免税额的混合型。Piketty 和 Saez（2007）回顾了美国联邦税制的变化，利用纳税申报表数据，估计了联邦税制（包括个人所得税、公司所得税、遗产税和工薪税）的累进性。他们发现，虽然在过去的 40 余年里，美国联邦税制经历三个明显的变化，[①] 看似都会降低税制的累进性，但因个人所得税存在大量的扣除和免税等规定，税制累进性的削弱并非想象那么明显。

1. 税率水平

Alm，Lee 和 Wallace（2005）分析得出联邦个人所得税具有收入再分配的功能，它使税后的基尼系数低于税前的基尼系数，但 20 世纪末以来，联邦个人所得税的这种收入再分配功能却一直在下降。收入分配功能的下降是缘于税基的改变还是税率的改变呢？Alm，Lee 和 Wallace（2005）指出，美国 1986 年的税制改革，在税基上的改变虽然使所得税更具有累进性，但在税率上的改革却使所得税的累进性大大降低（如高收入阶层的所得税率从 50% 降至 38.5%），且后者的影响大于前者，因此 1978～1998 年这期间所得税的累进性大大降低。同时，Alm，Lee 和 Wallace（2005）也指出，税前收入分配情况也会影响到所得税的收入再分配功能。

2. 税收扣除

日本的个人所得税制度主要用于筹措税收收入，很少用税收抵免作为福利政策的工具。因此，个人所得税的累进性主要是通过应税收入（taxable income）的各项扣除来实现，这也导致了应税收入的大大缩水。因为大部分扣除项目都是

---

① 近半个世纪以来，美国联邦税制的三个主要变化是：第一，个人所得税的最高边际税率骤降。个人所得税法定税率从 20 世纪 60 年代初的最高为 91%，下降到 1988 年的 28%，1993 年虽提高到 39.6%，但 2003 年又降到 35%。第二，公司所得税占 GDP 比例下降。20 世纪 60 年代初公司所得税占 GDP 比例为 3.5%～4%，到 21 世纪初下降到不足 2%；与此同时，公司利润占 GDP 比例并未降低，表明资本所有者的税后所得更多了。第三，为社会保障融资的工薪税的税率上升。从 20 世纪 60 年代初的 6% 提高到现在的 15% 以上，而且年度应纳税收入最高限额为 9 万美元（2005 年），这意味着在该限额以上，随着收入的增加此税的税收负担会越来越小。

按人头来计算的，低收入者的扣除项目比例就会比较高。由于大规模扣除项目所导致的税收收入损失，通过大大提高高收入者的边际税率来弥补。Tajika 和 Furutani（2002）分析了弥补税收收入损失的另一种方法，即从现行的个人所得税制度转向线性的个人所得税制度——基本转移支付和统一的边际税率。结果表明在线性的个人所得税制度下，边际税率大大降低了。同时，该线性的个人所得税制度对不同收入阶层的影响如下：当基本转移支付提高时，低收入者福利增加，高收入者福利下降，但高收入者的福利水平仍然要高于在现行个人所得税制度下的水平。当然，在零和博弈下并不是所有收入阶层的福利水平都提高，中产阶级福利下降。Tajika 和 Furutani（2002）的研究提供了一种降低边际税率的思路，即具有收入分配功能的个人所得税制度仍然可以实现边际税率的下调。

3. 实物收入排除在应税收入之外

Bogetic 和 Hassan（1995）运用保加利亚1992年家庭收入调查数据分析了个人所得税的收入分配效应。结果显示，保加利亚存在着低收入不平等现象，城乡居民收入差距很大。现行的收入税制度有以下特点：一是累进的，如穷人（收入最低的20%的人）只把人均收入的1.4%上缴政府，而富人（收入最高的10%的人）个人所得税税率为6%。二是向农村倾斜，如城镇家庭的平均个人所得税税率为5.3%，而农村家庭的平均个人所得税税率为2.4%，不到城镇的一半。这主要是由于实物收入（in-kind income）被排除在所得税的应税收入之外，而农村家庭的返还实物收入一般要比城镇家庭多。但随着今后实物收入的货币化，该所得税制度的累进性与向农村倾斜的力度将会逐渐降低。

2.6.3 影响个人所得税累进性的其他因素

除了所得税累进性的来源（税率水平、税收抵免和非应税所得）会影响其累进性，其他一些因素，譬如税前收入（或课税所得申报额）对税制改革的行为反应、税收征管力度等，也将影响所得税的累进程度。

1. 税前收入对税制改革的行为反应

差不多所有20世纪80年代关于收入分配的研究都指出美国收入不平等的现象在增长。一部分研究从非税因素考虑，认为这主要是由于几十年持续且加速的收入不平等趋势所造成。[①] 另一种观点认为从税收的因素考虑，认为19世纪80

---

① 如 Murphy 和 Welch（1992）以及 Katz 和 Murphy（1992）人力资本和教育的回报提高，造成对具有高等教育背景和技能劳动力的需求上升；Freeman（1993）认为是工会组织能力的下降。这些因素都与税收无关，即非税因素。

年代的减税政策是造成收入不平等现象加剧的不可或缺的因素。如 Lindsey（1987）和 Feldstein（1995）认为，高收入家庭课税所得申报额的提高，是对减税政策的行为反应，而不是收入分配本身发生了根本的变化。对于减税政策的行为反应还包括劳动供给力的增加，储蓄增加，逃税避税行为的减少，纳税人税收扣除项目的改变（如慈善捐赠的数量以及房贷抵押的数量）。Auten 和 Carroll（1999）考察了 19 世纪 80 年代末，税前收入对于税率变化以及其他非税因素的反应。通过同时引进税收和非税因素，Auten 和 Carroll（1999）更清晰地分析了税率变化在多大程度上可以解释收入的变化。利用美国 1986 年税制改革的契机，文章采用了 1986 年税制改革前后的个人收入面板数据进行研究。[①] 结果显示税率变化对纳税人的行为，课税所得申报额等有很大的影响。

2. 税收征管力度

Bach 等（2005）指出，税收制度的累进性不仅取决于税收制度的设计，也取决于税收的执行力。如果高收入的纳税人可以比较容易地逃税避税，则所得税的收入再分配功能将大大降低。Bird 和 Zolt（2005a；2005b）在研究发展中国家个人所得税的调节功能时发现，多数发展中国家的个人所得税制度并没有广泛地贯彻下去，使得个人所得税对减轻收入不平等作用微小。因此，政府一方面要运用其支出帮助穷人，另一方面要配合其他税收配套缩小收入差距。

3. 对收入的不同定义

在对所得税的收入分配功能进行分析时，对收入的不同定义，会得到不同的结果。Cok 和 Urban（2007）运用斯洛文尼亚和克罗地亚两国 1997 年的个人所得税数据、斯洛文尼亚 2000 年个人所得税数据，以及克罗地亚 2001 年个人所得税数据，分析了个人所得税和社会保障缴费在 1997～2000（2001）年减轻收入不平等的作用。结果显示，1997～2000（2001）年纳税人的收入不平等现象在两国都有增加，且在克罗地亚更加严重。同时，某些收入（譬如工资收入）仍然是造成收入不平等的重要原因。虽然所得税在降低收入不平等方面的功能有所强化，但现行的税收体制仍然不能把收入不平等现象降回至 1997 年的水平。值得注意的是，Cok 和 Urban（2007）定义收入的指标不同于 Cok（2003），Stanovnik（1999），Nestić（2003，2005）。前者把收入定义为应税收入，后者定义的收入不仅包括应税收入，还包括该国的免税收入（譬如养老金）。因此，后者得出的结论与 Cok 和 Urban（2007）有所不同。Cok（2003）和 Stanovnik（1999）得出

---

① 美国 1986 年税制改革可以用三点来概括，即更少的税级、更宽的税基和更低的税率。具体来说，在个人所得税方面的改革包括：降低税率，简并税级；提高个人免税额；提高标准扣除额；取消消费信贷所付利息的扣除；取消长期资本利得的优惠措施；取消州及地方销售税的扣除；取消部分慈善捐款和医疗开支的扣除；取消储蓄和股息的扣除优惠；限制投资支付利息的扣除；削减个人退休金储蓄的税收优待。

斯洛文尼亚的收入不平等现象在 20 世纪 90 年代有所下降，Nestić（2003，2005）得出克罗地亚的收入不平等现象在这期间没有明显变化。因此，对收入这一重要指标的不同定义，对于考察所得税的收入再分配功能具有重要的影响。

2.6.4 国内学者对个人所得税累进性的研究

国内学者也对个人所得税和收入分配之间的关系进行了研究。王亚芬、肖晓飞、高铁梅（2007）从税前和税后基尼系数的角度，证明了我国个人所得税的收入再分配功能。

在个人所得税调节功能的有效性方面，王剑锋（2004）指出，我国个人所得税在调节收入分配上存在有效性不足的问题，这主要是由于现行个人所得税税率结构与职工工薪所得分布情况不对称造成的。

在进一步发挥个人所得税调节功能方面，郭庆旺（1995）指出，个人所得税作为一种调整收入分配的工具，应当对高收入者课以高税，以累进的所得税调整收入分配。同时，通过开征遗产税和赠与税削弱财富过度集中，开征社会保险税为转移支付提供融资渠道，利用税收指数化消除通货膨胀对收入分配的扭曲效应。通过把资源用于有益于贫困者的支出上，为改善收入分配状况提供可能。邓子基、王道树（1997）指出，可以充分利用下列四种功能，发挥个人所得税的收入调节潜能：累进税制、税式支出、税收指数化和负所得税。针对个人收入的不同环节，应采取不同措施，如在个人收入实现环节，征收个人所得税、社会保障税以调节收入差距；在个人收入的积聚环节，征收有形财产税和不动产税以调节收入差距；在个人收入的转让环节，征收遗产税和赠与税以调节收入差距。

2.7 财产税对收入分配的影响

以往文献关于财产税的税负转嫁因财产的类型不同而不同，而且对财产的分类因研究而异。例如，Musgrave 等（1951）把财产分成 14 类，Pechman 和 Okner（1974）仅把财产分成土地和建筑物两类。由于财产税的主体税种是房地产税，因此本节重点综述房地产税的归宿研究。

关于房地产税的税负归宿，经济学界至今仍然存在很多争论，主要的观点有三种，即"货物税观点"、"资本税观点"和"使用费观点"。

2.7.1 货物税观点

"货物税观点"的代表人物有 Simon（1943）和 Netzer（1966），他们主要采用局部均衡方法来分析地区房地产市场增收房地产税的影响。按照该观点，房地产税是一种土地和房产征收的货物税，税收归宿由土地和房产的供求曲线决定。

1. 土地税的归宿

只要土地数量是固定的，那么供给曲线就是完全无弹性的，土地所有者承担土地税的全部税收负担，即是所谓的税收资本化。税收累进程度取决于土地所有权份额是否随着总收入的上升而增加，此条件在多数情况下满足，因此，该部分税收收入具有累退性。如果土地的供给是可变的，那上面的分析就不成立了。例如，城市用地的供给可以通过城乡结合部向农场扩展而扩大。同样，如果有可能填土造田或围垦荒地的话，土地的供给数量也会增加。在这种情况下，土地税由土地所有人和土地使用人共同负担，分担的比例取决于供求弹性。不过，经济理论界通常认为，垂直的土地供给曲线是对现实情况的一个较为近似的反映。

2. 房产税的归宿

资本能用于各种目的，如建造房屋建筑物、制造设备等，资本的逐利性使得资本所有者能够根据每个行业的资本收益率进行配置。从建筑行业的性质看，建筑行业技术含量低、进入门槛低，资本的进入和流出比较方便，从长期看，建筑行业能够以资本的市场价格获得其所需的任何数量的资本，因此，房屋建筑物的长期供给曲线是完全水平的。这种供给曲线下，房产需求者承担对房产征税的全部税收。因为低收入家庭用于住房支出比例大于高收入家庭，所以低收入家庭所承担的税负较重，因此这种税收是累退的。

2.7.2 资本税观点

"资本税观点"首先由 Mieszkowski（1972）提出，后来由 Zodrow 和 Mieszkowski（1983，1986b，2000）作了进一步探讨。资本税观点与货物税观点区别在于，货物税观点是将房地产视作是一种商品，而资本税观点是认为房地产部门是资本密集型产业，因此房地产税视作是对资本要素征税，房地产税的税收归宿分析需在一般均衡框架下，分析对资本征税的影响。按照这种观点，房地产税的税收归宿与税率和资本供给密切相关。

1. 房地产税实行全国统一税率

在这种情况下，房地产税就可视作是对资本课征的一般要素税，如果整个经济中资本供给是固定的，那么根据第 5 章对要素课税的税收归宿分析，当一种生产要素的供给是固定时，它必须承担对它课征的一般税全部税收负担。因此，统一税率使得房地产税全部由资本所有者承担。由于资本所得所占比例会随着收入的增加而上升，所以资本税是累进的，也就是说房地产税具有累进性。这与货物税的观点相反：货物税观点认为对房产征税，使得房产需求方承担所有税负，因此房产税具有累退性。

2. 房地产税实行差别税率

房地产税率依照房地产类型和所处位置而有所不同，在各地区税率存在差别的情况下，资本倾向于从高税率地区迁移到低税率地区。当资本流入低税率地区时，该地区的资本税前收益率会被压下去；同时，高税率地区的资本税前收益率会随着资本的流出而上升。这一过程将继续下去，直到整个经济体系中所有行业的税后收益率相等为止。一般而言，随着资本的流动，其他生产要素的收益也会变化。在税率较高的行政区域中，财产税使资本流出该地区，从而降低了当地生产要素（土地和劳动力）的生产力以及对这些要素的竞争性回报，与此同时，资本被吸引到税率相对较低的地区，从而使该地区的工资和土地价格上升。税收的最终归宿，取决于生产组织形式、消费者需求结构和各种生产要素的流动程度。

3. 经济中总资本供给是可变的

上面两种情形分析的假设前提是经济中总资本供给量是不变的。然而，在开放经济中，一国中的资本供给是可变的。这样，从长期来看，房地产市场资本供给取决于税率，房地产税导致房地产部门与其他部门的资本税后收益率产生差异，由此引起部门间资本流动，以及部门间劳动生产率和劳动收益产生差异，税收归宿仍需借助一般均衡框架进行分析，结论同第二种情况一样。

2.7.3 使用费观点

"使用费观点"是基于 Tiebout（1956）"用脚投票"模型发展而来的，最初由 Hamilton（1975，1976a），Fischel（1975）和 White（1975）三人提出，后来 Hamilton（1983）和 Fischel（2000，2001）在此基础上分别进行深入的阐述和论证。按照这种观点，地方政府通过征收房地产税来提供如教育和治安等公共服务，因此，居民交纳的房地产税就是购买公共服务的价格，每个人按照他所需要的数量购买公共服务。因此，房地产税不应称之为税，而更像公共服务的使用费。当然，其前提条件是房地产税是地方政府财政收入的主要来源。

根据使用费观点，它对房地产税有三个不同认识：第一，研究房地产税的税负归宿是一个毫无意义的概念，因为它不是一种税，而是使用费；第二，房地产税不会产生超额负担，因为它只是对公共服务的收费，因此就像是其他任何商品价格一样，不会扭曲住房市场；第三，一些国家在计算个人所得税时，允许扣除所缴房地产税（如美国），这实际上是对个人消费的公共服务提供补贴，这种扣除就会刺激地方公共部门的规模扩大。

在现实中，房地产税与所享受的公共服务之间的联系往往是很薄弱的，因此，我们不应过分拘泥于房地产税税负归宿的"使用费观点"。但是，这种推理有一些有趣的含义。例如，如果人们很关心自己所享受的公共服务，那就可以预计，较高的房地产税对房价的下压影响可能被由这些税收收入筹资的公共服务所抵消。Oates（1969）设计了一个决定房地产价值的计量经济模型。在这一模型中，其他条件不变时，一个社区的房价取决于该社区所提供的公共服务质量（服务质量好，房价就高，反之亦然），还取决于该社区的房地产税税率（税率高，房价就低，反之亦然）。Oates 的回归分析结论表明，提高房地产税税率会减少住房价值。

2.7.4　三种观点的协调

以上关于房地产税的三种观点并非互相矛盾和排斥。在不同的情况下，每种观点都可能是有效的。例如，如果某个辖区正在考虑降低房产税税率，并以地方销售税来弥补财政收入损失时，那么，以"货物税观点"来分析是最佳视角。因为单个辖区相对整个经济来说非常小，资本可以假设处于无限供给状态，无论税率怎么变动，房产业的税后资本边际收益率等于整个经济体税后资本边际收益率，房产供给具有完全弹性。另外，如果我们要了解取消所有房地产税并代之以全国范围的销售税对经济具有什么影响时，用"资本税观点"来分析则是恰当的。因为资本具有完全的流动性，在全国改变房地产税率实际上是改变房地产业税后资本边际收益率，这需要借助一般均衡理论框架分析其影响。最后，如果税收和福利一起变化，而且人们在选择居住地时有足够的流动性，那么，则宜采用"使用费观点"来进行分析。

2.8　小　　结

本章对收入分配度量方法、税收累进性度量方法、税收的收入分配效应研究方法、主要税种的累进性进行了大量文献综述，主要结论有：

（1）文献中收入分配的度量方法大致可以分为两大类：第一类是以等分法为基础，这种方法主要是把家庭按收入从低到高进行排序和分组，比较各组家庭收入在所有家庭收入中的比重，主要方法有5等分法、阿鲁瓦利亚指数、欧希玛指数、库兹涅茨比率；第二类是以洛伦兹曲线为基础构建的指数（或系数），主要方法有基尼系数、恩格尔系数。

（2）税收累进性度量方法分成两大类。关注于内部税率结构的税收累进性度量方法主要有平均税率法、边际税率法、应纳税额累进性、剩余收入累进性、P 局部度量法等，这些指标值度量的是某一收入区间的累进性值，属于局部度量法。从整个收入分配区间度量税收的累进性的方法主要有有效累进性指标、PO 指数、MT 指数、KP 指数、S 指数、K 指数、St 指数、$PROTA$ 指数、P 全局度量法、B 系数法、KaP 指数等，它们属于全局度量法。

（3）研究税收的收入分配效应所采用的方法主要有静态的理论模型方法、动态的理论模型方法、可计算的一般均衡模型方法和微观数据的实证分析方法。

（4）税制结构对收入分配的影响主要来自两个方面：一是直接税和间接税所占比重；二是税制结构对初始收入分配的反应。

（5）商品税一般按比例税率征收，对于不同收入阶层而言，低收入阶层负担的流转税税负占其可支配收入的比重往往要高于中等收入阶层和高收入阶层，因此传统观点认为商品税一般具有累退性质。由于重复征税的特性，一般销售税对于收入分配的负面影响往往大于增值税。不过，从消费者一生的预算约束来看，一生中增值税对于总支出是成比例的，增值税的累退性会降低。一般结论认为环境税是累退的，但如果从生命周期的角度和从通过收入中性的税制改革引入环境税的角度来考察，环境税的累退性将大大减弱。一般认为，燃油税也是累退的，但考虑到各国不同的经济发展水平，发展中国家的燃油税可能具有累进性。弥补商品税累退性的措施主要集中在税基的选择和税率的选择上。此外，偷漏税也可能带来商品税的累进性。

（6）个人所得税累进性的来源主要有税率水平、税率结构、减免额、税收抵免和非应税所得（如实物收入等），除此之外，其他一些因素，譬如税前收入（或课税所得申报额）对税制改革的行为反应、税收征管力度等，也将影响所得税的累进程度。

（7）财产税对收入分配的影响主要体现在其主体税种上，即房地产税。关于房地产税的税负归宿，经济学界至今仍然存在很多争论，主要存在"货物税观点"、"资本税观点"和"使用费观点"三种观点。

第 3 章

部门收入分配格局

政府、企业和居民之间的收入分配属于部门收入分配，搞清三大部门收入分配的现状、问题及成因，是制定各项有针对性的收入分配政策的前提和基础。本章在详细测算中国 1978～1991 年"资金流量表（实物交易）"基础上，详细分析部门收入分配格局的变化和成因，进而对目前部门收入分配格局合理性作出基本判断，提出改善部门收入分配关系的政策建议。

3.1　引　言

部门收入分配格局是指经济中各部门的可支配收入在国民收入分配中的比例关系，经济中部门的分类方法很多，不管如何分类，各部门均可归为企业、居民和政府三大部门之中，因此通常所说的部门收入分配指的就是三大部门可支配收入在国民收入中所占比例[①]。从国民收入分配的流程看，它包括初次分配和再分配两个层次，初次分配是对生产要素的分配，再分配则是生产环节之后通过经常转移的形式对收入的分配。生产活动形成的原始收入，是整个收入分配的起点，经过初次分配，形成了一国的初次分配总收入；经过收入的再分配，最终形成了

[①]　国内学者对部门收入分配格局的称谓并不统一，有的称为主体收入分配（田卫民，2010），有的直接称为国民收入分配格局（白重恩、钱震杰，2009），本书界定的部门收入分配是采用通常说法。

一国的可支配总收入。因此，依循国民收入分配流程，部门收入分配格局分为部门收入初次分配和部门收入再分配两个环节。

我们知道，在国民经济核算恒等式中，企业、居民和政府在经济中的作用角色有很大差异。居民部门取得收入后用于储蓄和消费，企业部门动用企业未分配利润和居民储蓄用于投资，政府收入（主要是税收）和支出（包括购买性支出和转移性支出）会影响生产和分配。由于三大部门的作用不同，部门收入分配格局的变动会对宏观经济产生重要影响，准确测算部门收入分配格局是理解经济现象和制定经济政策的重要数据基础。

然而，在 20 世纪 80 年代中期以前，我国采用的是物质产品平衡核算体系（MPS），[①] 学术界关于国民收入分配的研究大多集中于积累与消费的比例关系上（杨波，1957；岳巍，1981；刁守研，1982；王积业，1984），直到 80 年代后期国内学者才开始测算和分析部门收入分配格局（叶章和、孙小系、肖杰，1987）。不过，从已有文献看，大多数研究是测算部门收入分配的一个侧面，特别是偏重再分配格局或居民部门收入分配，其数据一般来自《中国统计年鉴》。有些学者测算了改革开放前的部门收入分配，如石良平（1994）测算了 1952～1977 年政府、企业和居民的可支配收入份额，胡海峰（1994）测算了 1952～1977 年居民可支配收入份额。不过，文献集中测算和分析的还是 1978 年后的部门收入分配。

郭树清等（1991）、范一飞（1994）较早研究改革开放以来的部门收入分配。他们的做法是将初次分配中的政府收入界定为间接税与行政事业单位预算外收入，居民的收入为人均纯收入与人口乘积，企业收入等于国民收入总量减去政府和居民收入，再通过计算各部门间的转移收入推算出部门收入再分配格局。郭树清等（1991）的测算结果是 1991 年居民、企业和政府部门在国民收入的分配比例分别是 75.3%、12.5% 和 12.2%，范一飞（1994）的测算结果是 1987 年该分配比例分别是 77.5%、10.5% 和 11.7%。有研究者指出，他们的测算结果存在严重的重复计算和不严格的收入项目界定，从而大大高估了居民部门可支配收入，低估了政府可支配收入（田卫民，2010）。石良平（1994）采用的计算方法是，各部门的初次分配收入加上再分配净额，再加上各部门的资本折旧，即为该部门的最终收入，运用这一方法，他测算了 1978～1991 年部门收入最终分配状况。胡海峰（1994）采用的计算方法是利用《中国统计年鉴》的"社会商品购买力来源、分配及构成表"，推算居民可支配收入规模，但是缺少对政府和企业

---

① 国民经济核算体系一般区分为两种：一是基于马克思再生产理论的物质产品平衡体系（MPS），二是基于萨伊生产要素理论的国民账户体系（SNA）。我国在 1952～1984 年使用 MPS，1985～1992 年 MPS 与 SNA 两种核算体系共存，之后一直使用 SNA。

部门可支配收入规模的推算；郑京平等（1993）推算了1978~1991年中6年的部门收入分配格局，但是未说明计算依据和方法。杨斌等（1998）则着重估计了1987~1996年中国政府的制度外收费规模，从而判断政府部门分配份额，在此基础上，测算了部门收入分配格局，不过，他判断政府制度外收入规模的方法是政府支出减去财政预算内和预算外收入，忽略了国债因素的影响，从而高估了政府可支配收入规模。

以上测算的焦点是对居民和政府两大部门可支配收入规模的判断，由于部门收入来源的高度复杂性，研究者在选择数据和进行数据假定时难免顾此失彼，在估计各部门收入和支出的资金流向时比较粗略，因此对部门收入分配格局的判断也很难达到精确程度。近些年来，随着国家统计局公布针对全社会资金流量核算编制的"资金流量表"，国内学者开始注意到"资金流量表"在测算部门收入分配的重要作用，进而开始相关测算分析。在此，有必要对资金流量表作简单介绍。

资金流量核算中的资金具体指收入分配、消费、投资和金融活动中的资金，资金流量是指一定时期上述资金的增减变化量，资金流量核算的结果是编制资金流量表。因此，资金流量表的主要功能是描述国民经济各机构部门之间一定时期资金往来或交易的流量和流向。我国资金流量表由两部分组成，一部分称为收入分配部分，也称"实物交易"部分，另一部分称为"金融交易"部分。其中，资金流量表的实物交易部分是研究国民收入分配的重要数据基础。

国家计委综合司课题组（1999）较早运用资金流量表测算部门收入分配，他们在资金流量表数据基础上，考察了企业负担后的企业可支配收入和考虑农民负担后的居民可支配收入，进而测算了部门收入再分配状况。许宪春（2002）则利用资金流量表测算我国1992~1997年部门收入再分配状况。李扬和殷剑峰（2007）利用1992~2003年的资金流量表，讨论了居民、政府和企业的各种收入来源的变化对各部门收入占比的影响，并指出期间居民在全国可支配收入中比重下降的原因是初次分配阶段劳动收入份额和财产收入比重有所下降。白重恩、钱震杰（2009）认为，资金流量表的数据质量虽好，但是个别项目需要调整，他们利用省际收入法GDP数据和财政收入统计数据调整了资金流量表中的要素分配结构，进而定量分析了20世纪90年代中期以来国民收入在企业、政府和住户部门间的分配格局的变化及其原因。

通过以上文献综述可以发现，由于资金流量表的良好数据质量，近年来对部门收入分配的研究是建立在该表数据基础上。不过，遗憾的是，《中国统计年鉴》迄今只公布了1992~2008年共17张"资金流量表"，缺失1978~1991年的"资金流量表"，使我们无法观察改革开放后十多年的部门收入分配状况。为此，我们克服重重困难，完成了 1978～1991 年"资金流量"编制工作。[①] 在此数据基础上，据此可以测算 1978～2008 年长时期部门收入分配状况。

从现有测算部门收入分配的文献看，主要有两方面研究尚待拓展：一是缺失基于资金流量表的 1978～1991 年部门收入分配格局分析，当然原因在于国家统计局尚未公布相关数据；二是所测算和分析的部门收入分配格局总存在不完整之处，要么是部门再分配格局，要么是居民部门分配份额状况。本章试图弥补这两点不足，利用资金流量表的数据，详细测算和分析中国 1978～2008 年长达 30 年的部门收入分配，并结合部门收入结构详细分析其成因。

3.2 部门收入初次分配变化及成因

3.2.1 资金流量表的数据结构

资金流量表是我们测算部门收入分配的数据基础。资金流量表统计了非金融企业部门、金融机构部门、政府部门、住户部门和国外部门的各个交易项目资金流量。这五大部门当年资金流量的"运用"和"来源"是平衡的，扣除国外部门后四大部门"可支配收入"项加总起来等于当年国民收入，非金融企业部门和金融机构部门统称企业部门。在资金流量表中，从资金的来源和运用两个角度，统计了企业部门、政府部门、居民（住户）部门三大部门的净出口、增加值、劳动者报酬、生产税净额、财产收入、初次分配总收入、经常转移和可支配总收入交易状况（见表 3－1）。

表 3－1　　　　　2008 年我国资金流量表（局部）　　　　单位：亿元

机构部门	企业机构部门		政府部门		住户部门	
交易项目	运用	来源	运用	来源	运用	来源
1. 净出口						
2. 增加值		200 813.5		29 689.0		83 542.9
3. 劳动者报酬	71 859.2		23 155.9		55 052.1	150 511.7

---

① 有关编制方法的说明，需要者可向作者索取。

机构部门	企业机构部门		政府部门		住户部门	
交易项目	运用	来源	运用	来源	运用	来源
（1）工资及工资性收入						
（2）单位社会保险付款						
4. 生产税净额	44 660.7		497.5	50 609.5	5 451.2	
（1）生产税						
（2）生产补贴						
5. 财产收入	42 140.7	37 714.5	3 041.7	1 788.0	3 637.5	11 056.4
（1）利息	35 999.3	31 658.3	3 041.7	1 766.6	3 637.5	9 332.8
（2）红利	5 063.9	5 976.6		18.2		728.8
（3）土地租金	3.2			3.2		
（4）其他	1 074.3	79.5				994.8
6. 初次分配总收入		79 867.4		55 391.2		180 970.2
7. 经常转移	13 732.8	2 868.1	16 011.2	28 597.3	18 334.8	19 794.1
（1）收入税	11 175.6			14 897.8	3 722.2	
（2）社会保险缴款				13 696.1	13 696.1	
（3）社会保险福利			9 925.1			9 925.1
（4）社会补助	95.1		2 051.8			2 146.9
（5）其他经常转移	2 462.1	2 868.1	4 034.3	3.4	916.5	7 722.1
8. 可支配总收入		69 002.7		67 977.4		182 429.5

在资金流量表中，各部门某项交易项目资金来源减去运用部分，就是该部门该交易项目的净所得部分。例如，2008 年居民部门劳务报酬来源为 150 511.7 亿元，运用 55 052.1 亿元，意味着居民部门劳务报酬净所得为 95 459.6 亿元，其中劳务报酬运用部分是居民部门内部的劳务报酬支付，例如，个体业户向其他人支付劳务报酬。再如企业部门利息来源为 31 658.3 亿元，运用为 35 999.3 亿元，意味着企业利息净收入为 -4 341 亿元。根据资金流量表，就可以推算出部门收入的初次分配和再分配情况，以及收入结构情况。

3.2.2　部门收入初次分配状况

国民收入初次分配是按照各生产要素对生产贡献程度，对生产成果所进行的直接分配。一国的初次分配总收入，过去称为国民生产总值（GNP），联合国1993 年 SNA 已改称为国民总收入（GNI）。表 3-2 给出了我国部门收入初次分配的测算结果，为便于直观观察，图 3-1 给出相关图示结果。

表 3-2　　　　　部门收入初次分配结构　　　　单位：%

年份	企业	居民	政府	年份	企业	居民	政府	年份	企业	居民	政府
1978	28.1	51.3	20.6	1989	12.6	65.3	22.2	2000	19.0	63.4	17.7
1979	24.2	54.3	21.6	1990	10.8	68.8	20.4	2001	20.2	61.3	18.5
1980	21.0	56.8	22.2	1991	11.5	67.5	21.1	2002	20.3	60.5	19.1
1981	20.4	57.8	21.8	1992	17.4	66.1	16.6	2003	20.9	59.7	19.4
1982	16.4	59.6	23.9	1993	20.1	62.6	17.3	2004	26.0	57.7	16.3
1983	16.1	59.6	24.3	1994	17.8	65.1	17.1	2005	23.2	59.4	17.4
1984	15.2	60.1	24.7	1995	19.5	65.2	15.2	2006	23.1	59.0	17.9
1985	15.6	59.8	24.5	1996	16.9	66.5	16.6	2007	23.6	58.1	18.3
1986	13.4	61.2	25.5	1997	16.9	66.0	17.1	2008	25.3	57.2	17.5
1987	10.6	63.7	25.7	1998	16.2	66.1	17.7				
1988	11.8	64.8	23.4	1999	17.8	65.0	17.1				

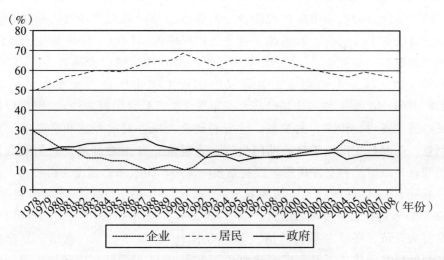

图 3-1　部门收入的初次分配结构

结果表明，改革开放以来，随着国家收入分配政策的调整，企业、居民和政府三部门收入初次分配关系发生了显著变化。以 1994 年分税制为界，三大部门收入初次分配关系的演变大体可划分为向居民部门倾斜（1978～1994 年）和向政府和企业部门倾斜（1995 年至今）两个阶段。

1978～1994 年，政府部门收入比重下降较多，居民部门收入比重上升较快，企业部门收入比重有降有升。1978 年，企业、居民和政府三大部门的收入比重分别是 28.1%、51.3% 和 20.6%，到 1994 年，该比重分别是 17.8%、65.1% 和 17.1%，居民部门收入比重上升 13.8 个百分点，企业和政府部门收入比重分别下降 10.3 个和 3.5 个百分点。图 3-1 显示，居民收入比重上升最快的时期分别是 1978～1982 年和 1985～1990 年，企业部门收入比重下降最快的时期是 1978～1987 年，政府部门收入比重下降最快的时期是 1987～1994 年。

1995 年至今，居民部门收入比重下降较快，企业部门收入比重上升较快。2008 年，企业、居民和政府三大部门收入比重分别是 25.3%、57.2% 和 17.5%。与 1994 年相比较，企业部门收入比重上升了 7.5 个百分点，居民部门收入比重下降了 7.9 个百分点，政府部门收入比重上升了 0.4 个百分点。

3.2.3　政府初次分配收入变化及成因分析

1978～2008 年，政府初次分配收入从 754.78 亿元增加到 55 391.2 亿元，年均增长 15.8%，比同期国民总收入增长慢 0.5 个百分点，这导致政府初次分配收入占国民总收入的比重由 1978 年的 20.6% 下降到 2008 年的 17.5%。

政府初次分配收入由生产税净额、营业盈余总额和财产净收入构成，见表 3-3。政府初次分配收入的来源主要是生产税净额，1978～2008 年生产税净额平均占政府初次分配收入的比重为 84.6%。政府部门的财产净收入来自利息、红利净所得，以及土地租金，根据《中国历史年份资金流量编制方法说明 (1978～1991 年)》[①] 和《中国经济普查年度资金流量表编制方法》（国家统计局国民经济核算司，2007）的解释，政府利息收入来自财政存款和事业单位存款的利息，而利息支出用于政府部门贷款、政府债券（主要是国债）的利息，两者相减就是政府的利息净所得。红利是政府部门作为股东将资金交由公司支配而有权获得的一种财产收入，国家统计局统计了 1978～1991 年政府红利所得，1992 年后未进行该交易项目统计。表 3-3 显示，1978～1991 年，政府部门利息净所得为正值，1992 年后为负值（2007 年除外），1991 年前，政府利息净所得和红利所得共同构成了政府财产净收入，但在 1992 年后，在大多数年份，政府财产净收入主要来源就是利息净所得。政府营业盈余来自行政事业单位中的附属单位从事的营利性活动，1978～2008 年平均占政府部门初次分配收入的 12.3%

---

① 有需要该《说明》者，请向本书作者索取。

左右。

表3-3　　　　　　　　1978～2008年政府初次分配收入　　　　单位：亿元

年份	1978	1979	1980	1981	1982	1983	1984	1985
初次分配总收入	754.78	876.35	1 008.32	1 065.12	1 274.75	1 455.6	1 787.57	2 216.7
生产税净额	652.1	746.84	792.25	871.08	931.08	1141	1 385.63	1 757.9
财产收入	168.9	148.37	168.58	160.04	165.73	174.34	203.75	106.48
其中：利息	19.94	19.45	14.84	15.48	23.21	30.77	33.76	62.73
营业盈余总额	-66.22	-18.86	47.49	34	177.94	140.28	198.19	352.4

年份	1986	1987	1988	1989	1990	1991	1992	1993
初次分配总收入	2 615.22	3 098.92	3 517.12	3 770.07	3 823.09	4 595.2	4 462.2	6 097.9
生产税净额	2 087.44	2 241.91	2 448.46	2 705.55	3 005	3 316.2	3 855	5 460.1
财产收入	107.66	114.26	116.33	156.25	164.32	143.89	-121.7	-172.5
其中：利息	65.62	71.4	65.21	92.65	86.02	69.2	-121.7	-172.5
营业盈余总额	420.12	742.75	952.33	908.27	653.77	1135.1	728.9	810.3

年份	1994	1995	1996	1997	1998	1999	2000	2001
初次分配总收入	8 216.8	9 103.1	11 659.9	13 334.4	14 729	15 171	17 297.6	19 994
生产税净额	7 425.2	8 425	10 615.8	12 221.4	13 754.1	14 498	16 075.4	18 361
财产收入	-265.4	-373	-483.9	-429.5	-471.5	-526.6	-215.3	-281.6
其中：利息	-265.4	-373	-483.9	-429.5	-471.5	-526.6	-215.3	-281.6
营业盈余总额	1 057	1 051.1	1 528	1 542.5	1 446.4	1 199.6	1 437.5	1 913.8

年份	2002	2003	2004	2005	2006	2007	2008
初次分配总收入	22 798.2	26 183.4	26 071.9	32 414.5	38 928	49 010	55 391.2
生产税净额	20 523.5	23 304.9	23 641.4	28 550.4	34 203.4	42 919	50 112
财产收入	-351.5	-545.5	-697.8	-240.8	-75.4	319	-1 253.7
其中：利息	-351.5	-545.5	-697.8	-250.4	-79.1	316.5	-1 275.1
营业盈余总额	2 626.2	3 424	3 128.3	4 104.9	4 800	5 772.5	6 532.9

　　图3-2比较了政府初次分配收入和国民收入的增长率，结合表3-2，可以判断，政府部门初次分配收入比重变化可以分成三个阶段：第一阶段是1978～1987年，此阶段政府初次分配收入比重处于上升阶段；第二阶段是1988～1995年，此阶段政府初次分配收入比重大多数时期处于下降阶段；第三阶段是1996～2008年，此阶段政府初次分配收入比重大多数时期处于上升阶段。下面

进行详细分析。

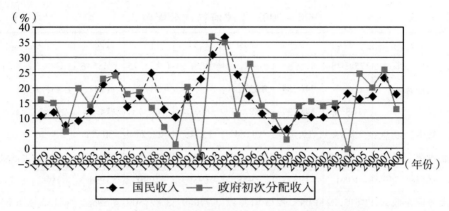

图 3-2　政府初次分配收入和 GNI 增长率比较

1. 上升阶段（1978～1987 年）

在此时期，政府初次分配收入年均增长 17.1%，高于同期国民收入增长 2.8 个百分点，其占国民收入比重由 1978 年的 20.6%，上升到 1987 年的 25.7%。政府初次分配收入的主要来源是生产税净额，而生产税的主要构成是流转税和各项收费，因此政府部门初次分配比重的变化应主要关注生产税净额变化的原因。

我们认为，1987 年前政府初次分配收入比重之所以处于上升趋势，重要原因在于我国在 20 世纪 80 年代中前期，转变了以往片面强调简化税制的做法，加强了税收体系建设，建立了多税种、多环节和多层次的复合税收体系。以流转税为例，在工商统一税的基础上，先后开征了产品税、增值税、营业税、关税、建筑税、烧油特别税等，不少税种具有明显的重复征税特点，新税开征加上重复征税，必然会导致政府取得的流转税收入迅速增长，进而导致政府初次收入比重的上升。

2. 下降阶段（1988～1995 年）

在此时期，政府初次分配收入年均增长 15.2%，低于同期国民收入增长 7.3 个百分点，政府初次分配收入比重由 1987 年的 25.7%，下降到 1995 年的 15.2%。我们分析，政府初次分配收入比重下降的重要原因在于两方面，一是流转税制结构的变化，二是财政包干体制的变革。从 1986 年起，国家把原征收产品税的部分工业产品陆续改征增值税，产品税的计税依据是产品销售收入，而增值税的计税依据是产品增值额。在征收产品税的情况下，产品生产环节越多，专业化分工越发展，重复征税越严重，而增值税针对增值额征税，重复征税程度远低于产品税，因此产品税改征增值税会导致生产税收入迅速减少。另外，受限于当时的税收信息化发展水平，当时征收增值税采用的方法是根据企业账簿记录来课征，这导致增值税的交叉稽核功能不能充分发挥，逃税问题比较严重，使得流转税增长缓慢。财政包干体制的变革是指在 1987 年，我国财政包干体制由之前的"划分税种，核定收支，分级包干"财政体制，转为"多种形式财政包干体制"，中央政府与地方政府的税收分权契约也因之变成分成合同和定额合同相结合的契约，对地方政府来说，税收增收激励较弱，导致税收增长缓慢。[1]

值得注意的是，如图 3－2 显示，1994 年分税制改革前后，政府初次分配收入增长率呈陡起陡落状态，原因在于制度变革对政府征税行为产生影响。由于受将要实行税制改革的预期影响，各地方政府为了抬高以后的税收分成基数，采取种种措施促进税收入库，导致 1993 年的生产税出现了超常增长（41.3%），比当年国民收入增长率高出 10.4 个百分点。1995 年后生产税净额增长回落到正常水平，政府初次分配收入比重也开始回落。

3. 缓慢上升阶段（1996～2008 年）

在此时期，政府初次分配收入年均增长 15.2%，高于同期国民收入增长 1.7 个百分点，政府初次分配收入比重由 1995 年的 15.2%，上升到 2008 年的 17.5%。出现这种变化的原因是：分税制改革增强了各级政府的税收增长意愿，提高税务工作部门的税收努力；以增值税和营业税为代表的间接税存在重复征税机制；我国正处于人口红利、技术模仿红利、工业化和城市化红利的集中释放期，三大红利推动税收高速增长[2]。

3.2.4 企业初次分配收入变化及成因分析

企业初次分配收入由营业盈余总额和财产净收入构成。1978～2008 年，企业初次分配收入从 1 030.61 亿元增加到 79 867.4 亿元（见表 3－4），年均增长 17.2%，比同期国民总收入增长快 0.9 个百分点（增长率比较见图 3－3）。从收入构成看，企业收入来自营业盈余和财产收入，但是财产收入一般为负值，且相对营业盈余的规模较小，因此我们应主要从企业营业盈余的变化来分析企业初次分配收入比重的变化。

---

① 关于政府间税收分权契约的税收激励作用分析，请参阅吕冰洋、郭庆旺（2011）。

② 政府收入主要来自税收，我国税收自 1997 年起开始出现高速增长趋势，在大多数年份，税收增长率大大高于 GDP 增长率，成为学界广泛关注的"税收高速增长之谜"。关于中国税收高速增长的原因，请参阅吕冰洋、郭庆旺（2011）的分析。

表 3 - 4　　　　　　　　1978～2008 年企业初次分配收入　　　　　单位：亿元

年份	1978	1979	1980	1981	1982	1983	1984	1985
初次分配总收入	1 030.61	981.16	956.25	999.42	876.18	960.85	1 102.83	1 413.3
营业盈余总额	1 211.61	1 145.91	1 155.15	1 201.36	1 095.12	1 187.1	1 375.99	1 678.4
财产收入	- 181	- 164.75	- 198.9	- 201.94	- 218.94	- 226.3	- 273.16	- 265.1
其中：利息	- 32.04	- 35.83	- 45.16	- 57.38	- 83.55	- 105.6	- 138.86	- 246
红利	- 148.96	- 128.92	- 153.74	- 144.56	- 135.4	- 120.7	- 134.3	- 19.05

年份	1986	1987	1988	1989	1990	1991	1992	1993
初次分配总收入	1 373.85	1 271.78	1 769.74	2 134.76	2 016.51	2 499.3	4 679.62	7 086.8
营业盈余总额	1 747.4	1 748.77	2 363.22	2 912.78	3 162.65	3 734.5	5 729.35	8 776.7
财产收入	- 373.55	- 476.99	- 593.48	- 778.02	- 1 146.1	- 1 235	- 1 049.7	- 1 690
其中：利息	- 330.71	- 426.13	- 536.36	- 723.04	- 1 118.3	- 1 205	- 1 043.8	- 1 666
红利	- 42.83	- 50.86	- 57.11	- 54.98	- 27.84	- 29.98	- 3.62	- 20.87

年份	1994	1995	1996	1997	1998	1999	2000	2001
初次分配总收入	8 550.73	11 682.6	11 853.81	13 188.82	13 445.4	15 755	18 576.4	21 822
营业盈余总额	11 128.52	15 246.9	16 069.18	17 037.1	17 919.7	19 416	22 623.9	26 349
财产收入	- 2 577.79	- 3 564.4	- 4 215.37	- 3 848.28	- 4 474.3	- 3 661	- 4 047.5	- 4 527
其中：利息	- 2 516.91	- 2 700.4	- 3 181.18	- 2 826.71	- 3 042.3	- 2 470	- 2 218.4	- 2 514
红利	- 59.06	- 861.9	- 1 006.47	- 980.31	- 1 411.6	- 1 153	- 1 806.8	- 1 987

年份	2002	2003	2004	2005	2006	2007	2008	
初次分配总收入	24 196.99	28 291.5	41 469.59	43 088.01	50 356.4	63 100	79 867.4	
营业盈余总额	28 446.36	31 680.3	43 656.96	45 680.05	54 630.8	68 657	84 293.7	
财产收入	- 4 249.37	- 3 388.8	- 2 187.37	- 2 592.04	- 4 274.4	- 5 558	- 4 426.3	
其中：利息	- 2 673.57	- 2 442.1	- 1 399.45	- 2 658.13	- 4 259	- 4 771	- 4 341	
红利	- 1 553.66	- 911	- 746.22	305.96	575.53	810.94	912.72	

　　企业部门初次分配收入比重的变化大体分为两个时期，一是 1978～1991 年处于下降时期，二是 1992～2008 年处于上升时期。下面我们进行分析，并将重点放在第二阶段。

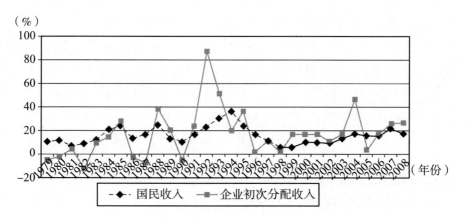

图 3 - 3　企业初次分配收入和国民收入增长率比较

1. 下降时期（1978～1991 年）

在此时期，企业部门初次分配收入年均增长 8.1%，低于同期国民收入增长 6.8 个百分点，其占国民收入比重由 1978 年的 28.1%，下降到 1991 年的 11.5%，下降了 16.6 个百分点。企业部门初次分配收入的下降，根源在于中国特殊的经济转轨历程对企业盈利能力的影响。在改革开放前，我国采取高度集中的计划经济体制，企业主体是国有企业，当时的经济政策的主体导向是"轻消费重积累"，为此，长期采取"低工资高就业"政策，并且通过工农业产品剪刀差、低能源价格、产业保护政策等一系列政策保证国有企业保持较高的盈利水平，这样才能使得国有企业有足够的资金积累用于投资以扩大生产规模。在这样的经济政策导向下，企业部门营业盈余规模较高，企业部门初次分配收入比重较高也自然在情理之中了。

改革开放后，经济体制逐渐由计划经济向市场经济转轨，计划经济的主导者是公共部门，需要较高的政府收入比率，而市场经济的主导者是私人部门，要激发私人部门的经济活力，就需要提高企业和居民部门收入，因此，国民收入分配格局也随之进行调整。在 20 世纪 80 年代，国家同时采取三大让利措施来调整国民收入分配格局，即大幅度提高农副产品价格、提高职工工资水平、对企业减税让利。大幅度提高农副产品价格使得农业发展迅速，但是由"工农业产品剪刀差"政策带来的企业盈利会减少，而提高职工工资水平会使得居民部门获得的劳动者报酬总额增长，推动企业生产成本增加进而减少企业盈利。再加上税制改革导致企业流转税加重，各种政策结合在一起，导致企业初次分配收入比重下降。

2. 上升时期（1992～2008 年）

该时期企业部门初次分配收入比重虽整体处于上升趋势，但是又有阶段性变化，下面分阶段进行分析。

缓慢上升阶段（1992～1995年）。此阶段，企业初次分配收入比重由1992年的17.4%缓慢上升到1995年的19.5%，出现这种变化的主要原因是：

（1）企业经济效益提高。1992～1995年，由于我国商品短缺没有完全消除，卖方市场仍占主导地位，再加上全国各地掀起了新一轮经济建设的高潮，投资热、股票热、房地产热和开发区热持续升温，价格大幅度上升，企业经济效益不断改善，企业初次分配收入增长较快。企业营业盈余总额（包括固定资产折旧）由1992年的5 729.35亿元迅速提高到1995年的15 246.94亿元，年均增长31.7%，高于同期国民总收入增长率6.5个百分点。

（2）企业相对税负有所降低。此阶段，虽然企业收入增长较快，但企业流转税相对税负却有所下降。1995年，企业生产税净额占增加值的比重为19.5%，比1992年下降2.2个百分点。

快速回落阶段（1996～1998年）。从1996年起，企业初次分配收入占国民总收入的比重开始快速回落，到1998年已回落到16.2%，比1995年降低3.3个百分点，平均每年回落近1个百分点。出现这种变化的主要原因是：

（1）企业经济效益下滑。从1996年起，我国供求格局发生根本性变化，由卖方市场变为买方市场，加上1997年发生了亚洲金融危机，导致企业生产能力利用率降低，产品价格大幅度下降，企业经济效益滑坡，企业收入减少。企业营业盈余总额由1996年的15 246.9亿元缓慢提高到1998年的17 919.7亿元，年均仅增长5.6%，低于同期国民总收入增长率3.5个百分点。

（2）企业税负加重。此阶段，企业支付的生产税净额由1996年的9 532亿元迅速上升到1998年的12 587亿元，年均增长18.2%，高于同期国民总收入增长6.6个百分点。企业生产税净额占国民总收入的比重也由1996年的13.5%快速上升到1999年的16.8%。

3. 快速回升阶段（1999～2008年）

从1999年起，企业初次分配收入占国民总收入的比重又快速回升，到2008年已回升到25.3%，比1998年提高9.1个百分点。出现这种变化的主要原因是：

（1）企业经济效益提高。1999～2008年，随着以扩大内需为重点的一系列政策的贯彻落实，特别是自2001年底加入世界贸易组织后，我国出口增长连续6年保持在20%以上，在投资和出口强劲带动下，我国经济增长率连续5年保持在两位数以上，使得这一时期企业经济效益不断改善，企业初次分配收入增长较快。企业营业盈余总额由1999年的19 416.4亿元迅速提高到2008年的84 293.7亿元，年均增长17.0%。

（2）企业利息支出增长大幅度放缓促进了企业初次分配收入的快速提高。

1999～2004 年，为了扩大内需，中国人民银行数次下调存贷款利率，尽管 2004 年后央行又多次上调存贷款利率，但目前贷款利率水平仍低于 20 世纪 90 年代的平均水平，再加上企业获得资金渠道增多（主要是直接融资和自有资金），对银行贷款依赖程度下降，企业利息支出增长大大放缓，2008 年，企业利息净支出占企业初次分配收入的比重为 5.4%，而 1998 年该比重高达 22.6%，企业利息净支出的减少，促进了企业盈利能力的提高，由此导致企业初次分配收入的快速提高。

3.2.5　居民初次分配收入变化及成因分析

居民初次分配收入主要由劳动者报酬、营业盈余总额①和财产净收入构成，其中劳动者报酬占 80% 以上，见表 3－5。宏观收入分配向居民倾斜是 80 年代收入分配领域的突出现象，但从 90 年代以来，收入分配向居民快速倾斜的现象发生了变化。1978 年，居民部门初次分配收入比重为 51.3%，1994 年进行分税制改革时变为 65.1%，上升了 13.8 个百分点；2008 年该比重为 57.2%，比 1994 年下降了 7.9 个百分点。下面我们分阶段分析居民部门初次分配收入比重变化的原因。

表 3－5　　　　　　1978～2008 年居民初次分配收入　　　　　单位：亿元

年份	1978	1979	1980	1981	1982	1983	1984	1985
初次分配总收入	1 881.59	2 205.1	2 581.03	2 827.06	3 179.6	3 569.2	4 353.41	5 410.7
劳动者报酬	1 836.32	2 237.3	2 716.31	3 219.16	3 684.1	4 191.3	4 914.4	5 641.5
财产收入	12.1	16.39	30.32	41.92	60.37	74.93	105.79	184.15
其中：利息	12.1	16.39	30.32	41.92	60.37	74.93	105.79	184.15
营业盈余总额	33.17	−48.58	−165.6	−434.02	−564.9	−697	−666.78	−415
年份	1986	1987	1988	1989	1990	1991	1992	1993
初次分配总收入	6 285.33	7 679.9	9 749.95	11 096.1	12 879	14 732	17 795.4	22 075
劳动者报酬	6 463.6	7 277.5	8 761.4	10 092.8	11 527	12 593	14 696.7	18 173
财产收入	266.2	356.63	473.99	633.36	1 036.8	1 141	1 191.4	1 800.3
其中：利息	266.2	356.63	473.99	633.36	1 036.8	1 141	1 186.7	1 789.3
营业盈余总额	−444.47	45.8	514.56	369.92	315.32	998.05	1 907.32	2 101.6

①　因目前我国居户部门包括农户和个体户，故住户部门也存在一定规模的营业盈余收入（包括折旧）。

续表

年份	1978	1979	1980	1981	1982	1983	1984	1985
初次分配总收入	31 341.1	39 025	46 628.8	51 537.6	54 850	57 553	62 126.5	66 252
劳动者报酬	25 206	32 087	37 085.8	41 870.4	44 320	47 135	50 019.6	54 374
财产收入	2 774.1	2 971	3 689.3	3 376.8	3 607.5	3 049.5	3 128.1	3 347.8
其中：利息	2 747.6	2 938.2	3 625.6	3 281.2	3 528	2 911.9	2 979	3 101.1
营业盈余总额	3 361	3 966.4	5 853.7	6 290.4	6 922.1	7 369.3	8 978.8	8 530

年份	2002	2003	2004	2005	2006	2007	2008	
初次分配总收入	72 101.6	80 700	92 045.6	110 306	128 238	155 654	180 970	
劳动者报酬	60 654.2	66 832	75 251.8	93 148	106 369	127 919	150 512	
财产收入	3 755	3 809.6	4 214.1	4 724.2	7 366.2	9 688	11 056.4	
其中：利息	3 392.3	3 524.7	3 769.8	4 053.3	6 304.8	7 280.8	9 332.8	
营业盈余总额	7 692.4	10 058	12 579.7	12 433.9	14 503	18 047	19 402.1	

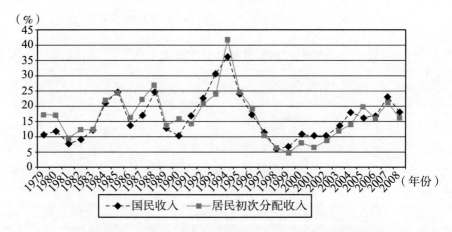

图 3-4　国民收入和居民初次分配收入增长率比较

1. 上升阶段（1978~1990 年）

1978~1990 年，居民部门初次分配收入年均增长率为 17.6%，高于同期国民收入增长率 2.8 个百分点，居民部门初次分配收入比重处于上升时期，1978 年该比重为 51.3%，到 1990 年上升为 68.8%，共上升了 17.5 个百分点。

该时期居民部门初次分配收入比重上升的原因，在于 20 世纪 80 年代经济转轨时期国家主动采取的提高居民收入政策，主要有农村联产承包责任制改革、大幅度提高农副产品价格和提高职工工资水平政策。农村联产承包责任制改革和大幅度提高农副产品价格无疑会增加农民的收入，而提高职工工资水平政策会提高居民部门的劳动者报酬，这些政策提高了居民部门初次分配收入比重。

2. 相对稳定阶段（1991~1998 年）

1991~1998 年，居民初次分配收入年均增长 20.3%，基本与同期国民收入增长率持平。居民部门初次分配收入比重处于相对稳定时期，1991 年该比重为 67.5%，到 1998 年为 66.1%。期间，居民部门初次分配收入变化特点有：

（1）劳动者报酬基本上保持了与国民总收入同步增长的态势。1992 年以后，随着经济增长率由高点转向回落，占居民初次分配收入主要部分的劳动者报酬收入的增长经历了一个由上升转向回落的过程，而且大体上保持了与经济增长同步的变化。在此期间，居民劳动者报酬年均增长 18.6%，与同期国民收入增长率基本同步；居民劳动者报酬占居民初次分配收入的比重为 81.8%。

（2）居民财产净收入增长波动比较剧烈。从居民财产净收入的构成来看，储蓄利息收入占 98% 左右，红利收入占 1% 左右。由此可见，居民财产收入的增长，主要是来源于居民储蓄大量增加而获得的利息收入。居民利息收入增长的快慢，一方面受储蓄存款增长速度的影响，另一方面受存款利率变动的影响。1992~1999 年，居民财产净收入年均增长 14.3%，低于国民收入增长率 4.2 个百分点，占居民初次分配收入比重在 5.2%~8.8%，平均为 6.9%。

3. 下降阶段（1999~2008 年）

在此时期，居民初次分配收入年均增长 12.8%，低于同期国民收入增长 2.5 个百分点，居民部门初次分配收入比重由 1999 年的 66.1% 快速回落到 2008 年的 57.2%。出现这种变化的主要原因是：

（1）劳动者报酬增长持续慢于国民总收入增长。1999 年以来，除了 2002 年和 2005 年劳动者报酬增速快于国民收入外，其余 8 年劳动者报酬增速都慢于国民收入。

（2）居民财产净收入增长慢于国民总收入增长。此阶段，居民财产净收入年均增长 13.2%，低于同期国民收入增长率 2.1 个百分点。

居民财产收入增长较慢的主要原因，一是居民投资渠道狭窄和不畅。银行储蓄仍然是居民的主要金融投资渠道，占居民财产收入的 80% 以上，以股市和债券市场为主要形式的直接投资渠道不畅且投资风险较大，制约了居民投资的选择。二是银行储蓄利息率不断下调。1996~2004 年，中央银行八次下调存款利率，居民储蓄利息收入增长速度大大放慢。尽管 2004 年后央行又多次上调存款利率，使居民利息收入增长有所加快，但因上调幅度不大，居民利息收入增长有限。

3.3 部门收入再分配变化及成因

3.3.1 部门收入再分配状况

收入再分配是在收入初次分配的基础上，通过经常转移的形式对收入进行分配。经常转移是指一个机构单位向另一个机构单位提供货物、服务或资产但不从对方获得回报的一种单方面交易。经常转移的主要形式有收入税、社会保险付款、社会补助和其他经常转移。一个国家的初次分配总收入经过经常转移，最终形成了它的可支配总收入，即国民可支配总收入。部门收入再分配结构分别见表3-6和图3-5。

表 3-6				部门收入再分配结构					单位：%		
年份	企业	居民	政府	年份	企业	居民	政府	年份	企业	居民	政府
1978	15.1	52.1	32.8	1989	8.2	67.6	24.1	2000	16.6	64.2	19.2
1979	14.0	56.8	29.2	1990	7.0	70.8	22.1	2001	17.5	62.0	20.5
1980	10.4	59.8	29.7	1991	8.2	69.8	22.1	2002	18.0	61.0	21.0
1981	11.1	61.5	27.4	1992	18.1	106.0	-24.1	2003	18.2	59.8	22.0
1982	8.1	63.1	28.8	1993	15.7	64.6	19.7	2004	23.3	57.8	18.9
1983	8.3	63.3	28.4	1994	14.5	67.0	18.5	2005	20.8	59.2	20.0
1984	7.4	63.6	29.0	1995	16.2	67.2	16.5	2006	19.9	58.7	21.4
1985	6.7	63.2	30.1	1996	13.7	68.4	17.9	2007	20.2	57.8	21.9
1986	6.5	64.1	29.4	1997	13.1	68.6	18.3	2008	21.6	57.1	21.3
1987	4.8	66.6	28.5	1998	13.5	68.4	18.1				
1988	7.1	67.4	25.5	1999	14.7	67.2	18.1				

根据图3-5的显示，总结1978~2008年部门收入再分配状况：就企业部门再分配收入比重而言，1987年是拐点，之前处于不断下降趋势，之后处于长期上升趋势；就居民部门再分配而言，1990年前处于上升趋势，之后趋于稳定，1998年后处于下降趋势；就政府部门再分配收入比重而言，1986年前处于相对稳定阶段，之后不断下降，1995年后处于缓慢上升阶段。

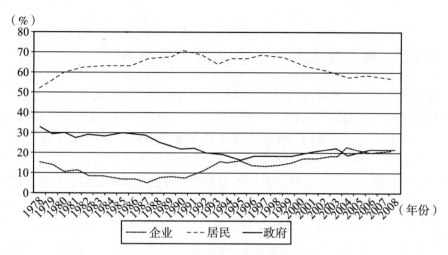

图 3 - 5   国民收入的再分配结构

各部门再分配收入比重与初次分配收入比重相减，就可以看出各部门在国民收入再分配中是得益还是损失，两者相减结果见图 3 - 6。与部门收入初次分配相比，1978 年以来，政府在部门收入再分配中总体上处于净得益地位，即为政府初次分配收入占国民总收入的比重小于政府可支配收入占国民可支配总收入的比重，净得益占国民收入的比重在 1998 年总体处于下降趋势，之后处于上升趋势；企业在再分配过程中一直处于净损失地位，但是净损失占国民收入的比重在 1998 年前处于下降趋势，之后保持相对稳定状态；居民在 2004 年以前处于净得益地位，2004 年后处于净损失地位。

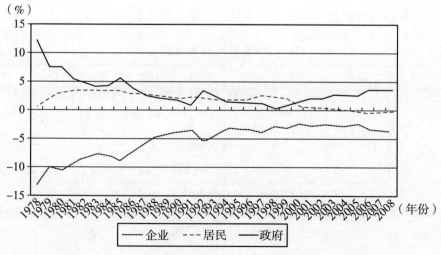

图 3 - 6   部门可支配总收入与初次分配总收入比重之差

3.3.2 政府可支配收入变化及成因分析

政府可支配收入是由政府初次分配收入与经常转移净收入两部分构成的。政府的经常转移收入的来源有四个：收入税、社会保险付款、社会补助和其他项目。收入税来自企业交纳的收入税和个人缴纳的收入税，其中60%以上来自前者。具体而言，1994年分税制改革前，企业缴纳的收入税有国有企业所得税、集体企业所得税、私营企业所得税、外商投资和外国企业所得税、外国企业所得税、中外合资经营企业所得税、工商所得税[①]，1994年后，企业缴纳的收入税是内资企业所得税、外商投资和外国企业所得税，2008年后内外资企业所得税法合并（俗称"两法合并"），企业缴纳的收入就是企业所得税。另外，在1985年实行国有企业"利改税"改革之前，企业不缴纳企业所得税，而是上缴利润，在国民收入资金流量核算中，企业上缴利润也视作是收入税。个人缴纳的收入税在1994年后是个人所得税，1994年前是个人所得税、个人收入调节税、奖金税、工资调节税、城乡个体工商户所得税。

政府经常转移收入中的社会保险付款来自两部分，一是个人向政府缴纳的社会保险缴款[②]，二是政府针对个人的社会保险福利支出，两者一增一减，增减结果成为政府社会保险付款项目的净收入。从社会保险付款规模看，1988年前政府该交易项目的资金流量为0，之后除1998年外，其他各年政府取得的社会保险缴款一直大于社会保险福利支出。政府部门支付的社会补助主要有政府抚恤和社会福利支出、离退休费支出和市镇居民肉食价格补贴。

政府部门再分配收入的各交易项目的资金流量见表3-7所示。

表3-7   **1978~2008年政府可支配收入**   单位：亿元

年份	1978	1979	1980	1981	1982	1983	1984	1985
初次分配总收入	754.78	876.35	1 008.32	1 065.12	1 274.8	1 455.6	1 787.57	2 216.7
经常转移	446.96	309.8	343.54	273.27	260.76	247.9	314.98	506.18
其中：收入税	477.01	411.11	481.56	454.4	453.25	467.84	555.29	797
社会保险付款	0	0	0	0	0	0	0	0
社会补助	-27.71	-98.42	-134.61	-177.69	-190.2	-217.8	-239.86	-288.1
其他	-2.34	-2.89	-3.41	-3.44	-4.31	-2.14	-0.45	-2.76
可支配收入	1 201.74	1 186.2	1 351.86	1 338.39	1 535.5	1 703.5	2 102.54	2 722.9

---

① 根据1950年《工商税暂行条例》，对不向国家上缴利润的所有类型的企业征收工商所得税。
② 单位向个人支付的社会保险计入个人的劳动者报酬，在部门初次收入分配中体现。

年份	1978	1979	1980	1981	1982	1983	1984	1985
初次分配总收入	2 615.22	3 098.9	3 517.12	3 770.07	3 823.1	4 595.2	4 462.2	6 097.9
经常转移	408.87	338.95	326.25	333.4	339.21	252.63	926.6	845.4
其中：收入税	697.65	671.88	684.73	718.47	737.66	756.96	1 021.4	896.5
社会保险付款	0	0	0	32.7	34.9	48.9	43.9	35.3
社会补助	− 287.29	− 325.3	− 351	− 414.59	− 426.2	− 563.5	− 394	− 376.1
其他	− 1.49	− 7.61	− 7.48	− 3.18	− 7.11	10.23	255.3	289.6
可支配收入	3 024.09	3 437.9	3 843.37	4 103.47	4 162.3	4 847.8	5 388.9	6 943.3
年份	1994	1995	1996	1997	1998	1999	2000	2001
初次分配总收入	8 216.8	9 103.1	11 659.9	13 334.4	14 729	15 171	17 297.6	19 994
经常转移	709.8	813.1	910.4	1 028.8	390.6	918.1	1 618.8	2 304.2
其中：收入税	712.4	884.6	1 004.7	1 191.6	1 194.9	1 423.7	2 105	3 117.9
社会保险付款	50.8	112.3	151.9	141.6	− 12.1	64	144.5	350
社会补助	− 416.6	− 509.1	− 592.4	− 705.6	− 883.4	− 197.2	− 228.6	− 708.2
其他	363.2	325.1	346.2	401.1	91.1	− 372.3	− 402.1	− 455.6
可支配收入	8 926.6	9 916.1	12 570.3	14 363.1	15 120	16 089	18 916.4	22 298
年份	2002	2003	2004	2005	2006	2007	2008	
初次分配总收入	22 798.2	26 183	26 071.9	32 414.5	38 928	49 010	55 391.2	
经常转移	2 437.5	3 876.6	4 450.1	5 232.1	8 215.5	10 382	12 586.1	
其中：收入税	3 383.7	4 059.6	4 878.7	6 457.6	9 493.3	11 965	14 897.8	
社会保险付款	577.9	866.5	1 152.9	1 574.4	2 165.8	2 924	3 771	
社会补助	− 1 018	− 500.1	− 563.5	− 716.4	− 907.7	− 1 137	− 2 051.8	
其他	− 506.1	− 549.4	− 1 018	− 2 083.5	− 2 536	− 3 370	− 4 030.9	
可支配收入	25 235.6	30 060	30 522	37 646.5	47 144	59 392	67 977.4	

图 3 - 7 显示 1979 ~ 2008 年国民收入与政府再分配收入增长率比较情况，从图中可看出，1995 年之前，政府部门再分配收入增长率在大多数年份低于国民收入，之后大多数年份高于国民收入。因此我们以 1995 年为界分析政府部门再分配收入变化的原因。

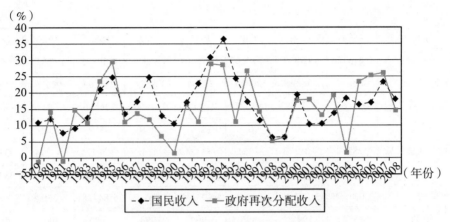

图 3 - 7　国民收入与政府再分配收入增长率比较

1. 下降阶段（1978 ~ 1995 年）

在此时期，政府部门再分配收入增长率年均为 13.6%，低于国民收入增长率 4.5 个百分点。政府部门再分配收入占国民收入的比重由 1978 年的 32.8% 下降到 1995 年的 16.5%。

在此时期，政府部门再分配收入比重眼下降的主要原因是收入税增长缓慢，以及社会补助的增加。收入税增长缓慢的原因仍在于 20 世纪 80 年代减税让利的宏观经济政策背景。政府为了调动企业生产积极性，1983 ~ 1985 年实行两步"利改税"改革，国有企业由全额上缴利润改为按利润 55% 上缴税收。并且，为吸引外资企业，政府给予其较大的税收优惠政策，外商投资企业可享受从获利年度起 2 年免征、3 年减半征收企业所得税的待遇。同时，在 20 世纪 80 年代 GDP 分配格局向居民倾斜过程中，个人收入大幅度增加并没有导致针对居民的收入税明显增加，每年该税收入不超过 16 亿元，原因有两个：一是在个人收入中，有很大一部分是灰色收入（如利用双轨制倒买紧缺物资致富），政府无法通过征税取得收入；二是由于个人所得税税制发展相对滞后，个人的正常收入也没有完全纳税。由于这些原因，政府在国民收入再分配环节取得的收入税相对规模减小。

另外，改革开放一开始，政府社会补助支出规模比较大，主要原因在于还历史欠账和社会保障制度建设的滞后。"文化大革命"结束后很长一段时间，各种社会矛盾仍旧比较突出，为营造一个宽松的经济发展环境，必须有效地解决这些社会矛盾。为给大量的政治冤假错案的平反，给 50 余万多右派分子平反，给大量的长期处于监督改造的"地富反坏"四类分子摘帽，尊重和提高科技人员和其他知识分子的社会地位，妥善安置返城知青等，这些诉求导致财政社会补助支出长期保持较高的规模。就社会保障制度建设而言，计划经济时代劳动保障制度依托于企业或机关事业单位，而从 20 世纪 80 年代中期起，社会保障改革突出的内容就是退休费用和医疗费用从企业统筹到社会统筹，转轨期社会保障缴款规模相对较小。因此，由于政府社会补助支出增长与社会保障缴款规模较少的原因，政府部门来自经常转移交易项目的收入规模较小。

2. 上升阶段（1996～2008 年）

在此时期，政府部门再分配收入增长率年均为 15.2%，高于国民收入增长率 0.6 个百分点。其中，收入税年均增长率为 24.4%。政府部门再分配收入占国民收入的比重由 1996 年的 17.9% 上升到 2008 年的 21.3%。

此时期政府部门再分配收入的快速增长，主要得益于企业所得税和个人所得税的快速增长。企业所得税的快速增长主要源于企业经营效益的不断提高（吕冰洋、郭庆旺，2001），个人所得税的快速增长主要得益于居民收入水平的提高和税务部门加强个人所得税的征管。

3.3.3 企业可支配收入变化及成因分析

企业可支配收入由企业初次分配收入与企业经常转移净收入两项构成。由于企业部门的经常转移是支大于收，因此企业部门经过再分配减少了收入。企业部门再分配收入的数据见表 3-8。

表 3-8   **1978～2008 年企业可支配收入**   单位：亿元

年份	1978	1979	1980	1981	1982	1983	1984	1985
初次分配总收入	1 030.61	981.16	956.25	999.42	876.18	960.85	1 102.83	1 413.3
经常转移	-477.01	-411.1	-481.56	-454.35	-441.4	-463.4	-564.25	-807.8
其中：收入税	-477.01	-411.1	-481.56	-454.35	-453.2	-467.7	-554.95	-795.7
社会补助	0	0	0	0	0	0	-12.85	-13.34
其他	0	0	0	0	5.02	4.31	3.55	1.24
可支配收入	553.6	570.05	474.69	545.07	434.8	497.49	538.57	605.5
年份	1986	1987	1988	1989	1990	1991	1992	1993
初次分配总收入	1 373.85	1 271.8	1 769.74	2 134.76	2 016.5	2 499.3	4 679.62	7 086.8
经常转移	-707.78	-687	-701.61	-731.39	-695.6	-705.2	-1520.3	-1530
其中：收入税	-692.4	-664.7	-676.04	-700.43	-716	-731.1	-1016.7	-869.2
社会补助	-15.84	-18.4	-20.54	-20.98	-22.43	-54.41	-55.6	-67.4
其他	0.46	-3.93	-5.03	-9.98	42.87	80.32	-448	-593
可支配收入	666.07	584.73	1 068.12	1 403.37	1 321	1 794.5	3 159.32	5 557.2

77

续表

年份	1994	1995	1996	1997	1998	1999	2000	2001
初次分配总收入	8 550.73	11 683	11 853.8	13 188.8	13 445	15 755	18 576.4	21 822
经常转移	− 1 545.7	− 1 960	− 2 228.9	− 2 907	− 2 229	− 2 689	− 2 221.5	− 2 786
其中：收入税	− 639.73	− 753.1	− 811.52	− 931.65	− 856.3	− 1 009	− 1 444.7	− 2 122
社会补助	− 87	− 130.9	− 79.34	− 87.31	− 91	− 60.54	− 80	− 70.05
其他	− 819	− 1 076	− 1 338	− 1 888.1	− 1 282	− 1 619	− 696.89	− 594.4
可支配收入	7 005	9 722.6	9 624.95	10 281.8	11 216	13 067	16 354.8	19 035
年份	2002	2003	2004	2005	2006	2007	2008	
初次分配总收入	24 197	28 292	41 469.6	43 088	50 356	63 100	79 867.4	
经常转移	− 2 565.7	− 3 424	− 3 896.3	− 4 081.8	− 6 697	− 8 364	− 10 865	
其中：收入税	− 2 172.7	− 2 642	− 3 142.5	− 4 363.6	− 7 040	− 8 779	− 11 176	
社会补助	− 68.57	− 48.3	− 54.41	− 62.56	− 71.94	− 82.74	− 95.15	
其他	− 324.44	− 733.9	− 699.4	344.42	414.7	498.4	406.03	
可支配收入	21 631.3	24 867	37 573.3	39 006.3	43 660	54 736	69 002.7	

图 3 - 8 显示了国民收入与企业再分配收入的增长率，从中可以看出，1978 ~ 1987 年，企业再分配收入增长率一般低于国民收入增长率，1988 年后，企业再分配收入增长率在大多数年份高于国民收入。由于这种变化，企业部门再分配收入占国民收入的比重在 1988 年出现拐点，1978 年该比重为 15.1%，之后不断下降，到 1987 年该比重为 4.8%。1988 年后该比重基本处于提高趋势，到 2008 年提高到 21.6%。

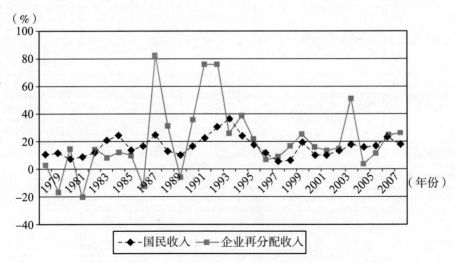

图 3 - 8 国民收入与企业再分配收入增长率比较

企业再分配收入与初次分配收入的差主要是受企业所得税影响。我们继续观察图 3-6，可以看出，在 20 世纪 80 年代，企业部门再分配收入比重与初次分配收入比重差较大，但是该差处于缩小趋势，进入 90 年代后，该差基本保持稳定。原因仍旧在于税制体系变迁的影响，在国有企业上缴利润而非企业所得税的时候，该差自然较大，"利改税"改革后，该差逐渐缩小。

3.3.4 居民可支配收入变化及成因分析

居民部门再分配收入等于初次分配收入加上经常转移，由于我们已经分析居民部门初次分配收入的变化原因，因此这里仅需分析居民部门经常转移的构成及变化原因。

表 3-9 显示，居民部门再分配收入中，居民部门经常转移规模比较小，实际上，1978~2008 年，居民部门经常转移占居民部门再分配收入的比重平均仅为 3.3%，因此在政府主导的国民收入再分配环节，针对居民部门的再分配力度较弱，很难起到调整居民部门分配收入比重的作用。

表 3-9 **1978~2008 年居民可支配收入** 单位：亿元

年份	1978	1979	1980	1981	1982	1983	1984	1985
初次分配总收入	1 881.59	2 205.1	2 581.03	2 827.06	3 179.6	3 569.2	4 353.41	5 410.7
经常转移	30.05	101.31	138.02	181.08	190.07	225.55	259.56	308.75
其中：收入税	0	0	0	-0.05	-0.1	-0.17	-0.34	-1.32
社会保险付款	0	0	0	0	0	0	0	0
社会补助	27.71	98.42	134.61	177.69	190.17	217.79	252.71	301.4
其他	2.34	2.89	3.41	3.44	8.5	7.93	7.19	8.67
可支配收入	1 911.64	2 306.4	2 719.05	3 008.14	3 369.7	3 794.7	4 612.96	5 719.4
年份	1986	1987	1988	1989	1990	1991	1992	1993
初次分配总收入	6 285.33	7 679.9	9 749.95	11 096.1	12 879	14 732	17 795.4	22 075
经常转移	311.96	356.44	390.96	412.33	437.77	611.07	657.3	751.8
其中：收入税	-5.25	-7.17	-8.69	-18.04	-21.66	-25.83	-4.7	-27.3
社会保险付款	0	0	0	-32.7	-34.9	-48.9	-43.9	-35.3
社会补助	303.13	343.72	371.54	435.57	448.67	617.87	449.6	443.5
其他	14.08	19.89	28.11	27.5	45.66	67.93	256.3	370.8
可支配收入	6 597.29	8 036.3	10 140.9	11 508.4	13 316	15 343	18 452.8	22 827

续表

年份	1994	1995	1996	1997	1998	1999	2000	2001
初次分配总收入	31 341.1	39 025	46 628.8	51 537.6	54 850	57 553	62 126.5	66 252
经常转移	951.1	1 266.8	1 496.3	2 304.7	2 193.4	2 179.6	1 125.3	1 185.4
其中：收入税	−72.7	−131.5	−193.2	−259.9	−338.7	−414.3	−660.4	−996
社会保险付款	−50.8	−112.3	−151.9	−141.6	12.1	−64	−144.5	−350
社会补助	503.6	640	671.7	792.9	974.4	257.8	308.6	778.2
其他	571.1	870.6	1 169.7	1 913.3	1 545.6	2 400.1	1 621.5	1 753.2
可支配收入	32 292.2	40 292	48 125.1	53 842.2	57 044	59 733	63 251.7	67 438
年份	2002	2003	2004	2005	2006	2007	2008	
初次分配总收入	72 101.6	80 700	92 045.6	110 306	128 238	155 654	180 970	
经常转移	1 203.3	1 007.4	1 342.3	929.2	809.2	921.8	1 459.3	
其中：收入税	−1 211.1	−1 417	−1 736.2	−2 094	−2 454	−3 186	−3 722.2	
社会保险付款	−577.9	−866.5	−1 152.9	−1 574.4	−2 166	−2 924	−3 771	
社会补助	1 086.6	548.4	617.9	779	979.6	1 219.7	2 146.9	
其他	1 905.7	2 742.8	3 613.5	3 818.6	4 449	5 811.7	6 805.6	
可支配收入	73 304.9	81 707	93 387.9	111 235	129 048	156 576	182 430	

居民部门经常转移由收入税、社会保险付款、社会补助和其他项目组成。收入税是居民部门缴纳的个人所得税，由于税制设计和税收管理的原因，我国个人所得税规模比较低，在大多数年份不超过税收收入总额的7%。就社会保险付款而言，一方面居民向政府缴纳以养老保险费、医疗保险费等为代表的社会保险费，另一方面又有部分居民享受政府提供的各种社会保险，两者相抵的结果是居民缴纳的社会保险费超过领取的社会保险费，成为整体居民部门收入的减项。

由于居民部门经常转移规模较小，因此居民部门再分配收入比重变化趋势与初次分配收入比重基本一致，即该比重变化分为三个阶段，1978～1990年处于上升阶段，1991～1998年处于相对稳定阶段，1999～2008年处于下降阶段。这从侧面说明了，调整目前居民部门再分配收入比重应着重从初次分配调整入手，特别是提高劳动者报酬入手。

3.4 部门收入分配格局存在的问题

3.4.1 部门收入分配格局的国际比较

表 3-10 显示了 2006 年世界部分国家和地区部门收入初次分配格局，中国 2006 年部门收入初次分配中，政府、企业和居民所占比例分别是 17.9%、23.1% 和 59.0%，与国际相比较，我国部门收入初次分配的特点是政府和居民所占比重高，企业所占比重低。政府所占比重高的原因是因为中国税制体系以间接税为主体，而发达国家税制体系以直接税为主体，政府参与部门收入初次分配的手段的手段主要是征收间接税，直接税是在部门收入的再分配环节发生作用。国外发达国家企业部门初次分配所占比重高的原因，可能在于发达国家经济发展水平高，资本要素相对劳动要素丰裕，由于企业收入主要来自资本要素收入，资本密集高会增加企业在初次分配的收入。

表 3-10　2006 年世界部分国家和地区部门收入初次分配格局　　单位：%

部门	欧元区	日本	韩国	加拿大	墨西哥	美国	捷克	法国
政府	11.99	7.78	11.96	11.32	9.95	6.97	9.38	13.75
企业	40	40.12	43.03	38.46	60.44	36.13	47.67	34.08
居民	48.02	51.7	45.01	50.18	29.62	56.85	42.95	52.17
部门	德国	意大利	荷兰	波兰	西班牙	英国	澳大利亚	新西兰
政府	10.64	13.21	11.53	12.79	10.91	12.29	10.97	12.71
企业	38.97	45.96	38.68	51.4	42.04	32.13	41.23	42.62
居民	50.39	40.84	49.78	35.82	47.04	55.66	47.65	44.68

现在比较一下部门收入的再分配状况。2003 年我国人均 GDP 超过 1 000 美元，经济学理论与实践表明，当一国人均 GDP 处于 1 000~3 000 美元阶段，随着消费结构的逐步升级和社会结构的全面深化，国民经济的高速增长和社会进步将面临难得的机遇，是一个国家黄金发展阶段。20 世纪中期，日本成功地在黄金发展阶段实现了经济的快速增长和跨越。日本在这一阶段的国民经济分配格局对我国有较强的借鉴意义（见表 3-11）。

表 3 - 11　　　　**1965 ~ 1973 年日本国民可支配总收入结构**　　　单位：%

年份	政府	企业	居民及非营利机构
1965	15.6	3.6	80.8
1966	15.0	5.8	79.2
1967	15.2	8.7	76.1
1968	15.2	8.7	76.1
1969	15.4	9.7	74.9
1970	16.2	10.7	73.1
1971	17.1	7.1	75.8
1972	16.4	7.3	76.3
1973	17.2	5.8	77.0

　　日本人均 GDP 由 1966 年的 1 071 美元，经过 7 年的增长，1973 年达到 3 348 美元。这是日本的黄金发展阶段。在这个发展阶段，日本的企业可支配收入在国民可支配总收入中所占份额较小，平均为 7.5%；政府部门可支配收入在国民可支配总收入中所占份额也不多，占 16% 左右，变化趋势是略有上升；居民与非营利机构可支配收入在国民可支配总收入中占有主体地位，所占比重在 75% 以上，政府、企业和居民三大部门之间的比例关系大致为 1.5∶1∶7.5。2003 年以来，我国政府初次分配收入占国民总收入比重在 17% 以上，可支配收入占国民可支配总收入比重在 20% 以上。与历史上处于相同发展阶段的日本相比，我国政府可支配收入所占比重（即便不考虑制度外收入）是偏高的。

　　再来看看美国的情况。表 3 - 12 显示了 1992 ~ 2007 年美国部门收入再分配格局，从中可以看出，居民部门所占比重一直高达 72% 以上，高于同期中国在 15 个百分点以上。而中国政府和企业部门收入再分配比重明显高于美国。

表 3 - 12　　　　　　　**美国部门收入再分配格局**　　　　单位：%

年份	政府	企业	居民
1992	11.37	13.18	75.45
1993	11.51	12.88	75.61
1994	12.02	12.76	75.22
1995	11.92	13.27	74.8
1996	11.83	13.79	74.38
1997	11.72	14.41	73.87

年份	政府	企业	居民
1998	11.46	13.56	74.99
1999	11.22	13.33	75.45
2000	11.07	12.7	76.23
2001	10.29	12.56	77.15
2002	10.44	13.17	76.39
2003	10.91	13.25	75.84
2004	11.41	13.7	74.89
2005	11.98	14.49	73.54
2006	12.32	15.45	72.23
2007	12.03	15.07	72.9

为什么在部门收入再分配比较中，中国居民部门所占比重低，而政府和企业所占比重高？我们认为原因主要有两点：一是发达国家有庞大的社会保障计划，针对居民的转移支付规模很大，由此提高居民部门收入比重，而中国的社会保障规模明显不如发达国家；二是发达国家企业组织形态以股份有限责任公司为主，企业盈余通过分配股利、股息等形式分配给居民部门，而中国存在大量的家族企业和非公司企业，企业盈余以保留利润形态存在，导致中国企业部门所占份额较高。

3.4.2 部门收入分配存在的主要问题

我国部门收入再分配格局的特点是居民部门占比低、政府和企业部门占比高，这种分配格局的好处是：增加政府财力，提高了政府宏观调控能力；增加了企业留利水平，促进企业自我发展。但是这种分配格局的也存在不少问题，主要表现为：

第一，自进入21世纪以来，我国居民部门分配比重逐年下降，抑制了居民消费需求增长。我国居民可支配收入占国民可支配总收入比重逐年下降的主要原因在于：一是劳动者报酬增长持续慢于经济增长，其占 GDP 比重不断下降；二是居民财产净收入增长缓慢，其占国民收入比重持续下滑；三是居民经常转移净收入增长大大放缓，近几年甚至连续出现负增长，居民已由再分配中的净得益方变为净损失方，特别是近 4 年居民在再分配过程中收入损失程度有不断扩大

83

趋势。

第二，近年来，收入初次分配和再分配过程中存在明显向政府倾斜的趋势。一方面，由于间接税的重复征税机制和各级政府存在较强的税收增收激励，政府获得的生产税净额增长大大快于经济增长，政府初次分配收入占国民收入的比重不断上升。另一方面，在收入再分配过程中政府继续扩大收入比例。近年来，政府在经常转移中获得的收入税和社会保险交款等转移收入增长远快于社会补助等转移支出，导致政府经常转移净收入占国民可支配总收入比重持续上升。政府收入过快增长带来的负面影响是：一方面，政府财政收入的快速增长一定程度地挤压了居民收入增长的空间；另一方面，政府转移支付和社会保障支出的不足，又导致居民消费倾向下降。

第三，政府再分配调节力度不够，社会保障欠账较多。由于我国缺乏健全的居民收入监控体系，个人收入来源复杂且不透明，偷漏税现象普遍，政府对居民收入再分配调节力度不够。由于政府转移支付规模小，对农村居民、城镇失业人员和低收入阶层缺乏有效的保障。目前，我国还没有建立起覆盖城乡居民的社会保障体系，社会保障的覆盖面相当有限。这导致居民不得不自行考虑医疗、养老、教育等诸多方面的支出，从而极大地强化了居民的储蓄动机，压抑了居民当期消费。

3.5 小　　结

本章对我国 1978～2008 年政府、企业和居民三个部门收入分配关系进行测算和分析，主要结论为：

（1）关于部门收入初次分配格局问题。改革开放以来，三大部门收入初次分配关系的演变大体可划分为向居民倾斜（1978～1994 年）和向政府、企业倾斜（1995 年至今）两个阶段。1978～1994 年，政府收入比重下降较多，居民收入比重上升较快，企业收入比重有降有升。1994 年与 1978 年相比，政府收入比重下降了 3.5 个百分点，企业收入比重下降了 10.3 个百分点，居民收入比重上升了 13.8 个百分点。1995 年至今，随着国家宏观调控政策的变化，政府收入比重和企业收入比重不断上升，而居民收入比重则在波动中下降，收入初次分配出现向政府和企业倾斜的趋势。2008 年与 1994 年相比，政府收入比重提高了 0.4 个百分点，企业收入比重提高了 7.5 个百分点，居民收入比重下降了 7.9 个百分点。

（2）关于部门收入再分配格局问题。就企业部门再分配收入比重而言，1987 年是拐点，之前处于不断下降趋势，之后处于长期上升趋势；就居民部门再分配而言，1990 年前处于上升趋势，之后趋于稳定，1998 年后处于下降趋势；就政府部门再分配收入比重而言，1986 年前处于相对稳定阶段，之后不断下降，1995 年后处于缓慢上升阶段。

（3）与部门收入初次分配相比，1978 年以来，政府在部门收入再分配中总体上处于净得益地位，即为政府初次分配收入占国民总收入的比重小于政府可支配收入占国民可支配总收入的比重，净得益占国民收入的比重在 1998 年总体处于下降趋势，之后处于上升趋势；企业在再分配过程中一直处于净损失地位；居民在 2004 年以前处于净得益地位，2004 年后处于净损失地位。

（4）关于部门收入分配格局形成的原因。与发达国家部门收入再分配格局比较，中国居民部门所占比重偏低，而政府和企业所占比重偏高。原因主要有两点：一是发达国家有庞大的社会保障计划，针对居民的转移支付规模很大，由此提高居民部门收入比重，而中国的社会保障规模明显不如发达国家；二是发达国家企业组织形态以股份有限责任公司为主，企业盈余通过分配股利、股息等形式分配给居民部门，而中国存在大量的家族企业和非公司企业，企业盈余以保留利润形态存在，导致中国企业部门所占份额较高。

（5）关于我国部门收入分配存在的主要问题。我国部门收入再分配格局的特点是居民部门占比低、政府和企业部门占比高，这种分配格局好处是：增加政府财力，提高了政府宏观调控能力；增加了企业留利水平，促进企业自我发展。但是这种分配格局也存在不少问题，主要表现为：一是居民部门分配比重逐年下降，抑制了居民消费需求增长；二是政府再分配调节力度不够，社会保障欠账较多。

我国部门收入分配格局的形成，是各种经济政策长时期的作用结果，因此调整部门收入分配格局也需要多种经济政策结合，不能期望一蹴而就。我们认为，调整部门收入分配的大方向是：通过扩大投资、发展非公经济、完善劳动力市场等措施，坚持实行积极就业政策，最大限度减少失业人口；通过改变城乡二元经济结构、收入分配向农村倾斜、改进户籍管理制度等，努力促使农民收入增长速度提高；建立健全符合国情的社会保障制度，增加居民部门转移性收入。

第4章

要素收入分配趋势

要素收入的初次分配由市场主导，再分配由政府主导，分别体现的是效率原则和公平原则。要研究税收对要素收入分配的影响，首先要测算要素收入分配状况。本章从中国统计数据特点出发，提出测算我国要素收入初次分配和再分配的方法，并运用该方法进行详细测算。本章是研究税收的要素收入分配效应的数据基础。

4.1 引 言

目前，社会各界对我国收入分配问题关注的焦点，主要集中在居民收入分配上，对要素收入分配问题的重视程度有所不足，其研究文献也远较居民收入分配文献欠缺。在当下中国，准确估算要素收入分配至少具有三方面重大现实意义。

首先有助于深入研究国民收入部门分配格局的变动规律。自20世纪90年代中期以来，我国政府和企业部门收入占国民总收入比重上升，居民部门收入占比下降，这引起了社会各界的广泛关注，"国强民不富"的议论不绝于耳。在我国目前居民部门收入主要来自劳动收入的前提下，要素收入分配格局的变化，势必对国民收入部门分配格局产生深刻影响，因此，准确测算要素收入分配有助于我们研究国民收入部门分配格局变动的根源及其解决途径。

其次有助于更加科学地分析居民收入分配状况。Atkinson（2000）指出，个人收入来源于财产收入和劳动收入，对处于收入分布中较高位置的个体而言，其收入来源主要是财产收入，收入分布中处于较低位置的个体，收入来源主要是劳动收入。因此，当在国民收入中增加劳动要素收入份额时，一般会改善居民收入分配状况。这样，我们可以从研究改善要素分配入手，研究改善居民收入分配的对策。

再次有助于更加深刻地分析经济运行的机理。除了对居民收入分配和部门收入分配产生影响外，要素收入分配与一系列宏观经济问题具有密切联系，如通货膨胀、就业、垄断、技术进步、金融发展、经济周期等问题。例如，Batini 等（2000）对英国劳动收入份额和通货膨胀率的研究，发现其劳动收入份额表现出周期性规律，并能很好地预期通货膨胀率。因此，分析要素收入分配有助于深入研究这些宏观经济问题。

在 20 世纪 40 年代以前，以斯密、李嘉图等为代表的古典经济学家以及后来的卡莱茨基学派、剑桥学派主要关心的是要素收入分配。但是，自凯恩斯以后，经济学的主流是新古典主义经济学，在新古典框架下，储蓄率主要由边际消费倾向而非由资本分配份额决定，因此要素收入分配对经济增长的作用被长期忽视（Solow，1956）。凯恩斯坚持认为，要素收入分配格局长期不变是典型经济事实，期间大量的实证研究论证了这一观点（如 Johnson，1954；Klein et al.，1961），因此卡尔多（Kaldor，1955）和库兹涅茨（Kuznets，1971）将其归纳为经济增长的 6 个典型事实之一[①]。由此之故，要素收入分配问题自第二次世界大战后有很长一段时间处于被忽略状态。

然而，自 20 世纪 70 年代后半期开始，经济学家发现"要素收入分配格局长期不变是典型经济事实"不再成立，欧洲大多数国家劳动分配份额在 20 世纪 70 年代后半期开始出现先升后降的"驼峰"状趋势（Bertoli and Farina，2007）。对发展中国家的研究也显示要素分配份额至少在中期内不是常数（Poterba，1997）。因此，自 20 世纪 80 年代后，国际经济学界借助内生增长理论、新剑桥学派、卡莱茨基学派、非中性技术进步等框架，又重新开始关注要素收入分配问题（Bertoli and Farina，2007）。

我国经济学界开始关注要素收入分配问题始于 20 世纪 90 年代（李扬，1992），但是相关研究文献较少。进入 2000 年后，要素收入分配发生了不利于劳动分配的变化，国内学者关注焦点开始集中在劳动分配份额的变化问题上（李稻葵等，2009；罗长远、张军，2009；白重恩等，2009a）。也许是因为劳动要素分配比资本要素分配更与民生问题息息相关，因此对资本要素分配份额的研究文

---

① 如 Kaldor（1955）指出："要素分配份额在历史上保持常数的这一事实，使我们比以前任何时候都更需要一个理论来解释这个常数。任何一个关于要素分配的模型都必须解释要素分配份额为常数这个历史事实。"

献相对较少（白重恩、钱震杰，2009b）。

从既有研究看，文献中主要存在三方面问题待进一步拓展：一是未区别要素收入的初次分配和再分配，既有研究大多测算是要素收入初次分配，但是我们知道，要素所有者在配置资源时，最关心的是要素再分配结果而不是初次分配结果；二是没有将资本和劳动要素收入分配联结起来分析，在有政府通过财政收支参与经济过程的情况下，劳动和资本要素收入分配并不必然存在一进一退关系，仅测算一种要素收入分配并不能自动得出另一种要素收入分配变动状况；三是测算要素收入分配的基本数据中，往往同时包含资本和劳动要素收入，特别在税收数据中比较多见，需要认真将两者剖离出来，而这往往为研究者所忽视。本章研究的价值也正在于解决这三方面问题，从全国及区域两个角度详细测算要素收入的初次分配和再分配状况，由此建立我国要素收入分配状况的基础数据库。

4.2 测算要素收入分配的三个相关问题

4.2.1 关于是否需要计算政府部门分配份额问题

在测算要素收入分配的文献中，通常的做法是不计算政府部门在要素收入分配中所占的份额，而是假定政府收入也是要素收入的一部分，认为国民收入全部归属于资本和劳动两大要素。本章测算要素收入分配时，采用将国民收入归属资本、劳动和政府三者的做法，理由主要有如下四点：

第一，要素所有者（不论是资本所有者还是劳动所有者）最为关注的是要素真实分配到的收入，而不是要素创造的收入。那么，要素的真实收入如何衡量呢？应该是在资本和劳动取得税前收入后，扣除政府征税部分并加上政府对要素所有者的转移支付部分。显然，在这种情况下，必然要测算政府部门在国民收入中的分配份额。况且，如果不是测算要素真实分配到的收入而是测算要素创造的收入，就涉及马克思主义经济学与新古典主义经济学的重大争论，马克思主义经济学（包括李嘉图等古典经济学家在内）认为价值全部由劳动创造，而在新古典主义经济学看来，要素的边际产出决定要素创造价值的多少，介入这样的争论显然不是要素收入分配测算的本意。

第二，不考虑政府部门分配状况无法观察政府在要素收入分配中的作用，并且研究政府在要素收入分配中的作用已有相当的文献积累。不论是直接税、间接税还是转移支付，不可避免地参与或者说干扰了生产要素的分配过程，它们具有较强的要素收入分配效应。文献中已有一些关于税收对要素收入分配影响的研究，如 Elizabeth（1967）研究认为，开征社会保障税会减少资本分配份额；De 和 Nicodeme（2007）认为，欧洲采取降低公司所得税政策后，促使企业结构由独资形式向控股公司形式转变，由此使得资本分配份额上升了 0.2%；Lane（1998）研究认为，个人所得税的降低会使得工会接受降低工资政策，从而影响税前和税后劳动要素收入分配；郭庆旺、吕冰洋（2011）认为，直接税通过要素收入效应和要素替代效应影响要素收入分配，并实证分析了中国主体税种平均税率变化对要素收入分配的影响。因此，测算政府部门分配将有助于我们分析政府在要素收入分配中的作用。

第三，不考虑政府部门分配状况，就难以确定间接税的归属问题。关于间接税的税基性质问题，文献中是存在大量争议的。一种观点认为，间接税是企业生产"成本—价格"的一部分，可以视为对资本存量（作为中间产品）的资本税（Chari and Kehoe，1999；Engel et al.，1999），这也是测算要素收入分配常用的简单做法。不过，根据税收归宿的一般均衡分析结论，征税会产生要素替代效应和产出效应（Mieszkowski，1967），资本和劳动负担税收的比例依赖各种市场条件而定，简单地将间接税视为资本收入的一部分显然不妥。为回避争议，有的研究者干脆在测算要素收入分配时置间接税不理，即认为间接税不是企业收入的一部分，资本和劳动就扣除间接税后的企业收入进行分配（Gomme and Rupert，2004）。但是大量的税收研究者指出，所有的税收收入都来自劳动、资本和消费，因此相应的税基也分为劳动、资本和消费三大部分（Mendoza et al.，1994；Daveri and Tabellini，2000；Fiorito and Padrini，2001；Volkerink and Haan，2002），不少文献根据这种归类方法，研究资本、劳动和消费平均税率对宏观经济的影响（Mendoza and Tesar，1998；Razin et al.，1998；OECD，2000）。以生产型增值税为例，它对固定资产投资进项税不能抵扣部分可以视作是对资本征税，那么其余部分呢？将其视为对资本征税显然牵强，按上述三种税基归类做法将其视为对消费征税就合理得多。如果考虑政府部门分配状况，就可以直接将全部间接税收入视作政府初次分配收入，从而合理地回避了关于间接税归属问题的争论。

第四，即使是考虑政府部门分配状况，也很容易转换为不考虑政府部门分配的要素收入分配状况。由于政府在要素初次分配环节取得收入的主要工具是间接税（如图 4 - 1 所示），那么只要在要素初次分配环节，将政府部门分配份额加上资本初次分配份额就可求出资本分配总份额（如果将间接税视作资本税的话）。只是如上文我们指出的，不考虑政府部门分配是不妥当的，并且，得出的要素收入分配状况也只是要素初次分配状况，无法观察要素的最终分配状况。

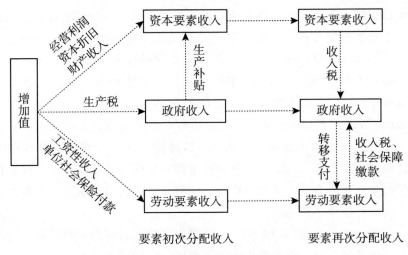

图 4 - 1　要素收入分配的流程

4.2.2　关于要素收入初次和再分配的节点设定问题

从要素收入分配的次序来看，首先是要素收入的初次分配，即市场决定产出在生产要素之间的分配，其分配原则是根据生产要素对产品生产所作贡献的大小来分配，以体现效率原则，分配结果形成初次收入分配格局；其次是要素收入的再分配，即政府对初次分配的收入进行调节，以保证低收入者或没有劳动能力的社会成员有生存的权利，从而体现结果公平原则，分配结果形成要素收入再分配格局。根据要素收入分配的次序，我们对其测算分为两个层次，即要素收入的初次分配与再分配。

图 4 - 1 描述了要素收入分配的流程。企业创造的价值可分为三大部分：第一部分是资本要素收入，来源有企业的经营利润、生产过程中补充的资本折旧、资本出租或出售得到的财产性收入以及政府给予企业的生产性补贴；第二部分是政府收入，来源是"政府对生产单位从事生产、销售和经营活动以及因从事这些活动使用某些生产要素所征收的各种税、附加费和规费"，简称生产税（国家统计局，2007），从性质看主要是能够发生税收转嫁的间接税；第三部分是劳动要素收入，来源是劳动者工资性收入和单位社会保险付款。之所以将单位社会保险付款视作劳动要素收入，是因为它是政府以职工工资为基数计算出的返还性很强的收费，社会保障制度的对象是居民，不论社会保障缴款是企业缴纳还是居民缴纳，均可以视作是对劳动要素征税（Haufler et al., 2009）。

要素收入初次分配和再分配的差别是由对要素征收的收入税和政府转移支付制度造成的。具体来说，劳动要素再分配在初次分配基础上，加上政府对劳动者的转移支付，减去劳动者交纳的收入税和社会保障缴款，劳动者交纳的收入税主要是指针对劳动者来自劳动要素收入的征税部分。政府对劳动者的转移支付包括社会保险福利、社会补助和其他经常转移。资本要素再分配结果是在初次分配基础上，扣除资本要素交纳的收入税。

需说明的是，由于生产过程是循环不息的过程，因此要素收入分配也是一个循环不息的过程，要素收入分配的初次和再分配节点是人为设定的。就政府收支过程看，政府取得的收入总是要花费出去的，政府支出可分为转移性支出和购买性支出两大类。转移性支出是政府在人民之间再分配购买力的支出，主要是社会保障支出和财政补贴支出；政府转移支出会增加劳动分配份额，遵循的主要是公平原则。政府购买性支出是政府从个人和企业购买原材料和生产要素服务的支出，它对生产和就业具有重要影响，遵循的主要是效率原则。由于政府购买性支出增加会影响生产和就业，因此它自然进入国民收入的创造环节，在图4-1中就显示为"增加值"的增加。考虑到从要素收入的初次分配向再分配转变体现的是公平原则，而政府转移性支出无疑直接影响公平，因此我们将要素收入再分配节点定在图4-1中的政府转移性支出花费出去时。

4.2.3 关于基础数据问题

白重恩、钱震杰（2009a）总结到，测算要素收入分配的数据来源主要有三个：一是国民经济核算的"资金流量表（实物部分）"；二是按收入法核算的省际GDP，它可以分解为劳动者报酬、固定资产折旧、营业盈余和生产税四项；三是投入产出表的使用表。官方公布资金流量表是从1992年开始，官方公布按省际收入法GDP是从1996年开始，Hsueh和Li（1999）报告了他们对1978~1995年省际收入法GDP的估算结果。投入产出表逢二、七年份编制，官方公布最早的投入产出表是1987年数据。因为投入产出表无法提供连续数据，因此我们测算要素收入分配的数据基础是前两者。

第3章剖析了资金流量表的数据结构，在本章中，它也是我们测算要素收入分配的数据基础。在资金流量表中，"生产税净额"主要指的是政府征收的间接税和规费，因此相当于政府在初次分配中的收入，"劳动者报酬"大体相当于劳动要素的初次分配收入，剩余部分为资本要素的初次分配收入。但是这种区分只是粗略意义上的，还需要结合要素收入的定义和统计口径的变化进行调整。

测算分省要素收入分配的数据基础是历年《中国统计年鉴》中对各省收入法GDP分解结果。一般认为，地方核算数据的质量逊于国家层面的数据核算质量，不过省际收入法GDP数据可提供省际数据信息，仍有详细测算的必要。我国是从 1997 年开始公布上年度收入法 GDP 分解结果，2008 年是第二次经济普查年度，通常国家统计局会根据经济普查结果，对省际经济数据进行较大幅度的调整，因此在随后的《中国统计年鉴》中未公布 2008 年省际收入法 GDP 数据。由于数据调整的原因，往往使得经济普查年度数据与其他年份数据不可比，为此本章测算各省要素收入分配状况截止时点是 2007 年。Hsueh 和 Li（1999）虽提供了 1978～1995 年省际收入法 GDP 的估算结果，白重恩、钱震杰（2009a）根据利用该数据测算出中国 1978～1995 年劳动分配份额变化不大，这与下文利用资金流量表测算的结果不符，也似乎不符合中国 20 世纪 80 年代减税让利改革为背景的经济发展实际，问题可能在于该数据质量可能存在较大争议。为保持数据来源的连贯性，本章测算省际要素收入分配的起始点为 1997 年。

4.3 整体要素收入分配测算和分析

4.3.1 要素收入的初次分配

1. 数据调整

"劳动者报酬"与劳动要素创造的收入不完全对应，原因一是劳动者报酬统计口径在 2004 年前后发生变化，二是劳动者报酬与劳动要素收入的本义有不符之处。由此之故，我们测算劳动要素收入的分配状况时也分为两步，一是调整劳动者报酬统计口径，使历史数据具有统一性，二是调整劳动者报酬使其符合劳动要素收入的本义。

白重恩、钱震杰（2009a）发现，有关劳动者报酬的核算在 2004 年出现了两个变化：一是个体业户收入从劳动收入变为营业盈余；二是将国有农场的营业盈余由"营业盈余"转计入"劳动者报酬"。根据这两点变化，为使 2004 年前后数据具有可比性，我们首先要对 2004 年后劳动者报酬进行调整，其公式为：

$$\frac{2004\ 年之后}{劳动者报酬} = 劳动者报酬 + \frac{个体业户创造}{的营业盈余} - \frac{国有农场的}{营业盈余中归属}$$

由于没有对个体业户和国有农场的营业盈余的相关统计资料，我们需要对此进行推算。我国自 1996 年起公布各省收入法 GDP 数据，其中分解为"营业盈余"一部分。假设自 1996 年后个体业户和国有农场创造营业盈余的能力与其他从业人数相同，那么他们创造的营业盈余为：

$$\frac{1996\,年后个体业户}{创造的营业盈余} = 个体业户的从业人数/全部从业人数 \times 总营业盈余$$

$$\frac{2004\,年后国有农场}{创造的营业盈余} = 国有农场从业人数/全部从业人数 \times 总营业盈余$$

尽管推算了个体业户收入数据，但是由于个体业户不统计劳动报酬，因此它同时包含劳动要素收入和资本要素收入，我们必须对此进行分解。分解的公式是假定个体业户劳动要素创造的收入等于劳动要素的平均报酬，而劳动要素的平均报酬又等于平均货币工资，于是个体业户创造的劳动要素收入和资本要素收入分别为：

个体业户劳动要素收入 = 个体业户从业人数 × 平均货币工资

个体业户资本要素收入 = 个体业户营业盈余 − 个体业户劳动要素收入

据此可以推算 1978~1995 年个体业户劳动要素收入，由于缺失期间"营业盈余"数据，我们需要推算期间个体业户资本要素收入。方法是假定 1995 年前后个体业户收入中来自资本所得和劳动所得的比例相同，1996~2008 年该比例为0.703，用该值乘以个体业户劳动要素收入就可推算出个体业户资本要素收入。

由此可以推算劳动要素的初次分配收入为：

劳动要素初次分配收入 = 调整后的劳动者报酬 − 个体业户资本要素收入

资本要素的初次分配收入为国民可支配收入扣除劳动要素初次分配收入，并扣除政府通过税收和收费形式在初次分配中征收的数额，因此资本要素初次分配收入为

资本要素初次分配收入 = 国民收入 − 劳动要素初次分配收入 − 生产税净额

2. 测算结果分析

根据上述测算公式，我们测算了 1992~2008 年要素收入的初次分配情况，见表 4−1。为直观起见，用图 4−2 显示要素初次分配的变化。

表 4−1   **中国要素收入的初次分配**

初次分配	1978年	1979年	1980年	1981年	1982年	1983年	1984年	1985年	1986年	1987年	1988年
劳动要素	0.503	0.55	0.595	0.655	0.687	0.694	0.669	0.613	0.617	0.59	0.567
政府部门	0.181	0.186	0.177	0.18	0.177	0.193	0.194	0.197	0.206	0.19	0.165
资本要素	0.315	0.264	0.229	0.165	0.136	0.113	0.137	0.19	0.177	0.22	0.268

初次分配	1989年	1990年	1991年	1992年	1993年	1994年	1995年	1996年	1997年	1998年	1999年
劳动要素	0.579	0.599	0.56	0.531	0.496	0.499	0.498	0.498	0.506	0.5	0.501
政府部门	0.161	0.163	0.154	0.145	0.157	0.156	0.14	0.15	0.156	0.16	0.163
资本要素	0.26	0.238	0.286	0.324	0.348	0.345	0.362	0.352	0.338	0.34	0.337

续表

初次分配	2000年	2001年	2002年	2003年	2004年	2005年	2006年	2007年	2008年		
劳动要素	0.484	0.469	0.478	0.466	0.512	0.547	0.537	0.527	0.527		
政府部门	0.163	0.169	0.172	0.173	0.149	0.157	0.16	0.164	0.161		
资本要素	0.353	0.362	0.35	0.361	0.339	0.296	0.303	0.309	0.312		

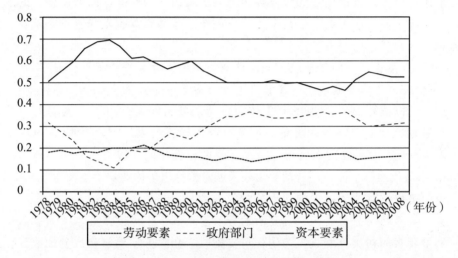

图 4 - 2　中国要素收入的初次分配

　　总体来看，劳动初次分配份额在 1983 年达到 0.694 顶峰后，开始呈现长期逐渐下滑趋势，到 2003 年下降到低谷为 0.466，之后处于呈现上升趋势，到 2008 年上升到 0.527。而与之相对应，资本初次分配份额在 1983 年达到 0.113 的谷底后，开始呈现迅速上升趋势，20 世纪 90 年代中期后资本初次分配份额上升趋势变缓，到 2003 年上升至顶点 0.361，之后有所下降[①]。政府部门初次分配份额在 1994 年分税制改革前后明显出现相反的趋势，自 20 世纪 80 年代中期之后处于不断下滑趋势，1995 年后开始缓慢上升。

―――――――――

　　① 我们注意到，2004 年前后要素收入分配格局发生较大的变化，发生这种变化的原因，我们认为有可能受到统计数据调整的影响。2004 年我国开始进行第一次经济普查，根据经济普查结果认为中国 GDP 存在严重低估，随即大幅度上调 1992 ~ 2004 年 GDP 和国民收入数据。国民收入主要由三部分组成：劳动者报酬、营业盈余（主要是企业盈利）和税收。历史上税收数据相对真实，无须进行调整，营业盈余难以统计，因此国家统计局采取的数据调整方法是用城乡居民人均可支配收入的增速来估计非普查年份的劳动者报酬，由于国家统计局采用抽样调查来推算城乡居民人均可支配收入，抽样调查对象比较固定，而且拥有较稳定的工作和收入，很可能难以准确反映居民部门可支配收入的变化趋势。白重恩、钱震杰（2009）也指出这一点。根据抽样调查方法很可能低估居民部门可支配收入状况，进而造成劳动者报酬的低估，进而高于企业营业盈余部分，即造成这一时期劳动要素分配份额低估，而资本要素分配份额高估。

3. 结果分析

我们结合中国改革开放以来经济发展的历程，简要分析要素收入初次分配和政府部门初次分配的变动原因。

第一，政府部门初次分配变化原因。图 4-2 显示，政府部门初次分配份额变化可以 1994 年为分界线，前期不断下滑，后期稳步上升。政府部门介入国民收入初次分配的手段主要是征收间接税和费，而以间接税为主体。政府部门初次分配份额之所以能够在 1994 年分税制改革后出现逆转，其根本原因在于间接税在分税制改革前后的作用差异巨大。分税制改革之前，我国的间接税种主要是增值税和产品税，核定计税依据时采用的是账簿法而非发票法，这使得税收监控能力较弱。并且增值税征税范围比现行增值税要窄很多，导致政府在国民收入初次分配中的份额下降。1994 年分税制改革之后，我国增值税和营业税征税范围覆盖大部分商品和服务，生产型增值税内部、增值税和营业税之间、增值税和消费税之间存在严重的重复征税，[1] 同时，增值税通过发票抵扣方法来征税，这使得政府对间接税的管理明显加强[2]，导致间接税迅速增长，例如，1995～2008 年增值税平均增长率高达 16.8%。

第二，劳动要素初次分配变化的原因。图 4-2 显示，劳动要素初次分配变化在 1983 年前处于迅速上升阶段，之后缓慢下降，2004 年后又处于上升趋势。据我们分析，1983 年之前劳动初次分配份额的迅速上升，与当时中国经济体制改革进程密切相关：一是"包产到户"的农村改革大大提高农民收入，二是在"减税让利"背景下大幅度提高职工工资。这两者均促使劳动要素收入增加。之后随着城市国有企业承包制实行、利改税改革、民营经济的迅速发展等，资本的活力逐渐激发出来，资本分配份额随之上升。1983 年后资本分配份额与劳动分配份额呈逆向变化，这期间可能部分存在"利润挤占工资"的现象，即企业盈利增加，压缩了劳动报酬占企业增加值的比重。企业盈利增加的原因见下文分析。2004 年后，劳动者报酬总额上升很快，2004～2008 年年均增长率为 21.3%，促使劳动分配份额上升。

第三，资本要素初次分配的变化。图 4-2 显示，资本要素初次分配的变化大体分为四个阶段：1978～1983 年，资本初次分配份额迅速下降；1984～1994 年，资本初次分配份额迅速上升；1995～2003 年，资本初次分配份额比较高，并处于相对稳定状态；2004 年后，资本初次分配份额有所下降。改革开放初期

---

① 吕冰洋和郭庆旺（2011）对此问题进行了详细分析。

② 我国为加强增值税管理，自 1998 年 8 月起开始"金税二期工程"建设，建设内容涵盖了增值税防伪税控开票系统、防伪税控认证系统、计算机交叉稽核系统和发票协查系统，从而使增值税的管理上升到网络化、系统化层面。

的资本初次分配份额的下降，与此时农村改革、提高职工工资等带来的劳动力报酬的迅速上升有关。之后资本初次分配份额的变化，我们认为与三个重要因素有关：人口红利、经济结构、间接税。一是人口红利的影响，我国经济增长中享受着巨大的人口红利[①]，人口红利带来了劳动力增加和储蓄增长，其结果就是长时期内劳动力低成本和资金供给充裕，由此使得资本初次分配份额上升；二是经济结构的影响，随着我国经济发展和资本积累，生产要素中资本相对劳动的丰裕度会提高，这推动劳动密集型产业向资本密集型产业转移，由此带来资本初次分配份额上升；三是间接税，1995 年后间接税的主体是增值税和营业税，生产型增值税的税基是资本和消费，税收文献中一般将营业税作为对资本要素征税（Engel et al.，1999），1995 年后政府间接税征收力度大大加强，两税的高速增长会抑制资本初次分配份额的上升，实证分析也支撑了这一结论（郭庆旺、吕冰洋，2010）。2004 年后资本初次分配份额的下降，可能受到劳动者报酬的快速增长的影响。

4.3.2 要素收入的再分配

1. 数据调整

要素收入的初次分配向再分配变化，是由收入税、政府转移支付、社会保障缴款引起的。政府转移支付和社会保障缴款可以分别视作劳动要素分配份额的增项和减项。收入税是针对企业和个人的收入征税，对个人征税主要是个人所得税。企业收入税的形式变化较大，1983 年前企业只上缴利润不缴税，1983 年开始试行国有企业利改税，1984 年对企业利润开征企业奖金税，1994 年分税制改革统一开征企业所得税。计划经济时代企业收入具有企业所得税的性质，都是在分配环节征收，而不是在生产环节征收，因此可将其作为"收入税"处理，为了可比，将企业收入中的亏损补贴单列出来，作为"负的收入税"。企业所得税可以视作是资本要素分配份额的减项。但是个人所得税同时包括对劳动要素和资本要素征税，在统计上没作区分，我们需要将之拆解。

我国在 1994 年分税制改革之前，个人所得税体系比较繁杂。自 1980 年起正式开征个人所得税，仅对外籍人员征收，1985 年开征国营企业工资调节税，1986 年开征个人收入调节税和城乡个体工商业户所得税。1994 年后开征统一的个人所得税，实行分类征收方法，我国个人所得税有 11 个税目，其中明确是对劳动要素征税的有"工资薪金所得"、"稿酬所得"和"劳务报酬所得"三个税

---

① 所谓人口红利，是一个国家在由高出生率、高死亡率转向低出生率、低死亡率过程中，一段时期社会劳动力在总人口中出现较高比例，同时又由生育率下降，出现总人口"中间大，两头小"的结构。

目，来自"个体工商业户生产经营所得"税目的个人所得税，同时包括资本贡献和劳动贡献两部分。1980～1993年个人所得税中同时有对资本和劳动征税部分。目前《中国税务年鉴》自2000年后公布个人所得税分税目收入，《新中国财政统计50年》公布了1981年后个人所得税总体收入。统计口径的变化需要我们采用不同的方法推算个人所得税中劳动要素贡献部分。

个人所得税主要来自城镇居民家庭，我们假定1999年前个人所得税中对劳动要素的课税总额占个人所得税总额的比例，与城镇居民家庭收入中来自劳动要素贡献的收入比例相等，城镇居民来自劳动要素贡献的收入主要体现为工资收入，这样，我们推算个人所得税中资本征税和劳动征税的部分公式为：

$$\begin{array}{c}1981\sim1999年个人所得税\\劳动征税收入\end{array} = \begin{array}{c}个人所得\\税总额\end{array} \times \left(\begin{array}{c}城镇家庭人均\\工资收入\end{array} \Big/ \begin{array}{c}城镇家庭\\人均收入\end{array}\right)$$

$$\begin{array}{c}2000\sim2008年个人所得税\\"个体工商业户生产\\经营所得"税目收入中劳动征税收入\end{array} = \begin{array}{c}"个体工商业户\\生产经营所得"税目收入\end{array}$$

$$\times \left(\begin{array}{c}个体业户劳动\\要素收入\end{array} \Big/ \begin{array}{c}个体业户\\营业盈余\end{array}\right)$$

$$\begin{array}{c}2000\sim2008年个人所得税\\劳动征税收入\end{array} = \begin{array}{c}"工资薪金所得"\\税目收入\end{array} + \begin{array}{c}"稿酬所得"\\税目收入\end{array} + \begin{array}{c}"劳务报酬所得"\\税目收入\end{array}$$

$$+ \begin{array}{c}"个体工商业户生产经营所得"\\税目收入中劳动征税收入\end{array}$$

1981～2008年个人所得税资本征税收入＝个人所得税－个人所得税劳动征税收入

因此劳动要素再分配收入的测算公式为：

$$\begin{array}{c}劳动要素\\再分配收入\end{array} = \begin{array}{c}劳动要素\\初次分配收入\end{array} + \begin{array}{c}社会保险\\福利\end{array} + \begin{array}{c}社会\\补助\end{array} + \begin{array}{c}其他经常\\转移\end{array}$$

$$- \begin{array}{c}社会\\保障缴款\end{array} - \begin{array}{c}个人所得税中\\劳动征税收入\end{array}$$

资本要素的再分配是在初次分配基础上，减去资本要素缴纳的所得税。资本要素缴纳的所得税是企业所得税和个人所得税中对资本征税部分，不过，在"利改税"之前，国有企业不缴企业所得税而上缴利润，"利改税"企业在缴纳企业所得税外又缴纳奖金税，并在改革开放后的很长一段时间里，国有企业享有不菲的"亏损补贴"，它们与企业所得税的性质是相同的，属于对资本征税，并都反映在"收入税"中，我们用收入税减去个人所得税就可推算出针对企业资本征税部分。因此资本要素再分配收入的测算公式为：

$$\begin{array}{c}资本要素\\再分配收入\end{array} = \begin{array}{c}资本要素初\\次分配收入\end{array} - (收入税 - 个人所得税) - \begin{array}{c}个人所得税中\\对资本征税部分\end{array}$$

政府的再分配收入等于国民可支配总收入减去劳动和资本要素再分配收入，

实际上有如下等式：

$$\text{政府再分配收入} = \text{国民收入} - \text{劳动要素再分配收入} - \text{资本要素再分配收入}$$

$$= \text{生产税净额} + \text{收入税} + \text{社会保险缴款} - \text{社会保险福利} - \text{社会补助} - \text{其他经常转移}$$

2. 测算结果分析

要素收入的再分配的测算结果见表 4 - 2。

表 4 - 2　　　　　　　　中国要素收入的再分配

再次分配	1978年	1979年	1980年	1981年	1982年	1983年	1984年	1985年	1986年	1987年	1988年
劳动要素	0.513	0.575	0.625	0.692	0.726	0.733	0.707	0.649	0.65	0.62	0.596
政府部门	0.303	0.263	0.252	0.236	0.223	0.232	0.233	0.248	0.24	0.21	0.181
资本要素	0.185	0.163	0.123	0.072	0.051	0.035	0.06	0.103	0.111	0.17	0.223

再次分配	1989年	1990年	1991年	1992年	1993年	1994年	1995年	1996年	1997年	1998年	1999年
劳动要素	0.606	0.625	0.593	0.56	0.521	0.518	0.511	0.508	0.526	0.51	0.488
政府部门	0.175	0.175	0.155	0.154	0.156	0.151	0.14	0.151	0.149	0.16	0.188
资本要素	0.218	0.2	0.253	0.286	0.323	0.332	0.349	0.34	0.326	0.33	0.324

再次分配	2000年	2001年	2002年	2003年	2004年	2005年	2006年	2007年	2008年		
劳动要素	0.46	0.492	0.505	0.488	0.528	0.569	0.557	0.548	0.549		
政府部门	0.205	0.17	0.171	0.175	0.157	0.163	0.177	0.18	0.179		
资本要素	0.335	0.338	0.323	0.337	0.315	0.268	0.266	0.271	0.273		

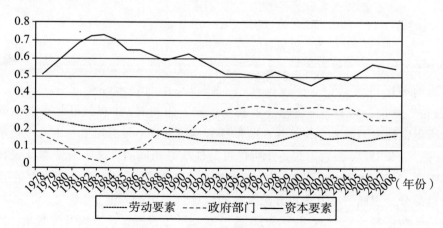

图 4 - 3　中国要素收入的再分配

　　从测算结果看，要素收入的再分配趋势与初次分配的趋势大体一致，劳动再分配份额自 1983 年达到顶峰后开始呈现长期逐渐下滑趋势（见图 4-3）。资本再分配份额在 1983 年前呈迅速下降趋势，之后呈迅速上升趋势，分税制改革后基本保持稳定。2004 年后，资本再分配份额有下降趋势，劳动再分配份额有上升趋势。政府部门再分配份额自 1994 年分税制改革前呈不断下降趋势，分税制改革后开始迅速上升，进入 21 世纪后基本保持稳定。我们认为，之所以要素收入再分配和初次分配格局比较接近，是因为要素收入分配的主体毕竟是市场，政府部门在再分配环节虽然能调整要素收入分配格局，但是除非调整力度非常大，否则一般很难扭转整体分配格局。

　　要素收入的初次分配和再分配结果差异是由收入税、社会保障缴款和政府转移支付造成的，实际上是政府分别针对资本要素和劳动要素征收收入税和社会保障缴款，然后部分转移给劳动要素所有者，因此资本分配份额会减少，劳动分配份额可能增也可能减。要素分配份额的改变程度说明政府对要素收入分配的调控力度强弱，也即对公平关注的程度强弱。我们将表 4-2 数据与表 4-1 数据相减，就可得出要素收入的两次分配变化程度（见图 4-4）。

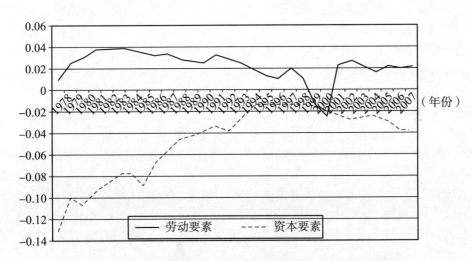

图 4-4　中国要素收入的再分配份额和初次分配份额的差

　　图 4-4 显示，资本再分配份额一直低于初次分配份额，劳动再分配份额普遍高于初次分配份额（除 1998 年和 1999 年外）。说明政府在要素收入再分配过程中，的确是起到了提高劳动分配份额和降低资本分配份额的作用。但是我们应该看到，在 1994 年分税制改革前后，政府对要素收入分配的调整力度明显减弱，在分税制改革之前，尤其是 20 世纪 80 年代，劳动再分配份额比初次分配份额上

99

升幅度较大，进入 90 年代后开始下降，进入 21 世纪后基本保持不变。在改革开放之初，资本再分配份额与初次分配份额的差的绝对值较大，随着时间推移该值迅速缩小，分税制改革后，该值又逐步扩大。

我们可以从中国财税体制变革的进程简单分析一下不同时期政府在要素收入分配中的作用差别。就政府对资本要素收入分配的调整而言：1978～1985 年，企业的主体是国有企业，我国尚未开征企业所得税，国有企业全额上缴利润，这导致资本再分配份额急剧下降；1986～1993 年，我国实行国有企业"利改税"改革后，国有企业由上缴利润变动上缴税收（税率为 55%），同时国有企业效益下滑趋势明显，导致政府对资本要素收入分配的调节力度缩小；1994～2008 年，随着市场经济发展，要素流动性增强和配置效率提高，劳动力低成本、资源低成本、技术模仿低成本等有利条件开始发挥作用，资本收益率长期保持较高水平，同时企业所得税管理加强，导致企业所得税迅速增长（吕冰洋、郭庆旺，2011），加强了政府对资本要素收入分配的调节力度。

就政府对劳动要素收入分配的调整而言：1978～1983 年，政府社会补助支出急剧增加，其对象主要是大量返城知识青年、"文化大革命"受迫害人员、台胞台属、国民党释放人员等，政府社会补助支出增加有还历史欠账的意味；1984～2000年，各项社会保障制度处于不断改革过程中，总体趋势由企业保障向社会保障过渡，体制转轨导致居民社会保障收入下降；进入 21 世纪后，政府的社会保障支出增加较快，但与此同时个人所得税也保持较快增长，两者合力使得政府对劳动要素收入分配调节力度基本保持不变。

4.4 省际要素收入分配测算和分析

测算分省要素收入分配的数据基础是历年《中国统计年鉴》中对各省收入法 GDP 分解结果。收入法 GDP 分解为"劳动者报酬"、"营业盈余"、"资本折旧"和"生产税净额"四部分，其中劳动者报酬粗略相当于劳动要素收入，营业盈余和资本折旧粗略相当于资本要素收入，但是需要进行调整。各类税收、社会保障缴款和支出等数据来自历年《中国税务年鉴》、《中国财政年鉴》、《中国劳动统计年鉴》。

4.4.1 收入法 GDP 调整

在收入法 GDP 分解中，"劳动者报酬"统计口径仍与第 4.3 节分析一样，要根据 2004 年统计口径的变化进行调整。其公式为：

$$\begin{matrix} 2004\ 年之后各省 \\ 劳动者报酬调整 \end{matrix} = \begin{matrix} 各省劳动者 \\ 报酬 \end{matrix} + \begin{matrix} 各省个体业户 \\ 创造的营业盈余 \end{matrix} - \begin{matrix} 各省国有农场 \\ 的营业盈余 \end{matrix}$$

相应的，营业盈余的统计口径也要调整，公式为：

$$\begin{matrix} 2004\ 年之后 \\ 各省营业盈余 \end{matrix} = \begin{matrix} 各省 \\ 营业盈余 \end{matrix} - \begin{matrix} 各省个体业户创造 \\ 的营业盈余 \end{matrix} + \begin{matrix} 各省国有农场 \\ 的营业盈余 \end{matrix}$$

由于没有对各省个体业户和国有农场的营业盈余的相关统计资料，我们需要对此进行推算。与第 4.3 节提出的推算方法一样，假设各省个体业户创造营业盈余的能力与其他从业人数相同，那么各省个体业户创造的营业盈余为：

$$\begin{matrix} 各省个体业户创造 \\ 的营业盈余 \end{matrix} = \begin{matrix} 各省个体业户 \\ 的从业人数 \end{matrix} \Big/ \begin{matrix} 各省全部 \\ 从业人数 \end{matrix} \times \begin{matrix} 各省 \\ 营业盈余 \end{matrix}$$

统计资料中只有全国国有农场产值，为推算各省国有农场产值，我们做两点假设：一是各省国有农场产值占全国国有农场产值的比例与各省农业产值占全国总农业产值的比例相等；二是国有农场创造的营业盈余能力与整体经济相等。根据这两点假设，我们推算出各省国有农场的营业盈余为：

$$\begin{matrix} 各省国有农场 \\ 的营业盈余 \end{matrix} = \left[\begin{matrix} 全国国有 \\ 农场产值 \end{matrix} \times \left(\begin{matrix} 各省 \\ 农业产值 \end{matrix} \Big/ \begin{matrix} 总农业 \\ 产值 \end{matrix} \right) \right] \Big/ \begin{matrix} 各省 \\ 总产值 \end{matrix} \times \begin{matrix} 各省 \\ 营业盈余 \end{matrix}$$

推算国有农场营业盈余的假设稍强些，但是国有农场规模很小，推算后的各省国有农场营业盈余平均仅占各省营业盈余的 0.3% 左右，对实证结果不会产生根本影响。

4.4.2　省际要素收入的初次分配

各省个体业户收入数据仍同时包含劳动要素收入和资本要素收入，我们必须对此进行分解。分解的公式与第 4.3 节相同，为：

各省个体业户劳动要素收入 = 各省个体业户从业人数 × 各省平均货币工资

各省个体业户资本要素收入 = 各省个体业户营业盈余 − 各省个体业户劳动要素收入

在推算个体业户劳动和资本要素收入中，一些地区出现个体业户劳动要素收入大于营业盈余情况，从而出现资本要素收入为负值的不合理现象。一个直观的解释是该地区个体业户的平均劳动报酬低于社会平均货币工资水平。为解决这个问题，在出现这个现象时，本章假设个体业户营业盈余全部来自劳动要素收入，资本要素收入为零。

由此我们可以推算各省劳动和资本要素的初次分配收入为：

$$\begin{matrix} 各省劳动要素 \\ 初次分配收入 \end{matrix} = \begin{matrix} 各省调整后的 \\ 劳动者报酬 \end{matrix} - \begin{matrix} 各省个体业户 \\ 资本要素收入 \end{matrix}$$

$$\begin{array}{c}各省资本要素\\初次分配收入\end{array} = \begin{array}{c}各省调整后\\营业盈余\end{array} + \begin{array}{c}各省\\资本折旧\end{array} + \begin{array}{c}各省个体业户\\资本要素收入\end{array}$$

$$\begin{array}{c}各省政府\\初次分配收入\end{array} = 各省 GDP - \begin{array}{c}各省劳动要素\\初次分配收入\end{array} - \begin{array}{c}各省资本要素\\初次分配收入\end{array}$$

根据上述调整方法，我们测算出各省劳动和资本要素初次分配份额，见表4-3和表4-4。

表4-3 各省劳动要素初次分配份额

年份 省份	1997	1998	1999	2000	2001	2002	2003	2004	2005	2006	2007
北京	47.9	48.7	48.4	45.6	41.1	41.8	42.2	44.8	47.4	46.8	46.0
天津	50.9	53.0	52.1	46.6	39.8	38.0	33.6	33.4	31.7	31.8	31.7
河北	44.9	42.1	44.6	40.4	44.7	43.1	41.7	33.4	33.9	30.7	31.8
山西	49.5	49.5	50.3	51.2	38.7	38.7	35.4	33.7	34.4	34.8	31.3
内蒙古	58.0	65.7	65.1	62.5	44.4	42.7	43.1	40.4	38.9	38.7	31.7
辽宁	48.3	49.4	46.4	42.3	40.8	41.4	42.4	44.8	45.6	43.7	41.8
吉林	61.7	62.8	61.4	57.4	66.2	65.1	65.1	45.7	44.9	43.0	40.3
黑龙江	47.0	47.2	46.3	39.2	44.1	45.8	45.1	34.7	34.2	34.6	35.6
上海	34.2	34.0	34.8	34.4	36.7	38.1	36.1	34.2	36.5	37.1	36.0
江苏	48.5	47.0	45.3	44.0	40.1	40.1	42.1	37.9	39.3	39.8	36.3
浙江	39.0	37.1	36.6	44.5	34.4	33.2	33.6	36.1	37.7	39.5	39.9
安徽	43.7	49.6	49.3	50.8	40.4	40.1	35.9	38.9	41.5	40.6	41.4
福建	47.7	47.5	47.1	44.0	44.5	45.5	45.9	42.4	42.9	43.0	41.5
江西	64.3	61.6	61.7	60.9	58.6	57.1	55.4	42.6	42.6	42.3	42.0
山东	38.2	38.2	38.9	45.5	45.9	45.5	45.0	28.5	31.3	30.0	31.1
河南	63.9	60.2	60.4	60.1	44.8	42.8	38.1	39.8	39.6	36.5	35.9
湖北	61.1	61.0	58.2	59.1	60.3	60.8	56.0	42.6	44.5	39.9	39.5
湖南	65.5	63.3	62.4	62.0	59.0	57.6	55.6	42.6	44.8	44.8	44.8
广东	48.1	53.3	51.4	48.1	40.9	41.7	38.3	35.9	38.5	38.2	38.6
广西	70.0	67.9	65.9	64.3	56.3	55.7	51.2	44.4	46.4	41.3	42.7
海南	59.7	59.3	58.2	57.7	48.0	48.7	48.8	49.7	49.8	47.7	43.2
重庆	53.8	56.4	55.4	53.7	47.0	45.4	44.7	44.1	48.3	46.4	47.9
四川	54.5	58.4	57.4	55.9	57.4	58.2	56.8	48.0	45.7	43.9	44.7
贵州	63.7	65.8	65.3	60.9	55.8	55.3	55.1	45.0	45.8	44.4	45.0

年份 省份	1997	1998	1999	2000	2001	2002	2003	2004	2005	2006	2007
云南	46.8	44.6	48.0	44.3	46.8	45.7	46.3	43.6	47.3	45.5	45.9
西藏	75.1	62.0	64.1	67.9	70.7	68.2	61.8	54.7	53.4	54.4	53.3
陕西	59.7	57.3	55.1	59.8	52.8	49.2	45.5	37.5	40.1	37.1	35.5
甘肃	52.9	52.5	52.6	58.9	53.5	51.0	47.0	46.2	35.9	46.8	44.1
青海	64.7	62.4	63.3	60.5	52.2	50.6	48.6	48.5	50.0	48.2	47.2
宁夏	60.0	59.9	61.2	59.0	49.8	50.0	49.2	48.4	49.2	49.0	46.8
新疆	56.5	58.4	55.8	50.1	52.6	51.0	51.7	53.0	50.0	45.6	45.7

表4-4　　　　　　　　　　　**各省资本要素初次分配份额**

年份 省份	1997	1998	1999	2000	2001	2002	2003	2004	2005	2006	2007
北京	35.5	37.7	38.0	42.1	43.9	42.5	42.0	38.5	37.3	37.7	38.2
天津	35.7	33.2	31.2	36.3	44.2	45.3	49.1	49.0	47.1	48.8	48.4
河北	44.9	47.5	45.7	50.9	40.8	42.2	43.5	42.7	42.1	44.5	43.3
山西	36.6	36.6	38.1	37.5	46.7	46.3	49.1	46.0	45.8	45.4	46.8
内蒙古	30.9	25.8	25.9	26.3	41.7	43.1	42.9	40.5	44.7	44.6	49.8
辽宁	40.8	39.7	42.9	43.3	42.5	42.9	39.5	33.1	34.2	35.5	36.0
吉林	26.8	25.7	27.1	33.0	16.9	18.7	18.7	35.7	37.5	39.4	41.6
黑龙江	35.4	35.3	36.3	45.0	40.1	38.5	39.1	46.7	46.6	47.5	46.9
上海	43.9	44.4	43.2	41.2	48.5	47.1	49.3	48.8	47.5	46.1	46.6
江苏	39.2	41.0	42.9	42.5	44.8	45.6	43.9	42.5	41.4	40.7	43.4
浙江	48.8	51.4	51.4	41.0	52.0	53.7	53.4	40.1	40.0	38.9	38.9
安徽	43.9	36.1	36.5	35.0	46.0	46.4	50.9	36.0	33.4	33.0	33.9
福建	42.6	42.4	42.8	46.0	41.8	40.4	39.3	41.5	40.6	40.6	41.4
江西	25.1	28.3	28.3	28.6	22.2	22.6	24.4	36.3	36.7	36.4	36.0
山东	48.9	48.2	47.5	40.4	34.8	34.0	33.5	48.9	47.4	48.3	45.6
河南	23.7	28.7	26.9	26.7	42.0	44.1	48.9	40.3	40.3	42.7	41.6
湖北	26.0	25.9	27.0	25.0	24.1	24.4	27.7	36.7	35.4	39.4	37.6
湖南	23.9	24.7	25.0	25.4	25.2	26.1	28.1	36.7	37.5	35.7	35.8
广东	36.4	30.5	32.4	33.8	42.6	42.3	46.1	40.1	41.8	41.9	41.4

年份 省份	1997	1998	1999	2000	2001	2002	2003	2004	2005	2006	2007
广西	20.3	21.7	23.7	24.7	32.2	32.1	36.5	34.2	34.3	37.3	35.9
海南	30.4	29.2	30.0	30.8	36.1	35.1	35.0	29.8	35.7	37.4	39.5
重庆	36.2	29.9	30.5	32.9	37.6	42.5	42.8	37.1	34.0	34.9	33.7
四川	34.4	29.9	30.7	32.5	24.8	24.2	25.7	30.3	34.5	36.6	36.2
贵州	19.0	17.2	17.0	20.7	28.6	28.9	31.0	34.9	35.0	35.2	33.5
云南	28.9	28.8	28.7	31.0	37.8	38.3	38.1	35.4	27.0	26.6	27.8
西藏	21.6	33.3	31.0	26.8	2.2	8.3	18.6	17.8	34.3	33.3	33.7
陕西	28.8	28.6	30.4	25.3	29.4	34.0	38.3	37.6	37.5	40.4	41.9
甘肃	31.5	31.9	31.6	30.9	31.9	35.1	36.5	33.0	35.1	34.4	36.3
青海	24.7	28.2	26.2	28.3	29.5	31.9	33.4	26.8	32.5	34.4	36.0
宁夏	27.8	24.4	25.5	26.8	32.9	32.7	33.4	30.6	35.0	34.4	36.4
新疆	32.4	30.7	32.9	37.9	28.0	28.9	29.9	28.9	35.6	39.1	38.1

表 4 - 3 和表 4 - 4 的结果显示，1997 ~ 2007 年，各省劳动初次分配份额普遍呈下降趋势，各省资本初次分配份额普遍呈上升趋势。就地区差异而言，各省劳动初次分配份额的变异系数显示下降趋势，而各省资本初次分配份额的变异系数显示先上升后下降的趋势。

图 4 - 5 和图 4 - 6 显示了劳动、资本初次分配份额与人均 GDP 对数的散点图及拟合曲线。可以看出，随着人均 GDP 的增加，劳动初次分配份额呈下降趋势，而资本初次分配份额呈上升趋势。李稻葵等（2009）认为，GDP 中劳动份额演变呈 U 形规律，即随着人均 GDP 上升，劳动份额呈先下降后上升趋势，并认为我国劳动份额演变仍处在 U 形的左边，图 4 - 5 部分验证了这个观点。

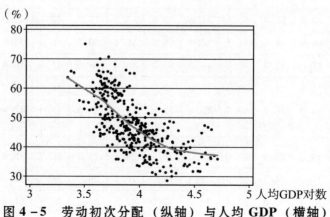

图 4 - 5　劳动初次分配（纵轴）与人均 GDP（横轴）

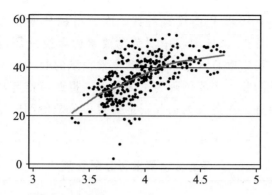

图 4 - 6　资本初次分配（纵轴）与人均 GDP（横轴）

4.4.3　省际要素收入的再分配

要素收入初次分配和再分配的差别是由以要素征收的直接税和政府转移支付制度造成的。同第 4.3 节的分析一样，各省要素收入的再分配公式为：

$$\begin{array}{l}各省劳动要素\\再分配收入\end{array} = \begin{array}{l}各省劳动要素\\初次分配收入\end{array} + \begin{array}{l}各省社会\\保险支出\end{array} - \begin{array}{l}各省社会\\保障缴款\end{array} - \begin{array}{l}各省个人所得税\\中劳动缴纳部分\end{array}$$

$$\begin{array}{l}各省资本要素\\再分配收入\end{array} = \begin{array}{l}各省资本要素\\初次分配收入\end{array} - \begin{array}{l}各省企业\\所得税\end{array} - \begin{array}{l}各省个人所得税中\\对资本征税部分\end{array}$$

$$\begin{array}{l}各省政府\\再分配收入\end{array} = 各省 GDP - \begin{array}{l}各省劳动要素\\再分配收入\end{array} - \begin{array}{l}各省资本要素\\再分配收入\end{array}$$

省级层次的社会保险支出包括五项，即基本养老保险基金支出、医疗保险基金支出、失业保险基金支出、工伤保险基金支出和生育保险基金支出。历年《中国劳动统计年鉴》只统计前三项支出，这三项支出也是社会保险支出的主要组成部分，后两项支出占总社会保险支出的比例不足 2%，可以忽略不计[①]。

根据我国税制特点，劳动要素直接税指的是个人所得税中对劳动要素征收部分。我国个人所得税征税包含对资本征税和对劳动征税两部分，但在统计上没有区分，我们需要进行推算。目前《中国税务年鉴》自 2000 年后公布各省个人所得税分税目收入，1999 年前只公布总体收入，统计口径的变化需要我们采用不同的方法推算个人所得税中劳动要素贡献部分。个人所得税税目中明确是对劳动要素征税的有"工资薪金所得"、"稿酬所得"和"劳务报酬所得"三个税目。来自"个体工商业户生产经营所得"税目的个人所得税，同时包括资本贡献和劳动贡献两部分，本章根据个体业户创造的营业盈余中劳动要素和资本

---

①　医疗保险金支出缺失 1998 年和 2000 年数据，我们用前后两年数据的平均数弥补。

要素所得比例分摊。1999 年前没有各省个人所得税分项收入，我们的推算方法是，假定 1999 年前个人所得税中对劳动要素的课税总额占个人所得税总额的比例，与城镇居民家庭收入中来自劳动要素贡献的收入比例相等，城镇居民来自劳动要素贡献的收入主要体现为工薪收入，据此可推算出历年劳动者报酬中的个人所得税部分。对各省劳动和资本要素再分配份额的测算结果分别见表 4 - 5 和表 4 - 6。

表 4 - 5　　　　　　　　　各省劳动要素再分配份额

省份＼年份	1997	1998	1999	2000	2001	2002	2003	2004	2005	2006	2007
北京	47.0	47.4	47.6	44.4	39.4	40.0	41.0	41.1	44.1	42.0	41.0
天津	50.7	52.6	51.7	45.7	39.1	36.8	33.2	31.4	30.0	29.3	28.9
河北	44.5	41.6	44.1	39.7	44.1	42.4	40.6	31.9	32.9	29.5	30.5
山西	49.1	48.9	49.7	50.3	37.9	37.5	34.2	31.8	32.7	32.2	28.7
内蒙古	56.8	64.4	64.1	60.8	43.5	41.8	42.2	39.0	38.0	37.0	30.1
辽宁	47.8	49.0	45.9	41.5	40.0	39.8	41.3	42.6	44.0	41.3	39.4
吉林	61.1	62.4	61.0	56.4	65.7	64.2	64.0	43.3	42.8	40.8	37.9
黑龙江	46.2	46.6	45.5	38.4	43.1	44.8	43.8	32.7	32.8	31.9	33.1
上海	33.6	32.5	32.9	33.4	35.7	36.9	35.2	30.7	34.4	33.0	32.1
江苏	48.2	46.6	44.8	45.0	39.9	39.4	41.3	36.3	38.0	38.0	34.2
浙江	38.6	36.6	34.6	43.7	33.4	32.0	32.2	34.2	36.0	37.2	37.7
安徽	43.0	48.5	48.6	49.8	39.1	39.6	34.8	37.4	40.4	39.1	39.5
福建	47.2	46.7	46.4	43.0	43.7	44.5	45.1	41.1	41.8	41.5	39.9
江西	63.6	60.8	61.2	60.1	57.9	56.3	54.5	41.4	41.7	41.1	40.6
山东	37.8	37.6	38.4	44.8	45.2	44.8	44.0	27.0	30.3	28.6	29.5
河南	63.3	59.6	60.0	59.5	44.3	41.8	37.0	38.3	38.6	35.4	34.8
湖北	60.6	60.4	57.8	58.8	59.7	60.1	55.1	41.0	43.3	38.3	37.9
湖南	64.9	62.5	61.8	61.1	58.4	56.4	54.5	40.7	41.8	43.2	43.1
广东	47.7	52.5	50.2	46.6	39.4	40.1	37.1	33.7	36.6	35.6	36.1
广西	69.3	67.1	65.4	63.2	55.3	54.6	50.1	42.5	45.3	39.8	40.6
海南	58.5	58.1	57.5	56.1	46.6	47.3	47.8	47.5	48.7	45.9	41.2
重庆	50.6	54.8	54.9	53.0	45.9	44.7	44.0	42.7	47.1	44.5	45.7
四川	54.0	57.5	56.7	54.8	56.8	57.2	55.6	46.1	44.3	41.9	42.4

省份＼年份	1997	1998	1999	2000	2001	2002	2003	2004	2005	2006	2007
贵州	59.2	63.8	64.0	58.7	54.3	53.7	53.5	42.9	44.1	42.2	42.9
云南	46.7	42.1	47.5	42.7	45.4	43.9	44.8	41.0	45.8	43.0	43.6
西藏	75.2	62.9	63.8	67.5	70.5	67.5	61.7	53.7	53.0	52.8	51.7
陕西	59.2	56.6	54.7	58.8	51.8	48.3	44.6	35.7	38.6	35.3	34.0
甘肃	52.6	51.7	52.2	58.2	52.7	50.0	46.1	44.5	34.8	44.8	41.9
青海	64.2	62.2	62.9	59.7	51.5	49.8	47.9	46.1	48.0	45.3	43.9
宁夏	57.3	59.1	60.1	57.7	48.9	48.4	47.2	45.9	47.5	46.4	44.0
新疆	56.4	57.5	55.0	49.1	49.5	49.5	50.2	50.0	48.3	42.3	42.1
变异系数	9.6	9.1	8.8	8.6	8.9	8.5	8.2	6.2	6.0	5.6	5.6

表4－6　　　　　　　　　　各省资本要素再分配份额

省份＼年份	1997	1998	1999	2000	2001	2002	2003	2004	2005	2006	2007
北京	30.5	32.7	30.6	31.5	33.8	31.4	32.7	29.1	23.1	20.4	18.4
天津	34.2	31.8	29.9	34.6	42	43	47.2	47	44.8	46.3	45.1
河北	44	46.7	44.9	49.7	39	40.6	42.1	41.3	40.4	42.7	41.4
山西	35.7	35.9	37.2	35.9	44.8	44.6	47.6	44.2	43.1	42.2	42.5
内蒙古	30.3	25.2	25.1	25.2	40.3	41.7	42	39.5	43.3	43	47.8
辽宁	39.6	38.8	41.8	41.9	40.3	40.8	37.8	30.9	31.7	33.3	33.5
吉林	26	25	26.3	31.3	15.1	17.1	17.5	34.4	36.1	37.9	40
黑龙江	34.7	34.6	34.7	42.7	37.5	35.7	36.5	43.7	43.5	44.1	43.8
上海	40.4	41.8	40.1	37.8	45	42.4	45.1	43.7	41.7	41	39.3
江苏	38.4	40.3	42	41.2	43	43.6	42.4	40.3	39.2	38.5	40.7
浙江	47.8	50.3	50.1	38.9	48.7	50.5	50.3	36.7	36.8	35.6	35.2
安徽	43.1	35.3	35.7	33.8	44.1	44.8	49.6	34.5	31.9	31.3	32
福建	41.6	41.6	41.8	44.7	39.9	38.5	37.5	39.7	38.8	38.5	39.2
江西	24.5	27.8	27.7	27.6	20.5	21.2	23.2	35	35.4	35	34.3
山东	47.9	47.4	46.6	38.9	32.4	32.2	31.9	47.3	45.8	46.5	43.7
河南	22.8	28	26.1	25.4	40.4	42.7	47.7	39.4	38.9	41.1	39.9
湖北	25.4	25.3	26.3	24	22.8	22.7	26.3	35.3	33.5	37.4	35.5

续表

年份 省份	1997	1998	1999	2000	2001	2002	2003	2004	2005	2006	2007
湖南	23.5	24.2	24.4	24.6	24.1	24.8	27.1	35.7	36.5	34.5	34.5
广东	34.8	29.3	30.9	31.9	40.2	39.4	43.8	38.3	39.5	39.4	38.4
广西	19.7	20.9	22.8	23.3	29.9	30.3	35.2	32.9	33.1	36.2	34.6
海南	29.8	28.6	29.3	29.5	34.4	33.3	33.9	28.4	34.1	35.8	37.6
重庆	35.7	29.5	29.9	31.9	36.3	41	41.6	35.9	32.7	33.5	32
四川	33.5	29.1	29.8	31.2	23.1	22.5	24.3	28.9	33	34.8	34
贵州	18.2	16.4	16	19.2	26.7	26.7	29.1	32.5	32.5	32.4	30.3
云南	25.8	25.6	26.3	28.1	35.1	35.4	35.6	32.8	24.3	23.9	24.6
西藏	20.7	32.2	29.7	25.1	0.7	6.9	17.5	16.8	33.2	32.4	32.6
陕西	28	27.9	29.5	23.6	27.3	32.2	36.8	36	35.6	37.8	39.2
甘肃	30.7	31.3	30.8	29.8	30.3	33.5	35.3	31.9	33	33.1	34.5
青海	24.1	27.5	25.5	26.6	27.7	30.6	32.4	25.7	31.1	32.5	34.1
宁夏	26.6	23.4	24.2	25	30.3	31.1	32.1	29.2	33.6	33	34.8
新疆	31.7	30.2	32.1	35.9	25.6	27	28.4	26.9	33.3	36.4	35.5
变异系数	8.2	8	7.9	7.4	10.2	9.6	9	6.7	5.4	5.7	5.9

表4-5的结果显示，1997~2007年，各省劳动再分配份额普遍呈下降趋势。表4-6的结果显示，各省资本再分配份额有增有减，其中资本再分配份额下降有10个地区，下降比较明显的有北京、辽宁、浙江、安徽和山东，集中在沿海地区。就地区差异而言，各省劳动再分配份额的变异系数显示下降趋势，而各省资本再分配份额的变异系数显示先上升后下降的趋势。

图4-7和图4-8显示了劳动、资本再分配份额与人均GDP对数的散点图及拟合曲线。可以看出，随着人均GDP的增加，劳动再分配份额呈下降趋势，与图4-5呈现的规律类似。而资本再分配份额随着人均GDP上升而提高，达到顶点后呈略微下降趋势。这是否意味着未来随着中国经济进一步发展，资本再分配份额将会下降？图4-8呈现了这样的可能性，但是确切的判断需要未来更多的数据支持。

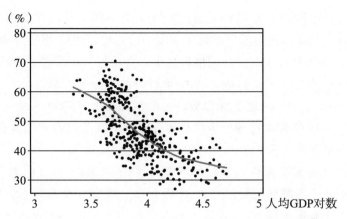

图 4 – 7　劳动再分配（纵轴）与人均 GDP（横轴）

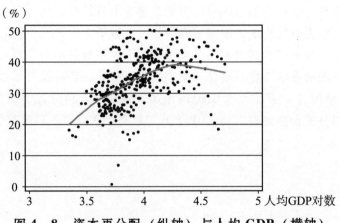

图 4 – 8　资本再分配（纵轴）与人均 GDP（横轴）

4.5 小　结

　　厘清要素收入的初次分配和再分配状况、变化趋势及其原因，不仅有助于从要素收入分配角度找到缩小居民收入分配差距的途径，更有助于深入研究国民收入部门分配格局的变动规律和经济运行的机理，而科学准确估算我国要素收入分配状况则是实现这一目的的前提。本章通过选择科学的方法，整理补充新的相关数据后，测算出我国改革开放以来的要素收入分配状况，得到如下主要结论：

　　（1）全国整体要素收入初次分配格局显示，劳动初次分配份额自 1983 年达到顶峰后，到 2004 年前呈长期下降趋势，2005 年后有上升趋势；资本初次分配份额在 1983 年前呈迅速下降趋势，之后呈现迅速上升趋势，20 世纪 90 年代中期后资本初次分配份额上升趋势变缓，2005 年有下降趋势；政府部门初次分配份额在自 20 世纪 80 年代中期之后处于不断下滑趋势，1995 年后开始缓慢上升。

（2）全国整体要素收入再分配格局显示，劳动再分配份额自 1983 年达到顶峰后开始呈现长期逐渐下滑趋势，2005 年后劳动再分配份额开始上升；资本再分配份额在 1983 年前呈迅速下降趋势，之后呈迅速上升趋势，分税制改革后基本保持稳定，2005 年资本再分配份额开始下降；政府部门再分配份额自 1994 年分税制改革前呈不断下降趋势，分税制改革后开始迅速上升，进入 21 世纪后基本保持稳定。政府对要素收入分配的调整力度在 20 世纪 80 年代最强，2000 年前调整力度处于不断减弱趋势，进入 21 世纪后，政府在要素收入分配的再分配过程中作用力度有所加强。

（3）从各省要素收入初次分配看，1997～2007 年，各省劳动初次分配份额普遍呈下降趋势，各省资本初次分配份额普遍呈上升趋势。从各省要素收入再分配看，各省劳动再分配份额普遍呈下降趋势，各省资本再分配份额有增有减。就地区差异而言，各省劳动初次和再分配份额的变异系数显示下降趋势，而各省资本初次和再分配份额的变异系数显示先上升后下降的趋势。就要素收入分配与人均 GDP 的关系而言，随着人均 GDP 的增加，劳动要素再分配份额呈下降趋势，而资本要素再分配份额随着人均 GDP 上升而提高，达到顶点后呈略微下降趋势。

第 5 章

居民收入分配差距

改革开放以来，在居民整体收入水平大幅度提高的同时，居民收入差距扩大问题日益突出。居民收入差距过大会对社会经济持续发展产生制约，甚至影响社会的和谐和稳定。居民收入差距已成为我国社会经济运行的一个突出矛盾和问题，必须予以高度重视和妥善解决。居民收入差距可从多个方面、不同角度进行分析，本章重点探讨我国城乡间、地区间、行业间的收入差距。

5.1 引　言

虽然收入分配不平等可以从不同的角度，对于不同的人群，使用不同的方法进行讨论，但是包括考察对象全体在内的收入不平等程度的测量是所有收入分配研究中最重要的，任何就部分人群的研究都无法给出一国全体居民的收入不平等水平。这一点对目前我国的居民收入分配不平等具有十分重要的含义。

长期以来，我国官方统计部门仅就城镇和农村两组人群各自计算收入基尼系数（最常用的收入分配不平等指数），而没有把两个样本合并在一起推算出全国整体的基尼系数，因此我国不存在全国收入不平等程度的官方统计。对于改革开放之后全国居民收入分配不平等程度的估算和研究，中国社会科学院经济研究所赵人伟研究员于 1988 年前后进行过中国居民收入分配调查，该调查包括城镇和农户两个样本，其目的之一是估算全国居民收入分配不平等指数。该调查项目自

111

开始以来，每隔 7 年进行一次，迄今为止已经进行了四次（1988 年、1995 年、2002 年和 2007 年）。最后一次调查提前了一年。目前，该项目由北京师范大学李实教授主持，除了城镇和农村两个样本之外，最近两次调查还加入了流动人口样本。该收入分配调查项目对测量我国居民收入分配不平等水平、演变以及成因起到了不可替代的作用。在测量全国居民收入分配不平等上另外一个值得关注的研究是世界银行两位专家的研究（Ravallion and Chen，2007），该研究是在国家统计局住户调查部门的协助下完成的，它给出 1980～2002 年每一年的全国基尼系数。与前面提到的社科院收入分配课题组的研究相比，Ravallion 和 Chen（2007）的研究仅仅给出了基尼系数的估计值，由于没有关于住户以及个人属性的信息，因此对收入分配不平等的成因分析是十分有限的。

使用基尼系数等不平等指数对全国居民收入差距的估计是收入分配研究中最重要的。尽管如此，由于数据的局限性、研究者的兴趣差异以及观察问题角度不同等原因，对我国收入不平等的研究往往以城乡收入差距、地区收入差距以及行业收入差距等形式表现出来，相关研究很多。城乡收入差距是目前我国收入分配不平等的最重要组成部分。它之所以备受人们关注，其原因可能是城乡分割是我国经济社会最重要的问题之一，它的影响是多方面的，其中城乡分割的收入分配含义可能是最显著的。以往收入分配研究显示，城乡分割以及由此带来的城乡收入差距是导致我国整体居民收入差距的最重要因素，它可以解释全国居民收入不平等的近一半。此外，与流动人口的密切联系，也是人们关注城乡收入差距的另外一个原因。

地区间收入差距是收入分配中的老问题，人们对地区差距的研究由来已久。导致地区收入差距的因素很多，除了自然条件之外，人口分布、企业分布、经济发展水平、政府政策等都在不同程度上影响地区间收入差距。地区间收入差距不仅仅反映地区间居民收入水平的差异，也与地区间公共服务水平差距以及在所有地区能否提供基本公共服务密切相关，而此问题是我国政府面临的最主要问题之一，因此地区间收入差距在未来仍然是人们关注的焦点。与地区间收入差距类似，行业间工资差距是收入分配不平等的重要组成部分，是收入分配领域以及劳动经济学长期以来的重要研究课题之一。行业之间工资差距意味着劳动力市场竞争不完全，以及行业之间劳动力的流动不充分，因此意味着效率损失的存在。在我国，行业间工资差距往往以垄断行业高收入的方式出现，因此可以说，垄断行业高收入问题是目前行业间收入差距引起人们关注的主要原因（岳希明等，2010）。

以我国目前收入不平等以及相关研究为背景，本章分全国居民整体不平等、城乡收入差距、地区收入差距以及行业收入差距三个题目来展示我国收入不平等的水平及其演变，并简单地讨论它们各自的成因，其目的是让读者对我国目前收入分配现状有个全面和清晰的理解。

5.2 居民内部收入分配差距

本节考察居民收入不平等及其演变过程。首先通过基尼系数来分别考察全国、农村以及城镇收入分配差距，然后着重分析居民收入的城乡差。

5.2.1 全国、农村以及城镇收入分配不平等

对于全国的收入差距及其变化，国家统计局没有计算并公布全国基尼系数。这里使用最初中国社会科学院经济研究所发起的收入分配课题组（以下简称收入分配课题组）的调查和研究成果。该课题组分别于 1988 年、1995 年、2002 年和 2007 年进行了四次大规模居民收入调查，为估算全国收入不平等指数提供了坚实的数据基础。

改革开放以前[①]，中国经济的一大特征是较为严重的平均主义的分配格局。赵人伟、李实（1997）研究指出，总的来说中国是一个均等化程度很高（或不平等程度很低）的社会，但同时也存在着一些不平等的因素。由于城乡之间的差距较大，用基尼系数衡量的全国收入分配不均等程度并不低，大约在 0.30。由于统计数据的限制，对全国收入差距的估计并不多见，可查的是早期世界银行（1983）对 1979 年中国收入差距基尼系数的估算，数值为 0.33，而到了 1981 年其值为 0.29。

国家统计局没有计算和公布城乡一体的全国基尼系数，但是分别公布农村人均纯收入和城镇居民人均可支配收入的基尼系数，其结果显示在图 5－1 中。赵人伟、格里芬（1994）在将城镇住户的实物收入和住房补贴以及农户的自有住房的折算租金纳入到个人可支配收入后，估算出 1988 年全国的基尼系数为 0.382；赵人伟、李实和卡尔·李思琴（1999）估算出 1995 年全国的基尼系数为 0.45；李实、史泰丽和别雍·古斯塔夫森（2008）估算出 2002 年全国的基尼系数为 0.45 左右；Luo 等（2011）估算出 2007 年全国的基尼系数为 0.492。李实、岳希明（2004）研究指出，从全国样本的 10 等分组的各自平均收入看，1988 年的最高收入组获得的总收入份额是最低收入组的 13.4 倍，1995 年为 19.2

---

① 这里所说的"改革开放以前"，是指 1956 年计划经济体制确立以后至 1978 年提出改革以前这 20 多年时间，下同。

倍，2002 年为 20.1 倍（见表 5 - 1）。

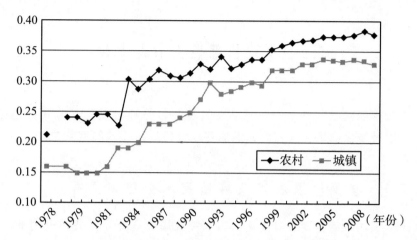

图 5 - 1   1978 ~ 2010 年农村人均纯收入和城镇人均可支配收入的基尼系数

表 5 - 1   **1988 年、1995 年、2002 年和 2007 年**
全国居民收入分配的基尼系数

年份	全国	农村	城镇
1988	0.382	0.338	0.233
1995	0.445	0.429	0.286
2002	0.464	0.354	0.327
2007	0.492	0.358	0.337

资料来源：1988 年、1995 年、2002 年数据来自李实等（2008，第 13 页）主编《中国居民收入分配研究Ⅲ》；2007 年数据来自 Luo，Li 和 Secular（2011）。

与其他国家相比，中国居民收入不平等又如何呢？相关资料不多，最近的资料更少。表 5 - 2 给出了亚洲主要国家和地区（包括中国香港和中国台湾）的基尼系数，它显示，改革开放初期（1980 年），除个别情况之外，其他国家和地区的不平等程度均高于我国，但是到了 2001 年，情况则变得相反，除了马来西亚和菲律宾之外，我国是亚洲居民收入最不平等的国家。

表 5 - 2   **主要国家和地区基尼系数**

	基尼系数	年份	与中国比较	基尼系数	年份	与中国比较
孟加拉国	39	1981	+	31.8	2000	-
中国香港	37.3	1980	+	43.4	1996	-

	基尼系数	年份	与中国比较	基尼系数	年份	与中国比较
印度	31.49	1983	-	32.5	2000	-
印度尼西亚	35.61	1980	+	34.3	2002	-
伊朗	42.9	1984	+	43.0	1998	-
日本	33.4	1980	+	24.9	1993	-
约旦	40.8	1980	+	36.4	1997	-
韩国	38.63	1980	+	31.6	1998	-
老挝				37.0	1997	-
马来西亚	51	1979	+	49.2	1997	+
尼泊尔	30.06	1984	-	36.7	1996	-
巴基斯坦	32.32	1979	+	33	1999	-
菲律宾	46.08	1985	+	46.1	2000	+
新加坡	40.69	1980	+	42.5	1998	-
斯里兰卡	42	1980	+	34.4	1995	-
中国台湾	27.96	1980	-			
泰国	43.1	1981	+	43.2	2000	-
土耳其				40	2000	-
越南				36.1	1998	-
柬埔寨				40.4	1997	-
以色列	30.4	1979	-	35.5	1997	-
也门				33.4	1998	-
中国	32	1980		44.7	2001	
平均值	37.81			37.4		

注："与中国比较"一列中的"+"表示基尼系数高于中国大陆，"-"则表示低于中国大陆。

5.2.2 居民收入的城乡差

无论表5-1收入分配课题组的估算结果，还是国家统计局的估算结果，都显示了改革开放以来，农村和城镇内部的不平等程度一直处于上升的趋势。城镇居民不平等程度虽然低于农村，但是这一结果有一些偏差。由于城镇住户调查很难将高收入人口以及低收入的流动人口纳入样本，因此实际上城镇居民收入差距可能不会比农村低，甚至会高于农村。

5.2.3 我国居民收入差距扩大的主要成因

长期以来，人们往往用经济增长或发展来解释收入差距的扩大，特别是根据西蒙·库兹涅茨的"倒 U 形假设"（Kuznets，1955），即收入分配不平等的长期趋势可以假设为：在前工业文明向工业文明过渡的经济增长早期阶段迅速扩大，而后是短暂稳定，然后在增长的后期逐渐缩小。库兹涅茨认为，收入差距在经济发展早期阶段逐步恶化的原因有两个，一是储蓄和积累集中在少数富裕阶层，而储蓄和积累又是经济增长的动力，因而在经济增长中必然是穷者越穷、富者越富；二是工业化和城市化是经济增长的必然结果，而城市的居民收入比农村更加不平等，所以城市化水平的提高必然带来收入分配的恶化。他认为现实中有一些因素能够抵消收入分配差距的扩大，从而使收入不平等的状况由恶化向逐步缓和转变。

赵人伟、李实（1997）在分析改革以来收入差距扩大的原因时认为，根据中国的实际情况，至少应该考察以下三个方面的因素对收入分配的效应，（1）经济增长或发展（包括城市非国有经济的较快发展、农村非农产业的较快发展、农业生产的发展）；（2）经济改革或体制变迁（包括：A 有序变化：农村价格改革、农村家庭联产承包责任制、农村劳动力的流动、城市住房制度的改革；B 无序变化：寻租活动、内部人控制、垄断、腐败）；（3）经济政策及其变化（包括农产品低价收购、农业税、农民的税外负担、个人所得税、城市补贴的减少、城市居民福利转化为个人财产）。并且认为三个方面的因素对收入分配差距效应，都有扩大的一面，又有缩小的一面，在 1980～1995 年十多年中，扩大的效应起了主导作用，所以收入分配的差距总体来说是扩大的。另外认为这三类因素之间是相互关联的。

李实等（2008）在对收入差距变动的原因进行分析时指出，从理论上说，影响收入差距变动的原因是多方面的，既有机构性的原因，也有深层次的原因。

第一，他们认为结构性的原因是指总体收入差距的构成部分变化带来的扩大效应。例如，如果将全国的个人收入差距分解为三部分，城镇内部、农村内部和城乡之间收入差距，从结构上就可以从中发现每一部分的变化对全国收入差距扩大的影响，或者将其分解为地区内部差距和地区之间的差距，或者不同人群组内的差距和组间的差距，从中发现组内差距和组间差距对总体收入差距的影响程度。

在结构分析方面最终划分为城乡收入差距扩大带来的影响、地区收入差距扩大带来的影响、部门收入差距扩大带来的影响和受教育机会差异带来的影响四个方面进行了详细的论述。

第二，在深层次原因分析方面，李实、赵人伟（2007）认为更细致的研究工作是需要对政府因素和市场机制各自带来的公平的收入差距扩大和不公平的收入差距扩大的效应作进一步的区分，并按这个思路设计出一个二维图表（见表 5 - 3），其中的一维是政府因素/市场机制的分类，另一个是公平的维度。

表 5 - 3　　　　　　　　收入差距扩大深层次原因的分析框架

		公平的维度	
		公平	不公平
政府与市场的维度	政府行为（制度、政策）	在政府部门和国有企业引入竞争机制决定职工收入	（1）城乡之间长期的分隔制度与政策
			（2）限制生产要素流动的制度与政策
			（3）税收对收入再分配的逆向性和累退性
			（4）垄断部门利益的保护
			（5）公共服务的差别性对待
			（6）官员腐败导致的收入差距扩大
	市场机制	（1）市场机制增加了个人教育投资的回报	（1）市场扭曲产生的暴富机会
			（2）结构调整造成部分人群收入下降
		（2）市场机制增加了对个人能力和技能回报	（3）资本与劳动收益的失衡

资料来源：李实、赵人伟（2007）。

总之，在个人收入差距扩大的诸因素中，传统计划体制遗留下来的一些制度和政策，在部门利益和地方利益驱使下新形成的有悖于市场体制规则的制度和政策，政府对市场缺失和市场扭曲采取的不作为态度，对资本节制和劳动保护的不足，成为了最重要的因素。市场化改革进程所引发的收入差距的扩大，既有公平的成分，也有不公平的成分，而后者又是与政府的不当行为密不可分的。

5.3　城乡之间居民收入分配差距

我国经济社会发展过程中存在着非常明显的城乡二元结构特征，城乡之间居民收入差距大是一个重要体现。

5.3.1 居民收入在城乡间的分配比例及其变化

1. 我国城乡居民收入实际增长差距的三个阶段

总体看，我国改革开放以来，城乡居民收入实际增长的差距经历了一个由迅速缩小到逐渐扩大，加速扩大，再到逐步缩小的过程。

改革开放以前，我国长期推行重工业优先发展战略，通过吸收农业剩余，为工业提供资本积累和对城市进行补贴，以加快工业化进程，所以，改革开放之前我国城乡之间居民收入就存在相当大的差距。

改革开放至 20 世纪 80 年代中期 (1978～1985 年)，我国城乡居民收入差距曾一度呈缩小之势。这一阶段由于农村改革和政策调整带来农民收入的快速提高，农民收入增长快于城镇居民收入的增长。1978～1985 年农村居民人均纯收入年均实际增长 15.2%，而同期城镇居民人均可支配收入年均实际增长 7.1%，农村居民快于城镇居民 8.1 个百分点。但是，从 20 世纪 80 年代后期开始，在居民整体收入水平大幅度提高的同时，城乡居民间收入差距呈扩大趋势。1989～1994 年，农村居民收入增长速度有所下降，而城镇居民收入增长速度超过农村居民收入增长速度，期间城镇居民人均可支配收入年均实际增长 7.2%，农村居民人均纯收入年均实际增长 2.7%，城镇居民快于农村居民 4.5 个百分点。1998～2003 年，城乡居民收入增长速度进一步扩大，期间城镇居民人均可支配收入年均实际增长 8.7%，农村居民人均纯收入年均实际增长 3.9%，城镇居民快于农村居民 4.8 个百分点。2004 年以后，城乡居民收入增长差距有所缩小，2004～2010 年城镇居民人均可支配收入年均实际增长 9.4%，农村居民人均纯收入年均实际增长 8.2%，城镇居民快于农村居民 1.2 个百分点。2010 年当年，城镇居民人均可支配收入年均实际增长 7.8%，农村居民人均纯收入年均实际增长 10.9%，农村居民快于城镇居民 3.1 个百分点。

2. 居民收入名义结构在城乡间的分配比例及其变化

1978 年以来，居民收入总量在城乡间分配比例变化的总趋势是，城镇居民可支配收入在居民可支配收入中所占的比重持续上升，而农村居民可支配收入在居民可支配收入中所占的比重持续下降。据测算，2010 年居民名义收入总量 165 899 亿元中，其中，城镇居民收入总量 125 635 亿元，占 75.7%；农村居民收入 402 644 亿元，占 24.3%（见表 5－4）。2010 年与 1978 年相比，城镇居民比例从 1978 年的 35.7% 上升到 2010 年的 75.7%，上升 40 个百分点，年均上升 1.2 个百分点；农村居民收入比例则从 1978 年的 64.3% 下降到 2010 年的 24.3%，下降 40 个百分点，年均下降 1.2 个百分点。

表 5 - 4　　　　　　　居民名义收入的城乡构成比例　　　　　单位：%

年份	城镇居民可支配收入占居民可支配收入的比重	农村居民纯收入占居民可支配收入的比重	年份	城镇居民可支配收入占居民可支配收入的比重	农村居民纯收入占居民可支配收入的比重
1978	35.7	64.3	1995	52.3	47.7
1979	36.4	63.6	1996	51.6	48.4
1980	37.2	62.8	1997	52.8	47.2
1981	35.2	64.8	1998	54.9	45.1
1982	33.7	66.3	1999	57.8	42.2
1983	33.1	66.9	2000	60.5	39.5
1984	34.5	65.5	2001	62.9	37.1
1985	36.2	63.8	2002	66.0	34.0
1986	40.3	59.7	2003	68.1	31.9
1987	41.8	58.2	2004	69.2	30.8
1988	42.7	57.3	2005	70.3	29.7
1989	44.6	55.4	2006	71.8	28.2
1990	44.0	56.0	2007	73.2	26.8
1991	46.6	53.4	2008	74.2	25.8
1992	49.1	50.9	2009	75.2	24.8
1993	51.8	48.2	2010	75.7	24.3
1994	53.0	47.0			

资料来源：根据《中国统计摘要（2011）》中的有关数据整理得到。

1978～1992 年，农村居民收入占比一直大于城镇居民，但是在 1993 年之后，城镇居民收入占比超过了农村居民，呈现出明显的"剪刀差"。从城乡居民收入占比来看，城乡居民收入之间的差距呈逐年扩大趋势（见图 5 - 2）。

3. 居民收入实际结构在城乡间的分配比例及其变化

1978 年以来，居民实际收入总量在城乡间分配比例变化的总趋势是，城镇居民实际可支配收入在居民实际可支配收入中所占的比重持续上升，而农村居民实际纯收入在居民实际可支配收入中所占的比重持续下降。剔除价格因素，2010 年居民实际收入总量 17 235 亿元（按 1978 年价格计算），其中，城镇居民实际收入总量为 1 301 648 亿元，占 75.5%；农村居民实际收入 42 189 亿元，占比 24.5%。2010 年与 1978 年相比，城镇居民比例从 1978 年的 35.7% 上升到 2010

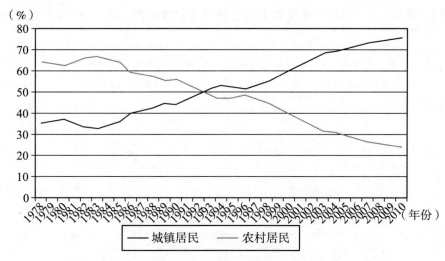

图 5 - 2　1978 ~ 2010 年居民名义收入的城乡构成比例

年的 75.5% ，上升 39.9 个百分点，年均上升 1.24 个百分点；农村居民收入比例则从 1978 年的 64.3% 下降到 2010 年的 24.5% ，下降 39.9 个百分点，年均下降 1.24 个百分点（见表 5 - 5）。同城乡居民名义收入，城乡居民实际收入之间的差距也是呈逐年扩大趋势。

表 5 - 5　　　　　　　　居民实际收入的城乡构成比例　　　　　单位：%

年份	城镇居民实际可支配收入占居民实际可支配收入的比重	农村居民实际纯收入占居民实际可支配收入的比重	年份	城镇居民实际可支配收入占居民实际可支配收入的比重	农村居民实际纯收入占居民实际可支配收入的比重
1978	35.7	64.3	1988	34.2	65.8
1979	36.1	63.9	1989	35.1	64.9
1980	35.8	64.2	1990	55.2	44.8
1981	33.9	66.1	1991	56.6	43.4
1982	32.2	67.8	1992	58.2	41.8
1983	31.1	68.9	1993	59.3	40.7
1984	32.0	68.0	1994	59.7	40.3
1985	31.9	68.1	1995	59.2	40.8
1986	34.9	65.1	1996	59.6	40.4
1987	35.3	64.7	1997	61.1	38.9

续表

年份	城镇居民实际可支配收入占居民实际可支配收入的比重	农村居民实际纯收入占居民实际可支配收入的比重	年份	城镇居民实际可支配收入占居民实际可支配收入的比重	农村居民实际纯收入占居民实际可支配收入的比重
1998	62.7	37.3	2005	70.9	29.1
1999	64.2	35.8	2006	71.8	28.2
2000	65.9	34.1	2007	72.8	27.2
2001	67.3	32.7	2008	73.6	26.4
2002	68.4	31.6	2009	74.5	25.5
2003	69.6	30.4	2010	75.5	24.5
2004	70.4	29.6			

资料来源：根据《中国统计摘要（2011）》中的有关数据整理得到。

总体看，城乡居民不论是名义上还是实际收入都显示差距随着城乡居民收入的提高而呈现不断扩大趋势，城乡二元结构特征明显。

5.3.2 城乡居民收入结构变化的原因

居民收入中城镇居民收入比重持续上升、农村居民收入比重持续下降的原因很多，而且也很复杂。在此，我们将各种主要原因归结为两大类：一是直接原因，二是根本原因。

1. 城乡居民收入结构变化的直接原因

（1）城市化进程加快是导致城镇居民收入在居民收入中所占比例上升的主要原因之一。随着城市化进程的加快，城市人口在总人口中的比重不断上升，必然使得居民收入中城市居民所占的比例也随之上升。据统计，我国城镇人口从1978年的17 245万人增加到2010年的66 978万人，其在总人口中的比重从1978年的17.9%上升到2010年的49.9%，比重增加了32个百分点。相反，农村人口则从1978年的79 014万人下降到2010年的67 113万人，其比重也相应地从1978年的82.1%下降到2010年的50.1%，比重下降了32个百分点。

（2）城乡居民人均收入水平差距持续扩大是导致城镇居民收入在居民收入中比重上升的又一重要原因。1978～1985年，农村实行家庭联产承包责任制，农民收入大幅度增加，农民人均纯收入的增长速度均明显快于城镇居民人均可支

121

配收入的增长速度，城乡居民人均收入差距一度明显缩小，至1985年达到最小，该年城镇居民人均收入739元，农村居民可支配收入398元，城镇居民是农村居民的1.86倍。80年代后期，随着城市改革的逐步推开和不断深化，城市居民的收入增长明显加快，而农民收入增长遇到一些新的困难，收入增长相应地放慢，除少数几个年份外，大多是城镇居民的收入增长速度高于农民人均纯收入的增长速度，特别是进入21世纪以来，城市居民收入增长明显加快，而农民增收难的问题一直没有明显改善，城乡居民人均收入差距明显扩大。在2002年以后，城乡居民的人均收入差距突破3倍，之后的差距都在3倍以上，近年来城镇居民的人家可支配收入基本上是维持在农村居民的3.3倍。其中在2010年，城镇居民人均收入19 109元，而同期的农村居民的人均收入为5 919元，城乡差距3.23倍，比1978年扩大了0.67倍（见表5-6）。

表5-6 **城乡居民人均收入比较**

年份	城镇居民人均收入（元）	农村居民人均收入（元）	城镇居民人均收入相当于农村居民人均收入的倍数
1978	343	134	2.56
1980	478	191	2.50
1985	739	398	1.86
1989	1 374	602	2.28
1990	1 510	686	2.20
1991	1 701	709	2.40
1992	2 027	784	2.59
1993	2 577	922	2.80
1994	3 496	1 221	2.86
1995	4 283	1 578	2.71
1996	4 839	1 926	2.51
1997	5 160	2 090	2.47
1998	5 425	2 162	2.51
1999	5 854	2 210	2.65
2000	6 280	2 253	2.79
2001	6 860	2 366	2.90
2002	7 703	2 476	3.11
2003	8 472	2 622	3.23

年份	城镇居民 人均收入（元）	农村居民 人均收入（元）	城镇居民人均收入相当于 农村居民人均收入的倍数
2004	9 422	2 936	3.21
2005	10 493	3 255	3.22
2006	11 759	3 587	3.28
2007	13 786	4 140	3.33
2008	15 781	4 761	3.31
2009	17 175	5 153	3.33
2010	19 109	5 919	3.23

从城乡居民人均收入的实际增长率看，在 1989 年之后，除个别年份之外，其他各年份都是城市居民的增长速度显著快于农村居民人均收入的增长，2002年城乡居民收入实际增长速度差距高达 8.6 个百分点，但 2008 年以后城乡居民收入增长差距出现了较为明显放缓的趋势（见表 5-7 和图 5-3）。

表 5-7   **城乡居民人均收入实际增长比较**   单位：%

年份	农村居民收入 实际增长速度	城镇居民收入实际 增长速度	城镇、农村居民 收入实际增长速度之差
1979	19.2	15.7	-3.5
1980	16.6	9.7	-6.9
1981	15.4	2.2	-13.2
1982	19.9	4.9	-15.0
1983	14.2	3.9	-10.3
1984	13.6	12.2	-1.4
1985	7.8	1.1	-6.7
1986	3.2	13.9	10.7
1987	5.2	2.2	-3.0
1988	6.4	-2.4	-8.8
1989	-1.6	0.1	1.7
1990	1.8	8.5	6.7
1991	2.0	7.1	5.1
1992	5.9	9.7	3.8

续表

年份	农村居民收入实际增长速度	城镇居民收入实际增长速度	城镇、农村居民收入实际增长速度之差
1993	3.2	9.5	6.3
1994	5.0	8.5	3.5
1995	5.3	4.9	-0.4
1996	9.0	3.8	-5.2
1997	4.6	3.4	-1.2
1998	4.3	5.8	1.5
1999	3.8	9.3	5.5
2000	2.1	6.4	4.3
2001	4.2	8.5	4.3
2002	4.8	13.4	8.6
2003	4.3	9	4.7
2004	6.8	7.7	0.9
2005	6.2	9.6	3.4
2006	7.4	10.4	3.0
2007	9.5	12.2	2.7
2008	8.0	8.4	0.4
2009	8.5	9.8	1.3
2010	10.9	7.8	-3.1

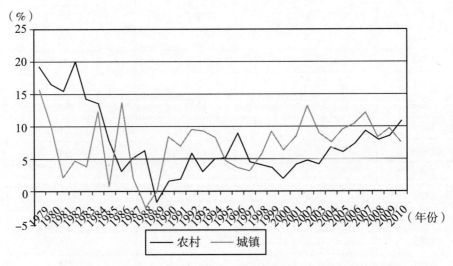

图 5 - 3 1979~2010 年城乡居民人均收入实际增长比较

2. 城乡居民收入结构变化的根本原因

在上述一系列的直接原因的背后，最根本的原因是城乡二元体制和政策长期向城市倾斜。具体而言主要在以下几个方面：

（1）城乡分割的户籍制度和二元经济社会结构。农村落后于城市在我国是一个久远的历史现象。新中国成立后，建立了城乡分割的户籍制度，将全国人口分成了城镇居民和农民，在城乡之间人为地筑起一道"壁垒"，使得农村人口不能自由地向城市迁移，在发展机会和社会地位上两者不平等。这种户籍制度的建立和固化，使我国形成了典型的二元社会经济结构。拥有城市户籍的居民在就业、收入、养老、社会福利和子女上学等方面享有优惠待遇；而与此同时，农村户籍的农民被限制在土地上，城市居民和农村居民在收入和生活水平方面必然出现较大的差异。城乡二元社会经济结构，制约了生产要素的合理流动和优化资源配置，阻碍了农村人口向城市的合理迁移，抑制了农村非农产业的发展，导致工农差别、城乡差距的不断拉大。

（2）城乡经济体制改革的推进的非均衡性。我国的经济体制改革首先在农村展开。从 1978 年开始，以家庭联产承包责任制为主的农村改革在农村地区逐步推广，到 1984 年底，全国 99% 的生产队和 96.6% 的农户实行了家庭联产承包责任制。该制度使得土地的所有权和经营权相互分离，把农民的个人经济利益与生产经营成果紧密联系起来，极大地调动了广大农民的劳动积极性，因此，改革开放至 20 世纪 80 年代中期，我国城乡居民收入差距曾一度呈缩小之势。但是，从 20 世纪 80 年代后期开始，我国经济体制改革的重点转向城市，随着城市经济体制改革的兴起，城市经济的发展活力不断增强，发展速度加快，城市居民收入开始大幅度提高。而与此同时，农村经济在家庭联产承包责任制以后再也没有大的突破，农村经济持续增长缺乏后劲，再加上 20 世纪 90 年代后期全国农产品价格的持续下跌，导致农民收入增长缓慢，城乡收入差距就明显扩大。

（3）宏观经济政策向城市的倾斜。宏观经济政策向城市的倾斜，一方面表现在城市化和工业化对农业和农村剩余资源的过度汲取上；另一方面，也表现在金融和财政政策向城市倾斜上。

新中国成立后很长一段时期里，为了实现工业化原始积累，国家通过实施"工农业剪刀差"政策把一部分农村财富转移到城市。据测算，通过粮食价格的"剪刀差"，城市从农民"积累"中至少抽走了 12 580 亿元[1]。直到 1992 年，"工农剪刀差"政策才被彻底废除。城市化和工业化的过程中，对农民土地的廉征贵卖，在土地财富从农村向城市转移的同时，严重损害了农村和农民的利益。

---

① 陈德峰：《城乡发展失衡和居民收入差距扩大的根源》，载人民网，2006 年 9 月 19 日。

据测算，改革开放以来，特别是 20 世纪 90 年代以来，通过低价征用农民的土地，不仅使得农民蒙受了至少 2 万亿元的损失，同时也带来了 3 500 万～4 000 万的失地农民。

金融和财政政策向城市的倾斜，也是导致农村的发展落后、农民增收缓慢、城乡居民收入不断扩大的一个重要因素。改革开放前，我国长期实行农业支持工业、农村支持城市的金融政策，农村金融机构承担着从农村吸取资金为国家工业化服务的职能，农村和农民得不到应有的信贷。这种现象在改革开放以后没有发生根本性的改变，农村的金融机构对农村的金融"抽水"问题依然相当突出。在财政政策上，存在着向城市过度倾斜的问题，国家财政支出中用于农业的支出，虽然绝对量在不断增长，但占财政支出的比重并不高。虽然近年来我国已经开始对农业和农民实施了多予少取的政策，在 2006 年全面取消了农业税，对粮食生产进行了直补，发放良种补贴，大型农机具的财政补贴，但从总体上来说，目前我国对农民收入的直接支付力度还不够大，直接支付在增加农民收入方面发挥的作用还很有限。

5.4　地区之间居民收入分配差距

改革开放以来，我国各地经济都取得了前所未有的发展。但是，由于各地的自然条件、资源禀赋、经济社会发展基础等方面存在较大差异，我国的区域经济发展很不平衡，各地的经济发展速度和水平不同，由此导致不同区域之间的居民收入存在显著差距。无论是城镇居民收入还是农村居民收入，我国不同区域之间的差距非常明显。总的来说，东部地区居民收入增长较快，中西部地区居民收入增长相对缓慢，区域之间的居民收入差距不断扩大。

5.4.1　各地区居民收入分配状况

1. 各地区城镇居民收入差距状况

随着我国经济的快速发展，城镇居民人均可支配收入不断增加，2005 年首次突破万元大关，达到 10 493 元；2010 年城镇居民人均名义可支配收入达到 19 109 元，比 2009 年的 17 175 元增长了 11.3%，比 1995 年的 4 283 元增长了 3.5 倍。但是，不同省份的城镇居民人均名义可支配收入差距显著（见表 5-8）。

表5-8　　　我国各省份城镇居民人均可支配收入及其年均增长速度

	人均可支配收入（名义）（元）				年均名义增长率（%）		
	1995年	2000年	2005年	2010年	1995～2010年	2000～2010年	2005～2010年
全国	4 283	6 280	10 493	19 109	23.1	20.4	16.4
北京	6 235	10 350	17 653	29 073	24.4	18.1	12.9
天津	4 930	8 141	12 639	24 293	26.2	19.8	18.4
河北	3 921	5 661	9 107	16 263	21.0	18.7	15.7
山西	3 306	4 724	8 914	15 648	24.9	23.1	15.1
内蒙古	2 863	5 129	9 137	17 698	34.5	24.5	18.7
辽宁	3 707	5 358	9 108	17 713	25.2	23.1	18.9
吉林	3 175	4 810	8 691	15 411	25.7	22.0	15.5
黑龙江	3 375	4 913	8 273	13 857	20.7	18.2	13.5
上海	7 192	11 718	18 645	31 838	22.8	17.2	14.2
江苏	4 634	6 800	12 319	22 944	26.3	23.7	17.3
浙江	6 221	9 279	16 294	27 359	22.7	19.5	13.6
安徽	3 795	5 294	8 471	15 788	21.1	19.8	17.3
福建	4 507	7 432	12 321	21 781	25.6	19.3	15.4
江西	3 377	5 104	8 620	15 481	23.9	20.3	15.9
山东	4 264	6 490	10 745	19 946	24.5	20.7	17.1
河南	3 299	4 766	8 668	15 930	25.5	23.4	16.8
湖北	4 029	5 525	8 786	16 058	19.9	19.1	16.6
湖南	4 699	6 219	9 524	16 566	16.8	16.6	14.8
广东	7 439	9 762	14 770	23 898	14.8	14.5	12.4
广西	4 792	5 834	9 287	17 064	17.1	19.2	16.7
海南	4 770	5 358	8 124	15 581	15.1	19.1	18.4
重庆		6 276	10 243	17 532	—	17.9	14.2
四川	4 003	5 894	8 386	15 461	19.1	16.2	16.9
贵州	3 931	5 122	8 151	14 143	17.3	17.6	14.7
云南	4 085	6 325	9 266	16 065	19.5	15.4	14.7
西藏		7 426	9 431	14 980	—	10.2	11.8
陕西	3 310	5 124	8 272	15 695	24.9	20.6	17.9
甘肃	3 153	4 916	8 087	13 189	21.2	16.8	12.6

续表

	人均可支配收入（名义）（元）				年均名义增长率（%）		
	1995 年	2000 年	2005 年	2010 年	1995～2010 年	2000～2010 年	2005～2010 年
青海	3 320	5 170	8 058	13 855	21.2	16.8	14.4
宁夏	3 383	4 912	8 094	15 344	23.6	21.2	17.9
新疆	4 163	5 645	7 990	13 644	15.2	14.2	14.2

2010 年人均可支配收入最高的省份是上海，达到了 31 838 元，而最低的甘肃省城镇居民人均可支配收入仅为 13 189 元，还不到上海市的一半。1995 年，城镇居民人均可支配收入最高的广东省与最低的内蒙古自治区相对差距 2.6 倍；2010 年，最高的上海和最低的甘肃省相对差距为 2.4 倍，没有呈现出显著的变小趋势；但是绝对差距由 1995 年的 4 576 元扩大到 2010 年的 18 650 元。在 2010 年，上海、北京、浙江、天津、广东、江苏、福建和山东 8 个省（直辖市）的城镇居民人均可支配收入在全国的平均水平之上。

从年均增长率来看，绝大多数省市近 5 年的年均增长速度都小于前 15 年的增速，这主要是由于三个不同时间段的基础有较大差异所致。1995～2010 年，城镇居民人均可支配收入增速位于前五的省（直辖市、自治区）为内蒙古自治区、江苏省、天津市、吉林省和河南省；2000～2010 年，增速前五位的为内蒙古自治区、江苏省、河南省、山西省和辽宁省；而在近 5 年来增速最快的为辽宁省、内蒙古自治区、天津市、海南省和陕西省。

2. 各地区农村居民收入差距状况

2010 年，我国的农村居民人均名义纯收入达到 5 953 元，比 2009 年的 5 153 元增长了 14.9%，是 1980 年的 191 元的 31 倍。由于自然资源条件，以及工业化、城市化进程的差异，我国各省（自治区、市）的农村居民人均纯收入存在明显的差距（见表 5-9）。

表 5-9　　　我国各省份农村居民家庭人均纯收入及其年均增长速度

	人均纯收入（名义）（元）						年均名义增长率（%）		
	1980 年	1990 年	1995 年	2000 年	2005 年	2010 年	1980～2010 年	1995～2010 年	2005～2010 年
全国	191	686	1 578	2 253	3 255	5 919	99.8	18.3	16.4
北京	290	1 297	3 224	4 605	7 346	13 262	148.9	20.8	16.1
天津	278	1 069	2 406	3 622	5 580	10 075	117.5	21.2	16.1

续表

	人均纯收入（名义）（元）						年均名义增长率（%）		
	1980 年	1990 年	1995 年	2000 年	2005 年	2010	1980 ～ 2010 年	1995 ～ 2010 年	2005 ～ 2010 年
河北	176	622	1 669	2 479	3 482	5 958	109.6	17.1	14.2
山西	156	604	1 208	1 906	2 891	4 736	98.0	19.5	12.8
内蒙古	181	607	1 208	2 038	2989	5 530	98.3	23.8	17.0
辽宁	273	836	1 757	2 356	3 690	6 908	81.0	19.6	17.4
吉林	236	804	1 610	2 023	3 264	6 237	84.7	19.2	18.2
黑龙江	205	760	1 766	2 148	3 221	6 211	97.5	16.8	18.6
上海	397	1907	4 246	5 596	8 248	13 978	113.9	15.3	13.9
江苏	218	959	2 457	3 595	5 276	9 118	136.1	18.1	14.6
浙江	219	1 099	2 966	4 254	6 660	11 303	168.6	18.7	13.9
安徽	185	539	1 303	1 935	2 641	5 285	92.0	20.4	20.0
福建	172	764	2 049	3 231	4 450	7 427	140.8	17.5	13.4
江西	181	670	1 537	2 135	3 129	5 789	103.3	18.4	17.0
山东	194	680	1 715	2 659	3 931	6 990	116.6	20.5	15.6
河南	161	527	1 232	1 986	2 871	5 524	111.2	23.2	18.5
湖北	170	671	1 511	2 269	3 099	5 832	111.1	19.1	17.6
湖南	220	664	1 425	2 197	3 118	5 622	82.0	19.6	16.1
广东	274	1 043	2 699	3 655	4 691	7 890	92.5	12.8	13.6
广西	174	639	1 446	1 865	2 495	4 543	83.9	14.3	16.4
海南	—	696	1 520	2 182	3 004	5 275	—	16.5	15.1
重庆	—	—	—	1 892	2 809	5 277	—	—	17.6
四川	188	558	1 158	1 904	2 803	5 087	86.9	22.6	16.3
贵州	161	435	1 087	1 374	1 877	3 472	68.3	14.6	17.0
云南	150	541	1 011	1 479	2 042	3 952	84.4	19.4	18.7
西藏		650	1 200	1 331	2 078	4 139		16.3	19.8
陕西	142	531	963	1 444	2 053	4 105	92.7	21.8	20.0
甘肃	153	431	880	1 429	1 980	3 425	71.1	19.3	14.6
青海		560	1 030	1 491	2 152	3 863	—	18.3	15.9
宁夏	178	578	999	1 724	2 509	4 675	84.2	24.5	17.3
新疆	198	683	1 136	1 618	2 482	4 643	74.8	20.6	17.4

1980 年，农村居民人均纯收入最高和最低的省份分别为上海市和陕西省，二者之比为 2.8∶1，绝对差距为 255 元；1990 年，农村居民人均收入最高和最低的省份分别为上海市和甘肃省，二者之比为 4.2∶1，绝对差距为 1 476 元；1995 年，农村居民人均纯收入最高和最低的省份分别为上海市和甘肃省，二者相对差距为 4.8∶1，绝对差距为 3 365 元；2000 年，农村居民人均纯收入最高和最低的省份分别为上海市和西藏自治区，二者的相对差距为 3.9∶1，绝对差距为 4 168 元；2005 年，农村居民人均纯收入最高和最低的省份分别为上海市和贵州省，二者的相对差距为 4.2∶1，绝对差距为 6 268 元；2010 年，最高的还是上海市，达到了 13 978 元，最低的甘肃省仅为 3 425 元，前者是后者的 4 倍多，绝对差距已经突破万元，达到 10 553 元。2010 年上海、北京、浙江、天津、广东、江苏、福建、山东、辽宁、吉林、黑龙江和河北 13 个省份直辖市的农村居民人均纯收入在全国的平均水平之上。自 1980 年以来，上海市的农村居民人均纯收入一直是最高的，同时农村居民人均纯收入的最高和最低省份的相对差距显著大于城镇居民的人均可支配收入的相对差距。

从年均增长率来看，绝大多数省市近 5 年的年均增长速度都小于前 15 年和前 30 年的增速，这主要是由于三个不同时间段的基数有较大差异所导致。1980 ~ 2010 年，农村居民人均纯收入增速位于前五的省市为：浙江省、北京市、福建省、江苏省和天津市；1995 ~ 2010 年，增速前五位的为宁夏回族自治区、内蒙古自治区、河南省、四川省和陕西省；而在近 5 年来增速最快的五个省市为：安徽省、陕西省、西藏自治区、云南省和黑龙江省。可以看到中西部地区的省份在近年来农村居民人均纯收入呈现快速增长的态势，这也与中西部地区的基数较小有关。

3. 东、中、西部及东北地区的居民收入比较

我们在这里对各地区的划分结果为：东部地区包括北京、天津、河北、上海、江苏、浙江、福建、山东、广东、海南；中部地区包括山西、安徽、江西、河南、湖北、湖南；西部地区包括内蒙古、广西、重庆、四川、贵州、云南、西藏、陕西、甘肃、青海、宁夏、新疆；东北部地区包括辽宁、吉林、黑龙江。

（1）四大区域间城镇居民收入差距。1986 年以来，随着国民经济的快速发展，各地区的城镇居民人均可支配收入逐年增加，区域间城镇居民收入绝对差距呈扩大趋势。1990 年，全国城镇居民人均可支配收入达到 1 387 元，东部地区高于全国平均水平，达到 1 665 元，中部地区 1 197 元，西部地区 1 262 元，东北部地区 1 205 元，东部地区与中、西、东北部地区的绝对差额分别为 468 元、403 元和 460 元。2000 年，全国城镇居民人均可支配收入达到 6 280 元，东部地区 8 099 元，中部地区 5 272 元，西部地区 5 648 元，东北部地区 5 027 元，东部

和中、西、东北部地区的绝对差额分别为 2 827 元、2 451 元和 3 072 元；2010
年，全国城镇居民人均可支配收入达到 19 109 元，东部地区 23 273 元，中部地
区 15 962 元，西部地区 15 806 元，东北部地区 15 941 元，东部和中、西、东北
部地区的绝对差额分别为 7 311 元、7 466 元和 7 332 元（见表 5 – 10）。

表 5 – 10　　四大地区城镇居民人均可支配收入 1986 ～ 2010 年　　　单位：元

年份	全国	东部地区	中部地区	西部地区	东北部地区
1986	828	966	702	785	749
1987	916	1 078	779	860	813
1988	1 119	1 301	926	1 006	964
1989	1 261	1 526	1 032	1 107	1 114
1990	1 387	1 665	1 197	1 262	1 205
1991	1 544	1 858	1 320	1 471	1 347
1992	2 027	2 450	1 757	1 922	1 739
1993	2 577	3 241	2 204	2 300	2 076
1994	3 496	4 438	3 041	3 163	2 740
1995	4 283	5 411	3 751	3 700	3 419
1996	4 839	6 121	4 195	4 360	3 927
1997	5 160	6 569	4 440	4 492	4 266
1998	5 425	6 885	4 600	4 777	4 364
1999	5 854	7 523	4 948	5 284	4 658
2000	6 280	8 099	5 272	5 648	5 027
2001	6 860	8 891	5 745	6 172	5 521
2002	7 703	9 667	6 450	6 656	6 322
2003	8 472	10 703	7 112	7 198	6 998
2004	9 422	11 938	7 888	8 051	7 789
2005	10 493	13 375	8 809	8 783	8 730
2006	11 759	14 967	9 902	9 728	9 830
2007	13 786	16 974	11 634	11 309	11 463
2008	15 781	19 204	13 226	12 976	13 120
2009	17 175	20 953	14 367	14 213	14 324
2010	19 109	23 273	15 962	15 806	15 941

　　1986 年以来，东部地区城镇居民人均可支配收入一直高于中、西和东北部地区，其他三大地区的城镇居民人均可支配收入水平差距不太明显（见图 5 - 4）。

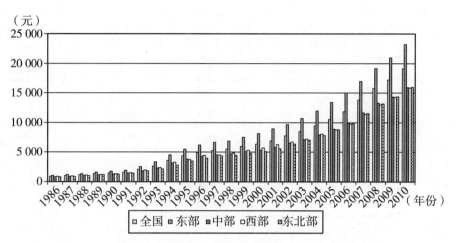

图 5 - 4　1986 ～ 2010 年四大地区城镇居民人均可支配收入

　　从相对差额看，东部地区城镇居民人均可支配收入一直是其他三大地区的 1.2 倍以上。1990 年，东部地区的城镇居民人均可支配收入分别是中、西、东北部地区的 1.39 倍、1.32 倍和 1.38 倍；2000 年，东部地区的城镇居民人均可支配收入分别是中、西、东北部地区的 1.54 倍、1.43 倍和 1.61 倍，呈现出扩大的趋势；2010 年，分别为 1.46 倍、1.47 倍和 1.46 倍。从总体趋势上看，自 1986 年以来，东部和中、西、东北部地区的收入相对差距呈扩大的趋势，尤其是 1992 ～ 2002 年，相对收入差距最大。2005 年之前，东部与西部的城镇居民人均可支配收入的相对差距，一直小于东部与中部和东北部的相对差距，但 2005 年之后，东部与西部之间的收入差额最大。1990 ～ 2002 年，东部对中部地区的相对差距显著大于其他两个地区，2002 年之后，特别是近年来，随着国家对中西部地区发展加大支持，这一差距呈现下降的趋势（见图 5 - 5）。

　　从增长率上看，四大地区城镇居民人均可支配收入的趋势基本上一致。2005 年，全国城镇居民人均可支配收入比上年增长了 11.4%，东、中、西和东北部地区的增长率分别为 12.0%、11.7%、9.1% 和 12.1%；2010 年，全国城镇居民人均可支配收入比上年增长了 11.3%，东、中、西和东北部地区分别增长了 11.1%、11.1%、11.2% 和 11.3%，各地区的增长率相差不大（见表 5 - 11）。

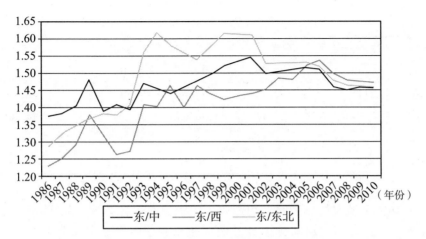

图 5 - 5　1986 ～ 2010 年东部与其他三大地区的城镇居民可支配收入相对差

表 5 - 11　　　　四大地区城镇居民人均可支配收入增长率　　　单位：%

年份	全国	东部地区	中部地区	西部地区	东北部地区
1987	10.63	11.59	10.97	9.55	8.54
1988	22.16	20.69	18.87	16.98	18.57
1989	12.69	17.29	11.45	10.04	15.56
1990	9.99	9.11	15.99	14.00	8.17
1991	11.32	11.59	10.28	16.56	11.78
1992	31.28	31.86	33.11	30.66	29.10
1993	27.13	32.29	25.44	19.67	19.38
1994	35.66	36.93	37.98	37.52	31.98
1995	22.51	21.92	23.35	16.98	24.78
1996	12.98	13.12	11.84	17.84	14.86
1997	6.63	7.32	5.84	3.03	8.63
1998	5.14	4.81	3.60	6.34	2.30
1999	7.91	9.27	7.57	10.61	6.74
2000	7.28	7.66	6.55	6.89	7.92
2001	9.24	9.78	8.97	9.28	9.83
2002	12.29	8.73	12.27	7.84	14.51
2003	9.98	10.72	10.26	8.14	10.69
2004	11.21	11.54	10.91	11.85	11.30
2005	11.37	12.04	11.68	9.09	12.08

续表

年份	全国	东部地区	中部地区	西部地区	东北部地区
2006	12.07	11.90	12.41	10.76	12.60
2007	17.24	13.41	17.49	16.25	16.61
2008	14.47	13.14	13.68	14.74	14.46
2009	8.83	9.11	8.63	9.53	9.18
2010	11.26	11.07	11.10	11.21	11.29

（2）四大区域农村居民间人均纯收入差距。1980 年以来，随着国民经济的快速发展，各地区的农村居民人均纯收入也呈现了逐年上升的趋势。1980 年，全国农村居民人均纯收入 191 元，东部地区 218 元，中部地区 172 元，西部地区 173 元，东北部地区 234 元，东部地区与中、西、东北部地区的绝对差额分别为 46 元、45 元和 -16 元；1990 年，全国农村居民人均纯收入达到 686 元，东部地区高于全国平均水平，达到 876 元，中部地区 607 元，西部地区 553 元，东北部地区 796 元，东部地区与中、西、东北部的绝对差额分别为 269 元、324 元和 80元；2000 年，全国农村居民人均纯收入达到 2 253 元，东部地区 3 271 元，中部地区 2 078 元，西部地区 1 661 元，东北部地区 2 177 元，东部和中、西、东北部地区的绝对差额分别为 1 194 元、1 610 元和 1 094 元；2010 年，全国农村居民人均纯收入达到 5 919 元，东部地区 8 143 元，中部地区 5 510 元，西部地区 4 418 元，东北部地区 6 434 元，东部和中、西、东北部地区的绝对差额分别为 2 633 元、3 725 元和 1 780 元（见表 5 - 12）。

表 5 - 12　　　　　　　　四大地区农村居民人均纯收入　　　　　　单位：元

年份	全国	东部	中部	西部	东北部地区
1980	191	218	172	173	234
1981	223	271	221	201	266
1982	270	317	260	237	297
1983	310	373	293	253	431
1984	355	438	338	284	468
1985	398	471	374	316	424
1986	424	517	415	328	488
1987	463	592	425	360	526
1988	545	718	470	430	619

年份	全国	东部	中部	西部	东北部地区
1989	602	806	526	465	623
1990	686	876	607	553	796
1991	709	939	592	578	789
1992	784	1 038	659	625	924
1993	922	1 270	772	705	1 032
1994	1 221	1 698	1 051	8 96	1 369
1995	1 578	2 244	1 368	1 117	1 718
1996	1 926	2 690	1 710	1 368	2 155
1997	2 090	2 928	1 917	1 506	2 270
1998	2 162	3 055	1 978	1 605	2 367
1999	2 210	3 153	2 023	1 634	2 305
2000	2 253	3 271	2 078	1 661	2 177
2001	2 366	3 451	2 170	1 721	2 339
2002	2 476	3 629	2 279	1 821	2 484
2003	2 622	3 864	2 369	1 940	2 648
2004	2 936	4 254	2 692	2 158	3 098
2005	3 255	4 720	2 957	2 379	3 379
2006	3 587	5 188	3 283	2 589	3 745
2007	4 140	5 855	3 844	3 028	4 348
2008	4 761	6 598	4 453	3 518	5 101
2009	5 153	7 156	4 793	3 816	5 457
2010	5 919	8 143	5 510	4 418	6 434

1980 年以来，东部地区农村居民人均纯收入一直高于全国平均水平。1985年以后，东部地区持续高于中、西和东北部地区；四大地区中，东部地区农村居民人均纯收入最高，其次是东北部地区和中部地区，西部地区农村居民的纯收入是最低的（见图 5 - 6）。

从相对差额看，1978 年以来，东部地区农村居民人均纯收入一直是中部和西部地区的 1.2 倍以上，绝大多数年份也高于东北部地区。1980 年，东部地区的农村居民人均纯收入分别是中、西、东北部地区的 1.27 倍、1.26 倍和 0.93倍；1990 年，东部地区的农村居民人均纯收入分别是中、西、东北部地区的

135

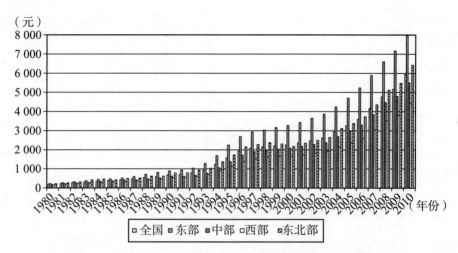

图 5 - 6　1980～2010 年四大地区农村居民人均纯收入

1.44 倍、1.59 倍和 1.1 倍；2000 年，与中、西、东北部地区的差距拉大，比值分别为 1.57 倍、1.97 倍和 1.5 倍；2010 年，与中、西、东北部地区的比值为 1.48 倍、1.84 倍和 1.27 倍。但是近年来，东部地区与其他三大地区的农村居民人均纯收入出现了小幅下降的趋势，2010 年，东部地区与中、西、东北地区的农村居民人均纯收入的相对差距比 2009 年分别下降了 0.01 个百分点、0.03 个百分点和 0.04 个百分点（见表 5 - 13）。

表 5 - 13　　　　　　　　　东部与其他地区的相对差距

年份	东部/中部	东部/西部	东部/东北
1980	1.27	1.26	0.93
1981	1.23	1.35	1.02
1982	1.22	1.34	1.07
1983	1.27	1.48	0.86
1984	1.30	1.54	0.94
1985	1.26	1.49	1.11
1986	1.24	1.57	1.06
1987	1.39	1.64	1.13
1988	1.53	1.67	1.16
1989	1.53	1.73	1.29
1990	1.44	1.59	1.10
1991	1.59	1.62	1.19

续表

年份	东部/中部	东部/西部	东部/东北
1992	1.58	1.66	1.12
1993	1.64	1.80	1.23
1994	1.61	1.90	1.24
1995	1.64	2.01	1.31
1996	1.57	1.97	1.25
1997	1.53	1.94	1.29
1998	1.54	1.90	1.29
1999	1.56	1.93	1.37
2000	1.57	1.97	1.50
2001	1.59	2.00	1.48
2002	1.59	1.99	1.46
2003	1.63	1.99	1.46
2004	1.58	1.97	1.37
2005	1.60	1.98	1.40
2006	1.58	2.00	1.39
2007	1.52	1.93	1.35
2008	1.48	1.88	1.29
2009	1.49	1.87	1.31
2010	1.48	1.84	1.27

从趋势上看，1980～2005年，东部地区与中、西、东北部地区的相对差距总体呈扩大趋势；2005年之后，差距有所缓和（见图5-7）。

从增长率上看，各地区农村居民人均纯收入呈现出一定的波动性。1981年，全国农村居民人均纯收入比上年增长16.78%，东、中部地区增长高于全国平均水平，增长率分别达到24.6%和28.3%，相比之下，西部、东北部增长缓慢，增速仅为16.6%和13.8%；1991年，全国农村居民人均纯收入仅3.3%，其中中部和东北部地区出现了负增长，分别为-2.5%和-0.9%，但是东部地区仍有7.2%的增长率，西部地区4.6%；1998～2000年，由于受亚洲金融危机的影响，各地区农村居民人均纯收入增长较慢，这3年全国的增速为1.4%，东、中、西和东北部地区的增速分别为3.8%、2.7%、3.4%和-1.3%；2008年，美国金融危机，2009年，全国农村居民人均纯收入增速为8.2%，比上年降低6.7个百

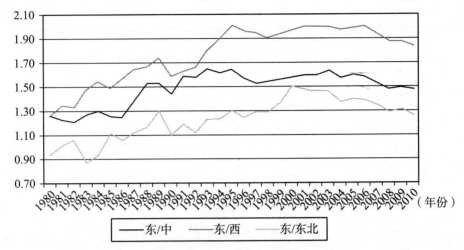

图 5 - 7　1980 ~ 2010 年东部地区与其他三大地区农村居民人均纯收入相对差

分点；2009 年，东、中、西和东北部地区的增速分别为 8.5%、7.6%、8.5% 和 7.0%，分别比上年降低 4.2 个、8.2 个、7.7 个和 10.34 个百分点；随着各国刺激经济政策效果的逐步显现，世界经济逐步复苏，2010 年，我国农村居民人均纯收入增幅较大，全国平均增速达到 14.9%，东、中、西和东北部地区的增速分别为 13.8%、14.9%、15.8% 和 17.9%（见表 5 - 14）。

表 5 - 14　　　　　　　　四大地区农村居民人均纯收入增长率

年份	全国	东部地区	中部地区	西部地区	东北部地区
1981	16.78	24.55	28.30	16.62	13.82
1982	20.90	16.88	17.89	17.68	11.47
1983	14.70	17.47	12.52	6.54	45.50
1984	14.69	17.58	15.26	12.40	8.44
1985	11.91	7.44	10.84	11.42	- 9.45
1986	6.59	9.75	10.98	3.80	15.25
1987	9.16	14.63	2.41	9.75	7.78
1988	17.79	21.26	10.44	19.38	17.60
1989	10.39	12.23	11.97	8.09	0.61
1990	14.10	8.72	15.44	18.91	27.87
1991	3.25	7.18	- 2.49	4.60	- 0.88
1992	10.64	10.54	11.25	8.18	17.07
1993	17.55	22.38	17.28	12.71	11.70
1994	32.49	33.62	36.11	27.07	32.63
1995	29.21	32.19	30.12	24.68	25.53
1996	22.08	19.87	24.98	22.46	25.44

年份	全国	东部地区	中部地区	西部地区	东北部地区
1997	8.51	8.85	12.13	10.10	5.33
1998	3.44	4.34	3.17	6.62	4.26
1999	2.23	3.22	2.30	1.78	−2.61
2000	1.95	3.74	2.68	1.65	−5.54
2001	5.01	5.48	4.42	3.62	7.44
2002	4.61	5.18	5.02	5.79	6.18
2003	5.92	6.48	3.96	6.54	6.63
2004	11.98	10.08	13.66	11.24	16.98
2005	10.85	10.97	9.82	10.24	9.07
2006	10.20	9.91	11.05	8.81	10.83
2007	15.43	12.85	17.09	16.99	16.11
2008	14.98	12.69	15.84	16.16	17.31
2009	8.24	8.45	7.62	8.49	6.97
2010	14.87	13.80	14.96	15.76	17.92

从增长率的波动可以看到，东北部地区的农村居民人均纯收入增长率的波动最大，1985年、1991年、1999年和2000年出现了负增长的情况，而其他地区虽然在相应年份的增速放缓，但是历年来农村居民的人均纯收入都是逐年上升的。2002年以后，四大地区的农村居民人均纯收入增幅相差不大，特别是2009年和2010年，各地区增速极为相近（见图5-8）。

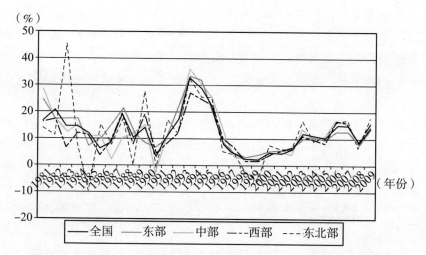

图 5-8 1981~2010 年四大地区农村居民人均纯收入增长率

5.4.2 地区间居民收入差距扩大的原因

我国地区间居民收入差距是由历史、社会和经济发展等多方面因素共同决定的。

从历史上看，中国经济中心地带经历了西—中—东部的转移过程。自唐宋以来，随着中国与各国的贸易往来，东部地区经济迅速发展。元明清时代，东部人口迅速增长，促进了东部地区新产业的开发。到了清晚时期，东部沿海地区基本上成为整个清朝的经济支柱。在经济中心转移的同时，东中西部经济差距日益明显，大量中、西部人才"孔雀东南飞"，造成当地人才供给严重不足，影响了经济发展的可持续性。

从地理环境看，我国地势东部大多地区水量充足，气候宜人，土壤肥沃，如江浙一带素有"鱼米之乡"的美名，物产丰富，且处于沿海地区，与国外贸易联系较为便利，地区发展的潜在经济机会较多；相比之下，中、西部地区大多为内陆地区和不发达地区，土地贫瘠，生态环境恶劣，对外交往较少，经济发展的"先天"条件较差。

从行为方式看，历史和自然因素导致了中西部和东北部地区对外交流少，观念落后。人的观念主导着人们的行为方式，虽然它不是经济发展的直接原因，但却是一个根本性的因素。中、西部和东北部地区，特别是西部地区人们的思想观念保守落后，突出表现为：一是求平、求稳，安于现状的心态重，风险投资意识差；二是"等、靠、要"思想严重，创新意识差；三是行动迟缓，对国家政策反应慢，常常是步东部后尘而错过利用政策效益的好时机。这种自然地理上的局限造成区域思想文化上的差异，导致中国区域经济发展上不平衡，加上全国各地区教育资源的落差，也成为区域经济均衡发展的主要瓶颈，一定程度上影响了区域经济发展的不平衡。经济发展的差异性，直接造成了地区间的居民收入水平的差异。

地区间的收入差距以及扩大在很大程度上也是由体制性因素和政策性因素造成的。在西部大开发实施之前，包括政府投资在内的投资资金流入一些较为发达的地区，加上外资的涌入，导致了发达地区与落后地区在经济增长上的差异。然而，在地区经济发展不平衡的过程中，中央政府和地方政府之间的财政分配体制，由于受到地方利益格局的制约，并没有起到有效的再分配功能，以缩小地区之间可支配收入差距的作用。再加上地方政府的地方保护主义的政策，生产要素的自由流动的障碍，特别是劳动力择业的自由选择受到不同程度的限制。这些因素都在不同程度上阻碍了市场机制对地区之间收入差距的调节作用，使得地区之间经济发展水平的差异和居民收入水平的差距不仅没用出现缩小的迹象，反而变得越来越大。从这个意义上来说，地区之间收入差距扩大的最主要原因还是制度性因素。

5.5 行业和经济类型的工资差距

改革开放以来，我国不同行业和经济类型的职工工资都得到了大幅度提高，但行业间和行业内部的工资差距较大。

5.5.1 全国行业平均工资状况与变化趋势

1. 20 世纪初职工工资增长迅速，近年来增长稳定

改革开放以来，我国城镇单位在岗职工的平均工资不断增长。1978 年，职工平均工资为 615 元，2010 年为 36 539 元，2010 年是 1978 年的 59.4 倍。1978 年我国城镇职工平均工资为 615 元，1985 年过千元，1990 年过 2 000 元，1995 年过 5 000 元，2001 年突破了万元，2006 年过 20 000 元，2009 年过 30 000 元，2010 年达到最高 36 539 元（见表 5 - 15）。

表 5 - 15　　全国城镇单位在岗职工平均工资及增长率

年份	平均工资	增长率	年份	平均工资	增长率
1978	615	—	1994	4 538	34.6
1980	762	—	1995	5 348	17.8
1985	1 148	—	1996	5 980	11.8
1986	1 329	15.8	1997	6 444	7.8
1987	1 459	9.8	1998	7 446	15.5
1988	1 747	19.7	1999	8 319	11.7
1989	1 935	10.8	2000	9 333	12.2
1990	2 140	10.6	2001	10 834	16.1
1991	2 340	9.3	2002	12 373	14.2
1992	2 711	15.9	2003	13 969	12.9
1993	3 371	24.3	2004	15 920	14.0

年份	平均工资	增长率	年份	平均工资	增长率
2005	18 200	14.3	2008	28 898	16.9
2006	20 856	14.6	2009	32 244	11.6
2007	24 721	18.5	2010	36 539	13.3

从增长率的角度看，大致分为三个阶段，第一阶段为 1986~1992 年，城镇居民的平均工资增长稳定，年均增长率均在 20% 以内；第二阶段为 1993~1995年，居民的平均工资增长迅猛，特别是 1993 年的年均增长率达到了 34.6%；从随后的时段至今，增长率都较为稳定，大约在 15%，2009 年和 2010 年的城镇单位在岗职工的平均工资增长率分别为 11.6%、13.2%（见图 5–9）。

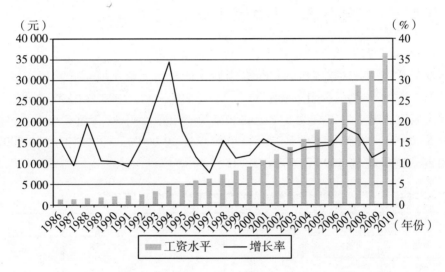

图 5–9　1986~2010 年城镇居民职工平均工资增长趋势

2. 各行业的工资水平随着中国经济结构的转型不断变化

随着中国经济的不断发展，以及经济结构的不断调整，我国各个行业城镇在岗职工的相对工资水平不断变化。1980 年，9 个行业的在岗职工平均工资低于全国平均水平，其中排名前三的行业为电力、煤气及水的生产和供应业，地质勘查业、水利管理业和建筑业；工资水平最低的三个行业为社会服务业，农林牧渔业和批发和零售贸易、餐饮业。1990 年，有 6 个行业的工资水平低于全国的平均水平，其中采掘业，电力、煤气及水的生产和供应业和地质勘查业、水利管理业是工资水平最高的三个行业；最低的三个行业为农林牧渔业，批发和零售贸易、餐饮业和制造业。进入 20 世纪后，高新技术服务业和金融行业的薪资水平稳居平均工资前三位。2000 年，工资水平最高的三个行业为科学研究和综合技术服务业，金融、保险业和电力、煤气及水的生产和供应业；工资最低的三个行业为农林牧渔业，批发和零售贸易、餐饮业和采掘业。2010 年，行业平均工资水平最高的为金融业，信息传输计算机构服务和软件业和科学研究技术服务和地质勘查业。全国垄断行业的平均工资水平一直都较高（见表 5 – 16）。

表 5 –16   各行业平均工资排序

排序	1980 年	1990 年	2000 年	2005 年	2010 年
1	电力、煤气及水的生产和供应业	采掘业	科学研究和综合技术服务业	信息传输计算机服务和软件业	金融业
2	地质勘查业、水利管理业	电力、煤气及水的生产和供应业	金融、保险业	金融业	信息传输计算机服务和软件业
3	建筑业	地质勘查业、水利管理业	电力、煤气及水的生产和供应业	科学研究技术服务和地质勘查业	科学研究技术服务和地质勘查业
4	采掘业	交通运输、仓储及邮电通信业	房地产业	电力、燃气及水的生产和供应业	电力、燃气及水的生产和供应业
5	科学研究和综合技术服务业	科学研究和综合技术服务业	交通运输、仓储及邮电通信业	文化体育和娱乐业	采矿业
6	交通运输、仓储及邮电通信业	建筑业	其他	租赁和商务服务业	文化体育和娱乐业
7	国家机关政党机关和社会团体	房地产业	卫生、体育和社会福利业	交通运输、仓储和邮政业	交通运输、仓储和邮政业
8	全国平均工资水平	卫生、体育和社会福利业	社会服务业	卫生、社会保障和社会福利业	卫生、社会保障和社会福利业

排序	1980 年	1990 年	2000 年	2005 年	2010 年
9	制造业	社会服务业	国家机关政党机关和社会团体	采矿业	租赁和商务服务业
10	金融、保险业		地质勘查业、水利管理业	房地产业	教育
11	卫生、体育和社会福利业	教育、文化艺术和广播电影电视业		公共管理社会组织	公共管理社会组织
12	教育、文化艺术和广播电影电视业	国家机关政党机关和社会团体	教育、文化艺术和广播电影电视业	教育	
13	房地产业	金融、保险业	制造业		房地产业
14	批发和零售贸易、餐饮业	制造业	建筑业	制造业	批发和零售业
15	农、林、牧、渔业	批发和零售贸易、餐饮业	采掘业	居民服务其他服务业	制造业
16	社会服务业	农、林、牧、渔业	批发和零售贸易、餐饮业	批发和零售业	居民服务其他服务业
17	其他	其他	农、林、牧、渔业	水利、环境和公共设施管理业	建筑业
18				建筑业	水利、环境和公共设施管理业
19				住宿和餐饮业	住宿和餐饮业
20				农、林、牧、渔业	农、林、牧、渔业

3. 近些年高工资和低工资行业在排序上具有一定的稳定性

从全国近些年的工资数据来看，行业特征与其平均工资水平密切相关，高工资和低工资所属的行业相对基本稳定。高工资的行业主要仍集中在垄断行业和高新技术行业，如金融、科研、电力、交通、信息、计算机和软件业等；低工资行业则是那些传统行业和市场充分竞争的行业，如农、林、牧、渔业、建筑业、制造业、批发和零售贸易、餐饮业等。

2005~2010年，各个行业相对全国平均工资水平较为稳定。其中，采矿业，电力、燃气和水的生产和供应业，交通运输、仓储和邮政业，信息传输计算机服务和软件业，金融业，租赁和商务服务业，教育业，卫生、社会保障和社会福利业，文化体育和娱乐业以及公共管理社会组织等行业的工资水平一直高于全国的平均水平。特别是在2010年金融行业的工资水平达到70 164元，是全国平均水平1.92倍（见图5-10）。

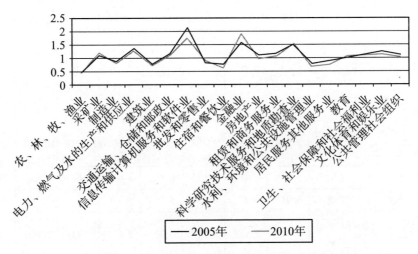

图5-10 各行业平均工资与全国平均水平的比值

5.5.2 分经济类型行业平均工资状况与变化趋势

1. 分经济类型行业平均工资的基本状况

1995年，国有经济单位，集体经济单位和其他经济单位在岗职工的平均工资分别为5 553元、3 934元和7 728元，分别相当于全国平均工资水平的104%、74%和145%。2005年，国有经济单位、集体经济单位和其他经济单位的在岗职工平均工资分别为18 978元、11 176元和18 362元，分别相当于全国平均工资水平的104%、61%和101%。2010年，国有经济单位，集体经济单位和其他经济单位的在岗职工平均工资分别为38 359元、24 010元和35 801元，分别相当于全国平均工资水平的105%、66%和98%。国有经济单位的在岗职工工资水平普遍高于全国平均水平，自1995年以来，其占全国平均水平的104%

左右；与此同时，集体经济单位的在岗职工工资水平远低于全国的平均水平，近年来都维持在全国平均水平的 60% ~70% 之间；其他经济单位的工资水平普遍较高，但是近年来有下降的趋势，与全国平均工资水平的比值由 1995 年的 1.44 : 1 下降到 2010 年的 0.98 : 1。从行业门类来看，各经济类型职工工资水平的差异也较大（见表 5 – 17 和表 5 – 18）。

表 5 –17　　　　　　　各经济类型分行业门类平均工资情况
（1995 年和 2000 年）

单位：元

行业	1995 年				2000 年			
	全部单位	国有单位	集体单位	其他单位	全部单位	国有单位	集体单位	其他单位
合计	5 348	5 553	3 934	7 728	9 333	9 441	6 241	11 238
农、林、牧、渔业	3 516	3 520	2 926	7 264	5 142	5 087	5 529	8 600
采掘业	5 743	5 933	3 675	5 221	8 317	8 258	4 867	9 827
制造业	5 199	5 347	3 730	7 483	8 836	8 513	5 726	10 450
电力、煤气及水的生产和供应业	7 829	7 720	7 438	10 740	12 801	12 419	10 680	15 513
建筑业	5 755	6 453	4 673	6 862	8 668	9 431	6 822	10 330
地质勘查业、水利管理业	5 953	5 977	4 283	5 503	9 590	9 617	7 464	13 483
交通运输、仓储及邮电通信业	6 910	7 511	3 593	10 825	12 170	12 418	5 807	16 399
批发和零售贸易、餐饮业	4 260	4 567	3 461	7 403	7 188	7 364	5 110	10 235
金融、保险业	7 357	7 558	6 432	13 035	13 178	13 215	9 571	20 904
房地产业	7 351	6 861	6 643	10 996	12 551	11 462	10 270	15 402
社会服务业	6 037	5 932	4 659	10 189	10 386	9 709	7 221	15 086
卫生、体育和社会福利业	5 831	5 980	4 869	9 518	10 832	11 156	8 347	18 158
教育、文化艺术和广播电影电视业	4 999	5 026	3 722	9 149	9 224	9 341	5 642	12 413
科学研究和综合技术服务业	6 818	6 807	5 871	10 080	13 374	13 059	9 198	18 916
国家机关政党机关和社会团体	5 484	5 486	5 213	–	9 978	9 983	8 811	–
其他	6 250	6 827	4 848	11 629	11 205	10 049	9 007	28 972

表 5 - 18　　　　　各经济类型分行业门类平均工资情况

（2005 年和 2010 年）　　　　　单位：元

行业	2005 年				2010 年			
	全部单位	国有单位	集体单位	其他单位	全部单位	国有单位	集体单位	其他单位
合计	18 200	18 978	11 176	18 362	36 539	38 359	24 010	35 801
农、林、牧、渔业	8 207	8 122	8 042	10 952	16 717	16 522	18 156	21 359
采矿业	20 449	20 843	11 067	21 044	44 196	44 904	23 791	44 907
制造业	15 934	16 831	9 671	16 294	30 916	36 386	20 841	30 609
电力、燃气及水的生产和供应业	24 750	24 105	18 323	26 822	47 309	47 724	33 851	47 164
建筑业	14 112	16 032	10 071	14 593	27 529	31 777	20 210	27 522
交通运输、仓储和邮政业	20 911	20 716	9 920	23 968	40 466	40 097	19 882	43 176
信息传输计算机服务和软件业	38 799	29 935	24 524	48 602	64 436	46 402	37 576	74 178
批发和零售业	15 256	15 492	8 261	17 709	33 635	35 814	16 816	35 109
住宿和餐饮业	13 876	13 428	10 145	14 692	23 382	23 864	18 808	23 505
金融业	29 229	30 396	18 560	33 307	70 146	66 014	44 154	77 445
房地产业	20 253	19 449	13 259	21 331	35 870	33 967	24 617	37 102
租赁和商务服务业	21 233	19 076	13 230	29 040	39 566	33 680	20 981	50 179
科学研究技术服务和地质勘查业	27 155	25 989	18 053	34 523	56 376	53 235	37 538	67 716
水利、环境和公共设施管理业	14 322	14 254	11 051	18 681	25 544	25 478	18 551	30 217
居民服务其他服务业	15 747	17 323	10 690	16 502	28 206	32 417	20 818	25 536
教育	18 259	18 388	12 670	20 664	38 968	39 166	31 486	35 282
卫生、社会保障和社会福利业	20 808	21 500	14 826	18 084	40 232	41 112	32 645	34 672
文化体育和娱乐业	22 670	23 110	13 635	19 926	41 428	42 367	24 796	37 107
公共管理社会组织	20 234	20 270	12 906	14 036	38 242	38 387	26 957	21 392

2. 分经济类型行业平均工资的变化趋势

从工资增长率看,不论是国有单位,还是集体单位、其他单位的在岗职工平均工资水平都保持了稳步上升的趋势,但各经济体之间增长幅度存在一定的差异性。2000年,国有经济单位,集体经济单位和其他经济单位在岗职工的平均工资同比增长速度分别为11.8%、8.4%和10.8%;2005年,分别为15.4%、14.9%和11.1%;2010年,分别为12.4%、16.5%和14.2%(见表5-19)。

表5-19　　　　分经济类型城镇就业人员职工平均工资增长情况　　　单位:元

年份	全国	国有单位	集体单位	其他
1996	11.8	11.8	9.6	10.3
1997	7.8	7.6	4.7	6.7
1998	15.5	13.5	17.7	1.6
1999	11.7	11.4	8.4	9.8
2000	12.2	11.8	8.4	10.8
2001	16.1	17.0	9.8	10.7
2002	14.2	15.0	11.5	8.4
2003	12.9	13.0	13.0	10.1
2004	14.0	14.5	12.7	11.3
2005	14.3	15.4	14.9	11.2
2006	14.6	14.4	15.1	14.4
2007	18.5	20.2	20.0	15.6
2008	16.9	16.0	17.2	17.6
2009	11.6	12.7	13.8	9.8
2010	13.3	12.4	16.5	14.2

从增长率的趋势看,国有单位在岗职工的平均工资水平与全国的平均水平保持了较好的一致性;集体单位的增长速度在21世纪初至2007年间,增长缓慢,低于全国平均水平,但是在2007年之后的增长速度加快,高于全国全部行业工资水平的增速;除了少数年份,其他单位的工资水平增长长期慢于全国的平均水平。虽然其他单位在上世纪的工资水平很高,但是近年来与全国的平均工资水平相比,呈现不断下滑的趋势,见图5-11。

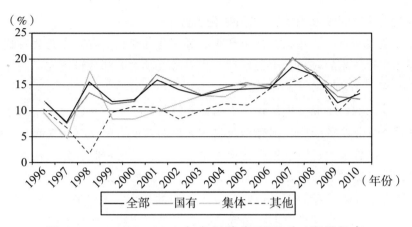

图 5 - 11　1996 ~ 2010 年各经济类型职工工资增长率

　　1995 ~ 2010 年，各经济类型单位最高行业和最低行业的平均工资比值总体上呈现一个扩大的趋势。国有经济单位中，最高行业和最低行业的平均工资比值在 1995 年为 2.2，到 2010 年末，这一比值已经上升到 3.99；集体单位的不同行业工资水平出现一定的起伏性，总体上变化不大，维持在 2 ~ 3 之间；其他单位的最高行业和最低行业的工资比值相差较大，其中在 2005 年，这一比值达到了4.4，但近年来随着经济结构的不断完善，出现了下降的趋势（见表 5 - 20）。

表 5 - 20　不同经济类型单位中最高行业工资与最低行业工资比值

年份	1995	2000	2005	2010
国有单位	2.19	2.60	3.74	4.00
集体单位	2.54	2.19	3.05	2.63
其他单位	2.50	3.37	4.44	3.63

5.5.3　不同行业和经济类型间工资差距的原因

　　近年来，我国不同行业间收入差距不断扩大的一个主要原因是一些垄断性行业的职工收入增幅大大高于一般竞争性行业。金融保险、房地产、交通运输、电信业、电力、燃气以及水的供应等垄断性或带有明显垄断性经营条件的行业，往往受到行政权力和特殊政策的保护。垄断行业凭借在国民经济中的特殊地区及国家给予的优惠条件，较快地获得高于社会平均利润率的垄断利润和超额收入；职工个人工资也随之水涨船高，大大高于一般的竞争性行业的职工工资水平。而且垄断性行业的职工除领取较高的工资之外，还有较高的未列入工资的额外收入以及良好的福利，如通过各个部门小金库发放的名目繁多的补助、奖金，这些额外收入有时比其工资收入还要高。垄断性行业职工收入的快速增长，主要不是建立在其劳动生产率提高的基础上，而是凭借对关键资源的拥有，或者政府赋予的排他性生产某种产品的权利，将垄断利润的一部分或者大部分转化成了该行业在岗职工的工资（岳希明等，2010）。

收入分配的秩序混乱也是我国不同行业间收入差距不断扩大的原因之一，尤其是垄断性行业改革滞后，国有企业收入分配的约束机制没有建立起来，收入分配的无序和监管不力；国有资产管理体制不完善，政府对收入分配缺乏有效的宏观监督，也是造成不同行业不同经济类型工资差异的原因。

市场竞争加剧了我国不同行业间收入差距的扩大。改革开放30多年来，中国的经济体制已经发生了根本性的变革，市场经济体制框架基本确立，市场已经成为配置资源最主要力量。在收入分配领域，市场机制已基本取代了传统的计划收入分配体系。在市场竞争过程中，不同社会成员、不同经济组织因竞争能力的差异，劳动贡献和要素投入的不同，收入差距的形成以及扩大是经济市场化的必然结果。但是有一个问题不容忽视：现有的竞争格局是以历史和传统体制形成的、非常不平衡的经济基础条件和经济结构状况等为基点的，竞争存在明显的初始条件差异。这一问题对收入差距的扩大影响相对突出。不同类型产业面对着不同的市场竞争环境。过剩产业竞争过度，效益自然低下，从业人员收入势必相对较低；短缺行业需求旺盛，可以获得超额利润，从业人员收入势必较高甚至会很高。虽然从长期的发展角度看，市场力量会使得产业发展逐步趋于平衡，但在这一过程中形成的收入差距却不可低估。

5.6 小　结

本章从居民内部、城乡之间、地区之间、不同行业和经济类型之间考察中国居民收入分配差距，得出如下几点结论。

（1）关于居民内部收入分配差距。改革开放以来，农村和城镇内部的不平等程度一直处于上升的趋势。城镇居民不平等程度虽然低于农村，但是由于城镇住户调查很难将高收入人口以及低收入的流动人口纳入样本，因此实际上城镇居民收入差距可能不会比农村低，甚至会高于农村。

（2）关于城乡之间收入分配差距。总体看，我国改革开放以来，城乡居民收入实际增长的差距经历了一个由迅速缩小到逐渐扩大，加速扩大，再到逐步缩小的过程。城乡之间收入分配差距扩大的直接原因在于城市化进程加快和城乡居民人均收入水平差距持续扩大，直接原因背后的根本原因在于城乡二元体制和政策长期向城市倾斜，主要表现为：城乡分割的户籍制度和二元经济社会结构；城乡经济体制改革的推进的非均衡性；宏观经济政策向城市的倾斜。

（3）关于地区之间收入分配差距。统计数据显示，无论是城镇居民收入还是农村居民收入，我国不同区域之间的收入分配差距非常明显。总的来说，东部地区居民收入增长较快，中西部地区居民收入增长相对缓慢，区域之间的居民收入差距不断扩大。我国地区间居民收入差距是由历史、社会和经济发展等多方面因素共同决定的，体制性因素和政策性因素也起到了推波助澜的作用。

（4）关于不同行业和经济类型的职工工资差距。从全国近些年的工资数据来看，行业特征与其平均工资水平密切相关，高工资和低工资所属的行业相对基本稳定。高工资的行业主要仍集中在垄断行业和高新技术行业，如金融、科研、电力、交通、信息、计算机和软件业等；低工资行业则是那些传统行业和市场充分竞争的行业，如农林牧渔、建筑、制造、批发零售和住宿餐饮业等。从工资增长率看，不论是国有单位，还是集体单位、其他单位的在岗职工平均工资水平都保持了稳步上升的趋势，但各经济体之间增长幅度存在一定的差异性。行业间收入差距不断扩大的主要原因有：一些垄断性行业的职工收入增幅要大大高于一般竞争性行业；垄断性行业和国有企业收入分配的秩序混乱；市场竞争程度加剧。

根据本章对居民收入分配差距扩大原因的分析，可以判断出调整居民收入不平等的大致政策作用方向：一是统筹城乡协调发展，努力遏制城乡收入差距不断扩大趋势；二是统筹区域协调发展，继续加大对不发达地区的政策扶持，努力缩小地区间收入差距；三是加快推进垄断行业改革，完善国有及国有控股企业的工资分配制度，消除行业收入差距扩大的体制基础。

第6章

要素收入分配对居民收入分配的影响

第 4 章的分析表明，要素收入分配持续出现不利于劳动要素的变化，而第 5 章的分析是，无论从居民内部来看，还是从城乡之间、地区之间、不同行业和经济类型之间来看，居民收入分配差距都在扩大。那么，这两种现象之间是否有必然联系呢？本章研究说明，在我国居民收入来源中资本收入不平等程度严重高于劳动收入的情况下，不论是在要素收入的初次分配环节还是在再分配环节，劳动相对于资本的收入分配份额下滑，都明显扩大了居民收入分配差距。政府对要素收入征税通过要素收入效应和要素替代效应，显著影响了要素的相对收入分配份额，进而影响到居民收入分配。

6.1 引 言

伴随着中国经济的快速增长，居民收入差距也显著扩大，社会各界对此十分关切。学术界自 20 世纪 80 年代就已开始关注居民收入分配不公问题，相关文献层出不穷，主要围绕三个问题展开讨论：一是居民（个人）收入分配不公的刻画，二是导致居民收入分配不公的原因，三是公平居民收入分配的对策。其中，第二个问题是关键，因为只有弄清造成收入分配不公的原因以及哪些是主要原因、哪些是次要原因，哪些是直接因素、哪些是间接因素，才能找到解决问题的途径和相应的政策措施。

在经济学原理中，居民收入分配不公的形成原因主要被归为五种因素：受教育和训练的机会、天赋能力、财产所有权、操纵市场的能力、其他偶然因素（格林沃尔德，1981）。但是，鉴于中国的特殊国情，影响居民收入分配的因素不仅体现在政治制度方面，还体现在中国经济发展的进程以及明显的二元经济结构方面，西方学者归纳出来的一般性因素不能完全解释中国的居民收入分配不公现象。因此，中国学者在实证研究中，深刻分析了中国 20 多年来居民收入分配变化的原因，认为赶超战略（林毅夫、刘明兴，2003）、城市化进程的发展（陆铭、陈钊，2004；曹裕等，2010）、教育水平的提升（杨俊等，2008）、经济结构变动、经济开放度的提高（万广华等，2005）等，都是不可忽视的重要因素。[①] 可是，到目前为止，学术界对要素收入分配与居民收入分配之间的关系研究却寥寥无几。[②]

在国际学术界，关于要素收入分配对居民收入分配的影响已有些研究成果。比如 Lerman 和 Yitzhaki（1985）指出，居民收入的不同来源对收入不平等的影响不同；居民财产性收入分配不平等程度高于其他收入。Davies 和 Shorrocks（1999）的研究表明，发达国家收入分配的基尼系数在 0.3～0.4 之间，而财产分配的基尼系数则在 0.5～0.9 之间；Porter（2006）发现美国家庭财产性收入差距是导致美国家庭收入差距扩大的首要原因。Atkinson（2000）透过现象作出如下判断：对处于收入分布中较高位置的个体而言，其收入来源主要是财产收入，收入分布中处于较低位置的个体，收入来源主要是劳动收入，因此增加劳动收入一般会缩小居民收入分配差距。值得注意的是，最近有几篇文献严格检验了基尼系数与国民收入中劳动分配份额之间的关系，发现劳动报酬份额越高的国家，居民收入分配的不平等也越低（Daudey and García-Peñalosa，2007；Giovannoni，2010）。

可以看出，上述这些研究存在两大问题：一是没有完整地从理论上探讨要素收入分配与居民收入分配之间的内在联系，大多是从现象观察角度进行的实证分析；二是没有区分要素收入的初次分配和再分配，因而在实证研究中，没有严格说明市场分配和政府分配对要素收入分配进而对居民收入分配产生的影响，并且实证分析引入的解释变量也明显不足。

本章之所以要研究要素收入分配与居民收入分配之间的关系，是因为：第

---

① 李实（2003）曾对我国学术界关于个人收入分配的研究成果进行了详细的回顾与总结。

② 从题目上看，与本章研究主题较为接近的一项研究是龚刚和杨光（2010）的《从功能性收入看中国收入分配的不平等》。他们研究了中国工资性收入占国民收入的比例越来越小的原因，得到的结论是劳动力的无限供给使得经济增长所带来的利益大部分转化为利润而非工资。但是，该论文旨在研究工资性收入占比下降的原因，而对工资性收入下降是如何导致居民收入分配恶化的，作者没有作进一步探讨。

一，从我国现实来看，从 20 世纪 90 年代中期起，要素收入分配格局发生了较大的变化，资本分配份额上升，劳动分配份额下降，同时居民收入分配状况呈现恶化状况；换句话说，要素收入分配向资本倾斜与居民收入分配差距扩大呈现并行趋势。第二，在党的十七大报告中，同时提出"提高劳动报酬在初次分配中的比重"和"逐步扭转收入分配差距扩大趋势"，并强调在初次分配中希望由市场而非政府来主导要素收入分配格局的改变。于是，亟待解决的若干问题就摆在了我们面前；居民收入分配与要素收入分配是否有内在关系？这种关系的逻辑机理是什么？现实中的要素收入分配状况对居民收入分配产生了怎样的影响？政府应在哪一环节、采取怎样的措施缓解居民收入分配差距扩大？

如果我们通过理论分析和实证检验论证了无论是要素收入的初次分配还是再分配，都在很大程度上影响到居民收入分配，那么该研究至少有两方面重要价值：

第一，有助于厘清影响居民收入分配的直接因素和间接因素。一些在统计上显著影响居民收入分配的变量，可能并不产生直接影响，而是通过要素收入分配这个机制的传导才发挥作用的。如有的研究成果认为金融发展影响居民收入差距（章奇等，2004），而实际上可能是金融发展首先影响的是要素相对报酬，改变了要素收入分配格局，进而才影响到居民收入分配。

第二，有助于发现更多的改善居民收入分配的政策措施。如果要素收入分配影响居民收入分配，那么任何影响前者的政策措施都会影响到后者，如改变要素相对价格、垄断、政府征税等，那么我们会发现更多的影响居民收入分配的因素，从而为改善居民收入分配提出更多有效的对策。

6.2　影响机理与现象观察

首先从理论上澄清要素收入分配对居民收入分配的影响机理，然后再根据中国实际情况通过现象观察，看看是否与理论分析相吻合。

6.2.1　初次分配中要素收入分配对居民收入分配的影响

从收入分配的次序来看，首先是收入的初次分配，其分配原则是根据生产要素对产品生产所作贡献的大小来分配，以体现效率原则，分配的主导者是市场。现在先分析在无政府参与情况下要素收入分配对居民收入分配的影响机理。

假设经济中资本存量为 K，劳动力总量为 L，总量生产函数为 $Y = F(K, L)$。根据 Daudey 和 García-Peñalosa（2007）建立的表明要素收入分配与居民收入分配关系的简单模型，假定每个家庭只有一个劳动者，第 i 个人的工资为 w_i，拥有的资本量为 K_i，市场资本收益率为 r，则这个人的收入为：

$$Y_i = w_i + rK_i \qquad (6-1)$$

定义 $y_i = Y_i/(Y/L)$ 为第 i 个人的收入与人均收入之比，反映的是其收入水平与人均收入水平的差距。$\omega_i = w_i/\bar{w}$ 为第 i 个人的工资与平均工资之比，反映的是其劳动禀赋状况。$k_i = K_i/(K/L)$ 为第 i 个人拥有资本量与平均拥有资本量之比，反映的是其资本禀赋状况。定义劳动分配份额为 $S_L = \bar{w}L/Y$，则可将上式表示成：

$$y_i = S_L \cdot \omega_i + (1 - S_L)k_i \qquad (6-2)$$

从（6-2）式可以看出，第 i 个人收入相对人均收入的水平受三个因素的影响：即劳动禀赋（工资）的分布状况、资本禀赋的分布状况和劳动分配份额状况。我们可以通过式（6-2）归纳出影响居民收入分配状况因素，用方差的形式来表示居民收入分配状况，则有：

$$\sigma_y = S_L \cdot \text{cov}(y_i, \omega_i) + (1 - S_L)\text{cov}(y_i, k_i) \qquad (6-3)$$

σ_y 是 y_i 的方差，反映 y_i 的离散程度，该值越大，越说明居民收入分配不平等。$\text{cov}(y_i, \omega_i)$ 和 $\text{cov}(y_i, k_i)$ 分别代表 y_i 和 ω_i、k_i 的协方差，由于这三个变量均无量纲，因此协方差可以作为变量之间的相关程度比较。当 $\text{cov}(y_i, k_i) > \text{cov}(y_i, \omega_i)$ 时，说明居民收入分配不平等与资本禀赋不平等相关程度高于与劳动报酬分配不平等相关程度，因此居民收入分配不平等主要是由资本禀赋分配不平等造成的。此时劳动分配份额 S_L 上升将降低 σ_y，即缩小居民收入差距。

同理，如果用 $S_K = rK/Y$ 代表资本分配份额，那么有：

$$\sigma_y = (1 - S_K) \cdot \text{cov}(y_i, \omega_i) + S_K \cdot \text{cov}(y_i, k_i) \qquad (6-4)$$

式（6-4）说明，如果劳动报酬分配不平等程度高于资本禀赋，那么提高资本分配份额 S_K 将缩小居民收入差距。

6.2.2 再分配中要素收入分配对居民收入分配的影响

收入再分配是对初次分配的收入进行调节，以保证低收入者或没有劳动能力的社会成员有生存的权利，从而体现结果公平原则。由于再分配的主导者是政府，下面就分析政府介入收入分配的手段及其影响机理。

政府介入收入分配的手段可分为财政支出和财政收入两大类。就财政支出手段而言，按经济性质来划分，财政支出可分为购买性支出和转移性支出。政府购

155

买性支出体现的是市场性分配活动，对居民收入分配不发生直接影响，且国民收入核算中初次分配和再分配环节无政府购买性支出一项，[1] 因此无须分析政府购买性支出作用。政府转移性支出主要针对个人，会直接影响居民收入分配，其影响程度依赖转移性支出的规模和方向，一般会具有明显缩小居民收入分配差距的效果，无须理论证明。不过，如果要分析转移性支出的收入再分配效应，也可以采取另一种方式，即将转移性支出视作对个人课征的负税收，这样对其分析就与对税收的分析是一样的。就财政收入手段而言，尽管财政收入的形式多种多样，但无论是我国还是其他国家，最主要的收入形式是税收；而且，无论是理论上还是实践中，税收一直被作为收入再分配的一个重要手段。因此，在分析政府介入收入分配的手段及其影响时，主要分析的是税收手段。不过，在税收制度设计中，税基又分为资本、劳动和消费三种（Mendoza et al.，1994）。针对消费征税是在要素所有者取得要素收入后进行消费时才课征，它影响消费行为，但不影响要素收入分配和居民收入分配。[2] 因此，我们分析再分配环节的政府作用时，仅需分析劳动所得税和资本所得税即可。

假定政府针对劳动收入征收劳动所得税，税率为 t_w，针对资本收入征收资本所得税，税率为 t_k。此时第 i 个人的税后收入为：

$$Y_i = (1 - t_w)w_i + (1 - t_k)rK_i \qquad (6-5)$$

私人部门的总收入为：

$$Y_p = (1 - t_w)\bar{w}L + (1 - t_k)rK \qquad (6-6)$$

定义 $y_i = Y_i/(Y_p/L)$ 为第 i 个人收入占人均收入的比。注意该式与（6-1）式不同，（6-1）式中居民可支配收入为 Y，但是存在政府的情况下，政府征税导致居民可支配收入的减少为 Y_P。于是有：

$$y_i = \frac{(1 - t_w)w_i}{Y_p/L} + \frac{(1 - t_k)rK_i}{Y_p/L} = v_i \cdot \frac{(1 - t_w)\bar{w}L}{Y_p} + k_i \cdot \frac{(1 - t_k)rK}{Y_p} \qquad (6-7)$$

令 $t = \dfrac{1 - t_k}{1 - t_w}$，它表示政府针对资本和劳动收入征税的相对强度，$t$ 值下降意味着资本所得税税率提高或劳动所得税税率下降。

$$S_K = \frac{(1 - t_k)rK}{Y}, \quad S_L = \frac{(1 - t_L)\bar{w}L}{Y} \qquad (6-8)$$

（6-8）式中，S_K 和 S_L 分别表示经济中资本分配份额和劳动分配份额。显然，存在政府情况下，要素分配份额之和不再等于1。令 $\rho = S_K/S_L$，表示资本相对劳动的分配份额的比。将（6-7）式化简可得：

---

[1] 历年《中国统计年鉴》中"资金流量表（实物交易）"部分。

[2] 郭庆旺、吕冰洋（2011）给出了严格的理论证明。

$$y_i = v_i \cdot \frac{1}{1+t\rho} + k_i \cdot \frac{1}{1+\frac{1}{t\rho}} \qquad (6-9)$$

从而有：

$$\sigma_y = \mathrm{cov}(y_i, v_i) \cdot \frac{1}{1+t\rho} + \mathrm{cov}(y_i, k_i) \cdot \frac{1}{1+\frac{1}{t\rho}} \qquad (6-10)$$

从（6-10）式可以看出，资本分配份额与劳动分配份额之比 ρ 上升将导致右式第一项下降和第二项上升，说明如果居民收入差距主要由资本分配不平等造成，那么资本分配份额相对劳动分配份额上升将扩大居民收入差距。从（6-10）式还可以看出，t 值下降将导致上式右边第一项上升和第二项下降，说明如果居民收入差距主要由资本收入分配不平等（即资本禀赋不平等）造成，政府为缩小居民收入分配差距，可以通过提高资本所得税税率或降低劳动所得税税率来缩小。

6.2.3　现象观察

理论分析表明，当居民内部资本收入分配不平等状况高于劳动收入时，资本要素相对劳动要素分配份额的提高会扩大居民内部收入分配不平等。那么，我国居民两种要素收入分配状况如何呢？人们从各种经济现象中有个大致的判断，那就是居民收入来源逐渐丰富多样，属于资本收入的利息、股息、债息、红利、特许权使用费、租金、资本利得、经营收入（部分）等越来越多，并且许多收入是隐性收入，没有纳入政府监控范围。[①] 遗憾的是，我们无法得到大样本的非常透明的居民收入来源数据，不过可以从两个重要经济现象判断居民资本收入的差距远大于劳动收入。

第一，城镇家庭财产收入的地区差距大大高于工资性收入。《中国统计年鉴》公布了 2002～2009 年各省城镇家庭人均工资收入、经营收入和财产收入，其中工资收入和财产收入明显属于劳动要素收入和资本要素收入，经营收入同时包括劳动和资本要素收入。可以通过测算三种收入的变异系数来判断地区间家庭不同来源收入的差异，见表 6-1。

---

① 比如，2008 年北京市个人所得税总收入中，以"工资薪金所得"税目缴税比例高达 82.1%，个人所得税有 11 个税目，在居民收入来源日益多样化的今天，工资薪金所得税收占比过高，最大可能是因为该税目相对其他收入容易监控所致。

表 6 – 1　　　**2002 ～ 2009 年地区间城镇家庭不同来源收入的变异系数**

年份	2002	2003	2004	2005	2006	2007	2008	2009
人均工薪收入	0.287	0.312	0.315	0.320	0.322	0.294	0.301	0.298
人均财产收入	0.582	0.692	0.689	0.751	0.788	0.737	0.849	0.851
人均经营收入	0.460	0.504	0.528	0.516	0.481	0.532	0.468	0.442

表 6 – 1 显示，地区间城镇家庭人均工薪收入的变异系数比较低，且基本保持不变；经营收入的变异系数高于工薪收入，且变动不大；财产收入的变异系数远高于工薪收入，且呈迅速扩大趋势。

第二，农村家庭财产收入的基尼系数高于工资性收入。《中国统计年鉴》还公布了 2002 ～ 2009 年农村家庭按低收入、中低收入、中等收入、中高收入、高收入 5 等分组的不同来源的人均收入值，据此可以推算出不同来源收入的基尼系数，见表 6 – 2。[①] 表 6 – 2 显示农村家庭人均财产性收入的基尼系数也远高于工资性收入，说明农村家庭资本要素收入差距远高于劳动要素收入。

表 6 – 2　　　**2002 ～ 2009 年农村家庭不同收入来源的基尼系数**

年份	2002	2003	2004	2005	2006	2007	2008	2009
工资性收入	0.260	0.258	0.257	0.243	0.236	0.229	0.229	0.229
经营性收入	0.195	0.202	0.195	0.206	0.208	0.212	0.215	0.218
财产性收入	0.370	0.356	0.352	0.342	0.353	0.345	0.354	0.363

综合以上两个现象判断，可以认为，要素收入分配格局的变化，将是居民内部收入分配差距扩大的重要原因。进而可以得出推论，任何影响要素收入分配的因素，必然会影响到居民收入差距。

6.3　模型设定和数据整理

6.3.1　模型设定

为了科学准确地检验要素收入分配对居民收入分配的影响，本章构建如下计

---

① 利用居民收入 5 等分组计算基尼系数的公式参见杨俊等（2008）。

量模型：

$$inequ = \alpha \times FS + \beta \times X + \gamma \times M + \mu \qquad (6-11)$$
$$FS = \delta \times W + \phi \times X + \varepsilon \qquad (6-12)$$

其中，$inequ$ 为居民收入不平等变量；FS 为要素收入分配状况；M 为影响居民收入不平等的控制变量；W 为影响要素收入分配的控制变量；X 为同时影响要素收入分配和居民收入分配变量。对变量之间的关系，可以采取将（6-12）式代入（6-11）式予以说明（Daudey and García-Peñalosa，2007），有：

$$inequ = (\alpha \times \delta) \times W + (\beta + \alpha \times \phi) \times X + \mu + \varepsilon \qquad (6-13)$$

显然，由于要素收入分配 FS 变量的引入，可以重新认识影响居民收入分配的因素：一是 W 变量可通过影响要素收入分配进而影响到居民收入分配；二是 X 变量的系数不是 β 而是 $\beta + \alpha \times \phi$。

6.3.2 指标设计和数据整理

1. 居民收入差距变量（$inequ$）

研究中国收入分配问题常遇到的困难是，大部分变量是省级数据，唯独缺乏省级居民收入分配的基尼系数。世界银行的报告认为，城乡收入差距可以解释收入差距的 75%（Atinc，1997），因此已有文献的通常做法是用省级城乡收入差距作为省级收入差距的代理变量（Wei and Wu，2001；陆铭等，2005）。本章也不例外，用城镇家庭平均每人可支配收入与农村家庭人均纯收入之比代表居民收入差距。

2. 反映要素收入分配的变量

吕冰洋、郭庆旺（2012）在详细考察国家统计口径变化、部分数据需在资本和劳动之间分割问题后，测算出 1997～2008 年我国省际间要素收入的初次分配和再分配数据，本章直接引用其测算结果。前面谈到，市场主导要素初次分配，政府主导要素再分配，为体现市场和政府在要素分配中的作用差别，本章选择四个反映要素收入分配变量：劳动要素初次分配份额（fsl）、要素初次分配中资本份额相对劳动份额之比（fkl）、劳动要素再分配份额（ssl）、资本要素再分配份额（ssk）。之所以不选用资本要素初次分配份额变量，是因为它与 fsl 之和正好等于 1，计量方程重复。理由是在初次分配环节，政府征收的主要是间接税，间接税虽然也是新创造的收入，但不是严格意义上的要素收入。因此，一国国民收入的初次分配一般仅指雇员报酬、营业盈余和固定资本折旧这三项要素收入，而间接税通常撇在初次分配之外，这样要素初次分配份额之和正好等于 1（白重恩、钱震杰、武康平，2008）。

159

3. 要素税收变量

对资本和劳动要素征税将会影响要素相对报酬水平，一般有两种机制在发挥作用（郭庆旺、吕冰洋，2011）：一是税收的要素替代效应，如对劳动要素征税会使厂商支付的税前劳动报酬提高，引发厂商用资本要素替代劳动要素，从而使劳动分配份额下降和资本分配份额上升；二是税收的要素收入效应，直接税一般对税前要素收益征税，从而降低税后要素收益率，进而降低要素分配份额。消费税均不影响资本和劳动分配份额，这是因为消费征税只是在要素所有者取得要素收入后进行消费时才课征，它影响消费行为，但不影响要素收入分配。因此有必要在解释变量中，同时引入资本平均税率（tk）和劳动平均税率（tl），以反映政府干预对要素收入分配的影响。计算资本要素和劳动要素平均税率的原理源自Mendoza 公式（Mendoza，Razin and Tesar，1994），但需根据中国国民经济核算方式和税收制度特点进行调整，测算过程及结果见第 8 章。

4. 影响居民收入分配的控制变量

目前，国内学者识别出影响居民收入差距的因素主要有城市化进程的发展（urb）（陆铭、陈钊，2004；曹裕等，2010）、教育水平的发展（rh）（杨俊等，2008）、经济结构变动（str）、经济开放度的提高（$open$）（万广华等，2005）等。本章引入这些控制变量，按文献通常做法，用非农业人口与农业人口之比代表城市化程度，用人均教育年限代表教育水平的发展，用第三产业产值占 GDP 的比重代表经济结构变动，用进出口总额与 GDP 之比代表经济开放度。

5. 影响要素收入分配的其他控制变量

本章借鉴白重恩、钱震杰（2009）的研究成果，在解释要素分配份额的变量中，除新增各税收变量外，其他解释变量同他们选取的解释变量一致。各解释变量有：（1）人均 GDP 的对数值（$rgdp$），用来控制经济发展阶段对要素分配的影响；（2）资本产出比变量（rky），用来控制由价格变化导致的要素投入变化对要素分配的影响；（3）经济结构变量（$rstr$），用来控制不同产业结构对要素分配的影响，本章用第三产业产值占 GDP 的比重代表该变量；（4）政府支出比重变量（rg），用各省政府支出占 GDP 的比重代表，用来控制政府干预对要素分配的影响；（5）要素市场发展程度变量，衡量指标有两个，一是垄断程度指标（$rsoe$），用工业部门增加值中国有及国有控股单位所占比例代表，二是金融发展程度指标（rfi），用各省银行贷款占 GDP 之比代表；（6）产品市场发展程度变量，衡量指标有两个，一是外商直接投资与全社会固定资产投资之比（$rfdi$），二是进出口总额与 GDP 之比（$ropen$）。

各变量数据来自历年《中国统计年鉴》、《中国税务年鉴》、《中国人口统计年鉴》、《劳动统计年鉴》、《中国财政年鉴》、《中国金融年鉴》。实证分析样本中剔除北京、重庆、西藏，剔除重庆和西藏的原因是因为两地数据不完整，剔除北京的原因是北京总部经济比较发达，企业所得税集中交纳现象明显，会极大影响企业所得税平均税率和要素分配份额的判断。

各变量的描述性统计见表6－3。

表6－3　　　　　　　各变量的描述性统计

变量含义	变量	均值	方差	最小值	最大值
城乡收入差距	$inequ^1$	2.883	0.647	1.599	4.759
劳动要素初次分配份额	Fsl	0.508	0.088	0.329	0.727
初次分配中资本份额与劳动份额之比	Fkl	1.027	0.353	0.376	2.036
劳动要素再分配份额	Ssl	0.456	0.093	0.270	0.693
资本要素再分配份额	Ssk	0.343	0.074	0.151	0.505
资本－产出比	Rky	2.545	0.574	1.586	4.289
外商投资占全社会固定资产投资的比重	$Rfdi$	0.034	0.031	0.002	0.160
进出口总额占GDP的比重	$Ropen$	0.286	0.374	0.032	1.765
工业部门增加值中国有及国有控股单位所占比重	$Rsoe$	0.428	0.176	0.106	0.856
银行贷款与GDP之比	Rfi	1.022	0.262	0.500	1.970
人均GDP的对数	$Pgdp$	9.108	0.608	7.690	10.850
人均GDP的对数平方	$pgdp^2$	83.332	11.262	59.140	117.720
第三产业增加值占GDP的比重	Str	0.372	0.044	0.254	0.537
劳动平均税率	Tl	0.088	0.040	0.023	0.261
资本平均税率	Tk	0.273	0.121	0.094	0.945
政府支出占GDP比重	Rg	0.146	0.061	0.011	0.378
城市化水平	Urb	0.299	0.136	0.115	0.761
人均教育水平	Rh	8.071	1.002	4.700	10.920

6.4　计量检验及结果分析

6.4.1　要素收入初次分配对城乡收入差距的影响

本章采用的计量模型是传统的固定影响模型（FE模型）和随机影响模型

（RE 模型），并按通常做法，我们通过 Hausman 检验值来选择模型形式。为克服面板数据可能存在自相关和异方差问题，本章分别用 Stata10.0 软件中 twostep、robust 等命令进行估计，结果显示与正文估计结果极为接近（为节省篇幅，本章省略该检验结果报告）。表 6 - 4 中模型 1 至模型 4 是研究劳动要素初次分配份额 fsl 对城乡收入差距的影响。按前文假定，劳动要素的初次分配份额 fsl 与资本要素的初次分配份额 fsk 之和为 1，因此各解释变量对 fsl 的影响与对 fsk 影响，以及 fsl 和 fsk 对城乡收入差距影响的显著性是相同的，只不过符号方向相反，因此引入 fsk 变量是无意义的。为捕捉要素初次分配相对份额变化的影响，表 6 - 4 中模型 5 - 8 引入 fsk 与 fsl 的比 fkl 变量。

从估计结果看，大部分变量通过显著性检验。我们先观察影响要素收入分配的因素，根据 Hausman 检验值判断标准，以模型 3 和模型 5 为基础分析。在通过显著性检验的系数中，可以看到：（1）$pgdp$ 的系数为 1.717 ~ 2.707，$pgdp2$ 的系数为 - 0.128 ~ - 0.072，说明在当前经济发展阶段，经济增长会扩大城乡收入差距，但也存在微弱的库兹涅茨曲线的倒 U 形规律。（2）代表城市化进程的变量 urb 系数为 - 2.187 ~ - 1.030，说明城市化进程会缩小居民收入分配差距；原因是城市化进程推动劳动力迁徙进程，进而推动城乡劳动力工资差距缩小。（3）代表经济结构变动 str 的系数为 1.628 ~ 1.750，说明第三产业的发展扩大了城乡收入差距，原因在于第三产业主要聚集在城市地区。（4）人力资本积累变量 rh 的系数为 0.168 ~ 0.228，说明教育水平的提高会扩大城乡收入差距。（5）反映经济开放度变量 $ropen$ 的系数为 0.254，说明经济开放会扩大城乡收入差距。对这些变量的检验结果与大多数文献分析的一致（陆铭、陈钊，2004；万广华等，2005；杨俊等，2008；曹裕等，2010），在此不作展开解释。

我们重点关注的是要素收入分配对城乡收入差距的影响。劳动要素初次分配份额 fsl 和资本相对劳动分配份额 fkl 均通过显著性检验。fsl 的系数为 - 0.443，说明劳动要素初次分配份额上升将导致城乡收入差距比显著下降；fkl 的系数为 0.105，说明在要素初次分配中，资本相对劳动分配份额的上升将导致城乡收入差距显著扩大。这很好地验证了前文理论分析结论，即要素收入分配向资本倾斜将扩大城乡收入差距。

进一步分析各因素对要素收入分配的影响。根据 Hausman 检验值判断标准，以模型 2 和模型 6 为基础作简要分析。（1）$Rgdp$ 对 fsl 的系数为 - 0.128，对 fkl 的系数为 0.547，说明当前经济发展阶段不利于劳动分配份额的上升，而有利于资本分配份额的上升。（2）进出口占 GDP 比重 $ropen$ 对 fsl 的系数为 0.058，对 fsk 的系数为 - 0.058，$rfdi$ 对 fsl 的系数为 0.212，说明经济开放度的提高、外资的引入有利于劳动要素分配份额相对资本要素上升；原因在于我国近十年迅速发

表6-4　要素收入初次分配环节的计量检验

变量	模型 1 inequ	模型 2 fsl	模型 3 inequ	模型 4 fsl	变量	模型 5 inequ	模型 6 fkl	模型 7 inequ	模型 8 fkl
$pgdp$	2.510** (3.550)	-0.128** (-8.267)	1.717** (2.344)	-0.113** (-9.356)	$pgdp$	2.707** (4.364)	0.547** (8.724)	1.912** (2.631)	0.465** (9.394)
$pgdp^2$	-0.117** (-3.077)		-0.072* (-1.802)		$pgdp^2$	-0.128** (-3.750)		-0.082* (-2.060)	
urb	-1.023** (-2.657)		-2.187** (-6.226)		urb	-1.030** (-2.890)		-2.245** (-6.329)	
str	1.709** (5.400)	-0.203 (-1.651)	1.659** (4.106)	-0.11 (-0.973)	str	1.750** (5.063)	0.325 (0.653)	1.678** (4.118)	-0.017 (-0.038)
rh	0.219** (7.600)		0.168** (4.844)		rh	0.226** (7.476)		0.174** (5.033)	
$ropen$	0.255** (2.694)	0.058* (1.800)	0.162 (1.411)	0.037 (1.455)	$ropen$	0.254** (2.466)	-0.245* (-1.882)	0.162 (1.400)	-0.154 (-1.479)
fsl	-0.530** (-2.764)		-0.443** (-2.172)		fkl	0.105** (2.548)		0.068 (1.384)	
rky		0.063** (3.044)		0.031** (2.437)	rky		-0.373** (-4.402)		-0.186** (-3.515)
$rfdi$		0.212* (1.699)		0.233* (1.910)	$rfdi$		-0.688 (-1.355)		-0.734 (-1.475)

续表

变量	模型 1 inequ	模型 2 fsl	模型 3 inequ	模型 4 fsl
rfi		0.054**		0.054**
		(2.437)		(2.594)
rsoe		-0.049		-0.053
		(-0.936)		(-1.406)
_cons	-12.111**	1.528**	-7.879**	1.448**
	(-3.661)	(12.627)	(-2.367)	(13.631)
N	336	336	336	336
R²	0.766	0.343	0.755	0.403
Hausman 检验值			3.78	15.86
P 值			0.804	0.026

变量	模型 5 inequ	模型 6 fkl	模型 7 inequ	模型 8 fkl
rfi		-0.153*		-0.148*
		(-1.692)		(-1.744)
rsoe		0.212		0.268*
		(1.003)		(1.727)
_cons	-13.493**	-2.973**	-9.171**	-2.625**
	(-4.853)	(-6.054)	(-2.820)	(-6.034)
N	336	336	336	336
R²	0.742	0.304		
Hausman 检验值			236.52	28.87
P 值			0	0

注：括号里的数据为系数的 t 检验值。* 表示 90% 的显著性，** 表示 95% 的显著性。下表同。

税收对国民收入分配调控作用研究

展的加工贸易，普遍集中在劳动密集型产业，这推动劳动要素报酬总额上升。（3）rky 对 fsl 的系数为 0.063，对 fkl 的系数为 -0.373，说明我国总体经济的资本和劳动的替代弹性小于 1，资本分配份额会随资本产出比增加而减少（白重恩、钱震杰，2009）。（4）金融市场发展程度指标 rfi 对 fsl 的系数为 0.054，对 fkl 的系数为 -0.153，我们推测金融业发展有助于劳动要素分配份额相对资本要素上升；原因在于金融深度是衡量资源配置能力的一个指标，较强的资源配置能力缓解了对国有经济给予信贷优惠和软预算约束导致的资本市场的扭曲，有利于以劳动密集型产业为主的民间企业发展，从而与劳动分配份额呈正向变化。总的来看，模型 2、模型 4、模型 6、模型 8 的估计结果与既有研究结论（白重恩、钱震杰，2009；郭庆旺、吕冰洋，2011）很接近。

6.4.2　要素收入再分配对城乡收入差距的影响

表 6-5 报告了要素收入再分配环节的计量检验结果。从估计结果看，各变量的系数方向和大小与表 6-4 很类似，我们对各控制变量的估计结果不再做进一步分析。重点关注的是要素收入分配对城乡收入差距的影响。

表 6-5 各模型均拒绝了随机效应的存在，我们以固定影响模型为基准进行分析。在要素收入分配影响城乡收入差距的模型 9 和模型 13 中，劳动要素再分配份额 ssl 对 $inequ$ 的系数为 -0.325，资本要素再分配份额 ssk 对 $inequ$ 的系数为 0.327，说明劳动要素再分配份额上升将导致城乡收入差距显著缩小，而资本要素再分配份额的效果刚相反。

在模型 10 和模型 14 中，资本平均税率 tk 和劳动平均税率 tl 的系数均通过显著性检验。（1）tk 对 ssl 的系数为 0.332，对 ssk 的系数为 -0.368，说明资本平均税率上升导致资本要素再分配份额下降和劳动要素再分配份额上升。（2）tl 对 ssl 的系数为 -0.629，对 ssk 的系数为 0.592，说明劳动平均税率上升导致资本要素再分配份额上升和劳动要素再分配份额下降。之所以如此，其原因在于对要素征税会同时产生要素收入效应和要素替代效应，收入效应对一种要素征税将会导致该要素收入下降，替代效应是对一种要素征税会促使厂商用另一种要素替代，从而导致另一种要素收入上升。

总的来看，表 6-5 各模型的结果均很好地验证了理论模型的分析结论。

6.4.3　稳健性分析

本章实证研究的关键是判断要素收入分配对居民收入分配有无重要影响，前

表6-5　　要素收入再分配环节的计量检验

变量	模型9 inequ	模型10 ssl	模型11 inequ	模型12 ssl
$pgdp$	1.608 (1.327)	-0.141** (-11.373)	1.554** (2.103)	-0.111** (-10.542)
$pgdp^2$	-0.075 (-1.132)		-0.065 (-1.616)	
urb	0.515 (0.854)		-2.189** (-6.249)	
str	1.239** (2.833)	-0.076 (-0.819)	1.699** (4.179)	0.032 (0.363)
rh	0.116** (3.960)		0.163** (4.702)	
$ropen$	0.128 (0.928)	0.008 (0.319)	0.142 (1.227)	0.003 (0.143)
ssl	-0.325** (-2.071)		-0.562** (-2.704)	
rky		0.046** (2.940)		0.002 (0.172)
$rfdi$		-0.017 (-0.167)		-0.001 (-0.011)

变量	模型13 inequ	模型14 ssk	模型15 inequ	模型16 ssk
$pgdp$	2.685** (4.267)	0.034** (2.837)	1.969** (2.675)	0.027** (2.790)
$pgdp^2$	-0.125** (-3.620)		-0.084** (-2.083)	
urb	-1.151** (-3.282)		-2.332** (-6.689)	
str	1.704** (4.921)	0.041 (0.462)	1.643** (4.032)	0.006 (0.069)
rh	0.232** (7.705)		0.180** (5.222)	
$ropen$	0.251** (2.426)	-0.022 (-0.850)	0.162 (1.393)	0.022 (1.143)
ssk	0.327* (1.926)		0.115 (0.572)	
rky		-0.036** (-2.353)		-0.006 (-0.656)
$rfdi$		-0.02 (-0.198)		-0.042 (-0.431)

续表

变量	模型 13 inequ	模型 14 ssk	模型 15 inequ	模型 16 ssk
rfi		-0.058** (-3.592)		-0.046** (-3.015)
rsoe		-0.005 (-0.120)		-0.004 (-0.119)
tk		-0.368** (-15.061)		-0.369** (-15.140)
tl		0.592** (-4.436)		0.563** (-4.529)
cons	-13.506** (-4.805)	0.223** (-2.35)	-9.492** (-2.891)	0.208** (-2.419)
N	336	336	336	336
R^2	0.74	0.496		
Hausman 检验值			226.46	65.47
P 值			0	0

变量	模型 9 inequ	模型 10 ssl	模型 11 inequ	模型 12 ssl
rfi		0.080** (4.840)		0.083** (5.088)
rsoe		-0.037 (-0.935)		-0.076** (-2.257)
tk		0.332** (13.220)		0.315** (12.448)
tl		-0.629** (-4.578)		-0.740** (-5.613)
cons	-6.916** (-3.966)	1.553** (-15.888)	-6.924** (-2.056)	1.374** (-14.89)
N	308	336	336	336
R^2	0.085	0.722		
Hausman 检验值			37.05	-12.16
P 值			0	-

第6章 要素收入分配对居民收入分配的影响

面用城乡收入差距作为居民收入分配差距的代理变量。为保证检验的稳健性，再另选两个居民收入分配差距的代理变量进行检验，分别是城乡收入差距泰尔指数和城乡人均消费性支出变量。

1. 要素收入分配对城乡收入差距泰尔指数的影响

有学者认为（王少平、欧阳志刚，2008），应采用泰尔指数来度量我国城乡收入差距。其度量办法是以 dis_t 表示第 i 个截面单元 t 时期的泰尔指数，其定义和计算公式为：

$$dis_t = \sum_{i=1}^{2} \left(\frac{p_{it}}{p_t}\right) \ln\left(\frac{p_{it}}{p_t} \Big/ \frac{z_{it}}{z_t}\right)$$

其中，$i = 1$，2 分别为城镇和农村地区；z_{it} 为城镇（$i = 1$）或者农村（$i = 2$）的人口数量；z_t 为 t 时期总人口；p_{it} 为城镇（$i = 1$）或者农村（$i = 2$）的总收入（用相应的人口与人均收入之积表示）；p_t 为 t 时期总收入。该指数的特点是不仅考虑到城乡居民绝对收入的变化，也考虑到对应的城乡人口结构的变化。

由于历年《中国统计年鉴》没有分地区的城镇和农村人口数据，而《中国人口统计年鉴》也仅提供部分年份的分地区的城镇和农村人口数据，为此，我们用农业人口代替农村人口，非农业人口代替城镇人口。以 dis 为被解释变量，分析要素收入分配和各控制变量对它产生影响。由于各面板数据模型明显拒绝了随机效应，表 6 - 6 仅报告固定影响模型估计结果。

表 6 - 6　　　　　各变量对城乡收入差距的泰尔指数影响

变量	模型 17	模型 18	模型 19	模型 20
$pgdp$	22.671 ** (5.676)	23.429 ** (5.944)	22.923 ** (-5.68)	24.442 ** (-6.091)
$pgdp^2$	-1.121 ** (-5.132)	-1.162 ** (-5.378)	-1.137 ** (-5.165)	-1.207 ** (-5.482)
urb	-4.784 ** (-2.135)	-4.609 ** (-2.036)	-5.182 ** (-2.318)	-5.887 ** (-2.633)
str	10.618 ** (4.854)	10.883 ** (4.955)	10.670 ** (-4.853)	10.444 ** (-4.73)
rh	1.322 ** (6.850)	1.346 ** (7.021)	1.341 ** (-6.925)	1.393 ** (-7.248)
$ropen$	-0.178 (-0.273)	-0.189 (-0.288)	-0.232 (-0.352)	-0.158 (-0.239)

续表

变量	模型 17	模型 18	模型 19	模型 20
fsl	-2.521^{**} (-2.305)			
fkl		0.591^{**} (2.251)		
ssl			-1.935^{*} (-1.741)	
ssk				0.211 (-0.195)
_cons	-112.500^{**} (-6.198)	-118.240^{**} (-6.693)	-113.938^{**} (-6.184)	-123.044^{**} (-6.864)
N	336	336	336	336
R^2	0.701	0.701	0.699	0.692
Hausman 检验值	96.63	162.56	-20.98	-19.14
P 值	0	0	—	—

从表 6－6 来看，各控制变量的估计系数和方向与表 6－4 和表 6－5 基本一致，在此省略结果分析。劳动要素初次分配份额 fsl 的系数为 -2.521，初次分配中资本相对劳动的份额 fkl 的系数为 0.591，劳动要素再分配份额 ssl 的系数为 -1.935。这说明，在初次分配中，要素收入份额向劳动倾斜会缩小城乡收入差距，向资本倾斜则会扩大城乡收入差距。在再分配中，要素收入份额向劳动倾斜会缩小城乡收入差距。

2. 要素收入分配对城乡人均消费性支出的影响

前面用城乡居民年度可支配收入代表居民收入分配差距，但是我们知道，与农村居相比，城镇居民在教育、医疗、公用设施等社会福利方面享有无可比拟的优势，而这些优势无法通过当年可支配收入比较出来。为此，另选城乡人均消费性支出比作为居民收入分配差距的代理变量，其理由一是消费较能反映城乡居民之间的真实纳税能力，而纳税能力比年度可支配收入更能反映收入分配差距；二是如果消费行为符合永久收入假说，消费是一生收入的一个比例，比当期收入更少受到暂时收入冲击的影响，为此，一些实证研究以消费作为居民一生收入的代理变量（Poterba，1989）。实证结果见表 6－7，与表 6－6 一样，采用的是固定影响模型。

表 6 - 7   各变量对城乡人均消费性支出比的影响

变量	模型 21	模型 22	模型 23	模型 24
$pgdp$	- 2. 259 ** (- 2. 465)	- 1. 900 ** (- 2. 084)	- 2. 133 ** (- 2. 286)	- 2. 007 ** (- 2. 174)
$pgdp^2$	0. 115 ** (2. 302)	0. 097 * (1. 936)	0. 108 ** (2. 125)	0. 105 ** (2. 068)
urb	- 3. 358 ** (- 6. 531)	- 3. 382 ** (- 6. 459)	- 3. 522 ** (- 6. 815)	- 3. 555 ** (- 6. 910)
str	1. 408 ** (2. 804)	1. 476 ** (2. 907)	1. 422 ** (2. 798)	1. 407 ** (2. 770)
rh	0. 246 ** (5. 557)	0. 258 ** (5. 825)	0. 254 ** (5. 678)	0. 269 ** (6. 088)
$ropen$	0. 18 (1. 201)	0. 179 (1. 181)	0. 162 (1. 064)	0. 171 (1. 126)
fsl	- 0. 943 ** (- 3. 756)			
fkl		0. 182 ** (3. 003)		
ssl			- 0. 687 ** (- 2. 673)	
ssk				0. 665 ** (2. 665)
cons	12. 842 ** (3. 083)	10. 341 ** (2. 531)	12. 120 ** (2. 845)	10. 602 ** (2. 570)
N	336	336	336	336
R^2	0. 292	0. 28	0. 276	0. 276
Hausman 检验值	24. 56	54. 21	- 13. 12	51. 25
P 值	0	0	—	0

表 6 - 7 中要素收入分配变量的系数均通过显著性检验。劳动要素初次分配份额 fsl 的系数为 - 0. 943，初次分配中资本相对劳动的份额 fkl 的系数为 0. 182，

劳动要素再分配份额 ssl 的系数为 -0.687，资本要素再分配份额 ssk 的系数为 0.665。这说明，不论是在初次分配还是在再分配，要素收入份额向劳动倾斜均会缩小城乡消费差距，向资本倾斜则会扩大城乡消费差距。

6.5 小 结

我国自 20 世纪 90 年代中期以来，同时出现要素收入分配向资本倾斜和居民收入分配恶化局面，本章的研究结果表明，这两种经济现象之间存在着密切联系，主要结论为：

（1）理论分析说明，如果居民收入差距主要由资本分配不平等造成，那么不论是在要素收入的初次分配还是再分配环节，资本分配份额相对劳动分配份额上升将扩大居民收入差距。在要素收入的最终分配环节，政府可以改变对要素收入的税率来改变居民收入分配差距。

（2）实证结果发现，在要素收入的初次分配中，劳动要素初次分配份额上升 1 个百分点，将导致城乡居民收入比下降 0.443 个百分点，资本相对劳动份额的上升 1 个百分点，将导致城乡居民收入比上升 0.105 个百分点；在要素收入的再分配中，劳动要素分配份额上升 1 个百分点，将导致城乡居民收入比下降 0.325 个百分点，资本要素分配份额上升 1 个百分点，将导致城乡居民收入比上升 0.327 个百分点。

（3）政府对要素征税通过要素收入效应和要素替代效应，显著地影响了要素分配份额：资本平均税率上升 1 个百分点，将导致资本要素再分配份额下降 0.368 个百分点和劳动要素再分配份额上升 0.332 个百分点；劳动平均税率上升 1 个百分点，将导致资本要素再分配份额上升 0.592 个百分点和劳动要素再分配份额下降 0.629 个百分点。

根据本章的研究结论，其政策含义也是显而易见的，即为缩小居民收入分配差距，除了既有研究认为加快城市化和工业化、加大政府转移支付力度等建议之外，任何提高整体劳动相对资本分配份额的政策措施均将有助于改善居民收入分配。[①] 可采取的相关政策有：第一，促进经济开放，促进地区间要素充分流动，使得劳动要素充分动员起来；第二，在举国上下热衷于港口、钢铁、高铁等资本

---

① 当然，这是经验结论，我们排除那种工资性收入差距急剧扩大的非正常情形。如果出现极端的情况，如大幅度增加高收入者而不是低收入者的工资水平，那么这种劳动分配份额上升是无助于改变居民收入分配差距的。

密集型产业发展的同时，不能轻易放弃劳动力丰裕的比较优势，发展劳动密集型产业，尤其是应积极推动中小企业发展；第三，提高金融资源的配置能力，在加强金融监管的前提下，放开中小银行准入管制、减少民营经济的股市准入管制、扩大企业债发行、开展金融业竞争、提高银行业独立性等；第四，促进个人所得税由分类向综合转变，因为目前分类所得税以对个人劳动要素收入征税为主，而综合所得税无疑会大大强化对个人的资本要素收入征税。

第 7 章

税收对要素收入分配的影响：税种视角

我国自 1994 年分税制改革以来，一方面税收收入保持高速增长，另一方面要素收入分配发生不利于劳动的变化，那么，前者是否是后者的重要成因呢？为研究这个问题，本章致力于以下三个问题的探讨：我国现行税制对要素收入分配有无影响？影响的内在机制是什么？影响程度有多大？

7.1 引　言

自 20 世纪 70 年代后半期开始，欧洲大多数国家要素收入分配发生较大的变化，劳动分配份额出现先升后降的"驼峰"状趋势，国际经济学界开始研究要素收入分配变化的成因。从方法论角度看，经济学界对要素收入分配的研究角度主要有三类（Bertoli and Farina，2008）：一是利用内生增长理论框架中的迭代（OLG）模型，把储蓄率、资本分配份额和资本收益率融合在一起展开研究（Bertola，1996）；二是利用后凯恩斯主义研究框架，特别是新剑桥学派、卡莱茨基学派的研究范式将经济社会分为资本家和工人两大阶层进行分析，要素收入分配自然而然地成为该学派的研究主题；三是利用非中性技术进步研究框架，因为要素收入分配与要素在生产中的使用效率密切相关，而当技术进步不再是"哈罗德中性"时，技术进步将改变要素使用效率，从而同时影响要素收入分配和个人收入分配。

中国要素收入分配自 20 世纪 90 年代中期分税制改革以来，发生有利于资本而不利于劳动的变化，学界对要素收入分配变化的原因展开多角度研究，通过理论和实证分析得出的解释有：（1）经济发展过程中劳动要素初次分配份额的变化呈现 U 形规律，而我国现在正处在跨国比较中的 U 形曲线的左边（李稻葵、刘霖林、王红领，2009）；（2）工业部门劳动分配份额减少的主要原因是产品市场垄断增加和国有部门改制引起的劳动力市场环境改变（白重恩等，2008）；（3）劳动分配份额下降的主要原因与工业化（第二产业比重）达到一定高度之后现代化（第三产业比重）推进速度较慢有关，虽然第一产业比重不断下降，但第三产业比重却没有更大幅度的上升，导致劳动收入占比的萎缩（罗长远、张军，2009）；（4）劳动分配份额下降的原因在于技术进步、资本对劳动的相对价格下降、市场需求不足（赵俊康，2006）；（5）虽然要素收入分配发生不利于劳动的变化，但是不存在资本收入侵占劳动收入的问题，1998 年以来，劳动分配份额下降的原因是国有企业改制以及垄断程度增加，打破了结构影响和产业影响间的平衡（白重恩等，2009b），以及由资本—产出比概括的要素相对价格、银行向国有经济倾斜的信贷配给所带来的要素市场扭曲、人均收入水平和教育投资等因素都有显著影响（白重恩、钱震杰，2009a）。

美中不足的是，上述这些研究没有考虑税收的影响。第一，以前的研究大多分析的是没有充分考虑税收作用的初次分配结果，但是各生产要素在投入生产时，生产要素所有者更关注的是生产要素的最终分配结果。生产要素的初次分配尽管重要，但不论是对公平的影响，还是对投资预期的影响，最终分配结果都比初次分配更重要，也就是说，税后要素收入分配比税前要素收入分配更值得关注。第二，政府在征税时，不论是直接税还是间接税，不可避免地参与或者说干扰了生产要素的分配过程，也就是说，税收具有较强的收入分配效应。既然如此，我们就不能忽视税收对要素收入分配的影响。

在国际学术界，虽然已有关于税收对要素收入分配影响的研究，但通常都集中于某个直接税种的效应分析。Deran（1967）较早分析了社会保障税对要素收入分配的影响，认为社会保障税主要转嫁给雇主一方而非雇员一方，因此开征社会保障税会减少资本分配份额，但 Hoffman（1968）后来指出其研究方法和数据有明显缺陷。Lane（1998）引用了 O'Toole（1997）的来自爱尔兰的经验数据，分析后认为，个人所得税的降低会使得工会接受降低工资政策，这样即使税前劳动分配份额大幅度下降，税后劳动分配份额也不会下降太多。De Mooij 和 Nicodème（2007）认为，欧洲在 20 世纪 90 年代早期采取降低公司所得税率政策后，促使企业结构由独资形式向控股公司形式转变，由此使得公司税占 GDP 的比重增加了 0.2%，导致税前资本分配份额上升。国际货币基金组织（IMF，

2007）和欧盟委员会（European Commission，2007）的研究发现，个人所得税对劳动分配份额具有负向影响。Haufler 等（2009）认为，经济一体化趋势将导致公司税税率下降，而工资税税率上升，这会促使资本分配份额上升而劳动分配份额下降。

在我们看来，税收对要素收入分配的影响问题之所以没有得到足够的关注，原因可能是发达国家税制结构以直接税为主，直接税是在国民收入再分配环节对要素收入分配产生作用的，其影响比较直接，因此理论研究的余地不大。但是中国税制结构以间接税为主，重复征税现象比比皆是，对要素收入分配的影响也主要发生在国民收入初次分配环节，税收对要素收入分配的影响机制需要理论和实证两个角度深入分析。尽管国内学术界也不乏研究税收的收入分配效应文献，但主要集中于传统的税收效应理论领域——税收对个人收入分配的影响（刘怡、聂海峰，2004；李绍荣、耿莹，2005；王亚芳等，2007），税收的要素收入分配效应分析寥寥无几。吕冰洋（2010）曾从税收政策角度分析了税收对要素收入分配的可能影响，但缺乏规范的理论分析和实证检验。

本章希冀弥补这些文献的不足，努力从以下三方面作深入探讨：一是运用内生增长模型，从理论上阐述不同税种对要素收入分配的作用机制；二是与既有文献中测算税前要素分配状况不同，本章测算税后要素分配状况；三是运用面板数据的系统广义矩估计方法，对影响要素收入分配的税收因素进行计量分析，以期对我国要素收入分配的变动趋势给予合理解释并提出相应的政策建议。

7.2 主体税种对要素收入分配的影响：理论分析

结合我国税收制度特点，假定政府课征四类税：收入税 τ_y、消费税 τ_c、资本所得税 τ_r、劳动所得税 τ_w。收入税是对生产企业的产出征税，消费税对家庭消费行为征税，资本所得税是对资本收益征税，劳动所得税是对劳动所得征税。税收等式可写为：

$$T = \tau_y\theta \cdot f(k,\ l) + \tau_w wl + \tau_r rk + \tau_c c \qquad (7-1)$$

式中，T 为人均税收；k 为人均资本；l 为人均劳动时间；r 为资本平均收益率；w 为劳动平均工资率；$f(k,\ l)$ 为人均产出；c 为人均消费；θ 为对产出征税范围；$0 < \theta \leqslant 1$。在一般的税收研究文献中，模型构建通常引入资本所得税、劳动所得税和消费税三类税。但是，我国的间接税主要来自对企业销售收入和商品增加值征税，消费税仅能捕捉一小部分间接税信息，因此我们要引入收入税变量。

假定经济是由连续同质且具有无限寿命的家庭组成，每个家庭只有 1 个个体，且无人口增长。家庭有 1 单位时间可用于休闲或劳动。家庭的效用来自消费和休闲，家庭对消费和休闲的选择受自身财富的约束。为简化起见，我们采用 Xie（1997）对家庭的效用函数设定方法：

$$U(c, l) = \ln(c - l) \tag{7-2}$$

家庭的目标是：

$$\max \int_0^\infty e^{-\rho t} \ln(c - l) dt \tag{7-3}$$

家庭的预算约束方程是：

$$k = wl + rk - \tau_w wl - \tau_r rk - \tau_c c - c \tag{7-4}$$

因为征收收入税，企业的税后收入变为 $(1 - \tau_y \theta)f$，企业的目标是：

$$\max (1 - \tau_y \theta)f - wl - rk \tag{7-5}$$

假定企业的生产函数为：$f(k, l) = Ak^\alpha l^{1-\alpha}$。生产函数对于私人要素投入满足不变规模报酬，企业的竞争性利润为零。根据一阶条件，可求得均衡时资本平均收益率和工资率为：

$$r = (1 - \tau_y \theta)\alpha Ak^{\alpha-1} l^{1-\alpha} \tag{7-6}$$

$$w = (1 - \tau_y \theta)(1 - \alpha) Ak^\alpha l^{-\alpha} \tag{7-7}$$

我们通过构造如下现值汉密尔顿系统来求解：

$$H = \ln(c - l) + \lambda[(1 - \tau_w)wl + (1 - \tau_r)rk - (1 + \tau_c)c] \tag{7-8}$$

得到一阶条件：

$$\frac{1}{c - l} - \lambda(1 + \tau_c) = 0 \tag{7-9}$$

$$\frac{-1}{c - l} + \lambda(1 + \tau_w)w = 0 \tag{7-10}$$

欧拉方程为：

$$\dot{\lambda} = \rho\lambda - \lambda(1 - \tau_r)r \tag{7-11}$$

横截性条件为：

$$\lim_{t \to \infty} k\lambda e^{-\rho t} \to 0$$

由（7-9）式、（7-10）式可求得：

$$c = \frac{1}{(1 + \tau_c)\lambda} + l \tag{7-12}$$

$$w = \frac{1 + \tau_c}{1 - \tau_w} \tag{7-13}$$

把（7-12）式、（7-13）式代入（7-4）式得到如下资本积累方程：

$$k = r(1 - \tau_r)k - \frac{1}{\lambda} \tag{7-14}$$

联立 (7 - 12) 式、(7 - 14) 式有：

$$\frac{1}{k\lambda} \frac{d(k\lambda)}{dt} = \rho - \frac{1}{k\lambda} \qquad (7-15)$$

求解 (7 - 15) 式可得：

$$k\lambda = \frac{1}{\rho} \qquad (7-16)$$

联立 (7 - 7) 式和 (7 - 13) 式可得均衡时的劳动供给：

$$l = \left[\frac{A(1-\alpha)(1-\tau_w)(1-\tau_y\theta)}{1+\tau_c} \right]^{\frac{1}{\alpha}} k \qquad (7-17)$$

将 (7 - 17) 式代入 (7 - 7) 式得到均衡时的资本平均收益率：

$$r = A\alpha(1-\tau_y\theta) \left[\frac{A(1-\alpha)(1-\tau_w)(1-\tau_y\theta)}{1+\tau_c} \right]^{\frac{1-\alpha}{\alpha}} \qquad (7-18)$$

通过比较 (7 - 13) 式和 (7 - 18) 式可以发现，税收对税前资本收益率和税前劳动收益率均产生影响：征收消费税和劳动所得税使得税前劳动收益率提高；征收收入税、劳动所得税和消费税使得税前资本收益率降低。之所以如此，我们认为，税前要素收益率与生产中要素的相对投入有关：根据新古典生产函数的一般假定，要素投入增加（降低）会导致要素边际产出下降（上升），由此导致税前要素收益率下降（上升）。从 (7 - 17) 式可以看出，税收改变了经济中劳动和资本两种要素投入比例，即改变了劳均资本比 (k/l)。这样，劳动所得税、消费税的引入使得劳动资本比提高，导致税前劳动收益率上升和税前资本收益率下降；收入税的引入使得税前资本收益率下降，但对税前劳动收益率无影响，原因是征收收入税使得劳动收益率下降程度［见 (7 - 7) 式］与由劳均资本上升［见 (7 - 17) 式］导致的劳动收益率上升程度正好抵消。

可见，要素收入分配格局的变动与税收密切相关，且税收对要素收入分配影响的机理比较复杂。根据上述分析，我们把税收影响要素收入分配的机制分为两类：一是直接税和间接税均能改变要素相对投入比例，从而改变了税前要素收益率，我们把这种税收影响税前要素收入机制称为税收的要素替代效应；二是直接税一般对税前要素收益征税，从而改变税后要素收益率，我们把这种税收影响税后要素收入机制称为税收的要素收入效应。[①]

由此可求得劳动分配份额 S_L 与资本分配份额 S_K 的表达式，分别为：

$$S_L = \frac{(1-\tau_w)wl}{f(k, l)} = (1-\alpha)(1-\tau_w)(1-\tau_y\theta) \qquad (7-19)$$

---

① 由此看来，过去那种认为劳动所得税和资本所得税制改革税制改革变税后要素收益率而不影响税前要素收益率的观点是值得商榷的。

$$S_K = \frac{(1 - \tau_r)rk}{f(k, l)} = \alpha(1 - \tau_r)(1 - \tau_y \theta) \qquad (7-20)$$

从（7-19）式、（7-20）式可以看出，劳动所得税 τ_w 导致劳动分配份额 S_L 降低，资本所得税 τ_r 导致资本分配份额 S_K 降低，收入税 τ_y 导致资本和劳动分配份额同时降低，降低幅度与征税范围、要素产出弹性正相关。无论是（7-19）式还是（7-20）式都表明，消费税 τ_c 均不影响资本和劳动分配份额，这是因为消费征税只是在要素所有者取得要素收入后进行消费时才课征，它影响消费行为，但不影响要素收入分配。

需要说明的是，为了得出显示解，本节利用了特定的效用函数和生产函数。如果改变效用函数和生产函数，得出的结论可能没有（7-19）式和（7-20）式那样直观。不过，模型分析的价值不仅在于能够得出要素分配份额变化显示解，而且还在于它揭示出税收影响要素收入分配的机制。从上述一般均衡分析可以看出，不论是直接税还是间接税，均影响生产中要素的相对投入 [（7-17）式]，并且由要素相对投入改变影响到税前要素收益率 [（7-13）式和（7-18）式]，直接税再影响到税后要素收益率，由此改变了要素收入分配格局 [（7-19）式和（7-20）式]。

7.3 主体税种对要素收入分配的影响：定性分析

7.3.1 主体税种的性质

我国现行税制是在 1994 年税制改革之后形成的，几经变动，现在共有 19 个税种。税收收入主要来自税负能够转嫁的间接税，直接税占税收收入的比重不足 1/3，这符合发展中国家税收收入以间接税为主的特点。按占税收收入比重的高低排列，主体税种分别是增值税、企业所得税、营业税和个人所得税，四者之和约占税收总收入的 3/4。[①] 因此，本章只要分析这四大主体税种对要素收入分配的影响，就可基本说明我国现行税制对要素收入分配的影响程度。

---

① 在这四大税种中，国内增值税占税收总收入的比重从 1995 年的 45% 下降到 2010 年的 29%，处于下降趋势；企业所得税所占比重从 1995 年的 13.8% 上升到 2010 年的 17.5%，处于上升趋势；营业税在 1995 年和 2010 年所占比重分别为 14.3% 和 15.2%，上升幅度较小；个人所得税所占比重由 1995 年的 2.2% 上升到 2010 年的 6.6%，也处于上升趋势。

在前述的理论分析中，将税收分为收入税、消费税、资本所得税和劳动所得税四种类型，那么，这四种税与我国现行的四大主体税种有怎样的对应关系呢？

就增值税而言，增值税主要分为生产型增值税和消费型增值税，生产型增值税以销售收入减除中间性产品价值的余额为课税增值额，其税基相当于国民生产总值；而消费型增值税以销售收入减除投入生产的中间性产品价值和同期购入的固定资产全部价值为课税增值额，其税基相当于全部消费品的价值。我国在2008年以前实行的是生产型增值税，期间采取了一系列允许增值税扩大设备资产抵扣范围政策，增值税固定资产抵扣范围越大，意味着对产出征税范围越小。因此，我国增值税在（7-1）式中的主要体现是 $\tau_y\theta$，θ 值变小说明增值税针对设备的抵扣范围的不断扩大；当商品进入零售环节时，增值税在（7-1）式也体现为 τ_c。

就营业税而言，我国营业税主要针对交通运输、邮政通信、金融保险、建筑、文化体育、娱乐、服务、转让无形资产、销售不动产9大行业征税，计税依据大部分是企业的营业收入。因此，营业税在（7-1）式中的主要体现是 τ_y，又由于营业税不少税目与居民的消费相关，因此营业税在（7-1）式也体现为 τ_c。

就企业所得税而言，企业所得税是对企业未分配利润征税，企业未分配利润是企业在支付劳动力成本和其他成本后的剩余收入，属于资本要素的收入。因此，企业所得税属于对资本要素征税，在（7-1）式体现为 τ_r。

就个人所得税而言，个人所得税分为11个税目，分别体现对资本和劳动的所得征税部分。因此，个人所得税在（7-1）式体现为 τ_r 和 τ_l。

7.3.2 主体税种对要素收入分配的可能影响

1. 增值税的影响

增值税同时降低资本要素和劳动要素分配份额，它对哪种要素的分配影响程度更大呢？这主要看它容易转嫁到劳动要素还是资本要素。我国增值税属于价外税，实行层层抵扣的征税办法，从税制设计上有利于税负转嫁。税负转嫁的局部均衡分析告诉我们，税负转嫁向何方转嫁，主要依赖于供求弹性的相对大小：商品需求弹性相对供给弹性低，导致税负向需求方转嫁的比例高；反之向供给方转嫁的比例高。从增值税的征税对象看，居民生活需要的商品大部分在它的覆盖范围之内，商品需求弹性低，容易发生税负前转现象。也就是说，它对资本要素的分配的影响可能相对较小，在居民收入来源以劳动要素为主的背景下，增值税可能对劳动要素分配的影响较大。

2. 企业所得税的影响

企业所得税就企业未分配利润征税，属于对资本征税。根据本章的理论分析，它对要素收入分配的影响是：就要素替代效应而言，在开放经济条件下，征收企业所得税导致企业要支付投资者的税前资本收益率提高，促使企业用更多的劳动替代资本，由此导致资本分配份额下降；就要素收入效应而言，征收企业所得税导致税后资本收益率下降，会导致资本分配份额下降。因此，总体而言，征收企业所得税主要会导致资本分配份额下降。

3. 营业税的影响

营业税对企业提供的服务征税，征税对象主要是营业收入，因此属于收入税，它对要素收入分配产生的影响也主要体现在要素替代效应上。在税收文献中，一般将营业税作为对资本要素征税（Hall and Jorgenson，1967；Engel et al.，1999）。国内对税基税收负担分析中，普遍做法也是将营业税视作对资本要素征税（刘溶沧、马拴友，2002；刘初旺，2004）。从我国营业税制度设计上看，营业税包括 9 大税目，侧重于对服务业征税，税基是资本（如"销售不动产"税目）和消费（如"交通运输业"税目）的结合，因此，从理论上看，营业税的征收可能直接降低资本分配份额。

4. 个人所得税的影响

个人收入来源多种，同时具有劳动所得和资本所得成分，因此个人所得税同时具有对资本和劳动征税的性质。与对企业所得税影响要素收入分配的机制一样，在要素替代效应和要素收入效应作用下，个人所得税中对资本征税部分会导致资本分配份额下降和劳动分配份额上升，而个人所得税对劳动征税部分的效果正好相反。不过，从我国现实看，由于居民财产性收入少，个人所得税中对居民收入的资本要素征税规模不大，个人所得税主要来自对以"工资薪金所得"为代表的劳动要素征税。以 2007 年为例，个人所得税各税目收入中，从大到小排列，"工资薪金所得"占 55.0%，"利息、股息和红利所得"占 24.9%，"个体工商户生产经营所得"占 12.6%，"财产转让所得"占 2.3%，"劳务报酬所得"占 2.0%。"工资薪金所得"和"劳务报酬所得"属于劳动要素所得，"利息、股息和红利所得"和"财产转让所得"属于资本要素所得。"个体工商户生产经营所得"是归为劳动要素所得还是资本要素所得，这在理论上是存有争议的，我国国民经济核算在 2003 年之前归为"劳动者报酬"栏目，2004 年后归为"营业盈余"栏目。不管如何处理，我国个人所得税主要针对劳动要素征税是没有疑义的。因此，总体而言，征收个人所得税主要会导致劳动分配份额下降。

综合以上分析，可以做如下初步判断：增值税同时降低劳动和资本要素收入分配，以对劳动要素收入的影响为主；企业所得税直接降低资本分配份额；营业税主要是降低资本分配份额；个人所得税主要会导致劳动分配份额下降。不过，各税种对要素收入分配的影响是否如上判断以及影响程度如何，还须结合实证分析给出答案。

7.4 主体税种对要素收入分配的影响：实证分析

7.4.1 主体税种的平均税率

要分析税收对要素收入分配的影响，需要测算各主体税种的平均税率。单项税种的平均税率是指某一税种在一定时期内的收入占该税种税基的比重。之所以采用平均税率而不采用名义税率，是因为平均税率综合考虑了名义税率及税收减免、税收扣除等因素，更能反映出该税种的征税强度。

1. 增值税平均税率

我国的增值税是对商品增值额征税，农林牧渔业生产者销售自产品免税，第三产业中各服务类行业征收营业税，因此我国增值税对应的税基主要为工业增加值与批发零售业增加值。我国各省工业增加值没有总量统计，我们用第二产业增加值减去建筑业增加值计算工业增加值。我国出口货物实行增值税退税政策，因此实征增值税要从征收的增值税中扣除出口退税部分。于是增值税平均税率公式为：

$$\frac{增值税平均}{税率} = \left(增值税 - \frac{出口货物增}{值税退税}\right) \Big/ \left(\frac{第二产业}{增加值} - \frac{建筑业}{增加值} + \frac{批发零售}{业增加值}\right)$$

2. 营业税平均税率

我国营业税是对应税劳务、转让无形资产或者销售不动产行为征税，税基集中在第三产业（不包括批发零售业）和建筑业，于是设定营业税平均税率为：

$$营业税平均税率 = 营业税 \Big/ (第三产业产值 - 批发零售贸易增加值 + 建筑业产值)$$

3. 企业所得税平均税率

企业所得税是对企业利润征税，对应的宏观数据是各省收入法 GDP 中的营业盈余。营业盈余相当于企业的营业利润加上生产补贴，我国自 20 世纪 90 年代中期后，财政支出中对企业的补贴已经所余无几，可以忽略生产补贴部分。但是，2004 年后，我国营业盈余数据统计发生很大的变化，个体劳动者通过生产经营获得的纯收入在此之前视为劳动者报酬，2004 年视为营业盈余（白重恩、

181

钱震杰，2009c）。而在我国税法中，对个体劳动者纯收入征收的所得税属于个人所得税税目中"个体工商户生产、经营所得"，为保持口径一致，将 2004 年后个人所得税中"个体工商户生产、经营所得"与企业所得税归并来计算企业所得税税率：

$$企业所得税平均税率（2004 年前）＝企业所得税／营业盈余$$

$$企业所得税平均税率（2004 年后）＝\left(\begin{array}{c}企业\\所得税\end{array}＋\begin{array}{c}对个体工商户\\征收的个人所得税\end{array}\right)\Big/营业盈余$$

4. 劳动所得税平均税率

由于个人所得税同时包括对资本要素和劳动要素征税，为便于分析，本章在个人所得税基础上，整理设计出"劳动所得税"这一指标进行分析。劳动所得税是对个人取得的劳动所得征税，对应的税基是劳动者报酬。为与税基相对应，需要剔除个人所得税中对资本征税部分，然后加上个人所得税之外对劳动所得征税部分。按税目划分，个人所得税中涉及劳动要素征税的税目有：工资薪金所得、稿酬所得、劳务报酬所得；涉及资本要素征税的税目有：财产租赁所得、财产转让所得及利息、股息、红利所得。"个体工商户生产、经营所得"税目也与计算企业所得税一样，2003 年归为对劳动要素的征税，2004 年后归为对资本要素的征税。劳动所得税的来源除个人所得税中对劳动所得征税外，农业税、农林特产税、畜牧业税等农业各税也属于对劳动所得征税，于是设定劳动所得税平均税率为：

$$劳动所得税平均税率＝（个人所得税中对劳动要素征税＋农业各税）／劳动者报酬$$

7.4.2 影响要素分配份额的其他因素

除了税收因素外，其他宏观经济变量也对要素收入分配产生重要影响，在实证分析中必须引入这些控制变量。关于影响我国要素收入分配的税制外因素，白重恩、钱震杰（2009a，2009c）对此进行了深入的文献综述和实证研究。本章借鉴他们的研究，在解释要素分配份额的变量中，除新增各税收变量外，其他解释变量同他们选取的解释变量一致。[①] 各解释变量列举如下：

（1）人均 GDP 的对数值 $rgdp$，用来控制经济发展阶段对要素分配的影响。

（2）资本产出比变量 rky，用来控制由价格变化导致的要素投入变化对要素分配的影响。

（3）经济结构变量 $rstr$，用来控制不同产业结构对要素分配的影响。本章用

---

① 有关各变量对要素分配影响的理论基础参见白重恩、钱震杰（2009a，b）的研究。

第三产业产值占 GDP 的比重代表该变量。

（4）政府支出比重变量 rg，用各省政府支出占 GDP 的比重代表，用来控制政府干预对要素分配的影响。

（5）要素市场发展程度变量，用来控制要素市场发育程度对要素分配的影响。本章衡量要素市场扭曲程度选取两个指标：一是垄断程度指标，用工业部门增加值中国有及国有控股单位所占比例代表；二是金融发展程度指标，用各省银行贷款占 GDP 的比代表。

（6）产品市场发展程度变量，用来控制产品市场扭曲对要素分配的影响。衡量产品市场扭曲程度也选取两个指标：一是外商直接投资与全社会固定资产投资之比 $rfdi$；二是进出口总额与 GDP 之比 $ropen$。

各变量数据来自历年《中国统计年鉴》、《中国税务年鉴》、《劳动统计年鉴》、《中国财政年鉴》、《中国金融年鉴》。实证分析样本中剔除北京、上海、重庆、西藏，剔除重庆和西藏的原因是因为两地数据不完整，剔除北京和上海的原因是两者总部经济比较发达，企业所得税集中交纳现象明显，会极大影响企业所得税平均税率和要素分配份额的判断。由于 2003 年数据与前后相差较大，也剔除该年数据。

本章选用的各指标变量及其含义见表 7 – 1。

表 7 –1   各变量的经济含义

变量	变量含义	变量	变量含义
rk	资本分配份额	$ropen$	进出口总额与 GDP 之比
rl	劳动分配份额	rfi	贷款与 GDP 之比
rky	资本产出比	rg	政府支出与 GDP 之比
$rgdp$	人均 GDP 的对数值	te	企业所得税税率
$rstr$	第三产业增加值与 GDP 之比	tl	劳动所得税税率
$rsoe$	工业部门增加值中国有及国有控股单位占比	tv	增值税税率
$rfdi$	外商直接投资与全社会固定资产投资之比	ts	营业税税率

7.4.3 计量模型设定

根据理论分析，不同税种对要素分配份额的影响机制和效果不同，我们需要通过实证分析来判断我国现行税制对要素收入分配的影响。为此，构建下列实证模型：

$$r_{it} = \phi X_{it} + \beta T_{it} + \alpha_t + \mu_i + \xi_{it} \qquad (7-21)$$

式中，下标 i 为地区；t 为时间，本章采用我国 1996～2007 年以省为单位的面板数据分析。α_t 为时间效应；μ_i 为个体效应；ξ_{it} 为误差项；r_{it} 为税后劳动或资本分配份额；X_{it} 为影响要素分配份额的一组非税收宏观经济变量；T_{it} 为各税种的实际税率。

在计量模型中，一个关键工作是需要确定各解释变量的性质，即哪些解释变量是内生变量，哪些变量是外生变量。在各解释变量中，人均 GDP、资本产出比、国有及国有控股企业在工业增加值中所占比例属于内生性变量（白重恩，钱震杰，2009a），如果采用一般的面板数据固定影响回归，无法得到准确的回归结果。为此，参照白重恩等（2008，2009a）的方法，采用系统 GMM 方法对模型进行估计。由于系统 GMM 方法可以同时利用变量水平变化和差分变化的信息，它比差分 GMM 方法更有效，在经验研究中已经有非常广泛的应用。在各解释变量中，地区虚拟变量和年份虚拟变量是明显的外生变量。另外，各税种税率也是外生变量，其原因在于税率由税法固定，而且税务部门征税能力受信息化建设、税务人员规模和素质等非经济因素制约。

在计量分析中，系统 GMM 估计还要进行两个检验：通过 Arellano-Bond 的自相关检验方法（以下简称 AB 检验）对差分方程的随机误差项的二阶序列相关检验，检验的原假设是一阶差分方程的随机误差项中不存在二阶序列相关；通过 Hansen 过度识别约束检验对所使用的工具变量的有效性进行检验，检验的原假设是所使用的工具变量与误差项是不相关的。

7.4.4 税收对资本分配份额的影响

各种解释变量对资本分配份额影响的计量结果见表 7-2。表 7-2 列示的所有模型都通过了 AB 检验，但未能通过 Hansen 检验。考虑到 Hansen 检验在 GMM 方法中的局限性，我们更倾向于 AB 检验结果。[①] 模型 1 报告了控制变量中以经济发展水平 $rgdp$ 和资本产出比 rky 为核心控制变量的估计结果，模型 2 报告了所有变量的回归结果，在模型 3 中剔除掉模型 2 中不显著的解释变量。由于变量

---

① 系统 GMM 的 Hansen 检验，实际上是在对误差的方差—协方差矩阵进行最小化运算后，再来看方差—协方差矩阵是否足够小，在逻辑上存在循环论证问题，故不能过多相信这种检验（Roodman，2009）。白重恩等（2008）实证分析除税收外各变量对税前资本分配份额的影响，其估计结果中 Hansen 检验也都未通过过度识别检验。有意思的是，本章在实证分析中还发现，如果将样本的时间跨度缩短，那么 Hansen 检验基本通过。是否时间跨度过长会导致 Hansen 检验容易拒绝原假设，这仍有待计量学家的进一步研究。

ropen 和 *rfdi* 同为反映产品竞争程度变量，*rsoe* 和 *rfi* 同为反映要素市场竞争程度变量，同时引入模型可能会存在多重共线性问题，为此，模型 4 是在模型 2 的基础上剔除掉 *rfdi* 和 *rfi* 变量，模型 5 是在模型 2 的基础上剔除掉 *ropen* 和 *rsoe* 变量。在这 5 个回归方程中，无论剔除哪个变量，对模型的整体回归结果影响不大。各回归方程均通过 AR2 检验，说明不存在二阶序列相关问题。

表 7 - 2　　　　　影响资本分配份额的因素计量结果比较

变量	模型 1	模型 2	模型 3	模型 4	模型 5
rgdp	0.103 **	0.094 **	0.100 **	0.108 **	0.092 **
	(0.006)	(−0.008)	(−0.008)	(−0.011)	(−0.009)
rky	−0.024 **	−0.016 **	0.002	−0.021 **	−0.006
	(0.005)	(−0.007)	(−0.006)	(−0.007)	(−0.008)
rstr		−0.212 **	−0.224 **	0.112	−0.146
		(−0.101)	(−0.091)	(−0.121)	(−0.137)
rg		−0.194 **	−0.127 *	−0.167 **	−0.147 *
		(−0.068)	(−0.066)	(−0.068)	(−0.081)
ropen		−0.041 **	0.017	−0.025 *	−0.094
		(−0.014)	(−0.012)	(−0.014)	(−0.077)
rsoe		0.079 **	0.047 **	0.080 **	
		(−0.018)	(−0.016)	(−0.019)	
rfdi		−0.271 **	−0.274 **		
		(−0.065)	(−0.065)		
rfi		−0.053			0.030
		(−0.062)			(−0.019)
te	−0.559 **	−0.573 **	−0.579 **	−0.512 **	−0.560 **
	(0.039)	(−0.041)	(−0.041)	(−0.042)	(−0.043)
ts	−0.723 **	−0.306 *	−0.572 **	−0.491 **	−0.783 **
	(0.132)	(−0.172)	(−0.159)	(−0.160)	(−0.193)
tv	−0.038	−0.126 **	−0.077	−0.125 *	−0.045
	(0.053)	(−0.063)	(−0.062)	(−0.064)	(−0.071)
*yr*1	−0.008	−0.013	−0.016	−0.011	−0.025 **
*yr*2	−0.021 **	−0.016 *	−0.024 **	−0.023 **	−0.035 **
*yr*3	−0.033 **	−0.017 **	−0.027 **	−0.037 **	−0.042 **

续表

变量	模型1	模型2	模型3	模型4	模型5
$yr4$	− 0.035 **	− 0.026 **	− 0.036 **	− 0.041 **	− 0.044 **
$yr5$	− 0.032 **	− 0.026 **	− 0.031 **	− 0.038 **	− 0.040 **
$yr6$	− 0.026 **	− 0.013	− 0.021 **	− 0.030 **	− 0.030 **
$yr7$	− 0.044 **	− 0.027 **	− 0.039 **	− 0.045 **	− 0.047 **
$yr8$	− 0.063 **	− 0.058 **	− 0.066 **	− 0.067 **	− 0.068 **
$yr9$	0.000	0.010 *	0.006	0.000	0.000
$yr10$	− 0.005	0.001	− 0.001	− 0.004	− 0.005
$east$	− 0.002	− 0.011 **	0.001	0.006	− 0.010
$west$	0.045 **	0.024 **	0.028 **	0.040 **	0.039 **
$\_cons$	− 0.445 **	− 0.358 **	− 0.384 **	− 0.533 **	− 0.314 **
样本数	286	286	286	286	286
AR1 − p	0.002	0.000	0.000	0.000	0.001
AR2 − p	0.613	0.586	0.539	0.538	0.573
Hansen − p	0	0	0	0	0

注：括号里的数据为系数的标准差。 * 表示90%的显著性，** 表示95%的显著性。$yr*$ 表示时间哑变量，$east$ 和 $west$ 表示东部地区和西部地区哑变量。下表同此。

现分析各控制变量对资本分配份额的影响。估计结果说明当前经济发展水平 $rgdp$ 的提高会促使资本分配份额的提高；在通过显著性检验的系数中，资本产出比 rky 的提高和经济结构 $rstr$ 向第三产业转化对资本分配份额有负向影响；政府干预程度 rg 的提高会降低资本分配份额。在通过显著性检验的系数中，经济开放度 $ropen$ 和外商投资比重 $rfdi$ 变量的系数为负值，说明产品竞争程度的加强会抑制资本分配份额的提高；以国有工业企业产值占工业企业产值比重为代表的要素市场扭曲程度变量 $rsoe$ 系数为正值，说明国有企业垄断程度增强会提高资本分配份额；以金融发展程度为代表的要素市场扭曲程度变量 rfi 的系数未通过显著性检验。其中，关键控制变量 $rgdp$ 和 rky 的检验结果与白重恩、钱震杰（2009a）的发现是一致的。

对控制变量回归结果可作如下简要解释。（1）我国当前经济发展处于工业化提速阶段，工业特别是重化工业的发展有利于资本要素的分配。（2）我国总体经济的资本和劳动的替代弹性小于1，资本分配份额会随资本产出比增加而减少（白重恩、钱震杰，2009a、b）。（3）第三产业吸纳劳动力的力量较强，产业结构向第三产业转化有利于整体经济劳动要素收入分配的改善。（4）政府为加强经济干预，势必通过增税提高财政集中度，由此降低了税后资本分配份额。
（5）经济开放会使得我国充分发挥劳动力丰裕的比较优势，从而有利于劳动要
素收入分配，不利于资本要素收入分配。（6）国有经济所占比重的提高意味经
济中垄断力量加强，或者工业集中化程度的提高，从而有利于资本要素收入
分配。

我们重点关注税收变量对要素收入分配的影响。从模型1至模型5可以看
出，企业所得税变量 te、增值税变量 tv、营业税变量 ts 的系数大都通过显著性检
验，且均为负值，说明这三种税会直接降低资本分配份额。（1）企业所得税以
对资本征税为主，无疑能降低资本分配份额，企业所得税税率每提高一个百分
点，导致资本分配份额下降 $0.512 \sim 0.579$ 个百分点。（2）增值税 tv 的系数大部
分未通过显著性检验，在通过显著性检验的系数中，系数值仅为 -0.125 左右，
说明增值税对资本要素的分配影响不大。（3）营业税 ts 系数值为负值，且绝对
值很高，说明营业税对降低资本分配份额的影响程度很大，其原因在于本章理论
分析部分所解释的，营业税本质上以对资本要素征税为主。由于增值税和营业税
是间接税，我们需要结合它们对劳动分配份额的影响作进一步判断。

7.4.5 税收对劳动分配份额的影响

各解释变量对劳动分配份额影响的估计结果见表7-3，各回归方程引入解释
变量的方式同模型1至模型5。从模型6至模型10可以看出，控制变量的系数基本
与对资本分配份额计量分析的系数符号相反，且显著性基本保持一致。由于两种要
素分配份额存在此消彼长的关系，因此这在一定程度上证明实证结果是稳健的。

表7-3　　　　影响劳动分配份额的因素计量结果比较

变量	模型6	模型7	模型8	模型9	模型10
$rgdp$	-0.119^{**}	-0.128^{**}	-0.124^{**}	-0.140^{**}	-0.111^{**}
	(0.009)	(-0.011)	(-0.009)	(-0.010)	(-0.011)
rky	0.024^{**}	0.037^{**}	0.038^{**}	0.050^{**}	0.054^{**}
	(0.007)	(-0.010)	(-0.007)	(-0.009)	(-0.010)
$rstr$		0.124		0.154	0.311^{**}
		(-0.135)		(-0.187)	(-0.113)
rg		-0.130		-0.253^{**}	-0.198^{*}
		(-0.097)		(-0.086)	(-0.115)

续表

变量	模型 6	模型 7	模型 8	模型 9	模型 10
ropen		-0.007		0.020	
		(-0.020)		(-0.017)	
rsoe		-0.096**	-0.102**	-0.061**	
		(-0.026)	(-0.021)	(-0.022)	
rfdi		0.204**	0.240**		-0.046
		(-0.094)	(-0.085)		(-0.113)
rfi		0.031*	0.031**		0.026*
		(-0.018)	(-0.013)		(-0.014)
tl	-1.251**	-1.217**	-1.279**	-1.273**	-1.197**
	0.294	-0.309	-0.289	-0.300	-0.308
tv	-0.395**	-0.330**	-0.386**	-0.331**	-0.447**
	0.078	-0.091	-0.078	-0.088	-0.087
ts	0.313	-0.035		0.174	0.310
	0.201	-0.251		-0.225	-0.248
*yr*1	0.060**	0.045**	0.052**	0.039**	0.051**
*yr*2	0.059**	0.039**	0.047**	0.038**	0.051**
*yr*3	0.056**	0.033**	0.039**	0.038**	0.052**
*yr*4	0.058**	0.044**	0.052**	0.043**	0.055**
*yr*5	0.051**	0.040**	0.049**	0.036**	0.053**
*yr*6	0.060**	0.050**	0.057**	0.050**	0.067**
*yr*7	0.064**	0.052**	0.058**	0.055**	0.070**
*yr*8	0.071**	0.068**	0.071**	0.069**	0.067**
*yr*9	-0.003	-0.010	-0.006	-0.009	0.002
*yr*10		-0.002	0.000	-0.001	0.004
east	0.005	-0.009	-0.008	-0.016**	0.000
west	-0.063**	-0.060**	-0.064**	-0.068**	-0.072**
_cons	1.534**	1.582**	1.568**	1.684**	1.500**
样本数	286	286	286	286	286
AR1 - p	0.091	0.102	0.096	0.1	0.096
AR2 - p	0.547	0.51	0.489	0.596	0.421
Hansen - p	0	0	0	0	0

首先分析各控制变量对劳动分配份额影响的实证结果。由于资本和劳动要素的分配之间高度关联，各控制变量对它们影响的解释彼此相关，因此这里只作简要解释。（1）$rgdp$ 的系数为负值，说明当前经济发展阶段不利于劳动分配份额的上升。（2）资本产出比 rky 的系数为正值，说明由于我国总体经济的资本和劳动的替代弹性小于1，劳动分配份额会随资本产出比增加而增加。（3）通过显著性检验的 $rstr$ 系数为正值，意味着第三产业所占比重提升会改善劳动要素收入分配。（4）政府干预程度 rg 的系数为负，说明政府为提高财政集中度，实施增税政策会降低劳动要素收入分配。（5）国有经济所占比重 $rsoe$ 的系数为负，说明垄断力量的加强会降低劳动要素收入分配。（6）进出口占 GDP 比重 $ropen$ 的提高对劳动要素收入分配无显著影响。（7）变量 $rfdi$ 通过显著性检验的系数为正值，说明外商投资比重增加有利于改善劳动要素收入分配。（8）金融市场发展程度指标 rfi 的系数为正，说明金融市场扭曲程度的提高会降低资本利用效率，抑制要素收入分配向资本倾斜，从而提高劳动分配份额。

其次分析税收变量的系数检验结果，这也是本章关注的核心问题。在分析税收对劳动分配份额影响时，我们引入劳动所得税、增值税、营业税三个税种，计量结果显示各税种系数大多通过显著性检验。（1）劳动所得税的系数介于 $-1.197 \sim -1.279$ 之间，其绝对值远远高于其他税收变量系数，说明劳动所得税对降低劳动分配份额影响程度非常直接和明显，原因在于劳动所得税是不发生税收转嫁的直接税。（2）增值税的系数介于 $-0.447 \sim -0.330$ 之间，同模型 1 至模型 5 的系数相比，表明增值税对降低劳动分配份额的影响程度大大高于对资本分配份额的影响。原因在于本章理论部分所解释的，从税制设计特点看，我国增值税实行价外税，对企业成本收益核算影响较小，而增值税广覆盖的特点又使得它容易发生税负前转现象，从而对劳动分配份额影响程度远大于资本要素；从税收管理上看，增值税是我国的主体税种，分税制改革以来它的征管力度不断加强，这主要体现在以连续三期"金税工程"为代表的对增值税税源监控体系加强上，进而对劳动要素分配产生不利影响。（3）营业税的系数没有通过显著性检验，说明征收营业税对降低劳动分配份额的没有显著性影响，其原因如前所述，我国营业税或对资本要素征税，或对消费行为征税，理论上不影响劳动分配份额。

7.5 小　结

针对我国自 20 世纪 90 年代中期以来税后要素收入分配中发生不利于劳动要

素分配状况，本章从我国税制结构特点出发研究了税收对要素收入分配的影响，主要得到以下两点结论。

（1）理论分析表明，税收影响要素收入分配的机制包括税收的替代效应和收入效应，前者改变了生产中要素相对投入比例，从而改变了税前要素收益率，后者则是通过直接税直接影响到税后要素收益率。具体而言，劳动所得税导致劳动分配份额降低，资本所得税会导致资本分配份额降低，收入税导致资本和劳动分配份额同时降低，降低幅度与征税范围、要素产出弹性等因素相关。

（2）实证分析结果发现，在我国税收高速增长背景下，税收对要素收入分配具有明显影响。就直接税而言，企业所得税降低了资本分配份额，个人所得税中对劳动征税部分降低了劳动分配份额；就间接税而言，增值税对降低劳动分配份额的影响明显，而对降低资本分配份额不明显；营业税对降低资本分配份额影响明显，而对降低劳动分配份额不明显。

鉴于主体税种对要素收入分配产生重要影响，从调整要素收入分配格局角度考虑，有必要对主体税种实行改革。根据实证分析结果，税种的改革方向主要是：就增值税而言，积极推进增值税向彻底的消费型增值税转变，适当降低低档税率，扩大增值税免税范围，降低小规模纳税人的税率；就个人所得税而言，尽管推进向综合与分类相结合的制度转变，并通过收入支付的信用化、建立统一纳税号码、实行普遍联网措施，完善对个人收入的监控机制；本章虽然未分析财产税制，但因财产税属对资本存量征税，财产税会抑制资本分配份额上升，故应重视财产税制建设，提高财产税地位，包括完善房产税、车船税、土地增值税、契税等制度。

第 8 章

税收对要素收入分配的影响：税基视角

从税收理论上说，劳动所得、资本所得和消费支出是税收的"三大税基"，准确估计税基平均税率对许多宏观经济问题研究有重要作用。本章根据 Mendoza 公式，结合中国国民经济统计口径和税收制度特点，对中国各省税基平均税率进行详细测算，进而研究税基的平均税率与要素收入分配之间的联系。结果表明，资本所得、劳动所得和消费支出平均税率均呈上升趋势，与 OECD 国家相比较，我国资本所得平均税率相对较高，劳动所得和消费支出平均税率相对较低。实证分析发现，劳动所得和资本所得平均税率上升通过要素收入效应和要素替代效应分别影响要素收入分配，而消费支出平均税率上升对要素收入分配没有明显影响。

8.1 引　言

税收是政府打入市场的"楔子"，征税势必对市场机制运行产生很大的干扰，因此政府选择不同的课税对象对经济的影响也不同。从课税基础上看，尽管不同税的课税依据不同，但是从宏观角度看，各税种的征税对象不外乎劳动所得、资本所得和消费支出，从而形成三大税基。在各种一般均衡框架下研究税收问题的宏观经济模型中，引入税收变量的办法一般是分别引入资本税、劳动税和消费税，这方面理论研究文献非常丰富。随着理论研究的进展，各国也开展对税基的平均税率测算。详细测算税基平均税率不但有助于我们分析税收负担的问题，也有助于开展一系列与税收有关的经济问题的研究，如经济增长和收入分配等，因此它是税收领域的一项基础性研究。

税基平均税率的测算方法是由 Mendoza，Razin 和 Tesar（1994）率先根据经济合作与发展组织（OECD）国民账户（national accounts）提出的，之后 Mendoza，Milesi-Ferretti 和 Asea（1997）对该方法进行了订正，为了表述方便，统称为 Mendoza 方法。Mendoza 方法提出后，不断有研究者利用该方法测算税基平均税率（Daveri and Tabellini，2000；Fiorito and Padrini，2001；Volkerink and Haan，2002），并在此基础上开展多项研究，比如宏观税率变动对失业的影响（Mendoza et al.，1997）、税制改革对福利的影响（Mendoza & Tesar，1998）、宏观税率变动对要素流动的影响（Razin et al.，1998）、各国不同口径税收负担比较（OECD，2000）等。之后有不少研究者认为 Mendoza 方法存在一些问题，并在该方法基础上提出相应的修正方法（Carey and Tchilinguirian，2000；Volkerink and Haan，2001）。

Mendoza 公式是根据 OECD 的税制结构和统计资料整理出来的，这限制了它在其他国家的广泛应用。中国的税制结构与 OECD 国家有很大区别，主要表现为 1994～2008 年实行生产型增值税、个人所得税实行分类征收方法、营业税同时对资本和消费征税、农业税曾长时间存在等。另外，中国国民经济统计资料也很难与 OECD 国民账户对应。由于这两方面的原因，测算中国税基平均税率的公式需要结合中国税制结构特点进行调整。中国国内有一些学者也曾测算过中国的税基平均税率（刘溶沧、马拴友，2002；刘初旺，2004；李芝倩，2006），但是这些研究是把全国作为整体进行测算，对各省税基平均税率的测算还尚未开展，在测算方法上也较为粗糙，没有深入考虑我国统计口径的变化，对税收的分解也存在不少争议之处。本章研究将根据 Mendoza 公式中体现的思想，结合我国统计数据和税收制度特点，对中国各省税基平均税率进行全面的测算。

针对劳动所得和资本所得的征税，本质上是对要素收入征税，它们直接作用于要素价格和要素收入，因此在测算税基平均税率基础上，实证分析其对要素收入分配的影响是一项非常有意义的研究工作。

8.2　税基平均税率测算方法

8.2.1　Mendoza 公式

Mendoza（1994）提出一个测算资本所得、劳动所得和消费支出平均税率的方法，目前该方法已经成为测算税基平均税率高低并进行国际比较的常用方法。Mendoza 计算方法建立在 OECD 国民收入统计表基础上，要计算税基平均税率，首先要了解 OECD 国民收入统计表中各变量名称，见表 8 – 1。

表 8 – 1　　　　　　OECD 国民收入统计表中
各变量名称（选取与计算税负有关变量）

代码	OECD 统计框架下的税收变量
1100	对个人或家庭所得、利润及资本利得的征税额
1200	对企业所得、利润及资本利得的征税额
1300	未在所得、利润及资本利得中体现的税收
2000	总的社会保障缴款（其中，2100 是雇主支付的部分，2200 是雇员支付的部分，2300 是自我雇用者支付的部分，2400 是不属于上述三种的其他部分）
3000	对工资和员工所征税额
4000	财产税
4100	对不动产的课税
4400	对金融和资本交易的课税
5110	对商品和服务的课税（其中 5111 指增值税）
5120	对特殊商品和服务的课税（其中，5121 指特许权税，5122 指财政专营利润收入，5123 指关税，5126 指对特殊服务征税，5128 指其他税收）
OECD 国民账户变量	
CP	私人最终消费支出
EE	非独立雇用人数（dependent employment）
ES	自我雇用者人数（self-employment）
CG	政府最终消费支出
CGW	政府最终工资支出
IG	政府部门投资
IP	私人部门投资
OSPUE	非公司组织的净收入
PEI	家庭财产收益和经营收益
W	受雇人员的工资和薪金
OS	总经济剩余

资料来源：Carey 和 Tchilinguirian（2000）。

在计算资本所得、劳动所得和消费支出平均税率之前，首先要解决对家庭征税如何在资本和劳动分配的问题，这是因为在对家庭征税时，并没有区分该税收是针对劳动所得还是资本所得征税。Mendoza 的处理方法是假定家庭贡献的资本和劳动的税收比例与家庭收入中资本和劳动所得的比例一致。在此前提下，计算家庭整体税收负担 τ_h 的公式是：

$$\tau_h = \frac{1100}{OSPUE + PEI + W} \qquad (8-1)$$

式中，分母是政府和企业之外的以家庭为单位的收入（包括个人收入），分子（代码 1100）是家庭支付的税收。根据该方法，资本所得的平均税率为：

$$\tau_k = \frac{\tau_h \times (OSPUE + PEI) + 1200 + 4100 + 4400}{OS} \times 100\% \qquad (8-2)$$

式中，分子的第一项是对家庭资本所得所征的税款，代码 1200 是指对企业所得、利润及资本利得的征税额，代码 4100 和代码 4400 分别代表着对资本存量和资本交易的征税，合起来代表着对资本所得征税，分母代表着资本所得税的税基。

测算劳动所得的平均税率的计算公式为：

$$\tau_l = \frac{\tau_h W + 2000 + 3000}{W + 2200} \times 100\% \qquad (8-3)$$

式中，分子的第一项是以家庭为单位支付的税款中属于劳动要素贡献的部分，所有社会保障缴款（代码 2000）及对工资和员工所征税额（代码 3000）都与劳动相关联，三者加在一起相当于对劳动所得征税，分母代表着加上社会保障缴款后的劳动总收入，分子与分母相除求得劳动所得的平均税率。

消费支出的平均税率计算公式为：

$$t_c = \frac{5110 + 5121}{CP + CG - CGW - 5110 - 5121} \times 100\% \qquad (8-4)$$

式中，分子代表着对消费支出的征税，分母是对消费支出税基的计算，其中从政府最终消费支出 CG 中减去支付给员工的报酬 CGW，是因为这部分支出并没有承担以消费支出为税基的税收，分母中减去代码 5110 和代码 5121 是因为以增值税为代表的间接税是价外税，私人和政府最终消费支出中不应包括税额。

8.2.2 公式调整

Carey 和 Tchilinguirian（2000）指出，Mendoza 公式中，假定所有自我雇用收入属于劳动要素收入，这有些勉强。他们认为，应根据非独立就业者人均工资，推算出自我雇用者收入来自劳动收入部分的份额，其公式为：

$$WSE = ES \times \frac{W - 2\,100}{EE} \qquad\qquad (8-5)$$

自我雇用者收入扣除来自劳动收入部分，就可以推算出来自资本部分的收入。由此，他们提出新的测算劳动所得和资本所得平均税率公式，可称为 Carey 公式：

$$\alpha = \frac{W - 2\,100 + WSE}{OSPUE + PEI - 2\,300 + W - 2\,100}$$

$$\beta = 1 - \alpha$$

$$\tau_l = \frac{\tau_h \times (W - 2\,100 + WSE - \alpha \times 2\,400) +}{\dfrac{2\,100 + 2\,200 + 2\,300 + \alpha \times 2\,400 + 3\,000}{WSSS + WSE + 2\,300}}$$

$$\tau_k = \frac{\tau_h \times (OSPUE + PEI - WSE - 2\,300 - \beta \times 2\,400) +}{\dfrac{1\,200 + \beta \times 2\,400 + 4\,100 + 4\,400}{OS - WSE - 2\,300}}$$

由于中国税制结构与 OECD 国家有很大的不同，在对中国资本所得、劳动所得和消费支出平均税率测算时，只需考虑 Mendoza 公式和 Carey 公式体现的思想即可。

8.3 省际税基平均税率测算

8.3.1 劳动所得平均税率测算

1. 劳动所得税基调整

粗略地看，劳动所得税基是收入法 GDP 分解后的"劳动者报酬"部分。中国历年《中国统计年鉴》公布各省收入法 GDP 分解结果，将之分解为生产税净额、固定资产折旧、劳动者报酬和营业盈余四部分。其中劳动者报酬属于劳动要素所得，营业盈余属于资本要素所得。白重恩、钱震杰（2009a）发现，收入法 GDP 的核算在 2004 年出现了两个变化：一是个体经济业主收入从劳动收入变为营业盈余；二是将国有和集体农场的营业盈余由"营业盈余"转计入"劳动者报酬"。个体经济业主收入属于自我雇用者收入，根据 Carey 和 Tchilinguirian（2000）提出的公式思想，对中国个体经济业主收入分解为资本要素所得和劳动要素所得。由于没有对个体经济业主的营业盈余的相关统计资料，需要对此进行推算。假设各省个体经济业主创造营业盈余的能力和城镇其他从业人数相同，那么各省个体经济业主创造的营业盈余为：

$$个体经济业主创造的营业盈余 = \left(\frac{个体经济业主的从业人数}{城镇从业人数} \right) \times 营业盈余$$

根据 Carey 和 Tchilinguirian（2000）采用的以劳均工资推算自我雇用者劳动收入方法，可以推算出各省个体经济业主创造的营业盈余中归属劳动部分为：

$$个体经济业主劳动要素所得 = 个体经济业主从业人数 \times 劳均工资$$

由于可推算出各省个体经济业主创造的营业盈余中归属资本部分为：

$$个体经济业主资本要素所得 = 个体经济业主创造的营业盈余 - 个体经济业主劳动要素所得$$

由于农场统计口径的变化，还须推算各省历年国有农场产值。目前统计资料中只有全国国有农场产值，为推算各省国有农场产值，做两点假设：一是各省国有农场产值占全国国有农场产值的比例与各省农业产值占全国总农业产值的比例相等；二是国有农场创造的营业盈余能力与整体经济相等。根据这两点假设，推算出各省国有农场的营业盈余为：

$$各省国有农场的营业盈余 = \left[国有农场产值 \times \left(\frac{各省农业产值}{总农业产值} \right) \right] / 各省总产值 \times 各省营业盈余$$

根据统计口径变化，我们对劳动者报酬重新整理，得到劳动税基为：

$$2003 年之前的劳动者报酬调整 = 劳动者报酬 - 个体经济业主资本要素所得$$

$$2004 年之后劳动者报酬调整 = 劳动者报酬 - 国有农场的营业盈余 + 个体经济业主劳动要素所得$$

相应地，营业盈余的调整公式为：

$$2003 年之前的营业盈余调整 = 营业盈余 + 个体经济业主资本要素所得$$

$$2004 年之后营业盈余调整 = 营业盈余 + 国有农场的营业盈余 - 个体经济业主劳动要素所得$$

2. 劳动所得课税的税收分类

中国现行税收中，针对劳动所得征税有个人所得税的一部分，以及农业税、农林特产税、畜牧业税等农业各税。之所以将农业各税归为对劳动所得征税，是因为农民作为一个独立的生产单位，征收农业各税相当于对农民劳动所得征税。

中国个人所得税实行分类征收方法，其中涉及劳动要素征税的税目有："工资薪金所得"、"稿酬所得"、"劳务报酬所得"；涉及资本要素征税的税目有："财产租赁所得"、"财产转让所得"、"特许权使用费所得"、"对企事业单位承包经营或承租经营所得"、"利息、股息、红利所得"。个人所得税税目中"个体工商户生产和经营所得"属于自我雇用者收入，税收收入也应分解为资本收入和劳动收入两部分。根据前文测算的个体经济业主营业盈余中资本和劳动收入所占比例，本章对来自"个体工商户生产和经营所得"税收收入分解如下：

"个体工商户生产和经营所得"税收收入归属劳动部分="个体工商户生产和经营所得"税收收入×（个体经济业主劳动要素所得/各省个体经济业主创造的营业盈余）

"个体工商户生产和经营所得"税收收入归属资本部分="个体工商户生产和经营所得"税收收入－"个体工商户生产和经营所得"税收收入归属劳动部分

中国是通过筹集社会保险费来建立社会保障制度，尽管是收费，但是从性质看，仍属于对劳动所得征税，在测算税基税收负担时不能忽略。按筹集资金总量排列，社会保险由五项组成，即养老保险、医疗保险、失业保险、工伤保险和生育保险。工伤保险费和生育保险费规模很小，两者之和仅占社会保险费总量2.4%，并且统计数据也不完整，可以忽略不计。加上社会保险费，统计的以劳动所得为税基的税收为：

$$\text{以劳动所得为税基的税收} = \text{个人所得税中对劳动要素征税} + \text{农业各税} + \text{社会保险费}$$

根据对劳动所得税基和劳动所得税收测算，就可以求出相应的劳动要素平均税率，见表8-2。

表8-2　　　　　　　　劳动所得平均税率

τ_l	1997年	1998年	1999年	2000年	2001年	2002年	2003年	2004年	2005年	2006年	2007年
北京	9.2	9.1	12.8	15.9	17.6	15.1	25.4	25.4	17.4	18.6	20.4
天津	5.8	6.7	8.1	9.7	9.5	11.7	13.1	13.0	17.4	17.7	19.9
河北	3.2	3.3	4.6	5.3	5.1	6.4	6.9	6.1	7.4	7.9	8.7
山西	3.7	3.8	8.7	7.6	7.7	8.8	4.6	10.7	12.0	13.8	16.4
内蒙古	4.9	4.4	7.2	7.3	6.9	7.3	4.6	11.9	8.4	9.1	10.4
辽宁	6.5	6.2	9.8	11.2	12.0	13.8	6.4	12.4	14.1	14.9	16.1
吉林	4.8	4.5	9.0	7.6	6.5	7.6	3.1	11.5	11.9	11.3	12.7
黑龙江	4.9	4.8	11.1	10.2	10.5	10.3	8.9	9.2	14.7	16.7	16.9
上海	13.0	14.9	19.3	21.4	23.1	22.1	18.6	23.4	23.9	25.6
江苏	3.6	3.7	4.7	5.0	5.6	6.7	7.6	7.7	8.6	9.1	10.9
浙江	3.8	3.9	5.6	5.3	6.8	7.1	21.9	5.8	9.0	9.0	9.5
安徽	4.3	3.3	5.1	6.0	6.2	6.7	38.4	6.0	7.4	8.6	9.3
福建	3.0	2.6	3.8	3.7	4.9	4.9	13.3	6.3	6.6	6.6	7.1
江西	3.1	2.6	4.7	4.7	4.6	5.6	7.1	4.6	6.3	6.5	7.5
山东	3.8	3.3	4.9	5.7	6.2	6.6	26.2	4.6	8.5	8.9	9.7

τ_l	1997 年	1998 年	1999 年	2000 年	2001 年	2002 年	2003 年	2004 年	2005 年	2006 年	2007 年
河南	2.4	2.3	3.4	3.8	3.7	5.6	11.6	6.3	6.0	6.3	6.8
湖北	3.0	2.7	4.2	4.1	4.5	5.5	9.6	6.8	8.9	10.5	10.4
湖南	3.0	2.9	4.3	4.3	4.3	6.4	13.7	7.6	8.8	8.6	9.0
广东	3.4	3.7	5.3	6.2	7.6	6.6	14.4	7.4	9.6	10.1	10.3
广西	2.5	2.1	4.3	3.9	4.1	4.7	3.6	6.3	6.3	6.3	7.7
海南	6.4	5.4	7.6	7.2	8.0	8.5	1.3	8.6	9.9	11.0	13.7
重庆	4.2	4.1	5.4	7.3	5.7	6.7	7.8	8.1	8.9	10.0	11.0
四川	3.7	3.3	5.8	5.2	5.6	6.9	8.3	7.3	9.6	10.7	11.5
贵州	4.8	3.1	6.5	7.1	7.1	8.5	9.0	8.5	9.4	9.8	9.8
云南	8.6	4.7	8.3	10.2	9.9	11.7	12.6	10.9	10.3	9.8	10.1
西藏	2.7	2.6	4.3	3.5	4.0	4.9	5.9	5.8	6.3	6.5	7.1
陕西	3.9	3.6	8.1	7.2	7.1	8.3	8.7	8.6	10.2	11.0	11.3
甘肃	4.9	4.1	8.2	7.8	8.3	9.9	11.0	10.2	12.2	10.5	11.6
青海	4.2	3.8	11.7	9.4	9.7	9.8	9.9	10.3	14.0	14.5	14.9
宁夏	3.7	3.8	7.5	7.7	8.2	9.2	11.0	10.5	10.7	11.8	12.6
新疆	3.2	3.5	11.2	7.3	7.8	12.1	12.8	12.6	12.3	14.4	15.8

8.3.2 消费支出平均税率测算

中国税制中属于以消费支出为税基的税种有：部分增值税、部分营业税、消费税、筵席税、烟叶税、屠宰税、部分城建税（全称城市维护建设税）。因此以消费支出为税基的征税总额为：

$$\text{以消费支出为税基的征税总额} = \text{增值税中对消费征税部分} + \text{营业税中对消费征税部分} + \text{消费税}$$

$$+ \text{筵席税} + \text{烟叶税} + \text{屠宰税} + \text{城建税中对消费征税部分}$$

就增值税而言，中国在 1994～2008 实行的是生产型增值税，购买固定资产的部分增值税不能抵扣进项税额，这样，生产型增值税的税基既包括消费，也包括资本，所以增值税必须在资本和消费之间分摊。现有统计数据中没有购入固定资产进项税的数据，一个近似的分摊方法是按支出法 GDP 中的最终消费和资本形成总额的比例，将增值税分割为对资本收入和对消费支出征税两部分。这样做的理由是，企业购进的固定资产最终体现为支出法 GDP 统计中的"资本形成"项目，除了购入固定资产进项税不能抵扣外，其余增值税经层层抵扣后，最终税负落在消费品上，总额体现在支出法 GDP 统计中的"最终消费"项目。而增值税实行比例税率，投资品和消费品的适用税率大致相同，因此可以按最终消费和资本形成总额的比例分摊增值税对消费和资本征税比例，其分摊比例为：

增值税中对消费征税部分 = 增值税 × [最终消费/(最终消费 + 资本形成总额)]

$\begin{matrix} 增值税中对资 \\ 本征税部分 \end{matrix}$ = 增值税 × [资本形成总额/(最终消费 + 资本形成总额)]

就营业税而言，中国营业税有九大税目，主要针对各种劳务、转让无形资产和销售不动产征税，也是属于对资本和劳动混合征税的税种，我们也采取分摊的方法将营业税分割为对资本收入和对消费支出征税两部分。分摊比例为：

营业税中对消费征税部分 = 营业税 × [最终消费/(最终消费 + 资本形成总额)]

营业税中对资本征税部分 = 营业税 × [资本形成总额/(最终消费 + 资本形成总额)]

城建税是增值税、营业税和消费税的附加税，因此它也要随之分摊对资本和消费征税两部分。

城建税中对消费征税部分 = 城建税 × (增值税和营业税中对消费征税部分 + 消费税)/(增值税 + 营业税 + 消费税)

城建税中对资本征税部分 = 城建税 − 城建税中对消费征税部分

消费支出税基为最终消费支出，于是计算消费支出平均税率公式为：

消费要素平均税率 = 以消费支出为税基的征税总额/ (最终消费支出 − 以消费支出为税基的征税总额)

表 8 - 3 给出消费支出平均税率的测算结果。

表 8 - 3   **消费支出平均税率**

τ_c	1997年	1998年	1999年	2000年	2001年	2002年	2003年	2004年	2005年	2006年	2007年
北京	11.6	12.5	15.2	15.3	16.7	15.6	14.9	16.0	15.5	16.4	17.1
天津	13.5	13.6	14.9	16.8	15.9	18.1	18.8	20.0	21.1	23.4	
河北	6.3	6.4	6.3	6.0	6.0	6.4	6.5	7.4	7.6	7.7	7.9
山西	8.7	8.8	7.8	7.5	8.0	8.4	9.0	10.8	12.4	12.4	12.9
内蒙古	6.7	6.9	6.9	6.9	6.4	6.2	6.5	7.7	8.2	8.4	8.2
辽宁	10.9	10.9	10.4	10.4	11.0	11.2	12.2	12.8	11.8	11.8	11.9
吉林	9.0	9.2	8.9	8.3	8.9	9.3	9.6	10.7	9.4	8.5	8.2
黑龙江	9.9	10.0	10.4	10.7	10.7	10.4	10.4	11.2	10.5	10.9	9.4
上海	17.5	18.3	20.3	21.3	22.7	25.4	28.1	28.3	27.1	27.1	28.0

续表

τ_c	1997年	1998年	1999年	2000年	2001年	2002年	2003年	2004年	2005年	2006年	2007年
江苏	6.9	7.5	7.9	8.5	9.2	10.3	10.4	11.6	10.6	10.6	11.2
浙江	7.1	7.7	8.1	10.5	10.2	12.1	11.4	11.9	11.2	11.6	12.0
安徽	7.1	7.6	7.1	6.7	6.3	6.7	6.4	7.2	7.8	8.2	8.5
福建	5.9	6.4	6.9	7.7	7.8	8.8	8.5	8.9	8.4	8.5	8.6
江西	5.4	5.8	5.7	6.1	5.9	5.9	6.3	6.4	6.3	6.7	7.3
山东	6.9	7.1	7.3	7.6	7.6	8.1	8.0	8.6	8.3	8.8	8.9
河南	6.4	7.2	6.7	6.1	5.9	6.1	6.0	6.0	5.7	5.9	6.1
湖北	6.3	6.4	6.6	6.5	6.6	6.7	6.8	7.4	7.9	8.3	8.4
湖南	7.1	7.4	7.2	7.0	7.0	7.2	7.1	8.0	8.3	8.4	8.6
广东	9.4	10.2	11.6	13.2	14.3	14.8	13.8	14.2	13.6	13.9	14.3
广西	5.8	6.2	6.4	6.5	6.5	7.1	7.1	7.7	7.1	7.2	7.5
海南	7.4	6.6	6.1	5.9	6.6	6.8	8.1	9.2	9.4	10.2	13.9
重庆	6.3	6.8	7.7	9.3	9.0	9.2	8.9	9.4	9.2	8.0	8.4
四川	6.6	6.7	6.9	5.9	5.9	6.0	5.8	6.0	6.2	7.4	7.6
贵州	8.4	9.4	8.7	8.3	8.0	8.3	8.9	9.7	10.1	10.7	10.7
云南	22.7	23.1	21.5	18.7	17.6	18.2	17.9	18.1	16.4	17.2	18.6
西藏	3.8	3.7	3.5	3.2	2.8	2.7	2.6	2.7	2.8	3.3	3.1
陕西	7.7	8.1	7.9	7.7	8.3	8.6	8.7	10.4	10.8	11.1	10.9
甘肃	8.8	8.7	8.3	8.0	8.0	8.8	9.2	9.4	9.2	9.5	10.3
青海	6.5	6.6	6.4	6.0	5.7	5.8	5.8	5.9	6.6	7.2	7.9
宁夏	8.5	8.7	7.9	6.6	5.2	6.0	6.0	7.1	7.6	7.8	8.1
新疆	7.6	7.9	8.5	8.2	8.1	9.2	9.1	10.8	11.0	10.5	11.3

8.3.3 资本所得平均税率测算

1. 资本所得课税的税收分类

中国税制中对资本所得征税的税种包括部分增值税、部分营业税、企业所得税、部分个人所得税、资源税、固定资产投资方向调节税（2000年暂停征）、部分城建税、房产税、印花税、城镇土地使用税、土地增值税、车船税、车辆购置税等。我们已经计算出对劳动所得和消费支出征税部分，全部税收收入减去对劳动所得和消费支出征税部分就是对资本所得征税。其中，税收收入指的是实际税收收入，它是在《中国税务年鉴》统计的税收数据基础上减去出口退税，加上财政部门征收的农牧业税和契税，测算公式为：

$$\frac{实际税收}{收入} = \frac{税务部分}{征收的税收} - 出口退税 + \frac{财政部门征收的}{农牧业税和契税}$$

于是资本要素课税的公式为：

$$资本要素课税 = 实际税收收入 - 劳动征税 - 消费征税$$

2. 资本税基测算

资本税的税基在表 8-1 中指的是总经济剩余，应指税前经济剩余。中国收入法 GDP 分解中，"营业盈余"已扣除"生产税"。这里，营业盈余指的是前文调整后的营业盈余。生产税指政府对生产单位从事生产、销售和经营活动以及因从事生产活动使用某些生产要素（如固定资产、土地、劳动力）所征收的各种税、附加费和规费，其中包含了对资本要素课税部分。由于企业所得税既属于前面计算的资本要素课税一部分，在统计口径上也属于营业盈余的一部分。因此在计算资本要素税基时，需要把生产税中对资本课税部分与营业盈余合并，再扣除企业所得税重复计算部分。测算公式为：

$$资本要素税基 = 营业盈余 + 资本要素课税 - 企业所得税$$
$$资本要素平均税率 = 资本要素课税 / 资本要素税基$$

资本所得平均税率的测算结果见表 8-4。

表 8-4 资本所得平均税率

τ_k	1997 年	1998 年	1999 年	2000 年	2001 年	2002 年	2003 年	2004 年	2005 年	2006 年	2007 年
北京	44.0	43.9	52.6	53.7	62.3	61.1	51.1	56.2	67.9	76.2	78.8
天津	27.3	28.9	32.6	34.1	37.1	37.3	36.1	41.8	32.4	33.4	35.3
河北	11.3	10.7	11.6	11.3	13.9	12.5	11.5	13.6	14.0	13.9	15.8
山西	16.7	17.2	16.8	18.5	21.6	24.0	10.1	27.0	23.6	25.2	26.6
内蒙古	19.3	21.5	21.6	21.9	20.8	21.6	5.5	19.4	17.3	19.2	18.4
辽宁	16.2	14.7	14.2	15.2	16.6	16.7	10.3	26.1	27.4	26.2	26.9
吉林	24.0	24.0	22.8	20.6	33.0	29.9	4.4	16.8	18.2	17.4	18.2
黑龙江	15.0	15.5	17.7	15.6	19.1	19.8	14.0	19.8	17.0	18.1	17.2
上海	34.0	31.4	35.5	41.6	41.6	42.5	39.5	65.3	40.5	41.8	55.1
江苏	12.5	12.5	13.8	17.2	20.3	21.6	20.5	20.6	22.2	22.3	22.4
浙江	10.7	10.5	11.4	20.3	23.3	24.1	84.9	47.1	23.0	24.0	25.4
安徽	9.6	13.0	13.2	14.2	16.8	15.1	66.2	21.2	14.8	16.1	17.3
福建	10.3	9.4	10.6	12.0	14.1	15.6	29.8	17.7	17.8	18.5	18.5

τ_k	1997 年	1998 年	1999 年	2000 年	2001 年	2002 年	2003 年	2004 年	2005 年	2006 年	2007 年
江西	14.3	12.7	14.0	18.8	27.3	24.2	19.9	18.2	12.2	13.5	15.7
山东	11.9	13.2	13.6	20.5	25.7	24.5	80.5	35.1	15.4	15.6	17.2
河南	22.0	15.5	17.5	20.9	25.1	20.9	18.5	13.8	11.4	11.5	13.2
湖北	19.0	20.1	22.8	24.3	21.7	22.0	18.4	17.1	18.7	16.7	17.8
湖南	14.0	12.2	12.9	16.7	19.9	20.8	28.1	22.0	10.8	12.5	13.6
广东	25.2	29.7	32.3	36.7	34.0	33.3	62.8	45.7	22.5	23.0	27.7
广西	15.9	17.5	16.9	32.1	39.1	32.0	14.1	27.0	13.9	13.0	14.2
海南	16.2	15.4	16.3	19.5	22.4	22.4	5.3	33.6	20.4	20.4	24.5
重庆	8.7	13.3	16.2	5.8	8.0	9.0	8.8	10.8	9.6	18.2	19.6
四川	16.2	16.1	16.8	21.5	25.4	24.6	23.8	25.9	21.1	17.5	19.5
贵州	30.2	38.7	49.0	37.6	33.3	32.9	26.3	29.3	22.2	23.9	25.9
云南	35.0	34.0	34.2	29.8	30.7	30.7	29.6	31.8	30.7	30.2	31.3
西藏	28.2	58.9	27.8	76.8	44.1	41.2	13.7	14.8	13.4	14.0	14.1
陕西	18.3	19.2	20.1	34.3	49.9	30.8	32.6	38.1	21.1	22.8	22.2
甘肃	16.9	14.1	15.2	24.1	36.8	36.5	24.4	26.6	17.2	19.6	21.5
青海	29.7	22.9	26.9	51.0	33.0	27.6	24.7	26.9	21.3	23.8	24.6
宁夏	28.4	38.7	40.9	40.9	51.9	43.5	35.5	42.5	25.6	25.2	25.7
新疆	18.7	22.4	19.2	19.6	26.9	27.5	22.1	28.4	25.5	24.6	25.3

8.3.4 中国三大税基平均税率变动趋势分析

根据对中国各省三大税基平均税率的测算结果，可以描绘出 1997～2007 年各省平均的税基平均税率，见图 8-1。

图 8-1 显示，中国资本所得平均税率在 2004 年前呈上升趋势，2005 年大幅回落，之后又缓慢上升。对资本所得课税的主体税种是企业所得税、部分营业税和部分增值税，这三大税种长期保持高速增长趋势，为什么在资本要素税增长的情况下资本所得平均税率在 2005 年后会出现大幅度下降呢？主要原因在于资本税基"营业盈余"在 2005 年前后发生较大的变动。1997～2004 年，中国整体经济大部分时期不景气，企业盈利能力不强，营业盈余占 GDP 的比重平均为

19.3%。而在 2005～2007 年，中国经济处于高涨时期，企业盈利迅速增加，反映为营业盈余占 GDP 的比重平均上升到 30.5%。由于营业盈余的剧烈变动，导致资本所得平均税率在 2005 年后迅速回落。但从总的趋势看，资本所得平均税率是处于上升趋势的。

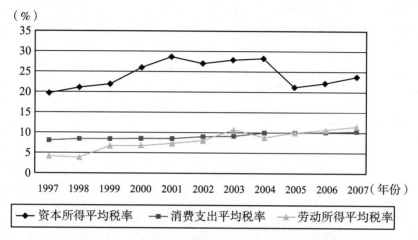

图 8-1　中国三大税基平均税率的变动趋势

消费支出平均税率呈上升趋势，原因可从计算消费支出平均税率公式的分子和分母两个角度分析。就分子而言，以消费支出为税基的主体税种是部分增值税和消费税，随着增值税"金税工程"防伪税控系统在 2000 年后广泛实施，增值税征税能力迅速提高，加上 2006 年消费税政策大幅度调整，由此导致增值税和消费税在 2001 年后迅速增长；就分母而言，中国经济长期受消费不足的约束，居民消费不足导致消费税基的萎缩，最终消费占 GDP 的比重由 2000 年的 62.3%下降到 2007 年的 48.8%。因此，税收增长和消费税基的萎缩一起，促使了消费支出平均税率上升。

劳动所得平均税率也呈上升趋势，原因在于以劳动所得为税基的税收主要来自个人所得税中"工资薪金所得"税目，该税目实行累进税率，人均收入的增长会带动劳动所得平均税率上升。

8.4　平均税率变动对要素收入分配的影响

第 7 章总结了税收影响要素收入分配的机制：一是税收的要素替代效应，如对劳动要素征税会使得厂商支付的税前劳动报酬提高，引发厂商用资本要素替代劳动要素生产，从而使得劳动分配份额下降和资本分配份额上升；二是税收的要素收入效应，直接税一般对税前要素收益征税，从而降低税后要素收益率，进而降低要素分配份额；消费税均不影响资本和劳动分配份额，这是因为消费支出征税只是在要素所有者取得要素收入后进行消费时才课征，它影响消费行为，但不影响要素收入分配。本章测算出税基平均税率数据，那么，它们对要素收入分配的影响程度到底如何呢？对此需要进行实证分析。

8.4.1 计量模型设定

构建下列实证模型：

$$r_{it} = \phi X_{it} + \beta T_{it} + \alpha_t + \mu_i + \xi_{it} \tag{8-6}$$

式中，下标 i 为地区；t 为时间，本章采用我国 1996～2007 年以省为单位的面板数据分析。α_t 为时间效应；μ_i 为个体效应；ξ_{it} 为误差项；r_{it} 为税后劳动或资本分配份额；X_{it} 为影响要素分配份额的一组非税收宏观经济变量；T_{it} 为各税基的平均税率。

除了税收因素外，其他宏观经济变量也对要素收入分配产生重要影响，在实证分析中必须引入这些控制变量。关于影响我国要素收入分配的税收外因素，白重恩、钱震杰（2009b）进行了详细文献综述。本章借鉴他们的研究，在解释要素分配份额的变量中，除新增各税收变量外，其他解释变量同他们选取的解释变量一致。各解释变量有：（1）人均 GDP 的对数值 $rgdp$，用来控制经济发展阶段对要素分配的影响；（2）资本产出比变量 rky，用来控制由价格变化导致的要素投入变化对要素分配的影响；（3）经济结构变量 $rstr$，用来控制不同产业结构对要素分配的影响，本章用第三产业产值占 GDP 的比重代表该变量；（4）政府支出比重变量 rg，用各省政府支出占 GDP 的比重代表，用来控制政府干预对要素分配的影响；（5）要素市场发展程度变量，衡量指标有两个：一是垄断程度指标，用工业部门增加值中国有及国有控股单位所占比例代表；二是金融发展程度指标，用各省银行贷款占 GDP 的比代表；（6）产品市场发展程度变量，衡量指标有两个：一是外商直接投资与全社会固定资产投资之比 $rfdi$；二是进出口总额与 GDP 之比 $ropen$。

各变量数据来自历年《中国统计年鉴》、《中国税务年鉴》、《劳动统计年鉴》、《中国财政年鉴》、《中国金融年鉴》，各省税后要素收入分配数据来自郭庆旺、吕冰洋（2011）。

8.4.2 检验结果

为检验各变量对要素收入分配的影响，本章采用三种模型估计：一是固定影响模型，简称 Fe 模型；二是随机影响模型，简称 Re 模型；三是综合考虑异方差和序列相关因素模型，简称 Scc 模型。Fe 模型和 Re 模型是传统常用的面板数据估计方法，但是由于面板数据常存在异方差和序列相关问题，当存在这两个问题以及截面相关性质未知时，Scc 模型能够给出更稳健的估计结果（Driscoll and Kraay，1998）。按通常做法，我们通过 Hausman 检验值来选择 Fe 模型和 Re 模型。

表 8 – 5 模型 1 至模型 3 是以劳动分配份额为被解释变量的估计结果。模型 1 报告了控制变量中以经济发展水平 $rgdp$ 和资本产出比 rky 为核心控制变量的估计结果。模型 2 和模型 3 是引入其他变量的估计结果。由于变量 $ropen$ 和 $rfdi$ 同为反映产品竞争程度变量，$rsoe$ 和 rfi 同为反映要素市场发展程度变量，同时引入模型可能会存在多重共线性问题。为此，模型 2 中引入 $rfdi$ 和 rfi 变量，模型 3 中引入 $ropen$ 和 $rsoe$ 变量。

表 8 – 5　　　　　　　　税基平均税率对劳动分配份额的影响

变量	模型 1			模型 2			模型 3		
	FE	RE	SCC	FE	RE	SCC	FE	RE	SCC
$cons$	2.170 **	1.990 **	2.170 **	1.947 **	1.724 **	1.366 **	2.245 **	2.104 **	1.633 **
	(0.083)	(0.079)	(0.127)	(0.099)	(0.081)	(0.093)	(0.096)	(0.084)	(0.156)
tl	– 0.271	– 0.415	– 0.956	– 0.622 **	– 0.823 **	– 1.337 **	– 0.689 **	– 0.838 **	– 1.377 **
	(0.305)	(0.313)	(0.665)	(0.296)	(0.298)	(0.414)	(0.304)	(0.302)	(0.343)
tc	0.168	0.152	– 0.186	– 0.065	– 0.169	– 0.373	– 0.123	– 0.21	– 0.422
	(0.182)	(0.149)	(0.110)	(0.187)	(0.143)	(0.046)	(0.203)	(0.156)	(0.057)
tk	0.083 **	0.108 **	0.215 **	0.066 **	0.080 **	0.106 **	0.081 **	0.085 **	0.086 **
	(0.031)	(0.031)	(0.056)	(0.030)	(0.029)	(0.042)	(0.030)	(0.030)	(0.032)
$rgdp$	– 0.192 **	– 0.169 **	– 0.103 **	– 0.176 **	– 0.152 **	– 0.117 **	– 0.204 **	– 0.193 **	– 0.147 **
	(0.012)	(0.010)	(0.008)	(0.014)	(0.010)	(0.010)	(0.014)	(0.010)	(0.017)
rky	0.001	– 0.011	– 0.004	– 0.012	– 0.030 **	– 0.032	– 0.004	– 0.005	– 0.014
	(0.015)	(0.011)	(0.007)	(0.015)	(0.010)	(0.011)	(0.015)	(0.010)	(0.015)
$rstr$				0.103	0.273 **	0.471 **	0.217 **	0.326 **	0.542 **
				(0.106)	(0.092)	(0.094)	(0.103)	(0.089)	(0.090)

205

续表

变量	模型 1			模型 2			模型 3		
	FE	RE	SCC	FE	RE	SCC	FE	RE	SCC
rg				0.035	− 0.014	0.022	− 0.019	− 0.034	− 0.077*
				(0.092)	(0.058)	(0.042)	(0.088)	(0.058)	(0.044)
rfi				0.089**	0.090**	0.073**			
				(0.017)	(0.017)	(0.011)			
rfdi				0.180*	0.279**	0.464**			
				(0.102)	(0.098)	(0.100)			
rsoe							− 0.082*	− 0.031	0.059
							(0.045)	(0.037)	(0.041)
ropen							0.117**	0.119**	0.085**
							(0.028)	(0.022)	(0.014)
N	341	341	341	341	341	341	341	341	341
R^2	0.609	0.646	0.525	0.647	0.679	0.679	0.638	0.675	0.640
Hausman		76.1			58.7			92.73	

模型 1 至模型 3 估计结果显示 Hausman 检验值拒绝了存在随机效应原假设，因此我们倾向采用 Fe 模型和 SCC 模型的估计结果分析。现简要分析各控制变量对劳动分配份额的影响。在通过显著性检验的系数中，*rgdp* 的系数为负值，说明当前经济发展阶段不利于劳动分配份额的上升；*rstr* 系数为正值，意味着第三产业所占比重提升会改善劳动要素收入分配；金融市场发展程度指标 *rfi* 的系数为正值，说明金融市场发展程度的提高会提高劳动分配份额；进出口占 GDP 比重 *ropen* 的提高会提高劳动分配份额；在通过显著性检验的系数中，政府支出比率 *rg* 和国有企业垄断程度 *rsoe* 的系数为负值，说明两者提高会降低劳动分配份额。以上检验结果与郭庆旺、吕冰洋（2011）的检验结果是很相像的，在此不做过多解释。

我们重点关注税基平均税率对劳动分配份额的影响。劳动所得平均税率 *tl* 的系数大多通过显著性检验，且为负值，说明劳动所得平均税率每上升 1 个百分点，将导致劳动分配份额下降 0.823 ~ 1.377 个百分点；资本所得平均税率 *tk* 的系数均通过显著性检验，且为正值，说明资本所得平均税率每上升 1 个百分点，将导致劳动要素分配份额上升 0.080 ~ 0.215 个百分点；消费支出平均税率未通过显著性检验，说明针对消费支出税基征税不影响要素收入分配。

对于上述回归结果可以作出如下解释：针对劳动所得征税将导致劳动要素税后收入减少，从而降低劳动分配份额，这是税收的要素收入效应在发挥作用；针对资本要素征税将导致资本税前价格上升，从而促使厂商在生产中以劳动要素替代资本要素，劳动分配份额随之上升，这是税收的要素替代效应在发挥作用；针对消费支出征税不影响劳动分配份额，这是因为尽管对消费支出征税会导致消费品价格提高，但是对消费支出征税只是在要素所有者取得要素收入后进行消费时才课征，它影响消费行为，但不影响要素收入分配。

表8－6中的模型4至模型6是以资本分配份额为被解释变量的估计结果。模型4报告了控制变量中以经济发展水平 $rgdp$ 和资本产出比 rky 为核心控制变量的估计结果，模型5和模型6是引入其他变量的估计结果。其中模型5引入 $rfdi$ 和 rfi 变量，模型6引入 $ropen$ 和 $rsoe$ 变量，分别代表产品竞争程度和要素市场竞争程度。模型4估计结果显示 Hausman 检验值拒绝了存在随机效应原假设，因此我们倾向采用 Re 模型和 SCC 模型的估计结果分析。模型5和模型6估计结果显示 Hausman 检验值拒绝了存在固定效应原假设，因此我们倾向采用 Fe 模型和 SCC 模型的估计结果分析。

表8－6 税基平均税率对资本分配份额的影响

变量	模型4			模型5			模型6		
	FE	RE	SCC	FE	RE	SCC	FE	RE	SCC
cons	-0.131	-0.211**	-0.131	0.004	-0.105	-0.239**	-0.299**	-0.328**	-0.299**
	(0.094)	(0.082)	(0.079)	(0.112)	(0.083)	(0.114)	(0.109)	(0.088)	(0.138)
tl	1.054**	1.021**	1.054**	1.421**	1.285**	1.130**	1.505**	1.145**	1.042**
	(0.346)	(0.340)	(0.339)	(0.336)	(0.323)	(0.306)	(0.345)	(0.330)	(0.319)
tc	0.048	-0.063	0.048	0.257	0.111	0.056	0.358	0.117	0.123
	(0.206)	(0.147)	(0.111)	(0.212)	(0.143)	(0.120)	(0.230)	(0.157)	(0.166)
tk	-0.166**	-0.191**	-0.166**	-0.156**	-0.151**	-0.147**	-0.160**	-0.146**	-0.145**
	(0.035)	(0.033)	(0.046)	(0.034)	(0.032)	(0.033)	(0.034)	(0.033)	(0.036)
rgdp	0.042**	0.063**	0.042**	0.042**	0.062**	0.083**	0.070**	0.088**	0.091**
	(0.013)	(0.010)	(0.013)	(0.016)	(0.011)	(0.011)	(0.016)	(0.011)	(0.014)
rky	0.044**	0.006	0.044**	0.052**	0.033**	0.024**	0.045**	0.018*	0.019
	(0.017)	(0.011)	(0.021)	(0.017)	(0.010)	(0.010)	(0.017)	(0.010)	(0.013)
rstr				-0.157	-0.209**	-0.346**	-0.238**	-0.291**	-0.461**
				(0.120)	(0.096)	(0.089)	(0.117)	(0.093)	(0.085)

207

续表

变量	模型 4			模型 5			模型 6		
	FE	RE	SCC	FE	RE	SCC	FE	RE	SCC
rg				-0.228**	-0.199**	-0.109**	-0.141	-0.114**	-0.004
				(0.105)	(0.057)	(0.045)	(0.100)	(0.058)	(0.033)
rfi				-0.080**	-0.076**	-0.062**			
				(0.019)	(0.018)	(0.010)			
$rfdi$				-0.311**	-0.235**	-0.098			
				(0.116)	(0.105)	(0.061)			
$rsoe$							0.038	-0.057	-0.097*
							(0.051)	(0.039)	(0.050)
$ropen$							-0.134**	-0.066**	-0.034**
							(0.031)	(0.023)	(0.007)
N	341	341	341	341	341	341	341	341	341
R^2	0.113	0.364	0.204	0.196	0.499	0.288	0.18	0.478	0.503
Hausman		3188.7			10.11			6.22	

现分析各控制变量对资本分配份额的影响。估计结果说明当前经济发展水平 $rgdp$ 和资本产出比 rky 的提高会促使资本分配份额的提高，经济结构 $rstr$ 向第三产业转化和政府干预程度 rg 的提高会降低资本分配份额。经济开放度 $ropen$ 和外商投资比重 $rfdi$ 变量的系数为负值，说明产品竞争程度的加强会抑制资本分配份额的提高；$rsoe$ 和 rfi 的系数为正值，说明国有企业垄断程度增强和金融发展程度提高会提高资本分配份额。这些发现和解释大部分与白重恩、钱震杰（2009b）和郭庆旺、吕冰洋（2011）是一致的。

我们重点关注税基平均税率对资本分配份额的影响。劳动所得平均税率 tl 的系数均通过显著性检验，且为正值，说明劳动所得平均税率每上升1个百分点，将导致资本要素分配份额上升 1.042 ~ 1.505 个百分点；资本所得平均税率 tk 的系数均通过显著性检验，且为负值，说明资本所得平均税率每上升1个百分点，将导致资本分配份额下降 0.145 ~ 0.191 个百分点；消费支出平均税率未通过显著性检验，说明针对消费支出税基征税不影响要素收入分配。

对于上述回归结果可以作出如下解释：针对劳动要素征税将导致劳动税前价格上升，从而促使厂商在生产中以资本要素替代劳动要素，资本分配份额随之上升，这是税收的要素替代效应在发挥作用；针对资本要素征税将导致资本要素税后收入减少，从而降低资本分配份额，这是税收的要素收入效应在发挥作用；针对消费支出征税不影响劳动分配份额。

8.5 小 结

准确估计劳动所得、资本所得和消费支出的平均税率有助于一些宏观经济问题的研究开展，可以说是税收的一项基础性数据整理工作。本章根据 Mendoza 公式，结合中国国民经济统计口径和税收制度特点，对中国各省税基平均税率进行详细测算，进而实证分析税基平均税率对要素收入分配的影响。研究结论归纳为以下两点：

（1）从时间趋势看，中国资本所得、劳动所得和消费支出平均税率均呈上升趋势。与 OECD 国家相比，资本所得平均税率相对较高，劳动所得和消费支出平均税率相对较低。资本所得平均税率高的原因在于中国税制存在不少对资本所得的重复征税机制；劳动所得平均税率相对较低的原因在于发达国家个人所得税普遍实行综合征收，税率相对较高，并且社会保障税税率也较高；消费支出平均税率相对较低的原因在于 OECD 国家的增值税实行消费型增值税，税率相对较高。

（2）实证结果表明，劳动所得平均税率上升会通过要素收入效应降低劳动分配份额，通过要素替代效应提高资本分配份额；资本所得平均税率上升会通过要素收入效应降低资本分配份额，通过要素替代效应提高劳动分配份额；消费支出平均税率上升对要素收入分配没有明显影响。

鉴于我国资本平均税率相对较高而劳动和消费平均税率相对较低情况，在合乎税制改革的自身逻辑前提下，可以考虑对税基结构进行适当调整：一是增值税彻底转为消费型增值税，2009 年后我国增值税政策调整尽管可以抵扣进项设备的增值税，但是设备投资仅占全社会固定资产投资的 1/4 左右，大量投资是抵扣不了进项增值税的，因此对增值税的双重征税机制仍旧存在，将增值税彻底转为消费型增值税不仅有利于降低资本平均税率，而且也与世界大多数国家增值税设计一致；二是扩大增值税征收范围，将营业税的一些税目如"建筑业"、"销售不动产"、"交通运输业"等纳入增值税征收范围，这样有助于减少对企业资本投入存在的双重征税问题；三是个人所得税由分类所得税向综合与分类相结合转变，目前实行的分类所得税实际上主要是对工资薪金所得征收，个人大量来自资本和劳动的收入游离于税收监管之外，个人所得税制度的改革，有利于优化税基结构。

第 9 章

税收制度的累进性：税收归宿视角

第 7 章和第 8 章研究的是税收对要素收入分配的影响，从本章开始的以下各章将研究税收对居民收入分配的影响。在研究税收的居民收入分配效应之前，要先对整体税收制度的累进性进行判断，因为这关系到对我国现行税制的收入分配效应的总体评价。本章运用传统税收归宿实证分析方法，[①] 即根据不同的税负转嫁假定把不同税种的税负分摊给每个家庭，然后观察有效税率（实际税负与应税收入的比率）与家庭收入之间的关系。分析结果显示，我国税制整体是累退的，即收入越高的家庭，平均（有效）税率越低，相反收入越低的家庭，平均（有效）税率越高，表明税制在整体上加剧了居民收入分配不平等。

9.1 引 言

税收具有较强的居民收入再分配效应，它既可缩小居民收入分配差距，也可加剧居民收入分配不平等，这主要取决于税收累进（退）性和平均（有效）税率的高低。累进性税收缩小居民收入差距，累退性税收则加剧收入分配的不平

---

① 之所以从税收归宿视角来研究税收累进性，是因为一个世纪以来经济学家一直把税收累进性问题看作是"谁承担税收负担"问题（Slemrod，1996，p.1）；也只有澄清谁承担了税负，才能最终判断税收是否是累进的以及累进程度如何。

等。鉴于所得税尤其是个人所得税因实行超额累进税率而具有较强的累进性，而间接税因一般都实行比例税率而具有明显的累退性，因此不同的税制结构对收入分配的影响作用往往差异很大。目前我国税制结构以间接税为主，增值税、消费税、营业税以及海关代征进口增值税和消费税等的收入占我国税收总收入的比重自 1994 年分税种以来虽有所下降，但仍然在 2/3 左右，而直接税尤其个人所得税的收入比重则非常低，在各个年份均未超过 7%（见表 9 - 1）。

表 9 - 1　　　　　　　部分年份主要税种占税收收入总额比重　　　　　单位：%

税种	1995 年	2000 年	2005 年	2007 年	2010 年
增值税	44.4	36.9	34.7	31.6	26.2
消费税	9.3	6.8	5.3	4.5	7.5
海关代征进口货物增值税和消费税	6.6	11.8	13.7	12.4	13.0
营业税	14.6	14.9	13.7	13.3	13.9
企业所得税	13.8	14.0	17.9	19.6	16.0
个人所得税	2.2	5.2	6.8	6.4	6.0
其他	9.1	10.4	8.0	12.2	17.4
总税收	100.0	100.0	100.0	100.0	100

资料来源：中华人民共和国财政部网站（http：//www.mof.gov.cn/zhengwuxinxi/caizheng-shuju/）。

间接税不是按收入的多少缴税，收入中用于消费支出的比例通常随收入水平的上升而下降（也就是储蓄率随收入水平的提高而上升），因此以消费支出为税基的间接税负对收入的比例（即有效税率）与收入水平之间呈现负相关关系，也就是收入越高住户或个人，有效税率越低，而低收入人群的有效税率反而高，这是间接税累退性的主要来源。而间接税累退性直接导致它对收入分配的调节是逆向的，它将加剧收入分配差距，而不是改善收入分配的不平等。与间接税不同，个人所得税为直接税，[①] 其法定税率通常是随收入增加而上升，因此为累进性税收。由间接税和直接税组成的整体税制的收入再分配效应则取决于间接税的累退性与直接税累进性强弱对比，以及各自有效税率的高低。与具有累进性的直接税相比，间接税的累退性越强、有效税率越高，整体税制的收入再分配效应的逆向性越强，就越加剧收入分配不平等。否则，整体税制会改善收入分配差距。

那么，目前我国整体税制的收入再分配效应如何？我国税制以间接税为主，

———————————

① 除个人所得税之外，企业所得税和财产税等也为直接税，但与个人所得税不同，其税负转嫁十分不透明，累进（退）性也不容易确定。

其收入分配效应最大可能是扩大了居民收入分配差距。如果是这样的话，它在多大程度上加剧了居民收入分配的不平等呢？在调节居民收入分配上，企业所得税的作用如何？诸如此类的问题是本章要回答的。本章应用传统的税收归宿实证分析方法，分税种把税收负担分摊到每个住户，然后观察有效税率与收入水平的关系，进而讨论不同税种以及我国税制总体的收入分配效应。

9.2 税收归宿实证研究的几个问题

在经济学中，税收归宿用来分析某种税对收入分配的影响。税收归宿（tax incidence）是指税收负担的最终归着点或税收转嫁的最终结果。而税收转嫁（tax shifting）是指纳税人在名义上缴纳税款之后，主要以改变价格的方式将税收负担转移给他人的过程。这就是说，最初纳税的人不一定是最终的实际承担者。从最初纳税的人到最终的负担者，这种税收在此期间可能经过很多次的转移。因此，只有确定了税收的最终承担者，才有可能评估税制的收入分配效应。

9.2.1 只有个人才能承担税负

人或者说个人是唯一能够承担税负的主体是税收归宿研究的前提之一。个人以消费者的身份承担包含在产品和服务价格中的间接税；个人以工资收入者的身份承担个人所得税以及相应的财产税；个人以企业所有者的身份承担企业所得税。

就现行的税收制度而言，在绝大多数情况下，我国的企业是税收的主要缴纳人，企业不但缴纳企业所得税，同时缴纳间接税。以企业为主要纳税主体的税制模式和征管方式会造成一种误解，那就是税负是由企业承担的，与个人没有多大关系。但是实际上，企业仅仅是税收收入的缴纳人，而不是税收负担的最终承担者，税收负担的最终承担人（或者与纳税人相对应的负税人）永远是作为消费者、工资收入者和企业所有者的个人。

在只有"人"才能承担税负的前提之下，税收归宿的实证研究目的就在于首先把所有税负（包括间接税和直接税在内）根据一定的标准分摊在每个人身上（或者每个家庭成员身上），然后通过把税负与个人收入相比，观察税负与收入之间的相关关系。按照税收公平原则，① 平均有效税率与收入之间应当呈反比，收入越高的人，其收入中用于缴税的那部分收入的比重应当越高。税收归宿的实证研究可以检验税收公平原则是否得以实现，实现的程度如何以及不同税种之间的累进（退）性的差异。

9.2.2　课税的一般均衡效果

课税会产生诸多经济效应，其影响通常比我们的想象的要广泛和复杂得多。税收归宿的局部均衡分析告诉我们，对一种产品（如啤酒）进行课税时，与课税前相比，消费者支付的价格高于课税前啤酒的价格，相反生产者接受的价格则低于课税前该产品的价格，由税收导致的二者之间的税收"楔子"即为每单位啤酒的税额。此时的税收负担由啤酒消费者和生产者共同承担。但是对啤酒课税的影响远远没有停留于此。啤酒价格因课税而上升之后，消费者将减少对啤酒的需求，与此同时增加对其他产品和服务的需要。因此，其他产品和服务的价格有可能上升，而啤酒价格的上升幅度与没有消费替代时相比会缩小。产品价格的相对变化表明，税收负担的一部分通过价格上涨的方式由其他产品和服务的消费者负担了。

征税引起的产品或消费品价格变化是影响个人收入的一个途径，生产要素价格变化是另外一个途径。通过对啤酒课税后，啤酒行业的需求下降，（生产者）价格下降，利润减少，企业会缩小生产。相反，其他产品和服务的需求上升，价格上升，利润也随着增加，企业会扩大生产。在此过程中，不仅企业所有者的收入（利润）会发生相对变量，两个行业从业人员的工资也会受到影响。假定啤酒为劳动密集型产业，其他行业为资本密集型产业，啤酒行业的减产和其他行业的增产意味着对资本需求的相对增加和对劳动需求的相对减少，为了维持充分就业，作为资本价格的利率必须上升，而劳动的价格（工资）需要下降。

税收归宿研究的目标在于穷尽课税的所有经济效应及其对个人收入分配的影响。

---

①　在税收经济学中，税收公平原则分为横向公平（horizontal equity）原则和纵向公平（vertical equity）原则。前者是指纳税能力相同的人应缴纳相同数额的税，后者是指纳税能力不同的人应缴纳不同数额的税，特别是纵向公平原则，当今已成为累进税制设计的理论依据。借用古典经济学家穆勒（Mill，1844）提出的均等牺牲（equality of sacrifice）概念，如果纳税人因纳税而产生的福利损失或牺牲是均等的，则纳税人就得到了公平的对待，税收就实现了纵向公平。后来，均等牺牲概念分解成两个重要的概念：等比例牺牲（equal proportional sacrifice）和等边际或最小总量牺牲（equal marginal or least aggregate sacrifice）（马斯格雷夫，1987，第202～204页）。在等比例牺牲的情况下，高收入者缴纳的税收高于低收入者缴纳的税收；在等边际牺牲的情况下，高收入者比低收入者缴纳的税收更多。可见，均等牺牲原则要求税制具有累进性。

9.2.3 税负应当从收入的来源和支出去向两方面测量

以上对税收的一般均衡效果的讨论告诉我们，税收通过收入来源以及支出去向两个途径影响住户和个人的收入，因此税收归宿应当从两个方面进行测量，马斯格雷夫（Musgrave，1959）最早主张这一点，McLure（1970）用公式给出了严格的表述。[①] 简单地说，住户的收入构成在决定税收通过收入来源影响住户的相对收入上起着决定性作用，而住户的支出构成则是税收通过支出去向对住户的相对收入产生作用时的最重要因素。具体地说，税收导致的劳动价格上升幅度高于资本价格时（或者劳动力价格下降幅度低于资本价格），与全社会总收入中劳动收入的比重相比，劳动收入来源较多的家庭受益，而资本收入较多的人受损；依此可以推断住户的支出构成在决定税收从支出去向产生收入分配效应时所起的作用。

9.2.4 差别税收归宿与平衡预算税收归宿

政府的经济活动由财政收入和财政支出两个部分组成，而税收显然是其中之一。税收负担的分配在某种程度上依赖于财政支出的构成，或者说政府财政支出的去向在很大程度上左右税负的分配。因此撇开政府支出谈论税收负担的分配是不全面的，甚至是没有意义的。考察税收归宿的最理想做法是把税收归宿和政府支出归宿联系起来，从受益（来自政府支出）和税负两个方面考察每个人的净收益，这种从公共支出受益与税收负担两方面考虑税负归宿的做法称为平衡预算税收归宿（balanced budget incidence）。

公共支出受益归宿的计算，其难易程度因财政支出项目而异，在绝大多数项目上都是非常困难的。公共支出中转移性支出的受益归宿是十分明显的，因为谁从政府得到了转移性支出，以及得到了多少等都是十分清楚的。但是，用在非排他性（nonrival）较强的公共物品提供上的公共支出，其受益归宿是非常不明显的。例如，我们每个中国公民从我国政府国防支出中的受益有多大？不同人之间是否有差异？高收入人群得到好处多，还是低收入人群受益大？受益的差异究竟有多大？要想找到这些问题的答案近乎不可能。

虽然公共支出受益归宿是考察税收负担分配或税收归宿不可缺少的一部分，或许由于以上的困难，同时计算受益归宿和税收归宿（或者是净受益归宿）的

① 见本章附录。

研究在文献中是少数，而绝大多数研究仅仅考察税收负担的分配。单独考察税负归宿的通常做法是在政府支出给定的前提下，或者所在维持税收总额不变的前提下，考察一种税制结构与另一种税制结构在税收归宿上的差异。例如，我国政府决定实施税制改革，把目前的增值税和营业税税收降低一半，为了保持税收收入总额不变，增值税和营业税的减税由个人所得税的增税来弥补。税收归宿研究的目的是考察新税制与（改革之前的）旧税制在税收归宿上有哪些不同。显而易见，新旧税制在税收归宿上的差异之一是新税制将降低个人可支配收入的差距。这种在给定政府支出（同时给定税收总额）的条件下，考察不同税制结构之间税收归宿差异的做法通常称为差别税收归宿（differential incidence）。差别税收归宿分析实际上研究税制变化时带来的税收归宿的变化，是比较两种不同税制之间在税收负担分配上的差异。比例税率制（proportional tax）以及人头税制（lump-sum tax）通常作为比较的标准来使用。

9.2.5 一年收入与一生收入

如何衡量每个纳税人承担税负能力的差异？这一点无论在理论上还是在实际上都很重要。在理论上，税收的横向公平原则和纵向公平原则都是建立在纳税人纳税能力之上的概念，离开纳税能力就无法谈论税收的横向公平和纵向公平。可是，纳税人的纳税能力是一个难以衡量或者难以量化的概念。收入作为纳税人纳税能力的可观测指标为人们广泛使用。但是，收入作为纳税能力的缺陷是十分明显的。在其他条件相同的情况下，一个身体健康与一个身患疾病的人相比，前者的纳税能力较后者为强，这一点可能没有人存在异议。但是前者生性喜欢游乐，用于工作赚钱的时间很少。与此不同，后者可能为了防备疾病再度恶化所需要的医疗费用，会用更多的时间工作赚钱。在这种情况下，以收入衡量的纳税能力，后者会大于前者。这一结果与以健康程度衡量的更加公平的纳税能力完全相反。

即使收入是能够准确地衡量个人的纳税能力，在实际上也存在很大的难点，这一点主要表现在计算收入的时间跨度上。不难想象，在收入随时间变化而变化的情况下，计算收入时使用的时间跨度越大，越能准确地衡量每个人创收能力和纳税能力。从这一点上看，一生收入（lifetime income）最能反映一个人的纳税能力。在现实生活中，不但不存在一生收入的统计，较为准确地预测一个人的一生收入也是几乎不可能的。年收入是目前绝大多数住户调查提供的收入指标，同时也是衡量个人纳税能力以及计算税率时最常用的收入指标。在以年为单位观察收入和消费时，收入中用于消费的部分会随收入增高而降低，或者说储蓄率（收入中用于储蓄的比率）随收入的增加而上升。在这样的收入和消费的关系下，以消费为课税对象的间接税的税率（纳税额与收入的比率）会随收入的提高而降低，也就是收入越高的人税率越低，而收入越低的人税率越高，这也是间接税为累退性税收的来源。以往文献中，以年收入为纳税能力指标，也就是使用年收入计算税率的研究无一例外地得到间接税为累退性税收的结果。

以往研究在以一生收入为纳税能力指标上也作出了一些尝试。在获得一生收入指标时，有些直接模拟每个人的一生收入（Davies，St－Hilaire and Whalley，1984），有些则把年消费支出作为一生收入的代理指标。在经济学中，消费作为一生收入的代理指标的理由是，在人们可以预测自己的一生收入以及在不存在信贷约束的条件下，人们的消费主要由一生收入（的预测值）决定，而不是由每个时间点的收入（如年收入）决定。人们不会因为每一年收入的偶然下降而（大幅度地）减少消费，同时也不会因为收入的一时上升而迅速增加消费。因此，消费的时间变动较收入要小得多，储蓄和信贷是消费平滑（income smoothing）的手段。

9.3　税负转嫁假定与税负分配

税收归宿的实证研究目的是把包括直接税和间接税所有税收收入分摊到每个人或每个家庭身上，然后观察税收负担与收入之间的关系。例如，在我国，每个家庭负担了多少的增值税？每个家庭负担了企业所得税？每个家庭负担了多少个人所得税？等等，这些都是税收归宿分析必须回答的问题。在税收负担可以转嫁，法定纳税人（以下简称纳税人）与最终承担税负的人（以下简称负税人）不一致的情况下，需要有关税收归宿的假定来确定每个家庭或个人最终承担的税负大小。税收归宿的假定是税收归宿的实证研究中最重要的组成部分。

税负转嫁的方向、程度以及转嫁过程是否透明，因税种而异。在经济学中，有些税种的税负转嫁已经基本达成共识（如一般性消费税与货物税、个人所得税等），但是有些税种的税负转嫁仍然难以达成共识，企业所得税和财产税是这类税种的代表。对于税负转嫁不确定，缺少共识的税种，以往实证研究的解决办法是通过使用不同的税收归宿假定来考察税收负担的分配对税收归宿的假定是否十分敏感。本章以下也遵从这一传统。以下分税种介绍和讨论经济学中关于不同税种的税收归宿假定，为分配我国税收负担做好准备。

9.3.1　一般消费税和货物税

一般消费税完全通过应税产品和服务的价格上升转嫁到消费者身上。这一点在不同产品的税率完全相同的情况下尤其如此。对不同产品和服务适用同样的税率不影响产品间相对价格，因此不改变消费者的消费结构。在消费者预算给定的条件下，一般消费税导致消费者实际购买力降低，其幅度与消费税率相对应。

如果不同产品适用的税率不同，[1] 产品的税后价格会发生相对变化，与非税产品以及税率较低产品相比，应税产品和税率较高产品的税后价格相对上升，从而引起消费者的消费替代，并导致生产要素在不同行业间移动，甚至带来生产要素价格的相对变化。由此可以看出，税率因产品而异的一般消费税，不但从产品价格的相对变化影响消费者（实际）收入变化，同时也可能从生产要素价格的变化引起个人收入的相对变化。从上面关于税收影响个人收入途径的讨论可知，前者是支出去向途径，后者则是收入来源途径。但是，货物税（包括税率因商品和服务不同的一般消费税）通过收入来源途径对个人收入分配的影响是非常不明显和不确定的，在实证研究上，关于货物税税收归宿通常仅仅考察应税产品价格变化对应税产品消费者的影响，这意味着货物税的税负由应税产品的消费者承担。

9.3.2　个人所得税

现代经济学对个人所得税税负转嫁的假定是个人所得税不能转嫁，其税负完全由纳税人承担。实际上，个人所得税并不是完全不可转嫁，只不过是能够转嫁的场合较少而已。在以下两种情况下，个人所得税可能转嫁到非纳税人身上。第一，有特殊技能的工人可能和雇主交涉（个人所得税）税后工资，使其避免承担个人所得税负。第二，谈判能力较强的工会在工资谈判中会降低会员的个人所得税税收负担，把部分或者全部个人所得税转嫁到企业身上。[2] 尽管个人所得税有转嫁的可能，但是个人所得税的税负转嫁只是例外，而不是常态，因此税收归宿实证研究采用的假定通常是个人所得税不能转嫁，其税负完全由纳税人负担。

---

① 不同产品税率不同的情况包括货物税。货物税通常因征税对象的产品不同而不同，与货物税的应税产品相比，非课税产品的税率可以视为零税率。因此货物税通常导致不同产品之间税后价格的相对变化。

② 这部分转嫁的税负最终由谁负担，在这两种情况下都不明了。

9.3.3　企业所得税

在所有税种中，企业所得税的税负转嫁可能是最复杂的，因此争论最多，至今尚未达成共识。[①] 企业所得税是否可以转嫁、转移的方向和程度如何，依赖于对市场条件的假定。假定资本在不同部门（尤其是公司部门和非公司部门之间）可以自由流动以及资本供给对利率的弹性等于零，[②] 对公司部门课征企业所得税会导致公司部门税后资本收益率下降，并低于非公司部门。资本追求相同的税后收益率会引起资本从公司部门向非公司部门流动，公司部门资本供给减少，非公司部门资本供给增加，资本的流动最终到两个部门的资本收益率相同时为止。由于可见，对公司部门课税的企业所得税，同样会降低非公司部门的资本收益率，企业所得税的税负由全社会资本共同承担（Gravelle，2010）。

对公司部门课征企业所得税之后，没有发生资本从公司部门向非公司部门流动的话，那么企业所得税税负完全停留在公司部门，最终由公司部门所有者以企业利润下降的形式承担。资本没有因为企业所得税的课征而流向非公司部门，其主要依据来源于对美国公司部门和非公司部门相对增长的观察。在过去很长的一段时间里，美国公司部门的成长并没有因为课征企业所得税而比非公司部门缓慢，[③] 但是事实上并非如此。除了个别时期之外，国民收入中公司部门的比重一直在提高。目前国民经济核算对企业所得税的处理与这种税收归宿的假定完全一致，那就是企业所得税为直接税，不能转嫁，资金流量表中反映在国民收入再分配分解中由企业部门向政府的经常转移。

企业所得税是否影响应税企业对其产品的定价及产量的决策，依赖于对企业行为的假定。假定企业的目标是利润最大化，那么企业所得税不影响企业的定价和产量决策。企业利润最大化条件为产品的边际成本等于边际收入（在完全竞争时为产品的市场价格），企业所得税并不影响企业利润最大化的这一条件，因此对企业的定价与产量决策没有任何影响。应当提及的是，这一点在市场完全竞

[①] 有关公司税（或企业所得税）的税收归宿分析，起源于 Harberger（1962）基于新古典一般均衡框架的理论分析，以及 Krzyzaniak 和 Musgrave（1963，1966）的实证分析。但无论是理论探讨还是实证检验，关于公司税的归宿都没有得到明确的、广为接受的答案（Gravelle，1995；Sorenson，1995；Whalley，1997；Auerbach，2005；Gravelle，2009；Arulampalam，Devereux and Maffini，2010）。

[②] 整个社会的资本存量对其价格（也就是利率）变动没有反应的结论来自对美国储蓄与利率之间关系的观察。第二次世界大战后美国的利率虽然波动很大，但是储蓄率（资本形成或资本供给）基本保持不变。这一点被当成资本供给不受利率影响的根据。详见 Harberger（1962，p. 216）。

[③] 从理论上说，如果资本因为课征企业所得税而从公司部门流向非公司部门，那么公司部门的成长要比非公司部门缓慢。

争或者完全垄断条件下都成立。如果企业的目标不是利润最大化，而是以一定的利润作为其经营目标，并对其产品价格有一定影响力的话，企业会把企业所得税负作为成本的一部分看待，或者通过提高产品价格的方式将税负转嫁到消费者身上（Beath，1979；Sebold，1979；Daly and Hart，1994；Ablett and Hart，2005），或者通过压低工资方式将其转嫁到工人身上（Randolph，2006；Gravelle and Smetters，2006；Felix，2007）。

借鉴以往文献的做法，针对企业所得税税负转嫁不确定的特征，我们采取不同税负转嫁假定，以此考察企业所得税的不同转嫁方式是如何影响其本身以及整体税收的收入分配效应的。具体地说，我们采取以下四种不同的税负转嫁假定：

第一，假定资本完全流动，企业所得税税负通过降低整体资本收益率的方式由资本所有者承担；

第二，企业所得税的一半由资本所有者承担，另外一半通过产品价格上升转嫁到消费者身上；

第三，企业所得税的一半由资本所有者承担，另外一半通过降低工资的方式转嫁到工人身上；[①]

第四，企业所得税一半由资本所有者承担，1/4 转嫁到消费者身上，1/4 转嫁到工人身上。

由于企业所得税转嫁的不确定性，税收归宿的实证研究通常是使用不同税负转嫁假定来考察其对收入分配的影响。如果企业所得税不可转嫁，企业所得税由企业所有者以税后利润下降的方式负担，而企业所有者通常属于高收入人群，这时的企业所得税为累进性税收。相反，如果企业所得税部分或者全部转嫁到消费者或工人身上，那么企业所得税就会变成累退性税收。因此企业所得税的累进（退）性完全取决于其税负是否可以转嫁、在多大程度上可以转嫁以及转嫁到谁身上。

9.3.4 财产税

有关财产税的税负转嫁假定分为两类，一是关于土地的财产税负转嫁假定，二是关于建筑物的财产税负转嫁。对不可再生土地课征的财产税不可转嫁，完全由土地所有承担税负。这一点主要来自土地的供给弹性等于零。对建筑物课征的

---

① Liu 和 Altshuler（2011）构建了不完全竞争情况下企业所得税归宿的分析模型，并就美国全行业的企业所得税归宿进行了实证检验。估计结果表明，企业所得税收入增加 1 美元，工资降低大约 0.6 美元。

财产税有两种不同税负转嫁假定。一种假定认为，对建筑物的课税实际上等同对企业所得进行课税，如上所述，在资本完全流动的条件下，财产税通过压低税后资本收益率的方式由所有的资本使用者承担。另外一种假定认为，建筑物作为居住服务以及其他产品和服务的必要投入，对其课税构成生产成本的一部分，最终通过产品和服务价格上升的方式转嫁到消费者身上。

9.3.5　指标分配

在不同税种的税负转嫁假定明确之后，根据税负转嫁的假定，在现行统计提供的数据中找到合适的指标分配各种税收收入是税收归宿研究的另外一项重要内容。

根据前面对税收转嫁假定的讨论可知，一般消费税和货物税通过应税产品和服务的价格上升全部转嫁在消费者身上。根据这一税负转嫁假定，该类税种的税负应当使用个人或家庭的应税产品和服务的消费支出在不同个人和家庭之间分配。在我国，属于一般消费税和货物税范畴的税种有增值税、营业税、消费税、进口环节增值税和消费税、车船税、车辆购置税、烟叶税。城市维护建设税以增值税为税基，因此也应属于一般消费税的范围。由于我国税收收入以增值税等间接税为主，因此能够找到合适的消费支出指标在家庭之间分配这些税收负担，直接影响对我国整体税制的累进（退）性及其收入分配效应的评价。

住户生活消费支出是在家庭之间分配上述间接税的基本指标，在这个大前提之下，仍有许多细节的问题需要给予适当的处理。第一，只有通过市场购买商品和服务的消费支出才承担税负，农户自产自用的产品不承担税负；第二，目前我国增值税非零税率包括17%基本税率和13%低税率两种税率，我们从住户调查消费支出项目找出适用低税率的消费项目，以此来分配低税率增值税税收收入；第三，消费税的14个税目中，酒、烟、药品、汽车、摩托车、文化体育用品、成品油、金银首饰、手表、化妆品等税目，在住户调查中可以找到与之对应的支出项目和支出金额，这些项目的消费支出额被用来分配相应税目的税收收入。消费税的其他税目，由于住户调查没有独立消费项目与之对应，因此其税收收入使用一般生活消费支出在住户间进行分配。另外，汽车、摩托车、成品油3个税目的产品，除了家庭购买用于生活消费之外，另有企业购买用于生产性消费。企业购买这些税目产品时缴纳的消费税，将作为生产成本的组成部分通过其产品价格的上涨转嫁到一般消费者身上。这部分税负根据一般生活消费支出分摊到各个家庭。而住户生活消费缴纳的汽车、摩托车以及成品油等税目的消费税则按着每户相应税目的消费支出额分摊。对于汽车、摩托车、成品油等任何一种产品，我们假定其销售总额中家庭生活性消费和企业生产性消费产品各占 50%。这一假定显然带有任意性，但是没有相关信息可以利用。①

关于个人所得税在不同家庭之间的分配，我们考虑到以下几点。首先，我国现行个人所得税仅仅适用与城镇居民，因此个人所得税的分摊仅局限于城镇住户；其次，我们使用的住户调查数据中有个人所得税的信息可以利用，城镇住户调查的个人表给出了每个家庭成员缴纳个人所得税的总额。② 但是仔细观察和通过其他数据来源的交叉检验发现，住户调查数据中的个人所得税存在着严重的漏报现象。例如，在工资薪金应税收入不为零的家庭成员中，③ 有相当大的比重没有报告个人所得税（也就是个人所得税一项为零）。④ 不仅如此，工资薪金所得税的漏报比率，随月收入的降低而上升。不仅工资薪金收入，其他形式的收入来源（如个体工商户生产、经营收入等）也存在着漏报的现象。住户调查数据中个人所得税的漏报，不仅降低平均有效税率，同时也影响个人所得税累进（退）性的估计。为此在使用住户调查数据评价我国个人所得税的收入再分配效应时，岳希明、徐静（2011）并没有使用调查数据的个人所得税缴纳额，而是根据住户调查中分项收入和我国个人所得税法中税率表计算了每个家庭成员的应纳税额，并根据估计的应纳税额分析了我国个人所得税的居民收入分配效应。本章使用该研究估计的应纳税额分摊了个人所得税税负。⑤

分摊企业所得税税负时使用的指标因税负转嫁假定不同而不同。⑥ 如前所述，关于企业所得税的税负转嫁，本章采取三种不同的假定。第一，所有的企业所得税由资本所得负担；第二，企业所得税一半由资本所有者承担，另外一半通过产品价格上升转嫁到消费者身上；第三，企业所得税一半由资本所有者承担，另外一半转嫁到工人身上。在税收负担分摊上，资本所有者承担的税负，由财产收入在不同家庭之间分配；消费者承担的企业所得税部分，由住户一般生活消费

---

① 我们尝试了其他分配比例，但税负累进性估计值几乎没有任何变化，其原因主要在于这三项税目的税收收入较税收收入总额微乎其微。

② 当然，小孩、老人等没有工作，因此没有收入的家庭成员则无需缴纳个人所得税。

③ 工资薪金应税收入等于月工资薪金收入总额减去 2000 元基本扣除。

④ 应税收入不为零但住户调查中个人所得税缴纳额为零（或者说没有报告缴纳个人所得税）的情况存在，可能源自偷漏税。但是，岳希明、徐静（2011）通过其他数据的交叉检验证实，这种情况并不是完全由偷漏税导致的，漏报是重要原因之一。

⑤ 我们并没有把他们估计个人所得税应纳税额直接作为个人所得税税负使用，而是根据它分摊了我们所使用的城镇住户样本应当负担的个人所得税总额。我们使用的城镇住户样本应当负担个人所得税总额等于本样本家庭总收入合计与全国城镇住户家庭总收入合计的比率乘以 2007 年国家税务总局公布的个人所得税收入总额。

⑥ （国内）企业所得税和外商投资企业和外国企业所得税在 2007 年尚未合并，作为本章分析对象的企业所得税等于二者的合计。这等于两种企业所得税的税负转嫁完全相同。

支出分摊；由工人承担的部分，使用工资性收入分摊。

土地增值税的税负由 2007 年城镇住户新购（建）住房支出分配。房产税和城镇土地使用税属于财产税的范畴。如前所述，财产税是对企业所得的课税，在税负转嫁上与企业所得税类似，逻辑的一致性要求采取与企业所得税相同的税负转嫁假定，但是由于其数额小，预计不同的税负转嫁假定不会影响估计结果，因此我们简单地用财产收入将其税负分摊在不同家庭之间。2007 年印花税收入较其他年份大得多，这主要是由于当年提高证券交易印花税造成的。证券交易额是分配印花税收入最合适的指标，但是从住户调查以及其他数据来源很难找到相关指标，因此本章根据财产性收入估计了不同家庭的印花税税负。

9.4 税制累进性的实证分析

本节根据 9.3 节的税收归宿假定和指标分配办法，具体测算最终的税收负担状况，据此判断我国税收制度的累进性及其收入分配效应。从 9.3 节可知，关于企业所得税的税收归宿，可使用四种税负转嫁假定，其中企业所得税由资本所有者承担的假定在以往文献中最为常见。因此，下面首先讨论基于该假定的估计结果，然后再观察其他假定对分析结论的影响。

9.4.1 总体税制的累进性

首先从整体税制角度测度税收归宿、平均有效税率，继而分析我国税制的整体累进性及其收入分配效应。表 9-2 按收入 10 等分组给出了全国、农村以及城镇平均有效税率绝对数和相对数。从全国的相关数据可知，平均有效税率在 10 等分组最低 6 组里显著下降，在其后的 4 组内则基本维持不变，呈现比例税率倾向。从数据上看，最低收入组的平均有效税率高达 42.1%，到第 6 组下降至 25.8%，其后上下略有变动，最高收入的平均有效税率为 25.5%。最低收入组的平均有效税率为全国平均值的 1.52 倍，而最高收入组则不及全国平均值，为全国平均的 0.92 倍，最低收入组的税率为最高收入组的 1.7 倍。尽管平均有效税率在收入最高的 4 组内基本保持不变，但是从整体上看，平均有效税率随收入的提高而下降，因此我国税制是累退性税制，对调节收入差距是不利的，是加剧收入不平等的因素。

表 9 - 2 全国及分城乡平均有效税率

10 等分组	全国		农村		城镇	
	绝对税率（%）	相对税率（平均税率=1）	绝对税率（%）	相对税率（平均税率=1）	绝对税率（%）	相对税率（平均税率=1）
1	42.1	1.52	44.9	1.57	32.7	1.22
2	32.0	1.15	37.6	1.31	29.0	1.08
3	28.3	1.02	32.5	1.13	27.5	1.03
4	27.3	0.98	30.2	1.05	27.1	1.01
5	26.2	0.94	27.4	0.95	26.0	0.97
6	25.8	0.93	26.2	0.91	25.7	0.96
7	25.4	0.92	25.4	0.89	24.9	0.93
8	25.5	0.92	24.5	0.85	24.9	0.93
9	24.5	0.88	22.9	0.80	25.5	0.95
10	25.5	0.92	21.3	0.74	26.1	0.97
总样本	27.7	1.00	28.7	1.00	26.8	1.00

表 9 - 2 同时分城乡给出了 10 等分组平均有效税率。[①] 仔细观察城乡数据可知，尽管从整体上看，无论农村还是城镇，平均有效税率均呈现随收入提高而下降的趋势，但是二者之间又存在明显的差异。

在农村，税率随收入的上升而严格地下降，高收入组的税率无例外地低于低收入组；而且，税率随收入上升而下降的速度，在低收入组之间加快，而在高收入组之间放慢。与农村不同，在城镇，税率呈现先降后升的趋势，而且在幅度上，下降速度比上升速度要显著。具体地说，平均有效税率在最初的 7 等分组内连续下降，由最低组的 32.7% 下降到第 7 组的 24.9%，之后由降转升，直到最高收入组的 26.1%。

在税率的变化趋势上，农村和城镇之所以出现如此的差异，主要源于个人所得税。目前，我国个人所得税仅仅适用于城镇居民，农村居民无需缴纳个人所得税。在整体税制中，个人所得税是具有较强累进性的，对间接税的累退性具有明显的抵消作用。因个人所得税累进程度强弱和税率的高低，个人所得税会在不同程度上抵消税制中间接税的累退性，进而降低整个税制的累退性，甚至使之成为累进性税制。我国个人所得税是累进的，不但税率随收入的增加而增高，而且税

---

① 城乡 10 等分组分别以各自人均收入为标准分组的。

率的增高幅度随收入增加而加大。在城镇居民 10 等分组的最高两个收入组中，个人所得税完全抵消了间接税的累退性，使整个税制变为累进性税收。与城镇不同，我国农村由于缺少个人所得税，缺少抵消间接税累退性的力量，因此税率随收入的上升而直线地下降。从这一点可以看出，个人所得税对于税制整体的收入分配效应是何等的重要。

比较农村和城镇的平均有效税率可以发现，从整体上看，农村居民的税收负担明显高出城镇居民。农村整体平均税率为 28.7%，而城镇为 26.8%，前者比后者高出近 2 个百分点。最低收入组的平均税率在农村高达 44.9%，在城镇仅为 32.7%，前者比后者高出 12.2 个百分点。与全国税负相比，城镇有两个收入组的平均税率高出全国平均水平（27.7%），而农村有四个。在高收入组，城镇居民的税收负担则高于农村居民。如表 9-2 所示，城镇最高收入组平均税率为 26.1%，而农村则为 21.3%。可以预料，这一点主要来源于城镇居民必须缴纳个人所得税的事实。

从以上的观察可知，我国整体税制是累退性税制，因此对居民收入分配是不利的，它会加剧目前我国居民分配的不平等。但是，我国税制在多大程度上加剧了居民收入分配不平等呢？进一步计算才能回答这一问题。这里我们使用最常用的 MT 指数来测量我国税制收入再分配效应的大小。MT 指数是由 Musgrave 和 Thin（1948）提出的，它等于税前收入和税后收入的基尼系数之差；如果 MT 指数取正数，说明税后基尼系数会小于税前基尼系数，税收降低收入分配不平等，其数值越大，税收降低收入不平等的程度也就越大。相反，如果 MT 指数是负数，说明税后基尼系数会大于税前基尼系数，税收扩大了收入差距。表 9-3 给出全国以及分城乡基尼系数和 MT 指数。

表 9-3　税收的收入分配效应：税前税后收入基尼系数及 MT 指数

	观测收入基尼系数	税前收入基尼系数	税后收入基尼系数	MT 指数
	（1）	（2）	（3）	（4）=（2）-（3）
全国	0.484	0.481	0.501	-0.020
农村	0.379	0.379	0.439	-0.059
城镇	0.344	0.350	0.368	-0.017

从表 9-3 可知，MT 指数均为负数，也就是说税后收入的基尼系数大于税前收入基尼系数，税收加剧了居民收入不平等。从基尼系数变化幅度或者 MT 指数大小来看，全国的基尼系数由税前收入的 0.481 上升到税后收入的 0.501，上升

了 2 个百分点。在农村，基尼系数上升幅度较大，由税前收入的 0.379 上升到税后收入的 0.439，上升了 6 个百分点；在城镇，基尼系数仅上升了 1.8 个百分点。与农村相比，城镇税后收入基尼系数上升幅度较小，其原因可能主要是个人所得税在发挥作用。如前所述，个人所得税降低了城镇居民平均税率的累退性，甚至使城镇总体税率在高收入组中出现随收入提高而上升的现象，这一点大大加强了税收对收入不平等的调控作用。与此相反，农村则缺少相似税种发挥作用。这也再现了个人所得税在整体税制的收入再分配效应上的重要性。

图 9 - 1 至图 9 - 3 描绘了全国以及分城乡的税前和税后收入的洛伦兹曲线以及税负的集中率曲线。与表 9 - 3 相比，这些图更能直观地显示税收的再分配效应大小。

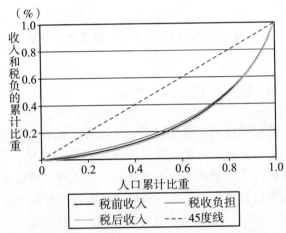

图 9 - 1 税前税后收入洛伦兹曲线和税负集中率曲线（全国）

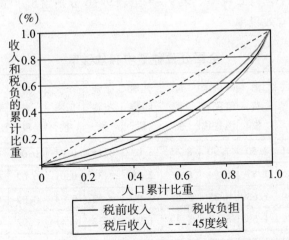

图 9 - 2 税前税后收入洛伦兹曲线和税负集中率曲线（农村）

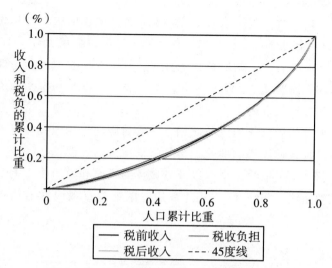

图 9 - 3 税前税后收入洛伦兹曲线和税负集中率曲线 （城镇）

9.4.2 不同税种的税收累进性

接下来从不同税种角度测度税收归宿、平均有效税率，继而分析各主要税种的累进性及其收入分配效应。税收总额是由来自不同税种税收收入加总得到的，因此以税收总额反映的税制整体的收入分配效应是不同税种相互作用的结果。不同税种的收入分配效应应当是不同的，有些税种是累进性税收，对收入分配不平等的作用是积极的；相反，有些税种则是累退的，不但不能缩小收入差距，反而会扩大收入分配不平等。为了观察不同税种在收入分配调节作用上的差异，以下我们分税种观察平均有效税率。表9-4至表9-6分别给出了全国、农村以及城镇分税种的平均有效税率。

表9-4　　　　　　　　　　**全国分税种平均有效税率**　　　　　　　单位：%

10等分组	税收总额	增值税	消费税	进口增值税和消费税	营业税	其他间接税	企业所得税	个人所得税	房产税	土地使用税	印花税	土地增值税
1	42.10	20.01	2.50	7.90	8.45	3.03	0.15	0.01	0.01	0.01	0.04	0
2	32.03	15.06	1.87	5.94	6.36	2.28	0.37	0.01	0.02	0.01	0.09	0
3	28.28	13.30	1.63	5.25	5.62	2.02	0.32	0.04	0.02	0.01	0.07	0
4	27.32	12.77	1.59	5.04	5.39	1.94	0.32	0.11	0.02	0.01	0.08	0.04
5	26.18	12.22	1.54	4.82	5.16	1.85	0.33	0.14	0.02	0.01	0.08	0

10等分组	税收总额	增值税	消费税	进口增值税和消费税	营业税	其他间接税	企业所得税	个人所得税	房产税	土地使用税	印花税	土地增值税
6	25.80	11.93	1.49	4.70	5.03	1.81	0.38	0.25	0.02	0.02	0.09	0.09
7	25.44	11.62	1.44	4.58	4.90	1.76	0.39	0.53	0.02	0.02	0.09	0.10
8	25.52	11.43	1.43	4.51	4.82	1.73	0.43	0.89	0.03	0.02	0.10	0.15
9	24.49	10.55	1.29	4.16	4.45	1.60	0.45	1.55	0.03	0.02	0.10	0.29
10	25.48	9.72	1.36	3.84	4.11	1.47	0.65	3.73	0.04	0.03	0.15	0.38
总样本	27.74	12.54	1.58	4.95	5.29	1.90	0.39	0.84	0.02	0.02	0.09	0.12

表9-5　　　　　　　　农村分税种平均有效税率　　　　　单位：%

10等分组	税收总额	增值税	消费税	进口增值税和消费税	营业税	其他间接税	企业所得税	个人所得税	房产税	土地使用税	印花税	土地增值税
1	44.89	21.46	2.66	8.47	9.06	3.25	-0.01	0	0	0	0	0
2	37.56	17.71	2.23	6.99	7.48	2.69	0.35	0	0.02	0.01	0.08	0
3	32.52	15.25	1.91	6.02	6.44	2.31	0.44	0	0.03	0.02	0.10	0
4	30.24	14.28	1.72	5.64	6.03	2.17	0.30	0	0.02	0.01	0.07	0
5	27.38	12.88	1.60	5.09	5.44	1.95	0.31	0	0.02	0.01	0.07	0
6	26.21	12.31	1.54	4.86	5.20	1.87	0.32	0	0.02	0.01	0.07	0
7	25.42	11.92	1.51	4.70	5.03	1.81	0.34	0	0.02	0.01	0.08	0
8	24.47	11.42	1.46	4.51	4.82	1.73	0.39	0	0.02	0.02	0.09	0
9	22.93	10.57	1.39	4.17	4.46	1.60	0.55	0	0.03	0.02	0.13	0
10	21.25	9.43	1.29	3.72	3.98	1.43	1.04	0	0.06	0.04	0.24	0
总样本	28.68	13.42	1.70	5.30	5.67	2.03	0.42	0	0.03	0.02	0.10	0

表 9 – 6　　　　　　　　城镇分税种平均有效税率　　　　　　单位：%

10等分组	税收总额	增值税	消费税	进口增值税和消费税	营业税	其他间接税	企业所得税	个人所得税	房产税	土地使用税	印花税	土地增值税
1	32.69	15.19	1.84	5.97	6.39	2.29	0.29	0.54	0.02	0.01	0.07	0.08
2	28.95	13.51	1.62	5.32	5.69	2.04	0.19	0.46	0.01	0.01	0.04	0.07
3	27.52	12.68	1.55	4.99	5.34	1.92	0.22	0.59	0.01	0.01	0.05	0.15
4	27.05	12.26	1.50	4.83	5.17	1.86	0.29	0.81	0.02	0.01	0.07	0.23
5	26.04	11.77	1.42	4.64	4.96	1.78	0.26	0.96	0.02	0.01	0.06	0.16
6	25.67	11.40	1.41	4.49	4.81	1.73	0.35	1.21	0.02	0.01	0.08	0.16
7	24.92	10.83	1.33	4.27	4.57	1.64	0.38	1.56	0.02	0.02	0.09	0.22
8	24.85	10.52	1.27	4.15	4.44	1.59	0.37	1.95	0.02	0.02	0.09	0.43
9	25.54	10.28	1.41	4.06	4.34	1.56	0.47	2.80	0.03	0.02	0.11	0.47
10	26.08	9.27	1.35	3.66	3.92	1.41	0.76	5.14	0.05	0.03	0.18	0.33
总样本	26.82	11.68	1.46	4.60	4.93	1.77	0.36	1.66	0.02	0.01	0.08	0.24

1. 全国分税种的平均有效税率

从全国来看，增值税、消费税、海关代征进口环节增值税和消费税、营业税以及其他间接税的税率随收入的增高而下降，为累退性税种。从税率高低来看，税种中平均税率最高的是增值税，为12.5%，其次是营业税（5.3%）、海关代征进口环节增值税和消费税（5.0%）和消费税（1.6%）。累进性税种包括个人所得税、企业所得税、土地增值税、房产税、印花税和土地使用税。从税率高低来看，个人所得税的平均税率（0.84%）最高，以后依次为企业所得税（0.39%）、土地增值税（0.12%）、印花税（0.09%）、房产税（0.02%）和土地使用税（0.02%）。比较累退性税种和累进性税种的税率可知，累退性税种税率的合计远远高出累进性税收，这是导致我国整体税收累退性的原因。但是值得注意的是，在10等分组的高收入组，个人所得税税率的提高幅度大大超出累退性税种的合计，这使总体平均税率由下降转为持平，使其累退性得到了有效的遏制。也就是说，个人所得税税率在高收入组出现迅速上升趋势，虽然不足以使整体平均税率由降转升，或者由累退性转为累进性，但是至少在高收入组变成累进税，一定程度上遏制了整体税制对收入分配的负效应。

这里值得注意的是消费税，消费税的征税范围锁定高档消费品、高能耗产品和不可再生资源，如烟、酒、化妆品、汽油、柴油、轮胎、鞭炮、小汽车、摩托车等，似乎是有利于调节收入分配。实际上，针对烟酒征的消费税未必是累进的，原因有两点：一是现实中我们常常可以看到，烟酒之类的消费品往往呈现集团购买消费的特征，企业集团消费这些商品后，又可以将消费支出作为生产成本的一部分，通过提高商品价格方式转嫁给消费者；二是实际上低收入者群体的烟酒消费支出在其总消费支出的比重很大。像鞭炮、汽油、柴油、小汽车、摩托车等这样的物品，其立法意图是限制环境污染和资源消耗，但是这些物品是居民普遍消费的物品，对此征税可能会在一定程度上恶化收入分配。

2. 农村与城镇分税种的平均有效税率

从税种的累进（退）性来说，除个人所得税和土地增值税外，农村分税种的平均税率状况与全国大致相同（见表 9 - 4 和表 9 - 5）。增值税等间接税的税率在高收入组较低，在低收入组较高，因此为累退性税收。特别值得注意的是，无论是税收总额还是全部间接税，农村的平均税率都高于全国平均水平：农村总体税收的平均税率（28.68%）比全国平均（27.74%）高出 0.94 个百分点，而增值税、消费税、进口增值税和消费税、营业税以及其他间接税则分别高出 0.88 个、0.12 个、0.35 个、0.38 个以及 0.13 个百分点。虽然企业所得税的税率随收入的上升而上升，为累进性税收，但由于企业所得税等累进性税种的平均有效税率较低，再加上没有个人所得税，[①] 增值税等间接税累退性无法得到有效遏制，最终导致整体税制的累退性。

城镇分税种的平均税率状况虽然与全国也大致相同（见表 9 - 4 和表 9 - 6），但与农村有很大差异。在城镇，由于个人所得税的存在，而且个人所得税率在高收入组上升速度较快，使城镇整体平均税率由降为升，间接税的累退性在城镇中得到有效的遏制。但是，同农村的平均税率相比，城镇总体税收的平均税率（26.82%）低 1.86 个百分点，而增值税、消费税、进口增值税和消费税、营业税以及其他间接税则分别低 1.74 个、0.24 个、0.7 个、0.74 个以及 0.26 个百分点，这种状况直到 10 等分组中的第 8 组后才扭转，这表明现行税制进一步拉大城乡居民收入差距。

9.4.3 企业所得税不同税收归宿假定下的平均有效税率

以上假定企业所得税由资本所有者负担，对我国整体税制和各税种的收入再分配效应进行了考察。由于企业所得税税收转嫁的不透明性和不确定性，以往研究对企业所得税均尝试不同的税收转嫁假定，以此来考察税制的收入分配效应估

---

① 农村同时没有土地增值税，但其规模非常小，可忽略不计。

计结果有何变化以及变化多大。在此我们也进行了同样的敏感性检验，结果显示在表 9-7 和表 9-8 中。

表 9-7　　　　　　　　全国及分城乡平均有效税率

10 等分组	假定 1	假定 2	假定 3	假定 4
全国				
1	42.1	46.7	43.5	45.1
2	32.0	35.2	33.9	34.6
3	28.3	31.2	30.3	30.7
4	27.3	30.0	29.5	29.8
5	26.2	29.0	28.6	28.7
6	25.8	28.3	28.4	28.4
7	25.4	28.1	28.3	28.1
8	25.5	27.9	28.6	28.2
9	24.5	26.7	27.9	27.3
10	25.5	27.2	28.9	28.0
总样本	27.7	30.4	30.3	30.4
农村				
1	44.9	50.2	46.2	48.2
2	37.6	41.2	39.2	40.2
3	32.5	35.6	34.3	35.0
4	30.2	33.3	32.1	32.7
5	27.4	29.9	29.3	29.6
6	26.2	28.8	28.2	28.5
7	25.4	28.0	27.5	27.8
8	24.5	26.6	26.6	26.6
9	22.9	24.9	25.1	25.0
10	21.3	22.8	23.1	22.9
总样本	28.7	31.4	30.6	31.0
城镇				
1	32.7	36.4	35.5	35.9
2	29.0	32.4	31.8	32.2
3	27.5	30.6	30.7	30.6

10 等分组	假定 1	假定 2	假定 3	假定 4
城镇				
4	27.1	30.0	30.2	29.9
5	26.0	28.4	29.3	28.9
6	25.7	28.0	29.0	28.5
7	24.9	27.3	28.4	27.8
8	24.9	27.0	28.5	27.7
9	25.5	27.5	29.1	28.3
10	26.1	27.7	29.6	28.6
总样本	26.8	29.4	30.1	29.7

表 9 – 8　　　　税前税后收入基尼系数及 MT 指数：估计
结果对不同税收归宿假定的敏感性

税收归宿假定	税前收入 基尼系数	税后收入 基尼系数	MT 指数
	（1）	（2）	（3）=（1）-（2）
全国			
假定 1	0.481	0.501	– 0.020
假定 2	0.481	0.507	– 0.027
假定 3	0.481	0.499	– 0.018
假定 4	0.481	0.503	– 0.022
农村			
假定 1	0.379	0.439	– 0.059
假定 2	0.380	0.451	– 0.071
假定 3	0.379	0.441	– 0.062
假定 4	0.380	0.446	– 0.066
城镇			
假定 1	0.350	0.368	– 0.017
假定 2	0.352	0.377	– 0.025
假定 3	0.350	0.368	– 0.018
假定 4	0.351	0.373	– 0.022

表 9-7 给出了根据企业所得税的不同税收归宿假定所估算出来的平均有效税率。表中的假定 1 就是前面的分析所采用的假定，即企业所得税以降低整体资本收益率的形式由资本所有者承担。假定 2 是企业所得税一半由资本所有者承担，另外一半由消费者承担。与假定 2 相比，假定 3 的变化是由消费者承担的税负改为由工人负担。假定 4 同样假定企业所得税一半由资本所有者负担，关于另外的一半，假定由消费者和工人各自负担 50%，也就是消费者和工人各自负担企业所得税总额的 1/4。

从表 9-7 可以看出，表 9-7 给出的整体税制收入再分配效应的估计结果表面上并没有多大变化，但是仔细观察可知，假定消费者承担部分企业所得税负时，税制整体的累退性会增强。这一点从表 9-8 看得非常清楚。表 9-8 分不同假定给出了税前税后收入基尼系数和 MT 指数。从该表可以清楚地看出，在税前收入基尼系数不同的情况下，企业所得税归宿假定由消费者负担的比例越大，税后收入的基尼系数也越大，取负值 MT 指数的绝对值也越大，这意味着税制对收入分配不平等的负面作用也越大。

9.5 小 结

本章运用传统税收归宿实证分析方法，根据企业所得税的不同税负转嫁假定把不同税种的税负分摊给每个家庭，然后观察有效税率与家庭收入之间的关系。通过本章的分析，得到以下几个主要结论：

（1）我国税制整体是累退的，即有效税率与收入水平之间存在负的相关关系：收入越高的家庭，平均有效税率越低；收入越低的家庭，平均有效税率越高。这表明，我国现行税制整体加剧了居民收入分配不平等。

（2）我国税制整体的累退性主要来源于增值税等间接税在我国税收收入中所占比重过高，且间接税按居民消费支出而不是按家庭收入进行课税所致。个人所得税、企业所得税等直接税为累进性税收，在一定程度上削弱了增值税等间接税的累退性，缓和了间接税对居民收入分配的逆向调节效应，但因其规模小（占税收收入总额的比重低），不足以完全抵消间接税的累退性，使我国税制整体呈现出累退性。

（3）分城乡看，农村的税收累退性强于城镇，其主要原因是在农村个人几乎不缴纳个人所得税；而作为累进性较强的个人所得税，其累进性在我国城镇的高收入人群中尤其显著。个人所得税的显著累进性有效地遏制了间接税的累退性，城镇整体有效税率在收入 10 等分组的第 7 组以上基本保持不变，甚至略有上升。可是在农村，由于缺少个人所得税，有效税率随收入上升呈显著下降趋势，税制表现出较强的累退性。

附录 从收入来源和支出去向衡量税收归宿

一般均衡分析理论告诉我们，税收或税率变动从收入来源和支出去向影响居民的实际收入，因此税收归宿应当同时收入来源和支出去向两个方面测量税收对居民收入水平及分配的影响。下面就以两种产品两种生产要素为例，考察税收归宿的度量。

用 X 和 Y 表示两种产品或消费品，L 和 K 表示两种生产要素——劳动和资本。下标 i 表示个人。个人 i 的实际收入为要素收入与产品（消费品）价格之间的比率：

$$I_i = \frac{p_L L_i + p_K K_i}{p_X X_i + p_Y Y_i} \tag{1}$$

求（1）式的全微分，并令 $dL_i = dK_i = dX_i = dY_i = 0$，且公式两边同除 I，得到因要素价格（p_L, p_K）和产品价格（p_X, p_Y）变化所带来的 i 人的实际收入变化率：

$$\frac{dI_i}{I_i} = h_i \frac{dp_L}{p_L} + (1 - h_i) \frac{dp_K}{p_K} - \left(a_i \frac{dp_X}{p_X} + (1 - a_i) \frac{dp_Y}{p_Y} \right) \tag{2}$$

在（2）式中，d 为变量的变化（率）；h_i 为劳动收入占该人总收入的比重（总收入等于劳动收入与资本收入之和）；a_i 为该人消费支出中用于商品 X 的比重。在征税之后，所有人的全部实际收入的变化是：

$$\frac{dI}{I} = H \frac{dp_L}{p_L} + (1 - H) \frac{dp_K}{p_K} - \left(A \frac{dp_X}{p_X} + (1 - A) \frac{dp_Y}{p_Y} \right) \tag{3}$$

大写字母 H 和 A 的意义和上述的小写字母相同，但它们表示所有个人的收入比重和消费比重。把个人 i 的实际收入变化率与所有人的实际收入变化率进行比较，即可得到课税给个人 i 造成的相对影响。用（2）式减去（3）式可得：

$$
\begin{aligned}
B_i &= \frac{dI_i}{I_i} - \frac{dI}{I} \\
&= (h_i - H) \left(\frac{dp_L}{p_L} - \frac{dp_K}{p_K} \right) - (a_i - A) \left(\frac{dp_X}{p_X} - \frac{dp_Y}{p_Y} \right)
\end{aligned} \tag{4}
$$

（4）式的最后一项由两项组成。第一项 $(h_i - H)(dp_L/p_L - dp_K/p_K)$ 表示要素价格变化带来的相对影响，而第二项 $(a_i - A)(dp_X/p_X - dp_Y/p_Y)$ 则表示商品价格变化给该人带来的相对影响。从第一项可以看出：第一，如果劳动价格的上升高于资本价格，与整个社会（所有人）总收入中劳动收入的比重相比，劳动收入来源较多的人受益，而资本收入较多的人受损；第二，如果 $h_i = H$，也就是个人 i 的劳动收入占总收入比重与整个社会的相等，他（她）的相对状态不会因为要素价格的变化而变化。

上述两点关于收入源泉的解释完全可以适用与支出去向上。从（4）式可以看到的，另外值得注意的一点是，（以相对变化衡量的）税收归宿仅仅与价格的相对变化有关系，与价格水平（不随相对价格变化而变化）无关，即价格水平不影响税收归宿。也就是说，在（4）中，如果 $dp_L = dp_K = dp_X = dp_Y$，则 $B_i = 0$。

在 Harberger（1962）的文章中，假定商品价格有降有升，消费者有些受益，有些受损，受益和受损大致抵消，因此当把消费者作为整体来看，他们不受税收所带来的产品价格变化的影响。因此，他的文章主要分析公司所得税是由劳动者负担了，还是由资本家负担的，哪一方负担更重。在判断哪一方的税收负担更重时，Harberger（1962）通常把某一方（如劳动者）在税收收入中的比重与该方在课税前总收入中的比重进行比较，如果前者大于后者，则该方（劳动者）与另外一方（资本家）相比，承担了更多的税负。

Harberger（1962）如此判断包含着税前收入分配、税后收入分配以及税收负担分配的三个比重的比较。这三个比重之间的严格关系如下：

I_i^0，I_i^1，T_i 分别表示个人 i 课税前收入、课税后收入以及缴税额；I^0，I^1，T 分别表示整个社会的个人课税前收入、课税后收入以及收入总额。个人 i 相对地位及其变化由以下三个比重表示：

$\dfrac{I_i^0}{I^0}$ 为个人 i 课税前个人收入总额中的比重；$\dfrac{I_i^1}{I^1}$ 为个人 i 课税后个人收入总额中的比重；$\dfrac{T_i}{T}$ 为个人 i 税收收入总额中的比重。

以上三个比重之间的关系如下：

$$\frac{I_i^1}{I^1} = \frac{I_i^0 - T_i}{I^1}$$

$$= \frac{I_i^0}{I^0}\frac{I^0}{I^1} - \frac{T_i}{T}\frac{T}{I^1}$$

$$= \frac{I_i^0}{I^0}\left(1 + \frac{T}{I^1}\right) - \frac{T_i}{T}\frac{T}{I^1}$$

$$= \frac{I_i^0}{I^0} + \left(\frac{I_i^0}{I^0} - \frac{T_i}{T}\right)\frac{T}{I^1}$$

因此有：

235

$$\frac{T_i}{T} = \frac{I_i^0}{I^0} \Leftrightarrow \frac{I_i^1}{I^1} = \frac{I_i^0}{I^0}$$

$$\frac{T_i}{T} > \frac{I_i^0}{I^0} \Leftrightarrow \frac{I_i^1}{I^1} < \frac{I_i^0}{I^0}$$

$$\frac{T_i}{T} < \frac{I_i^0}{I^0} \Leftrightarrow \frac{I_i^1}{I^1} > \frac{I_i^0}{I^0}$$

也就是说，如果个人 i 的纳税额占税收总额的比重，等于课税前他的收入占总收入的比重，课税后这个人的收入占总收入的比重与课税前保持不变，这个人的相对地位没有因为课税而受到影响。如果个人 i 的纳税额占税收总额的比重大于（小于）其在课税前个人收入占总收入的比重，课税后这个人的个人收入占总收入的比重下降（上升），这个人的相对地位由于课税就变得不利（有利）。

第 10 章

间接税对城乡居民收入分配的影响

第 9 利用传统的税收归宿实证方法评估了我国税收制度整体和分税种的累进性，得到的结论是我国税制具有显著的累退性，且主要是因间接税的累退性所致。现在需要进一步探讨的问题是：间接税对我国城乡居民收入分配差距会产生怎样的影响？这种影响程度有多大？本章基于全国城乡家庭消费和收入微观数据，利用投入产出模型考察间接税对城乡收入差距和收入分配的影响，发现不论是从城乡之间来看，还是分别在城乡内部来看，间接税负担都呈现明显的累退性，都不利于公平收入分配，缩小收入差距。

10.1 引　言

在发达国家，由于所得税是主体税种，特别是个人所得税是政府税收收入中最主要的组成部分，因而评价所得税的税收负担很早就成为西方税收学界的研究内容（Musgrave and Thin，1948；Pechman，1985）。近年来，随着发达国家的间接税收入特别是一般消费税收入在全部税收收入所占比重逐渐上升，[①] 评价间接税归宿对收入分配的影响也渐渐成为全面评价税收负担的一项重要研究内容。

---

① 比如经济合作与发展组织（OECD）国家，一般消费税收入占税收总收入的比重，1965 年为 12%，1985 年上升至 16%，到 2009 年上升至 20%（OECD，2011）。

Warren（1979）早期建立了投入产出价格模型，分析了澳大利亚间接税的税收负担情况。Scutella（1999）对澳大利亚间接税转嫁情况的研究模型，业已成为澳大利亚统计局研究澳大利亚间接税对家庭收入影响的基础（Australian Bureau of Statistics，2007）。Vermaeten 等（1994）研究了加拿大的税收归宿。

在发展中国家，间接税通常是税收收入的主要来源，要研究税收归宿、评价税收负担及其影响，就不能不研究间接税的归宿及其影响。Haughton 等（2006）利用投入产出模型研究了越南的税收负担。Warren（2008）综述了 OECD 国家近些年在评价间接税负担方面的官方正式研究、民间评价和学术研究的文献。Warren（2009）分析了估算间接税对收入分配的影响在评价税收制度中的作用，指出相对于直接税归宿研究的丰富性，间接税归宿的研究相对较少，强调投入产出模型在刻画间接税的转嫁与归宿方面有不可替代的作用。

在中国，就目前的税制结构来看，对个人或企业的所得课征的直接税在税收总收入中所占的比例远远低于对企业的货物和劳务流通与交易课征的间接税（见表 9-1 和表 10-1），因而在分析税收负担对收入分配的影响时，间接税对收入分配的影响至关重要。虽然已经有一些文献开始考虑间接税负担及其对收入分配的影响，但是研究的范围主要局限在城镇居民内部，很少包含对农村居民的研究（平新乔等，2009；聂海峰和刘怡，2010b，c）。李实、佐藤宏、岳希明（2006）和尹恒、徐琰超、朱虹（2009）等分析了 2002 年之前农村税费对收入分配的影响，讨论了税费改革的收入分配效应。但是农村的税费主要是直接税的一部分，随着2005 年以来农业税的废除，这部分税收的影响问题也不复存在了。随着工业化和城市化的进程，农村专业化和市场化的发展，农村的衣食住行更多地参与到市场化之中，包含在商品和劳务中的间接税固然是农村居民税收负担的一个重要部分。

表 10-1　　　　　　　2007 年税务部门组织收入

	收入（亿元）	占税收收入比例（%）	占 GDP 比例（%）
直接税	12 859.93	26	5.15
个人所得税	3 184.94	6.44	1.28
企业所得税	7 723.74	15.62	3.10
外商投资企业和外国企业所得税[a]	1 951.25	3.95	0.78
间接税	36 591.87	74	14.66
增值税[b]	21 595.43	43.67	8.65
消费税[c]	2 376.93	4.81	0.95

续表

	收入（亿元）	占税收收入比例（%）	占 GDP比例（%）
营业税	6 582.8	13.31	2.64
其他[d]	5 159.84	10.43	2.07
小计	35 714.99	72.22	14.31
车辆购置税	876.88	1.77	0.35
合计	49 451.8	100	19.82

注：a 表示 2008 年后外商投资企业和外国企业所得税与企业所得税合并统一为企业所得税。b 表示增值税为国内增值税和进口货物增值税之和，不含出口货物增值税退税。c 表示消费税为国内消费税和进口消费品消费水之和，不含出口消费品消费税退税。d 表示其他包括资源税、固定资产投资方向调节税、城市维护建设税、房产和城市房地产税、印花税、城镇土地使用税、土地增值税、车船税和其他零星税。

资料来源：《中国税务年鉴 2008》、《中国统计年鉴 2008》。

本章基于 Scutella（1999）的税收转嫁模型，使用 2007 年税收和投入产出表计算了不同部门的有效税率，结合城乡居民收入和消费的微观数据，整体分析了间接税负担在城乡不同收入群体之间的分布情况，考察了间接税负担对收入分配和城乡收入不平等的影响。

由于使用投入产出表建立税收转嫁模型，最新的投入产出表是 2007 年的数据，因此就使用 2007 年数据分析城乡的税收负担。2007 年税务部门征收的税种包括增值税、消费税、营业税、企业所得税、外商投资企业和外国企业所得税、个人所得税、资源税、固定资产投资方向调节税、城市维护建设税、房产和城市房地产税、印花税、城镇土地使用税、土地增值税、车船税、车辆购置税、烟叶税等税收。我们使用的税收数据是税务部门组织的税收收入，不包括关税、税务部门征收的其他非税收入，如教育费附加、文化事业建设费收入、社会保险基金等收入。

如第 9 章所述，个人所得税通常被认为是由个人直接负担的，而关于企业所得税的税收归宿，文献中缺乏一致的意见，故本章不深入涉及。主要分析间接税的最终归宿和在城乡居民间的归宿分布情况。在文献中，间接税是指由企业缴纳的对商品劳务征收的税收。这里，把除了直接税之外的其他税收都作为间接税。因而，不仅包括了增值税、营业税、消费税和资源税，也包括了固定资产投资方向调节税、城市维护建设税、房产和城市房地产税、印花税、城镇土地使用税、土地增值税、车船税等税收。这些税收主要由企业负责缴纳，假设都是向前转嫁给了消费者。因此，这里所说的间接税可以看做是广义的间接税。

239

表 10 - 1 中列出了这些税收占全部税收收入和 GDP 的比例。从表 10 - 1 可以看出，税务部门在 2007 年组织的税收收入 49 451.80 亿元（不含关税，未扣减出口退税），当年的国民生产总值值是 249 529.9 亿元，因此税收收入占国民生产总值的比例达到 19.82%。

从表 10 - 1 可以看出，直接税的税收收入占全部税收收入的比重是 26%，其中个人所得税的比例是 6.44%；而间接税的税收收入占全部税收收入的比重是 74%。因而间接税的负担模式几乎决定了整个税收收入在全体居民中的负担模式。但需要说明的是，车辆购置税由交通部门代征，没有分行业统计数据，由于这个限制，本章分析的间接税不包括车辆购置税。因而，间接税是指除了个人所得税、企业所得税、外商投资企业和外国企业所得税、车辆购置税之外的其他所有税收，这部分税收收入占全部税收收入的比重是 72.22%，占国民生产总值的比例是 14.31%。

对于间接税的负担和其对居民福利的影响，刘怡和聂海峰（2002）最早使用微观数据分析了城镇居民的税收负担。他们的研究没有考虑间接税转嫁的影响，并且使用法定税率来计算税收负担。之后的研究在这两个方面都进行了改进。平新乔等（2009）在考虑了流转税转嫁特征基础上建立了增值税转嫁的模型，对比分析增值税和营业税对居民福利的影响。聂海峰和刘怡（2010）的研究也考虑了税收转嫁，并且使用实际征收的税收来估算税率，在一定程度上考虑了税收优惠和征管的影响。除了增值税、营业税之外，他们也考虑了消费税和资源税的影响，分析了这四项税收对城镇居民税收负担的影响。虽然在税收转移假设和税种方面存在差异，但上述这些研究都只分析了城镇居民的税收负担，缺乏对于农村居民税收负担的分析，因而对于了解间接税负担的全面图景仍然是不完整的。

相对于现有的文献，本章的研究有两个方面的贡献：首先是全面分析城乡居民税收负担，第一次给出间接税对全国居民的影响，分析了间接税对城乡居民收入分配的影响。其次，分析的税种更加全面，除了个人所得税、企业所得税和外商企业所得税、车辆购置税之外，其他所有的间接税都包括进来，是对间接税负担的一个全面的评估和研究。

在研究方法上，借鉴了 Scutella（1999）的税收转移模型，结合中国的实际建立了税收转嫁模型。使用投入产出模型，考虑各项间接税在最终使用和中间投入进行转嫁，通过税收转嫁找到所有税收的最后行业归宿。这个模型在一定程度上可以看做是平新乔等（2009）模型的扩展。平新乔等的税收转嫁模型的核心是利用行业增值率来估算税收转嫁，而本章的模型是利用投入表中的中间投入和最终使用关系来考察转嫁，并且允许不同行业有不同的中间投入结构。聂海峰和刘怡（2010）的投入产出模型是投入产出价格模型，通过分析投入产出结构估算税率对部门价格的影响来推断税收的转嫁情况。价格模型的优点是可以考虑不同税种之间的交互作用，但是税率是通过比较假定不存在税收和实际税收的价格变化得到的，由于近似的关系，他们计算的所有行业税率和行业总产出的乘积之和，与实际征收存在一定的近似误差。而本章使用的税收转嫁模型，利用投入产出表刻画的各行业经济联系和税收关系，直接对各部门实际征收的税收转嫁的转移方式进行模型化，因而给出了实际征收的税收的真实最终分布，从而得到农村居民和城镇居民消费项目中所包含的税收。

10.2　理 论 模 型 和 数 据 处 理

投入产出模型刻画了经济中各产业的投入来源和产出去向的关系。从行的横向角度来看，描述了一个行业的产出的使用情况：包括投入到其他行业部门用于中间生产的数量，以及用于最终使用的数量。最终使用包括居民消费和政府消费，资本形成以及出口。从列的纵向角度来看，描述了每个行业投入的构成情况，既包括来自其他行业的中间投入，也有资本、劳动和政府服务等增加值的投入。

使用投入产出表来刻画行业之间的经济联系，通过各行业的税收关系和行业联系，假设所有税收都完全向前转嫁，最后都转嫁给消费、出口等最终使用，得到每个行业的最终税收归宿。概括来说，计算城乡居民间接税负担的方法包括如下步骤：第一，确定投入产出各部门的税收。在这个过程中，按照名称一致和投入产出表编制办法的说明建立部门和行业的对应关系，把各行业征收的税收数据对应到相应的投入产出部门。第二，根据税收转嫁模式假设，计算得到最终转嫁到消费的税收。第三，利用投入产出部门和家庭消费项目的对应，计算出家庭消费支出中隐含的税收，比较间接税对不同家庭的影响。

由于税收向前转嫁，因此就涉及资本形成中包含的税收问题。比如制造业和建筑业的产出，它们的产出提供了其他产品生产的资本，是固定资本形成的主要来源。在计算税收转嫁的最终归宿时，有长期模型和短期模型之分，两种模型的区别在于资本形成是否作为承担税收的一个最终使用项目。在短期模型中，资本数量假设是固定的，因此资本形成也是最终使用一部分，承担相应转嫁来的税收。而在长期模型中，资本只是生产其他投入的中间投入，资本并不是税收的最终归宿，不承担税收。类似于 Scutella（1999）的做法，这里的分析也使用长期

241

模型，假设资本形成是中间生产的一个部门，不承担税收。因此，投入产出表中，在中间生产部分增加一列，就是资本形成；同时也增加一行，以固定资产折旧和营业盈余之和作为资本的生产部门。因而，将135个部门投入产出表扩展为136个部门。

10.2.1 税收转嫁模型

由于间接税主要是对企业课征的，各行业都欲将对其实际征收的税收转嫁出去，故我们需要建立税收向前转嫁模型。按照平新乔等（2009）的方法，假设税收在各个部门循环转移，一直到全部转嫁到最后使用。首先，根据各行业的税收关系，把全部税收收入在中间投入和最终使用之间进行分配，然后再把分配到各行业中间投入的税收，按向前转嫁的方式，一次次地转嫁到最终产品中。

税收转嫁的步骤可以概括如下：（1）构造各税种的免税矩阵；（2）计算税收的第一轮转嫁结果；（3）计算转嫁到中间投入的税收的最终归宿；（4）汇总转嫁后的税收。

1. 构造免税矩阵

不同行业之间存在免税的关系，比如出口商品对增值税退税，这会影响税收在不同部门之间的流转。免税矩阵就是刻画了各部门销售之间的税收关系，用来分配税收第一轮在不同部门分布。为了简明起见，我们引入以下符号进行说明。基本流量矩阵 O，矩阵的每行表示该部门产出用于每个部门的中间生产的价值，同时也有每部门产出用于最终使用的价值。在基本流量矩阵的基础上来构造免税矩阵 E。如果一个部门购买商品免税，免税矩阵 E 中该行业的相应的列就等于零。最终使用包括由农村居民消费、城市居民消费和政府消费构成的消费和出口两部分。比如在最终使用中，由于出口可以退增值税和消费税，虽然在实际中不同的商品有不同的出口退税率，但是在构造免税矩阵时，假设出口是零税率，不承担任何增值税。

汇总免税矩阵的每一行并加上所有的非免税的最终使用，就得到该行业的所有应税总产出：

$$TSX_i = \sum_{j=1}^{m} E_{ij} + FDX_i, \quad i = 1, 2, \cdots, m \qquad (10-1)$$

式中，E_{ij} 为部门 i 产出中用于部门 j 的应税销售价值；FDX_i 为部门 i 最终使用中应税部分的价值。免税矩阵的每一行的元素除以该行所有应税总产出 TSX_i，就得到了第一轮产出系数矩阵 OX，其中的系数 OX_{ij} 由下面的方程决定：

$$OX_{ij} = E_{ij}/TSX_i（对于 i, j = 1, 2, \cdots, m） \qquad (10-2)$$

式中，OX_{ij} 为部门 i 对部门 j 的应税销售占行业 i 全部应税总产出的比重。

2. 确定第一轮税收转嫁

第一轮转嫁是将各部门的税收利用第一步构造的免税矩阵在中间投入和最终使用之间划分。这一轮之所以使用免税矩阵而不是基本流量矩阵，是因为有些行业对投入的直接购买免税，但是对生产投入的投入所包含的税收并没有免税。比如出口对于原材料包含的增值税给予退税，但是对于生产这些原材料所包含的税收并没有退税待遇。用免税矩阵可以计算出第一轮转嫁到最终使用的税收和转嫁到中间使用的税收。

用 TS_i（$i=1，2，\cdots，m$）表示从部门 i 征收的税收。对于最终使用而言，可以计算出第一轮转嫁在部门 i 的最终使用的税收 TA_i 等于部门 i 税收与最终使用的应税价值占行业总的应税总产出的比例的乘积：

$$TA_i = TS_i(FDX_i/TSX_i)，\quad i=1，2，\cdots，m \qquad (10-3)$$

并用列向量 $TA=(TA_1，\cdots，TA_m)$ 表示首轮转嫁到最终使用的税收向量。

第一轮税收转嫁到部门 j 的中间投入的税收 TI_j 等于各部门转到部门 j 的税收之和，用符号表示为：

$$TI_j = \sum_{i=1}^{m} TS_i \cdot OX_{ij}，\quad j=1，2，\cdots，m \qquad (10-4)$$

式中，TS_i 为从部门 i 实际征收的税收收入；OX_{ij} 为第 i 部门应税总产出中用于部门 j 的比例。写成矩阵的形式，就是 $TI=TS^T \cdot OX$。这里，TI 为由 TI_j 构成的行向量，表示第一轮转嫁到各部门的中间投入的税收；TS 为从各部门实际征收税收收入的 m 维列向量；上标 T 为表示矩阵转置的符号。

3. 计算第一轮转嫁到中间投入的税收的最终归宿

对于第一轮转嫁到中间投入的税收 TI，将继续转嫁到最终使用上。由于最终产品的生产使用的投入可能是多阶段生产的，因此不可能一个回合就把中间投入的税收完全转嫁到最终使用。在生产过程中，每一个回合都有一部分产出作为最终使用，其余的部分作为其他行业的中间投入用来生产下一阶段的最终使用和中间投入。因而，相应的税收也是一次次地随之转嫁到最终使用。

虽然各部门在购买投入的时候某些投入可以免税，但是对于用于生产这些投入所包含的税收并不能享受免税，因此，在此后转嫁的时候，使用基本流量矩阵 O 来表示各部门之间的关系，因而可以得到技术系数矩阵 A，其中的元素 $a_{ij}=O_{ij}/GT_i$ 表示部门 i 的总产出中用于部门 j 的比例；GT_i 为部门 i 的总产出；O_{ij} 为部门 i 的产出中投入部门 j 的部分。此外，用 z_i 表示部门 i 的最终使用占总产出的比例。

在第二轮，对部门 i 而言，转嫁到最终使用上的税收是 $TI_i \cdot z_i$，其余部分转入其他行业的中间投入。类似地，在第二轮转入部门 j 中间投入的税收等于所有部门转到该部门中间投入之和 $\sum_{i=1}^{m} TI_i \cdot a_{ij}$ 。写成矩阵的形式，第二轮转入到中间投入的税收向量就是 $TI \cdot A$ 。这部分税收将在下一轮继续在中间投入和最终使用进行转嫁。

在每一轮，上一轮转入中间投入的税收都有一部分在本回合转入到最终使用，另一部分转入其他行业中间投入。因而 $n+2$ 轮转嫁之后，转移到最终使用部分的税收为：

$$\left[TI \cdot (I + A + \cdots + A^n) \right]^T \# Z \qquad (10-5)$$

式中，TI 为第一轮转嫁到中间投入上的税收行向量；I 为单位矩阵；A 为技术系数矩阵；Z 为由 $z_i(i=1, 2, \cdots, m)$ 构成的列向量，表示个部门最终使用占总产出的比重。符号#表示矩阵对应元素两两相乘，不是通常的矩阵乘法符号。

当 n 趋于无穷时，A^n 逐渐缩小，得到一个无穷等比级数；转嫁到中间投入的税收全部转嫁到最终使用，因而得到第一轮转嫁到中间投入的税收的最后归宿：

$$TB = \left[TI \cdot (I - A^{-1}) \right]^T \# Z \qquad (10-6)$$

其中，符号 $^{-1}$ 表示矩阵求逆运算。

4. 汇总转嫁后的税收

每个部门最终归宿的税收就等于第一轮转嫁的税收与其他轮转嫁来的税收之和：

$$TF = TA + TB \qquad (10-7)$$

从以上的税收转嫁模型可以看出，一个行业最终归宿的税收依赖于行业产出中最终使用的比例，也依赖该行业与其他行业的经济联系和税收关系。在得到了税收的最后归宿之后，根据最终使用项目构成，就可以确定每个项目中的税率，得到不同部门的有效税率。

5. 计算税收归宿

可以分别计算出每一项归宿的税收和它们在不同部门的有效税率。由于我们关心消费所负担的税收，所以需要计算出农村居民消费和城镇居民消费中不同部门的有效税率。

对于城镇居民消费，部门 i 归宿的税收为：

$$TFUC_i = TA_i \cdot \frac{FDUCX_i}{FDX_i} + TB_i \cdot \frac{FDUC_i}{FD_i} \qquad (10-8)$$

式中，$TFUC_i$ 为部门 i 城镇居民消费最终归宿的税收；TA_i 为部门 i 第一轮转嫁到最终使用的税收；$FDUCX_i$ 为部门 i 免税矩阵中城镇居民消费应税的部分；FDX_i 为部门 i 最终使用中应税的部分；TB_i 为部门 i 在第二轮及其后转嫁到最终使用的税收；$FDUC_i$ 为部门 i 城镇居民消费；FD_i 为部门 i 最终使用。转嫁在城镇居民消费上的税收，等于第一轮转嫁的税收部分和其后转嫁来的税收之和。因而，可以算出城镇居民消费中包含的税收比例：

$$t_i^{FUC} = \frac{TFUC_i}{FDUC_i} \qquad (10-9)$$

对于农村居民消费，有部门 i 归宿的税收为：

$$TFRC_i = TA_i \cdot \frac{FDRCX_i}{FDX_i} + TB_i \cdot \frac{FDRC_i}{FD_i} \qquad (10-10)$$

式中，$TFRC_i$ 为部门 i 农村居民消费最终归宿的税收；TA_i 为部门 i 第一轮转嫁到最终使用的税收；$FDRCX_i$ 为部门 i 免税矩阵中农村居民消费应税的部分；FDX_i 为部门 i 最终使用中应税的部分；TB_i 为部门 i 在第二轮及其后转嫁到最终使用的税收；$FDRC_i$ 为部门 i 农村居民消费；FD_i 为部门 i 的最终使用。转嫁在农村居民消费上的税收，等于第一轮转嫁的税收部分和其后转嫁来的税收之和。可以算出农村居民消费中包含的税收比例：

$$t_i^{FRC} = \frac{TFRC_i}{FDRC_i} \qquad (10-11)$$

这样得到的不同部门消费中的含税比例，就是相应部门消费的有效税率。结合城乡家庭消费项目和收入的数据，就可进一步计算出消费中包含的税收。

10.2.2 数据处理方法

我们使用的投入产出表数据来自《2007 中国投入产出表》，税收数据来自《中国税务年鉴（2008）》的分行业分税种统计信息以及国家税务总局的国民经济四位数行业代码汇总的国内增值税、国内消费税汇总数据。居民家庭消费和收入数据来自国家统计局城调队和农调队的城镇住户调查和农村住户调查数据。

1. 投入产出部门实际税收的确定

税收收入是按照国民经济行业汇总给出的。在分行业分税种数据表中，给出了国内增值税、国内消费税、营业税、城市维护建设税、房产和城市房地产税、印花税、城镇土地使用税、土地增值税的分行业详细数据。进口货物增值税、进口消费品消费税、资源税、固定资产投资方向调节税、车船税、烟叶税等混在一起作为"其他税收"给出了分行业分布。我们不得不使用一些假设来推算出其中主要税收的分布情况。把资源税、进口货物增值税、进口消费品消费税从其中分离出来。

根据资源税征税项目产品的性质，从分项目资源税收入推算了资源税分行业的税收，根据 2007 年实际按产品征收的资源税分解到采矿业的相应行业。对于进口货物增值税和进口消费品消费税，我们有这两项税收收入的总额数据。根据国内增值税和国内消费税的分行业情况，假设进口税收的行业分布和国内税收的行业分布比例一致，我们推算了它们的行业分布情况。也尝试了其他推算办法：由于增值税和消费税主要是在制造业和批发零售行业征收，也把进口货物增值税和进口消费品消费税在这两个行业内部按照国内税收的分布情况进行分摊；除了国内税收分布之外，也按照各行业的进口额进行了分摊。后面的分析表明，不同的分摊办法对估算结果影响不大。得到了资源税、进口货物增值税和进口消费品消费税分行业数据之后，从"其他税收"相应的行业内进行扣除，剩下的固定资产投资方向调节税、车船税、烟叶税等的税收收入比较少，我们没有进一步划分，作为一项其他税收来进行处理。在调整过程中，先减去每个行业的资源税、进口货物增值税、进口消费品消费税，如果为负数，就标准化为零。然后再把固定资产投资方向调节税、车船税、烟叶税的总额根据调整后的其他税收的结构进行调整，得到调整后的其他税收。固定资产投资方向调节税、车船税、烟叶税占全部税收收入的 0.24%，因此不进行细分的影响也不大。

对于出口货物的增值税和消费税，假设是由出口货物直接承担的。因此，出口货物退增值税和出口消费品退消费税，就作为出口归宿的税收的减项，不影响我们计算居民消费归宿税收的情况，因此本书分析中不涉及出口退税问题。

根据投入产出表编制办法中说明的国民经济行业和投入产出部门对应关系，把行业税收对应到各个投入产出部门。税收数据是按照国民经济行业分类代码 3 位数分类的数据，而投入产出表中的制造业部门划分较为细致，对应着国民经济行业 4 位数代码的行业分类，因此在税收数据对应的过程中会出现了一个行业对应多个投入产出部门的情况。本章的附表 1 给出了税收行业和投入产出部门的对应关系。如果行业对应一个部门或者多个行业对应一个部门，相应部门的税收就是这些行业的税收收入之和。

对于一个行业对应多个投入产出部门的情况，作了如下的处理：对于增值税和消费税，根据国民经济 4 位数行业代码汇总的行业国内增值税和国内消费税的税收收入的分布作为结构，把对应多个部门的行业的国内增值税和国内消费税划分到不同部门内；营业税、资源税、城市维护建设税、房产和城市房地产税、印花税、城镇土地使用税、土地增值税、其他税收就按照相应部门的总产出作为控制比例在部门之间进行了划分。作为稳健性检验，采取了其他指标作为比例来把一对多情形的行业的税收划分到不同部门，比如部门增加值或部门总产出，的分析表明，税收归宿结果对不同划分方法并不敏感。

通过以上调整办法，就得到了 135 个部门的增值税、消费税、营业税、资源税、城市维护建设税、房产和城市房地产税、印花税、城镇土地使用税、土地增值税和其他税收的分布情况。

由于税收统计行业和投入产出表部门口径的不一致，我们不得不依赖一定的假设估算了个部门的税收。作为稳健性检验，也采取了另一个方法来得到部门的税收，就是扩大部门的口径，使得部门和税收统计的行业尽可能统一。使用 42 个部门的投入产出表，使得税收和投入产出表尽可能对应，相对于 135 个部门，只出现了两个行业对应多个部门的情况。42 个部门表的优势是减少了需要估算税收的部门，降低了分配误差的影响，但是使得多个部门统一在一起，可能会将多个部门混合在一起，降低部门的税率。我们不得不在二者间取得权衡，使用 42 个部门表的估计结果作为稳健性结果给出。我们的分析表明差异并不显著。

2. 免税矩阵的构造

部门间的税收关系反映在了免税矩阵的构造中。在构造免税矩阵时，主要需要解决两个问题：一是出口产品的消费税和增值税是否免税的问题，二是由于混业经营导致的税收的处理办法。

对于增值税和消费税，由于出口货物和消费品的退税率和税收实际征收率不一致，可能存在出口也承担部分税收的问题。由于我们没有办法确定每一个部门退税和实际征收之间的比例，因此统一作为出口商品免税，因而在第一轮中不在出口分担增值税和消费税。作为对比，假设出口也不免税，和消费一样承担税收。这两种假设都是极端的情形，作为对真实情况的近似。

除了增值税和消费税对出口免税之外，营业税、资源税、城市维护建设税，房产和城市房地产税，印花税，城镇土地使用税、土地增值税、其他税收等都处理成对所有中间投入和最终使用都不免税。

另外一个问题是由于企业混合经营行为产生的增值税的处理问题：增值税主要是对第二产业的采矿业、制造业和电力、燃气及水的生产供应业和第三产业的批发零售业征收的，由于混合销售的存在，其他行业在实际中也征收部分增值税，因此在构造免税矩阵时，处理成了对最终使用的税收。比如农、林、牧、渔业增值税免税，理论上相应部门不存在增值税收入。但税务统计和投入产出部门统计口径的不一致，因为企业多种经营，在税收统计中就会有零星的税收收入。必须处理第一产业、建筑业和第三产业内各部门的增值税收入。

对于第一产业、建筑业和第三产业内各部门的增值税，处理成第一轮就转嫁给最终消费，同时对于以增值税、营业税和消费税税收收入为税基的城市维护建设税，根据该部门增值税和营业税的比例，对应增值税的份额也第一轮就转嫁到最终消费，不参与之后的转嫁。这种处理办法是假设在相应的免税矩阵中，中间投入都免税，因而都等于零。而最终使用不免税，因此直接承担了相

247

应的税收。

作为稳健性考虑，也假设对于这些混业经营产生的税收对中间投入不免税，这时的处理办法和其他部门的税收是一样的。比如建筑业的增值税，既在中间投入也在最终使用之间分配。这两种方法的差异，会导致不同行业的税率结构的差异。基本上来说，如果作为对中间投入也征税，会降低征税行业的最终归宿税收，但是会提高其他行业的税率。

根据税收转嫁模型，计算了增值税、消费税、营业税、资源税、城市维护建设税，房产和城市房地产税，印花税，城镇土地使用税、土地增值税、车船税、固定资产投资方向调节税和其他税等所有间接税的最后部门归宿。

3. 家庭消费项目和投入产出部门对应关系

为了得到家庭不同消费项目包含的税收，需要将家庭消费项目和投入产出部门一一对应起来，通过家庭各消费项目金额和消费中包含的税率，计算得到家庭因为消费支出承担的间接税税额。

家庭消费项目和投入产出表的对应关系，主要根据《中国 2007 年投入产出表编制方法》第五章"最终使用及构成编制方法"中的说明，将消费项目和投入产出表部门进行了对应，并向有关部门的人员咨询了本书中的对应划分。城镇家庭消费项目来自国家统计局城调队的住户调查，农村家庭消费项目来自国家统计局农调队的住户调查。在本章附表 2 和附表 3 给出了城镇和农村家庭消费项目的代码和投入产出表部门代码的对应关系。

在对应过程中，大部分的家庭消费项目只对应一个投入产出部门，也有一些消费项目对应着多个投入产出部门。对应多个部门的消费项目，根据部门的最终消费额在不同部门之间划分了对应的消费金额。利用不同家庭的消费结构和计算得到的税收最后归宿结构，考察了间接税对收入分配和不同家庭的影响。

10.3　实证结果及分析

表 10 - 2 给出了各行业实际征收的税收和转嫁后的税收。为了便于展示，把 135 个部门合成了 13 个部门，我们看到实际征收的税收收入和转嫁后的税收收入存在显著的差异。以第一产业为例，在这个部门实际征收的税收只有 3.18 亿元，但是转嫁到该部门最终使用上的税收是 711.27 亿元。采掘业和电力燃气水生产供应业属于提供生产的中间投入的行业，虽然在这两个部门征收税收较多，但是大部分税收都转嫁到其他部门了，留在这些部门的最后使用上的税收都显著下降。

表 10 - 2　　　　　　　**各部门税收转嫁和消费的有效税率**

代码	部门	税收收入（亿元）		转嫁后消费的有效税率（%）				
		转嫁前[a]	转嫁后[a]	全部	增值税	消费税	营业税	其他[b]
1	第一产业	3.18	711.27	5.85	3.91	0.29	0.92	0.74
2	采掘业	2 736.22	113.69	23.05	17.74	0.65	1.94	2.72
3	制造业	16 303.74	16 910.41	19.26	12.82	3.02	1.78	1.64
4	电力燃气水供应业	2 457.67	756.43	24.83	19.23	0.82	2.34	2.43
5	建筑业	1 535.05	245.86	18.39	11.11		4.55	1.94
6	交通运输仓储业	601.86	1 294.95	16.66	9.34	1.17	4.29	1.85
7	邮政电信业	310.85	646.81	18.94	10.19	0.81	5.89	2.05
8	批发零售业	4 055.87	2 885.02	29.79	23.02	0.89	3.22	2.66
9	住宿餐饮业	331.21	1 003.06	15.36	8.29	1.39	4.05	1.63
10	金融保险业	1 864.57	1 039.07	23.14	7.84	0.76	9.03	5.50
11	房地产业	2 362.31	2 272.61	30.04	8.58	0.78	15.21	5.47
12	租赁商务旅游业	914.2	924.41	19.28	7.41	0.83	8.69	2.35
13	其他服务业	2 238.26	6 911.42	14.62	7.52	0.63	2.61	3.86
14	合计	35 714.99	35 714.99	17.69	10.07	1.33	3.49	2.80

注：a 表示税收收入为全部间接税收入之合计。

b 表示其他包括资源税、固定资产投资方向调节税、城市维护建设税、房产和城市房地产税、印花税、城镇土地使用税、土地增值税、车船税和其他零星税。

表 10 - 2 列出了 13 个部门的最终消费中包含的税收的比例，就是该部门最终消费中包含的税收和最终消费的比例，这里称为该部门商品的有效税率。从表 10 - 2 可以看出，消费的有效税率平均值是 17.69%，所有部门中房地产业的有效税率最高，达到了 30.04%，其次是批发零售业，有效税率是 29.79%；电力燃气水生产供应业的有效税率 24.83%，紧跟其后的是金融保险业的有效税率 23.14% 和采掘业的 23.05%。表 10 - 2 还列出了增值税、消费税、营业税和其他税收的分部门的有效税率。增值税的有效税率显著高于消费税、营业税和其他税收的有效税率。消费税的最高有效税率在制造业，而营业税的最高有效税率在房地产业，房地产业也是其他税收有效税率最高的部门。

10.3.1　整体税收负担

根据家庭消费项目和投入产出表部门的对应关系，计算了家庭消费支出中包含的各项间接税，通过和家庭收入的对比，计算了人均税收负担率。在作为个人纳税能力的基准的时候，通常根据研究的目的选择收入或者消费作为代理变量。这里按照通常的做法，选择收入作为纳税能力的基准。城市的收入是家庭人均可支配收入，农村的收入是家庭人均纯收入。

在统计年鉴中，2007 年人口总数 132 129 万人，城市人口 59 379 万人，占比 44.94%，农村人口 72 750，占比 55.06%。根据这个比例调整了城乡样本人口的权重，使得样本的城乡人口比例等于整体的人口比例。

1. 税收负担率分布

表 10 - 3 给出了没有用收入加权的税收负担率的简单描述度量法。全部家庭数是 22 306 户，其中城市 9 364 户，农村 12 942 户。家庭人均负担率在全国范围内平均值是 11.22，表示间接税负担占家庭收入的 11.22%。其中最低的负担率是 0.32%，而最高的负担率是 446.73%。当然，大部分家庭的税收负担率小于 100%，只有一部分家庭由于当年消费支出巨大，使得税收负担率超过了 100%。图 10 - 1 给出了税收负担率小于 100% 的分布密度，全部样本中 95% 的居民的税收负担率小于 22%，在平均税收负担率左右分布；样本中 99% 的居民的税收负担率小于 43%，只有不到 1% 的样本的税收负担率特别高，使得负担率分布的右尾相对较长。

表 10 - 3	税收负担率简单描述统计				单位：%
	观测数	均值	标准差	最小值	最大值
全部	22 306	11.22	10.19	0.32	446.73
农村	12 942	10.87	12.59	0.32	446.73
城镇	9 364	11.66	6.04	0.89	142.51

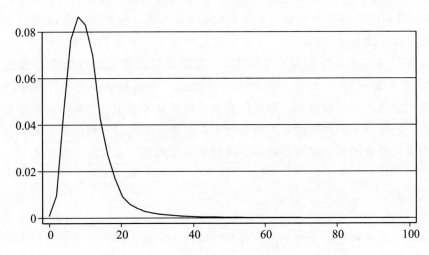

图 10 - 1 全部城乡税收负担率分布密度

城乡相比而言，城市居民的人均负担率略高于农村，城市平均负担率为 11.66%，而农村平均负担率为 10.87%。从图 10-2 可以看出，城镇负担率分布比农村负担率右偏。但是农村负担率分布的标准差比城镇负担率分布的标准差大。从表 10-3 可以看出，农村居民中最低的负担率为 0.32%，低于城镇居民的最低负担率 0.89%，而农村居民的最高负担率为 446.73%，远高于城镇的最高负担率 142.51%。

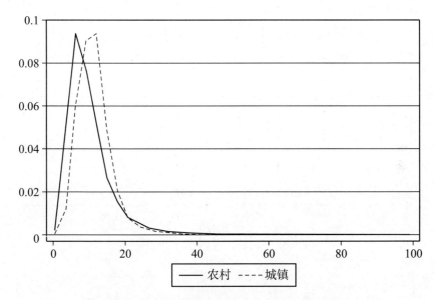

图 10-2 农村和城镇税收负担率分布密度

2. 不同收入组的税收负担率

我们更关心的是不同收入的个体的税收负担率变化的情况。图 10-3 给出了人均负担率随收入变化的散点图和使用局部多项式非参数方法拟合的曲线。从图 10-3（a）可以看到，在收入的底端，出现了税收负担率的极端值。当去掉负担率超过的 100% 样本之后，在图 10-3（b）可以看出，收入分布左端的人的税收负担率高于收入分布右端的人的税收负担率，随着收入的上升，税收负担率呈现了先下降再上升又下降的趋势。

为了更好地展现税收对不同收入组的影响，考察不同收入群体的税收负担情况，按照人均税前收入将样本等分为 10 组，计算了每组承担的税收和收入的比例。在表 10-4 中列出了每组的人均收入平均值、税收负担率，该组的总收入占全部收入的比例和该组的税收占全部税收的比例。在表 10-5 中进一步详细分解了增值税、消费税、营业税和其他税在不同收入组的负担率。从表 10-5 可以看出，平均的税收负担率为 10.60%，意味着整个样本中全部间接税负担占全部收

入的比例为 10.60%。和表 10 - 3 的平均税收负担率相比，这是用人均收入加权
的人均税收负担率。

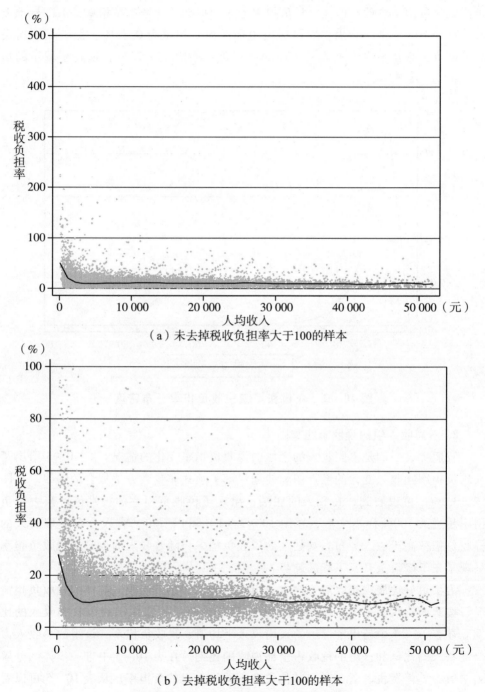

（a）未去掉税收负担率大于100的样本

（b）去掉税收负担率大于100的样本

图 10 - 3 税收负担率和收入的关系

表 10 - 4　　　　　全国居民 10 等分组税收负担分布

10 等分组	人均收入 平均值（元）	税收负担率 （%）	占全部收入的 百分比（%）	占全部税收的 百分比（%）
1	1 399	14.35	1.24	1.68
2	2 458	11.07	2.32	2.43
3	3 372	10.05	3.31	3.14
4	4 425	9.99	4.46	4.21
5	5 795	10.4	5.83	5.73
6	7 716	10.6	7.67	7.68
7	10 234	11.19	10.02	10.59
8	13 558	11.18	12.91	13.63
9	18 591	10.86	17.91	18.38
10	34 667	10.03	34.32	32.51

表 10 - 5　　　　　全国居民 10 等分组税收间接税负担比例

10 等分组	全部	增值税	消费税	营业税	其他
1	14.35	8.71	2.36	1.89	1.39
2	11.07	6.61	1.71	1.64	1.11
3	10.05	6.00	1.48	1.55	1.02
4	9.99	6.02	1.49	1.49	1.00
5	10.40	6.33	1.44	1.59	1.05
6	10.60	6.48	1.43	1.62	1.07
7	11.19	6.94	1.38	1.74	1.13
8	11.18	7.00	1.30	1.76	1.12
9	10.86	6.79	1.17	1.80	1.10
10	10.03	6.34	0.96	1.71	1.02
平均	10.60	6.59	1.22	1.71	1.07
最高/最低	1.43	1.37	2.46	1.11	1.36

　　从表 10 - 4 可以看出，最低收入组人均收入为 1 399 元，而最高收入组人均收入为 34 667 元。最低收入组的收入占全部收入的比例为 1.24%，而最高收入组的收入占全部收入的比例为 34.32%；在税收方面，最低收入组负担的间接税占全部税收的 1.68%，而最高收入组负担的税收占全部税收的 32.51%。可以看出最低收入组的税收占比超过收入占比，而最高收入组的税收占比低于收入占比。

　　进一步细分可以看出，随着收入的增加，从第 1 组到第 4 组，税收负担率呈现下降趋势，从 14.35% 下降到 9.99%，到了第 5 组开始上升，税收负担率从

253

10.4%一直增加到第8组的11.18%之后又开始下降，最高收入的1/10的人的税收负担率只有10.03%。从表10-5可以看出，最高的税收负担率是最低的税收负担率的1.43倍。从最高收入和最低收入的对比来看，间接税是累退的，低收入居民的税收负担率大于高收入居民的税收负担率。

在表10-5中还分项计算了增值税、消费税、营业税和其他税收在不同收入组的负担率情况。平均来看，增值税的税收负担率为6.59%，消费税的税收负担率为1.22%，营业税的税收负担率为1.71%，其他税的税收负担率是1.07%。

增值税、营业数和其他税收在不同收入组之间的负担分布率和全部间接税的负担分布率类似，都是从最低收入到最高收入的税收负担率先下降再上升后又下降的趋势；而消费税的负担分布率是从最低收入组一直下降到最高收入组。最低收入1/10人群的各项税收负担率都高于最高收入1/10人群的税收负担率。最低收入组的增值税负担率为8.71%，消费税负担率为2.36%，营业税负担率为1.89%，其他税收负担率为1.39%；最高收入1/10组的增值税负担率为6.34%，消费税负担率为0.96%，营业税负担率为1.71%，其他税收负担率为1.02%。其中消费税的最高负担率和最低负担率的差距相对最大，最高负担率是最低负担率的2.46倍，而增值税只是1.37倍，营业税是1.11倍，其他税是1.36倍。

为了表明税收负担随着收入变化的趋势不是因为分组办法造成的，我们把全部样本按照人均收入等分成50组，计算每一组承担的税收和该组的收入的比例。相对于10等分组，50等分组使得税收负担率分布更加详细。图10-4给出了

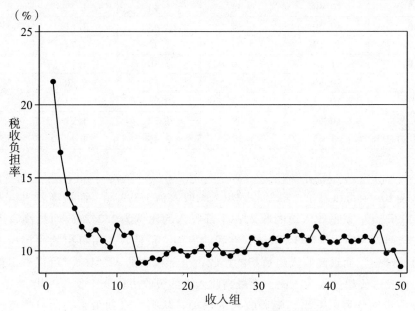

（%）

图10-4 50等分组收入税收负担率变化

税收负担率随着收入变化的图形。和之前观察到的一样，税收负担率也是先下降再上升，到了最高收入处再下降。由于分组更细，使得最低收入的一组和最高收入一组的税收负担率的差异更加明显。

10.3.2　城乡内部税收负担率

从整体上看，间接税在全体居民中的负担分布是累退的，低收入的负担率高于高收入的负担率。这里，进一步分别考察城乡内部，不同收入群体之间间接税税收负担率的差异。

图10-5中分别描绘了城镇和农村分样本的税收负担率随收入变化的散点图，可以看出，不论城镇、农村，都显示出了随着收入增加，税收负担率下降的趋势。在图10-3中看到的低收入部分税收负担率随收入上升快速下降的趋势和农村居民的税收负担率变化趋势是一致的：农村居民收入低，因此占据了低收入的主要部分。而在城镇内部，税收负担率随收入变化的趋势相对较缓，表现出了持续降低的趋势。

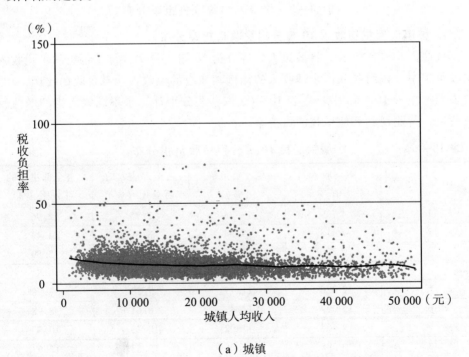

（a）城镇

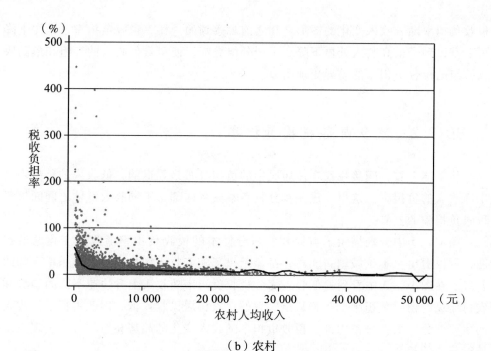

（b）农村

图 10 – 5　城乡人均税收负担率分布

1. 城镇内部税前收入 10 等分组税收负担率分布

按照人均税前收入，将城镇人口等分为 10 组，分别计算了每组的平均收入、税收负担率、该组收入占全部收入的比例和该组的税收占全部税收的比例，相关结果列示在表 10 – 6a 中。在表 10 – 6b 中，还分别计算了不同收入组的增值税、消费税、营业税和其他税收的负担率。

表 10 – 6a　　　　　城镇居民 10 等分组税收负担分布

10 等分组	人均收入 平均值（元）	税收负担率 （%）	占全部收入的 百分比（%）	占全部税收的 百分比（%）
1	4 739	13. 78	2. 35	2. 96
2	7 418	12. 54	3. 86	4. 42
3	9 326	12. 09	5. 06	5. 59
4	11 108	12	6. 2	6. 8
5	12 920	11. 77	7. 23	7. 78
6	15 007	11. 4	8. 61	8. 98
7	17 467	11. 02	10. 23	10. 3
8	20 995	11. 06	12. 53	12. 67
9	26 453	10. 89	16. 14	16. 07
10	44 768	9. 61	27. 78	24. 41

表 10 - 6b 城镇居民 10 等分组间接税负担比例

10 等分组	全部	增值税	消费税	营业税	其他
1	13.78	8.74	1.65	2.01	1.38
2	12.54	7.87	1.52	1.88	1.26
3	12.09	7.60	1.41	1.87	1.22
4	12.00	7.52	1.39	1.88	1.21
5	11.77	7.40	1.35	1.83	1.18
6	11.40	7.19	1.23	1.82	1.15
7	11.02	6.91	1.20	1.79	1.12
8	11.06	6.96	1.14	1.84	1.12
9	10.89	6.89	1.10	1.81	1.10
10	9.61	6.09	0.86	1.67	0.98
平均	10.99	6.93	1.15	1.80	1.11
最高/最低	1.43	1.43	1.91	1.20	1.41

整体来看，城镇居民的收入中负担税收的比例平均为 10.99%，高于全国样本 10.60% 的比例。分组来看，最低收入组人均收入为 4 739 元，税收负担率为 13.78%，该收入组的收入占城镇全部收入的比例为 2.35%，负担的税收占城镇全部税收的 2.96%。最高收入组的人均收入为 44 768 元，税收负担率为 9.61%，他们的收入占全部城镇收入的 27.78%，负担的税收是城镇全部税收的 24.41%。其他收入组的税收收入和税收负担率都介于这两个收入组之间，随着收入增加相应的税收负担率也是逐渐降低。

从表 10 - 6b 分解为增值税、消费税、营业税和其他税来看，城镇居民负担的增值税负担率平均为 6.93%，消费税的负担率为 1.15%。营业税的负担率为 1.80%，其他税的负担率为 1.11%。随着收入增加，各项税收的负担率都呈现了下降的趋势，税收负担率最高的是收入最低的收入组，税收负担率最高的是收入最高的收入组。最低收入组的增值税负担率为 8.74%，消费税负担率为 1.65%，营业税负担率为 2.01%，其他税的负担率为 1.38%。最高收入组的增值税负担率为 6.09%，消费税负担率为 0.86%，营业税负担率为 1.67%，其他税的负担率为 0.98%。不同收入组之间各项税收最高负担率和最低负担率的比例依次是，增值税 1.42 倍，消费税 1.91 倍，营业税 1.2 倍，其他税 1.4 倍。与表 10 - 5 中全国居民间接税负担比例的结果相比，除了消费税之外，其他税收的差距都略高于全部样本中的差距。

2. 农村内部税前收入 10 等分组税收负担率分布

将农村样本按照税前人均收入等分为 10 组，考察不同组的人均收入、税收负担率、收入和税收比例以及各项间接税负担率的差异。

从表 10-7a 可以看出，农村的等分组的收入显著低于相应的城市的等分组，农村最低收入组人均收入只有 1 093 元，不到相应的城镇最低收入组人均收入的 1/4。相比于城镇，农村最低收入和最高收入组之间的差距似乎更大。最低收入组的收入占农村全部收入的 1.88%，而税收却占到农村全部税收的 3.44%，税收负担率为 17.01%。最高收入组的收入占全部收入的 31.85%，税收只占到农村全部税收的 28.28%，税收负担率只有 8.25%。从表 10-7b 可以看出，最低收入组的税收负担率是最高收入组的税收负担率的 2.06 倍。

表 10-7a　　　　农村居民 10 等分组税收负担分布

10 等分组	人均收入平均值（元）	税收负担率（%）	占全部收入的百分比（%）	占全部税收的百分比（%）
1	1 093	17.01	1.88	3.44
2	1 832	12.12	3.25	4.24
3	2 362	10.75	4.32	4.99
4	2 864	11.13	5.46	6.53
5	3 404	9.43	6.66	6.75
6	4 003	9.42	7.99	8.1
7	4 752	9.26	9.89	9.86
8	5 752	9.25	12.28	12.23
9	7 357	8.81	16.42	15.57
10	13 083	8.25	31.85	28.28

表 10-7b　　　　农村居民 10 等分组间接税负担比例

10 等分组	全部	增值税	消费税	营业税	其他
1	17.01	10.38	2.77	2.22	1.64
2	12.12	7.32	2.01	1.61	1.17
3	10.75	6.48	1.75	1.47	1.05
4	11.13	6.49	1.59	1.88	1.17
5	9.43	5.64	1.41	1.43	0.95

10 等分组	全部	增值税	消费税	营业税	其他
6	9.42	5.61	1.47	1.41	0.94
7	9.26	5.52	1.43	1.38	0.92
8	9.25	5.46	1.39	1.46	0.94
9	8.81	5.20	1.37	1.35	0.88
10	8.25	4.84	1.23	1.34	0.84
平均	9.42	5.58	1.44	1.45	0.95
最高/最低	2.06	2.14	2.24	1.66	1.95

由于消费结构的差异和自给自足的存在，相对于城镇居民，农村居民的各项税收平均税收负担率都低于城镇居民的税收负担率。从表 10-7b 可以看出，农村居民间接税负担率整体平均为 9.42%，低于城镇居民和全国的平均水平。分税种平均来看，农村增值税负担率为 5.58%，消费税的负担率为 1.44%，营业税的负担率为 1.45%，其他税的负担率为 0.95%。虽然农村居民负担的增值税、营业税和其他税较低，但是消费税的负担率较高。

虽然农村整体的税收负担率比城镇低，但是农村最低收入组的各项税收负担率都高于城市相应的最低收入组。农村最低收入组的全部税收负担率为 17.01%，高于城镇居民最低收入组 13.78% 的税收负担率。最低收入组负担的增值税、消费税、营业税和其他税的负担率分别为 2.77%、2.22% 和 1.64%，皆高于城镇最低收入组的相应税收负担率。这也反映了间接税累退的性质：收入越低，税收占收入的比例相应地就越高。

在农村内部，随着收入的上升，整体税收负担率和分税种的税收负担率都呈现了下降的趋势。增值税、营业税和其他税在中下等收入组（第 4 组）出现税收负担率相对临近的收入组略有上升的现象，但整体上税收负担率都是从最低收入组降低到最高收入组。农村最低收入组和最高收入组之间税收负担率的差距也高于城镇最低收入组和最高收入组之间的差距。从表 10-7b 可以看出，最低收入组的间接税负担率是最高收入组负担率的 2.06 倍，最低收入组的增值税、消费税、营业税和其他税收的负担率分别是最高收入税收负担率的 2.14 倍、2.24 倍、1.66 倍和 1.95 倍。

10.3.3　间接税对城乡收入分布不平等的影响

为了进一步考察间接税对城乡收入分布的影响，本书使用计算了收入分配不平等指标，并在城乡之间分解不平等指标考察税收对城乡收入不平等的影响。

Musgrave 和 Thin（1948）提出的比较税前收入分布的基尼系数和税后收入分布的基尼系数的差异：如果税后基尼系数大于税前基尼系数，税收负担分布恶化了收入分配，是累退的；反之，如果税后基尼系数小数税收基尼系数，则税收负担改善了收入分配，税收负担是累进的。S 指数则是比较税前收入累计分布和税收收入的累积分布的关系，如果该指数小于零则意味着税收负担是累退的，如果大于零则税收负担是累进的，等于零则表明税收负担是比例的。

表 10 - 8 计算了收入分布的税前和税后基尼系数，并且也计算了整体性反映税收负担累进程度的 S 指数。可以看出，不论是农村内部还是城镇内部，收入分布的基尼系数都小于城乡一体的基尼系数。农村税前收入的基尼系数为 0.3737，城镇税前收入的基尼系数为 0.3439，城乡全部样本的税前收入的基尼系数为 0.4823。这也印证了广为人知的城乡收入差距很大的现实。

表 10 - 8　　　　　　　　　　**城乡基尼系数和 S 指数**

	税前	基尼系数 税后	变化量	S 指数
全部	0.4823	0.4855	- 0.0032	- 0.0221
农村	0.3737	0.3849	- 0.0112	- 0.0737
城镇	0.3439	0.3518	- 0.0079	- 0.0528

不论是城乡一体，还是分城乡，税后收入分布的基尼系数都大于税前收入分布的基尼系数。和税前相比，税后收入的基尼系数增加，因此基尼系数的变化量都是负数。从表 10 - 8 中可以看出，城乡全部的税后收入分布基尼系数 0.4855，农村税后收入分布的基尼系数为 0.3849，城镇税后的收入分布的基尼系数为 0.3518。基尼系数的恶化表明间接税没有促进收入分配，是累退的。S 指数的结果也验证了我们之前的发现，不论是城乡一体还是分别在城镇或农村内部，S 指数都是负数，表明间接税的负担分布是累退。从 S 指数的绝对值大小可以看出，农村的数值大于城镇，表明农村的税收负担分布累退性高于城镇。

我们也用广义熵指标（GE（a））作为不平等指标，计算了不同参数下城乡之间人均收入不平等变化的情况。广义熵指标中参数 a 越大，对收入分布中高端收入不平等越敏感；a 越小，对收入分布中低端收入不平等越敏感。表 10－9 给出了一系列参数下税前人均收入和税后人均收入的不平等度量。可以看出，在所有参数 a 的取值下，税后的不平等指标都大于税前不平等指标，和之前在基尼系数看到的结果一致。但是就指标的增幅而言，$a = -1$ 时的增幅大于 $a > 0$ 时的增幅，这表明间接税对收入低端的不平等影响最显著。这也印证了间接税负担累退的性质。

表 10－9　　　　税前税后城乡人均收入不平等的分解的比较

税前人均收入	GE（－1）	GE（0）	GE（1）	GE（2）
整体	0.69795	0.42606	0.40093	0.55406
城乡内部	0.45866	0.22285	0.21544	0.37278
城乡之间	0.23929	0.20321	0.18549	0.18128
税后人均收入	GE（－1）	GE（0）	GE（1）	GE（2）
整体	0.81244	0.43374	0.40704	0.57382
城乡内部	0.58178	0.23683	0.2268	0.39754
城乡之间	0.23066	0.19691	0.18025	0.17628

相对于基尼系数等其他不平等指标，广义熵指标的一大优势是可以在不同组之间完全分解，把整体不平等在分解为城乡内部不平等和城乡之间的不平等。从税前收入来看，整体不平等中城乡内部不平等大于城乡之间的不平等。税收负担对城乡内部的不平等和城乡之间的不平等有不同的影响。从税收对收入不平等的影响来看，对比税前收入和税后收入的分解，可以看出，税收使得城乡内部收入不平等增加，而城乡之间不平等缩小。尤其是参数 $a = -1$ 时税后不平等的增加，主要是来自城乡内部不平等的增加。这表明间接税对低收入人群的影响相对更大。

10.3.4　稳健性检验

行业税收的确定和税收转嫁方法的选择可能会影响税收转嫁的结果，进而影响居民税收负担的估计。我们比较了不同税收转嫁方法对结果的影响，估计了可能的影响程度。并且，也用 42 个部门表计算了税收和行业的有效税率，分析了对居民税收负担的影响。所有的稳健性分析表明，本书中的估计是稳健的，不同方法下的计算结果差异不大。

1. 不同估算方法比较

本书在前面处理税收时，假设零星税收直接由最终消费承担，并且假设出口在第一轮时不承担消费税和增值税。因而，假设 1 就是第一产业和第三产业的增值税直接在第一轮就转嫁在最终消费，不在中间投入分配和出口在第一轮时不承担消费税和增值税。相应地，另一种处理办法就是这些部门的税收和制造业以及批发零售业一样，增值税在第一轮在中间投入和最终使用分配，并且在第二轮之后中间投入的税收转嫁到最终使用并且出口不免税，称为假设 2。相对于假设 1，假设 2 假设所有税收都在所有部门承担，并且出口也在第一轮承担税收。另外，在划分进口部门的增值税和消费税时，我们也考虑了三种办法：（1）使用国内税收数据结构划分；（2）只在采掘业、制造业和批发零售行业根据国内税收划分；（3）根据部门进口额度在各部门划分。从表 10 – 10 可以看出，这 6 种不同数据处理方法和税收转嫁假设组合下全国和城乡内部不同收入组的全部间接税的负担率的分布情况，估计结果变化不大。和前面的分析类似，使用税前的人均收入进行了 10 等分组。

在表 10 – 10 假设 1 的列（1）是正文的结果，为了对比我们将其列在这里。列（2）是假设进口增值税和消费税在采掘业、制造业和批发零售业部分划分，列（3）是进口税收根据部门进口额度在各部门划分后得到的结果，可以看出，不同的数据处理办法得到结果相差不到 1 个百分点，因此划分进口税收的不同方法对结果影响不大。

表 10 – 10a **不同数据处理和税收转嫁假设下间**
接税负担估计（135 个部门）

10 等分组	假设 1			假设 2		
	（1）	（2）	（3）	（1）	（2）	（3）
1	14. 35	14. 37	13. 83	13. 42	13. 44	12. 84
2	11. 07	11. 09	10. 71	10. 36	10. 37	9. 95
3	10. 05	10. 06	9. 75	9. 41	9. 42	9. 06
4	9. 99	10. 00	9. 68	9. 33	9. 34	8. 98
5	10. 40	10. 42	10. 10	9. 71	9. 73	9. 36
6	10. 60	10. 62	10. 28	9. 90	9. 91	9. 53
7	11. 19	11. 21	10. 87	10. 42	10. 44	10. 05

10 等分组	假设 1			假设 2		
	（1）	（2）	（3）	（1）	（2）	（3）
8	11.18	11.20	10.88	10.38	10.40	10.03
9	10.86	10.88	10.61	10.07	10.09	9.76
10	10.03	10.04	9.86	9.27	9.28	9.05
平均	10.60	10.61	10.34	9.84	9.85	9.53

表 10 – 10b　　　城市：不同数据处理和税收转嫁假设下间接税负担估计（135 个部门）

10 等分组	假设 1			假设 2		
	（1）	（2）	（3）	（1）	（2）	（3）
1	13.78	13.81	13.30	12.87	12.90	12.35
2	12.54	12.56	12.12	11.69	11.71	11.23
3	12.09	12.11	11.72	11.26	11.28	10.84
4	12.00	12.02	11.66	11.15	11.17	10.76
5	11.77	11.79	11.45	10.92	10.94	10.55
6	11.40	11.42	11.11	10.57	10.58	10.22
7	11.02	11.04	10.73	10.21	10.23	9.88
8	11.06	11.08	10.83	10.24	10.25	9.95
9	10.89	10.91	10.67	10.08	10.10	9.81
10	9.61	9.63	9.48	8.87	8.89	8.69
平均	10.99	11.01	10.74	10.18	10.20	9.88

表 10 – 10c　　　农村：不同数据处理和税收转嫁假设下间接税负担估计（135 个部门）

10 等分组	假设 1			假设 2		
	（1）	（2）	（3）	（1）	（2）	（3）
1	17.01	17.04	16.41	15.90	15.93	15.23
2	12.12	12.13	11.66	11.34	11.35	10.84
3	10.75	10.76	10.38	10.06	10.07	9.65

续表

10 等分组	假设 1			假设 2		
	（1）	（2）	（3）	（1）	（2）	（3）
4	11.13	11.14	10.80	10.42	10.43	10.05
5	9.43	9.44	9.16	8.82	8.83	8.51
6	9.42	9.44	9.14	8.81	8.82	8.49
7	9.26	9.27	8.99	8.64	8.65	8.33
8	9.25	9.26	9.00	8.65	8.66	8.35
9	8.81	8.82	8.57	8.24	8.25	7.95
10	8.25	8.27	8.05	7.72	7.73	7.46
平均	9.42	9.43	9.15	8.80	8.82	8.49

比较假设 1 和假设 2 下相应列的结果，可以看出，假设 1 下税收负担率高于假设 2 下的税收负担率。假设 2 下税收第一产业和服务业的增值税会转嫁到其他行业和出口上，一定程度上降低这些行业最终归宿的税收，降低各行业的有效税率；另外，因为改变了不同行业的相对有效税率，可能会改变居民的负担率。但是计算的结果表明，税收负担率下降是主要的效应。相比而言，虽然税率下降，也只是在 1 个百分点左右。因此，不同假设的处理不影响前面的估计。

另外，我们也考虑了增值税是按照行业增加值在多个行业内划分，消费税按照行业总产出进行划分等情形的比较，得到的结果表明对税率的影响没有大的差异。为了节省版面，此处就没有单列出来了。

2. 42 个部门表计算结果比较

在前面的计算中，使用 135 个部门的投入产出表计算了家庭消费物品对应的有效税率。使用同样的处理办法，也使用 42 个部门估计了城镇不同收入组的税收负担率。使用 135 个部门的优势在于，部门划分更细，可以较好地计算不同部门的有效税率；但是由于税收统计和投入产出部门的不一致，在计算各部门实际税收的时候不得不采用推算的办法来划分税收。而 42 个部门的好处是由于投入产出部门口径较宽，只有 2 个行业需要划分税收，减少了税收推算可能引起的误差。

我们分别对零星税收采用两种转嫁假设和使用 3 种不同的办法来处理进口税收，计算得到的结果汇总在表 10-11 中。可以看出，和表 10-10b 中城镇各收入组的税收负担率比较，税率略有降低，但是变化也不超过 0.4 个百分点。这也表明在不同行业划分税收的方法是稳健的，对于结果没有显著的影响。

表 10 – 11   城市 10 分位居民间接税税收负担（42 个部门）

10 等分组	假设 1			假设 2		
	（1）	（2）	（3）	（1）	（2）	（3）
1	13.59	13.62	13.24	12.70	12.73	12.25
2	12.21	12.23	11.93	11.39	11.42	11.02
3	11.76	11.78	11.52	10.96	10.98	10.62
4	11.66	11.68	11.45	10.85	10.87	10.55
5	11.29	11.31	11.11	10.50	10.52	10.22
6	11.01	11.03	10.85	10.23	10.25	9.98
7	10.70	10.72	10.56	9.95	9.97	9.70
8	10.75	10.77	10.67	9.99	10.01	9.79
9	10.70	10.73	10.64	9.95	9.97	9.77
10	9.36	9.39	9.37	8.69	8.71	8.58
平均	10.75	10.77	10.63	9.99	10.02	9.77

10.4 小 结

本章利用城乡家庭微观调查的消费和收入数据，测算了不同家庭消费中承担的税收，计算了间接税占家庭收入的比例，分析了间接税负担对不同家庭的影响。研究表明：

（1）间接税作为对商品、劳务和特定经营行为的课税，其负担整体上是累退的。低收入家庭负担的税收占收入的比例高于高收入家庭的比例。分税种来看，增值税、消费税、营业税等都是累退的。间接税引起了城乡收入不平等的加剧，主要源于城乡内部不平等程度提高，而城乡之间因为间接税引起的不平等的程度略有缩小。

（2）税收的作用是组织财政收入、调节资源配置和促进公平收入分配。我们的分析表明，间接税在发挥组织财政收入功能方面效能显著，但是对于调节收入分配作用微乎其微，甚至使得低收入人群的税负超过了高收入人群。为此，我国需要进一步改革个人所得税制和征管机制，增加个人所得税收入在全部税收收入的比重，适当降低间接税收入的比例，促进税收制度的居民收入分配功能的实现。

需要指出的是，本章的研究是一个截面的分析，分析了一个年份中城乡不同家庭的税收负担和分布情况。可是，1994 年分税制改革以来，我国税收收入持续增长，并且税收收入增长速度多年超过国民生产总值的增长速度。在税收持续增长的背景下，城乡居民间接税负担如何变化，可以揭示出间接税对城乡居民收入分配和税收负担分布的影响。聂海峰和刘怡（2010）曾考察了税收增长对城镇居民负担的影响，发现在城镇居民来说税收负担普遍增长了，不同收入组之间接近成比例变动。可见，使用城乡的历史数据考察城乡不同收入居民负担的变化，是需要进一步研究的问题。

附表 1　　　　　　　税收行业和投入产出部门的对应关系

sec	sec_name	对应 135 个部门投入产出部门编码							
1	税收收入合计	代码	代码	代码	代码	代码	代码	代码	代码
2	一、第一产业	001	002	003	004	005			
3	二、第二产业								
4	（一）采矿业								
5	1. 煤炭开采和洗选业	006							
6	2. 原油和天然气开采业	007							
7	3. 黑色金属矿采选业	008							
8	4. 有色金属矿采选业	009							
9	5. 非金属矿采选业	010							
10	6. 其他采矿业	010							
11	（二）制造业								
12	1. 农副食品加工业	011	012	013	014	015	016	017	
13	2. 食品制造业	018	019	020	021				
14	3. 饮料制造业	022	023						
15	其中：酒制造								
16	4. 烟草制品业	024							
17	其中：卷烟制造								

sec	sec_name	对应 135 个部门投入产出部门编码						
18	5. 纺织业	025	026	027	028	029		
19	6. 纺织服装、鞋帽制造业	030						
20	7. 皮革、毛皮、羽毛（绒）制品业	031						
21	8. 木材加工及木竹藤棕草制品业	032						
22	9. 家具制造业	033						
23	10. 造纸及纸制品业	034						
24	11. 印刷业和记录媒体的复制	035						
25	12. 文教体育用品制造业	036						
26	13. 石油加工、炼焦及核燃料业	037	038					
27	其中：成品油制造							
28	14. 化学原料及化学制品业	039	040	041	042	043	044	045
29	15. 医药制造业	046						
30	16. 化学纤维制造业	047						
31	17. 橡胶制品业	048						
32	18. 塑料制品业	049						
33	19. 非金属矿物制品业	050	051	052	053	054	055	056
34	20. 黑色金属冶炼及压延加工业	057	058	059	060			
35	21. 有色金属冶炼及压延加工业	061	062					
36	22. 金属制品业	063						
37	23. 通用设备制造业	064	065	066	067	068		
38	24. 专用设备制造业	069	070	071	072			
39	25. 交通运输设备制造业	073	074	075	076			
40	其中：汽车制造							
41	摩托车制造							

sec	sec_name	对应 135 个部门投入产出部门编码						
42	26. 电气机械及器材制造业	077	078	079	080	081		
43	27. 通信设备、计算机及其他电子设备制造业	082	083	084	085	086	087	
44	28. 仪表仪器及文化、办公用机械制造业	088	089					
45	29. 其他制造业	090	091					
46	（三）电力、燃气及水的生产和供应业							
47	1. 电力、热力的生产和供应业	092						
48	其中：电力生产和供应							
49	2. 燃气生产和供应业	093						
50	3. 水的生产和供应业	094						
51	（四）建筑业	095						
52	1. 房屋和土木工程建筑业							
53	2. 建筑安装业							
54	3. 建筑装饰业							
55	4. 其他建筑业							
56	三、第三产业							
57	（一）交通运输、仓储及邮政业							
58	1. 交通运输业	096	097	098	099	100	101	102
59	2. 仓储业	103						
60	3. 邮政业	104						
61	（二）信息传输、计算机服务和软件业							
62	1. 电信和其他信息传输服务业	105						
63	其中：电信							
64	2. 计算机服务业	106						

sec	sec_name	对应 135 个部门投入产出部门编码							
65	3. 软件业	107							
66	（三）批发和零售业	108							
67	1. 批发业								
68	其中：烟草制品批发								
69	煤炭及制品批发								
70	石油及其制品批发								
71	汽车及零配件批发								
72	2. 零售业								
73	（四）住宿和餐饮业								
74	1. 住宿业	109							
75	2. 餐饮业	110							
76	（五）金融业								
77	1. 银行业	111							
78	2. 证券业	111							
79	3. 保险业	112							
80	4. 其他金融	111							
81	（六）房地产业	113							
82	（七）租赁和商务服务业								
83	1. 租赁业	114							
84	2. 商务服务业	115	116						
85	（八）居民服务和其他服务业	124	125						
86	（九）教育	126							
87	（十）卫生、社会保险和社会福利业	127	128	129					
88	其中：卫生								
89	（十一）文化、体育和娱乐业	130	131	132	133	134			
90	（十二）其他行业	117	118	119	120	121	122	123	135

注：部门编码为投入产出表135个部门代码，代码对应的具体名称见《2007年中国投入产出表》。产出表135个部门代码，代码对应的具体名称见《2007年中国投入产出表》。

附表2　　城镇住户消费项目与投入产出135个部门之间转换

城镇住户生活消费项目			多部门时的分配比率	投入产出表135个部门编码						
项目	计量单位	代码		编码	编码	编码	编码	编码	编码	编码
消费性支出	元	E								
其中：服务性消费支出	元	E0								
通过互联网购买商品或服务	元	D95100								
旅游花费总额	元	LYH								
一、食品	元	E1								
（一）粮油类	元	E11								
1. 粮食	元	E111	城镇居民部门总消费	011	001					
（1）大米	元	E1111								
（2）面粉	元	E1112								
（3）其他粮食及制品	元	E1113								
2. 淀粉及薯类	元	E112	城镇居民部门总消费	017	001					
3. 干豆类及豆制品	元	E113	城镇居民部门总消费	017	001					
4. 油脂类	元	E114		013						
（1）食用植物油	元	E1141								
（2）食用动物油	元	E1142								
（二）肉禽蛋水产品类	元	E12								
1. 肉类	元	E121								
（1）猪肉	元	E1211		015						
（2）牛肉	元	E1212		015						
（3）羊肉	元	E1213		015						

城镇住户生活消费项目			多部门时的分配比率	投入产出表135个部门编码						
项目	计量单位	代码		编码	编码	编码	编码	编码	编码	编码
（4）其他肉及制品	元	E1214		015	017					
2. 禽类	元	E122								
（1）鸡	元	E1221		003						
（2）鸭	元	E1222		003						
（3）其他禽类及制品	元	E1223		003	017					
3. 蛋类	元	E123								
（1）鲜蛋	元	E1231		003						
（2）蛋制品	元	E1232		017						
4. 水产品类	元	E124								
（1）鱼	元	E1241		004						
（2）虾	元	E1242		004						
（3）其他水产品及制品	元	E1243		016						
（三）蔬菜类	元	E13								
1. 鲜菜	元	E131		001						
2. 干菜	元	E132		017						
3. 菜制品	元	E133		017						
（四）调味品	元	E14		020						
（五）糖烟酒饮料类	元	E15								
1. 糖类	元	E151		021						
2. 烟草类	元	E152		024						
3. 酒类	元	E153		022						
（1）白酒	元	E1531								
（2）果酒	元	E1532								
（3）啤酒	元	E1533								
（4）其他酒	元	E1534								

续表

城镇住户生活消费项目			多部门时的分配比率	投入产出表 135 个部门编码						
项目	计量单位	代码		编码	编码	编码	编码	编码	编码	编码
4. 饮料	元	E154		023						
（1）碳酸饮料	元	E1541								
（2）瓶装饮用水	元	E1543								
（3）茶叶	元	E1544								
（4）其他饮料	元	E1546								
（六）干鲜瓜果类	元	E16								
1. 鲜果	元	E161		001						
2. 鲜瓜	元	E162		001						
3. 其他干鲜瓜果类及制品	元	E163		017						
（七）糕点、奶及奶制品	元	E17								
1. 糕点	元	E171		021						
2. 奶及奶制品	元	E172		019						
（1）鲜乳品	元	E1721								
（2）奶粉	元	E1722								
（3）酸奶	元	E1723								
（4）其他奶制品	元	E1724								
（八）其他食品	元	E18	计入上述未归属的食品相关 IO 部门							
（九）饮食服务	元	E19								
1. 食品加工服务费	元	E191		124						
2. 在外饮食	元	E192		110						
二、衣着	元	F2								
（一）服装	元	F21	城镇居民部门总消费	030	031					

272

续表

城镇住户生活消费项目			多部门时的分配比率	投入产出表135个部门编码						
项目	计量单位	代码		编码	编码	编码	编码	编码	编码	编码
（二）衣着材料	元	F22	城镇居民部门总消费	025	026	027	028	029	031	
（三）鞋类	元	F23	城镇居民部门总消费	030	048					
（四）其他衣着用品	元	F24	城镇居民部门总消费	049	090					
（五）衣着加工服务费	元	F25		124						
三、居住	元	F7								
（一）住房	元	F71								
1. 租赁房房租	元	F711		113						
2. 住房装潢支出	元	F713		095						
3. 维修用建筑材料	元	F714	城镇居民部门总消费	050	053					
4. 维修用建筑材料	元	F714	这个科目2007年作了特殊处理，不对应到具体部门							
5. 其他住房支出	元	F715		113						
（二）水电燃料及其他	元	F72								
1. 水	元	F721		094						
2. 电	元	F722		092						
3. 燃料	元	F723								
（1）煤炭	元	F7231		006						

城镇住户生活消费项目			多部门时的分配比率	投入产出表135个部门编码						
项目	计量单位	代码		编码	编码	编码	编码	编码	编码	编码
（2）罐装液化石油气	元	F72321		007	037					
（3）管道液化石油气	元	F72322		007	037					
（4）管道煤气	元	F72331		093						
（5）管道天然气	元	F72332		007	093					
（6）柴油	元	F7234		037						
（7）其他燃料	元	F7235		037						
4. 取暖费	元	F725		092						
5. 其他相关支出	元	F724	城镇居民部门总消费	092	093	094				
（三）居住服务费	元	F73								
1. 物业管理费	元	F731		113						
2. 维修服务费	元	F732		113						
3. 其他居住服务费	元	F733		113						
四、家庭设备用品及服务	元	F3								
（一）耐用消费品	元	F31								
1. 家具	元	F311		033						
2. 家庭设备	元	F312		080						
（1）洗衣机	元	F3121								
（2）电冰箱（柜）	元	F3123								
（3）微波炉	元	F3125								
（4）空调器	元	F3126								
（5）淋浴热水器	元	F3128								
（6）消毒碗柜	元	F31211								
（7）洗碗机	元	F31212								

续表

城镇住户生活消费项目			多部门时的分配比率	投入产出表135个部门编码						
项目	计量单位	代码		编码	编码	编码	编码	编码	编码	编码
（8）其他家庭设备	元	F31215								
（二）室内装饰品	元	F32	城镇居民部门总消费	029	090					
（三）床上用品	元	F33	城镇居民部门总消费	028	031	032	080			
（四）家庭日用杂品	元	F34	城镇居民部门总消费	034	045	048	049	053	054	063
（五）家具材料	元	F35	城镇居民部门总消费	032	053	042	044	063		
（六）家庭服务	元	F36								
1. 家政服务	元	F361		124						
2. 加工维修服务费	元	F362		125						
五、医疗保健	元	F4								
（一）医疗器具	元	F41		072						
（二）保健器具	元	F42		072						
（三）药品费	元	F43	5-5分	046	127					
（四）滋补保健品	元	F44		021						
（五）医疗费	元	F45		127						
（六）其他医疗保健支出	元	F46	城镇居民部门总消费	046	025	048	049			
六、交通和通信	元	F5								
（一）交通	元	F51								
1. 家庭交通工具	元	F511								
（1）摩托车	元	F5111		076						
（2）助力车	元	F5113		076						
（3）家用汽车	元	F5114		074						
（4）其他交通工具	元	F5115		076						

城镇住户生活消费项目			多部门时的分配比率	投入产出表135个部门编码						
项目	计量单位	代码		编码	编码	编码	编码	编码	编码	编码
2. 车辆用燃料及零配件	元	F512								
（1）燃料	元	F5121		037						
其中：汽油	元	F51211								
柴油	元	F51212								
（2）零配件	元	F5122	城镇居民部门总消费	074	076					
（3）其他	元	F5123	城镇居民部门总消费	074	076					
3. 交通工具服务支出	元	F513								
（1）维修费	元	F5131		125						
（2）汽车使用税费	元	F5132		135						
（3）其他车辆使用费	元	F5133		135						
4. 交通费	元	F514								
（1）飞机	元	F5141		100						
（2）火车	元	F5142		096						
（3）长途汽车	元	F5143		097						
（4）市内公共交通	元	F5144		098						
（5）出租汽车费	元	F5145		098						
（6）其他交通费	元	F5146		099						
（二）通信	元	F52								
1. 通信工具	元	F521		082						
（1）电话机	元	F5211								
（2）移动电话机	元	F5212								
（3）其他通信工具	元	F5215								

续表

城镇住户生活消费项目			多部门时的分配比率	投入产出表135个部门编码						
项目	计量单位	代码		编码	编码	编码	编码	编码	编码	编码
2. 通信服务	元	F522								
（1）电信费	元	F5221		105						
其中：上网费	元	F52211								
（2）邮费	元	F5222		104						
（3）其他通信服务费	元	F5223	城镇居民部门总消费	105	125					
七、教育文化娱乐服务	元	F6								
（一）文化娱乐用品	元	F61								
1. 彩色电视机	元	F611		086						
2. 家用电脑	元	F614		084						
（1）购买整机	元	F6141								
（2）计算机外部设备	元	F6142								
（3）各种零配件及耗材	元	F6143								
3. 组合音响	元	F615		086						
4. 摄像机	元	F617		086						
5. 照相机	元	F618		089						
6. 钢琴	元	F619		036						
7. 其他中高档乐器	元	F6110		036						
8. 健身器材	元	F6111		036						
9. 电子辞典	元	F6112		084						
10. 音像制品及软件	元	F6113	5－5分	107	130					
11. 体育用品	元	F6114		036						
12. 书报杂志	元	F6115		130						

城镇住户生活消费项目			多部门时的分配比率	投入产出表135个部门编码						
项目	计量单位	代码		编码	编码	编码	编码	编码	编码	编码
13. 纸张文具	元	F6116	城镇居民部门总消费	036	034					
14. 其他文娱用品	元	F6117	计入上述未归属的教育文化娱乐相关 IO 部门							
(二) 文化娱乐服务	元	F62								
1. 参观游览	元	F621	城镇居民部门总消费	122	123	132				
2. 健身活动	元	F622		133						
3. 团体旅游	元	F623		116						
4. 其他文娱活动费	元	F624	城镇居民部门总消费	134	132	122	123	114	124	105
5. 文娱用品修理服务费	元	F625		125						
(三) 教育	元	F63								
1. 教材	元	F631								
(1) 课本及参考书	元	F6311		130						
(2) 教育软件	元	F6312		107						
(3) 其他教材	元	F6313		130						
2. 教育费用	元	F632								
(1) 非义务教育学杂费	元	F6321		126						
(2) 义务教育学杂费	元	F6322		126						
(3) 托幼费	元	F6323	80% 归教育, 20% 归居民服务业	126	124					

278

城镇住户生活消费项目			多部门时的分配比率	投入产出表135个部门编码						
项目	计量单位	代码		编码	编码	编码	编码	编码	编码	编码
（4）成人教育费	元	F6324		126						
（5）家教费	元	F6325		126						
（6）培训班	元	F6326		126						
（7）学校住宿费	元	F6327		126						
（8）其他教育费用	元	F6328		126						
八、其他商品和服务	元	F8								
（一）其他商品	元	F81								
1.金银珠宝饰品	元	F811		090						
2.手表	元	F812		088						
3.理发美容用具	元	F813	城镇居民部门总消费	080	090					
4.化妆品	元	F814		045						
5.其他	元	F815	城镇居民部门总消费	045	090					
（二）服务	元	F82								
1.旅馆住宿费	元	F821		109						
2.理发洗澡费	元	F822		124						
3.美容费	元	F823		124						
4.其他服务费	元	F824		124	115					

注：部门编码为投入产出表135个部门代码，代码对应的具体名称见《2007年中国投入产出表》。

附表3　　农村住户消费项目与投入产出135个部门之间转换

农村住户消费项目			多部门时的分配比率	投入产出表135个部门编码和名称					
指标代码	指标名称	计量单位		编码	名称	编码	名称	编码	名称
2210	购买商品情况	元							

279

续表

农村住户消费项目			多部门时的分配比率	投入产出表135个部门编码和名称					
指标代码	指标名称	计量单位		编码	名称	编码	名称	编码	名称
2211	一、购买生活消费品情况	元							
2212	（一）食品类	元							
2214	1. 购买谷物	元	农村居民部门消费	011	谷物磨制业	001	农业		
2232	2. 购买薯类	元	农村居民部门消费	017	其他食品加工业	001	农业		
2238	3. 购买豆类	元	农村居民部门消费	017	其他食品加工业	001	农业		
2251	4. 购买食用油	元		013	植物油加工业				
2256	5. 购买蔬菜及制品	元		001	农业				
2290	6. 购买肉、禽、蛋、奶及其制品金额	元							
2292	（1）购买猪肉	元		015	屠宰及肉类加工业				
2294	（2）购买牛肉	元		015	屠宰及肉类加工业				
2296	（3）购买羊肉	元		015	屠宰及肉类加工业				
2298	（4）购买鸡	元		003	畜牧业				
2300	（5）购买鸭	元		003	畜牧业				
2302	（6）购买鹅	元		003	畜牧业				
2304	（7）购买牲畜下水	元		015	屠宰及肉类加工业				

农村住户消费项目			多部门时的 分配比率	投入产出表135个部门编码和名称					
指标 代码	指标名称	计量 单位		编码	名称	编码	名称	编码	名称
2306	（8）购买禽下水	元		015	屠宰及肉类 加工业				
2308	（9）购买鲜鸡蛋	元		003	畜牧业				
2310	（10）购买鲜鸭蛋	元		003	畜牧业				
2312	（11）购买鲜奶	元		019	液体乳及乳 制品制造业				
2314	（12）购买酥油	元		013	植物油加工 业				
2320	7. 购买水产品及制品	元		004	渔业				
2350	8. 购买烟、酒金额	元							
2352	其中： （1）购买卷烟	元		024	烟草制品业				
2354	（2）购买烟丝、烟叶	元		024	烟草制品业				
2356	（3）购买啤酒	元		022	酒精及酒的 制造业				
2358	（4）购买白酒	元		022	酒精及酒的 制造业				
2360	（5）购买果酒	元		022	酒精及酒的 制造业				
2361	9. 购买茶叶、饮料	元		023	软饮料及精 制茶加工业				
2368	10. 购买其他种类 食品	元							
2369	其中： （1）购买豆制品	元	农村居民部门 消费	017	其他食品加 工业	001	农业		
2370	（2）购买调味	元		020	调味品、发酵制 品制造业				

281

农村住户消费项目			多部门时的分配比率	投入产出表135个部门编码和名称					
指标代码	指标名称	计量单位		编码	名称	编码	名称	编码	名称
2372	（3）购买食糖	元		014	制糖业				
2374	（4）购买西瓜	元		001	农业				
2376	（5）购买其他果用瓜	元		001	农业				
2378	（6）购买水果金额	元		001	农业				
2379	（7）购买坚果、果仁及制品	元		017	其他食品加工业				
2380	（8）购买糖果	元		021	其他食品制造业				
2381	（9）购买糕点	元		021	其他食品制造业				
2382	（10）购买营养滋补品	元		021	其他食品制造业				
2390	（二）衣着类	元							
2392	其中：1. 购买服装	元	农村居民部门消费	030	纺织服装、鞋、帽制造业	031	皮革、毛皮、羽毛（绒）及其制品业		
2394	2. 购买鞋类	元	农村居民部门消费	030	纺织服装、鞋、帽制造业	048	橡胶制品业		
2410	（三）居住类	元							
2411	1. 购买建筑生活用房材料支出	元	农村居民部门消费	050	水泥、石灰和石膏制造业	053	玻璃及玻璃制品制造业		
2413	其中：（1）购买水泥	元		050	水泥、石灰和石膏制造业				

农村住户消费项目			多部门时的分配比率	投入产出表135个部门编码和名称					
指标代码	指标名称	计量单位		编码	名称	编码	名称	编码	名称
2415	（2）购买木材	元		032	木材加工及木竹藤棕草制品业				
2417	（3）购买钢材	元		059	钢压延加工业				
2419	（4）购买水泥预制件	元		051	水泥及石膏制品制造业				
2421	（5）购买玻璃	元		053	玻璃及玻璃制品制造业				
2423	（6）购买砖	元		052	砖瓦石材及其他建筑材料制造业				
2425	（7）购买瓦	元		052	砖瓦石材及其他建筑材料制造业				
2427	（8）购买沙石	元		052	砖瓦石材及其他建筑材料制造业				
2428	2. 购买生活用房支出	元		113	房地产业				
2438	3. 购买生活用燃料	元							
2440	其中：（1）购买柴	元		002	林业				
2442	（2）购买草	元		002	林业				
2444	（3）购买煤	元		006	煤炭开采和洗选业				
2445	（4）液化气	元							
2447	#a. 天然气金额	元		007	石油和天然气开采业	037	石油及核燃料加工业		

续表

农村住户消费项目			多部门时的分配比率	投入产出表135个部门编码和名称					
指标代码	指标名称	计量单位		编码	名称	编码	名称	编码	名称
2449	b. 煤气金额	元		093	燃气生产和供应业	037	石油及核燃料加工业		
2451	c. 液化石油气	元		007	石油和天然气开采业	037	石油及核燃料加工业		
2447	4. 购买生活用水	元		094	水的生产和供应业				
2449	5. 购买生活用电	元		092	电力、热力的生产和供应业				
2460	（四）家用设备和日用品	*							
2461	1. 购买洗涤及卫生用品	元		045	日用化学产品制造业				
2462	2. 购买厨具、餐具、茶具	元		063	金属制品业				
2463	3. 购买家具及做家具材料	元		033	家具制造业				
2465	4. 购买洗衣机	元		080	家用电力和非电力器具制造业				
2467	5. 购买缝纫机	元		080	家用电力和非电力器具制造业				
2469	6. 购买电风扇	元		080	家用电力和非电力器具制造业				
2471	7. 购买电冰箱	元		080	家用电力和非电力器具制造业				

农村住户消费项目			多部门时的分配比率	投入产出表135个部门编码和名称					
指标代码	指标名称	计量单位		编码	名称	编码	名称	编码	名称
2473	8. 购买空调机	元		080	家用电力和非电力器具制造业				
2475	9. 购买吸尘器	元		080	家用电力和非电力器具制造业				
2477	10. 购买抽油烟机	元		080	家用电力和非电力器具制造业				
2479	11. 购买热水器	元		080	家用电力和非电力器具制造业				
2481	12. 购买微波炉	元		080	家用电力和非电力器具制造业				
2483	13. 购买电饭锅	元		080	家用电力和非电力器具制造业				
2485	14. 购买液化气炉具	元		080	家用电力和非电力器具制造业				
2590	（五）交通、通讯工具和用品	*							
2592	1. 购买自行车	元		076	其他交通运输设备制造业				
2594	2. 购买电动自行车	元		076	其他交通运输设备制造业				
2596	3. 购买摩托车	元		076	其他交通运输设备制造业				
2598	4. 购买汽车（生活用）	元		074	汽车制造业				
2600	5. 购买电话	元		082	通信设备制造业				
2602	6. 购买手机	元		082	通信设备制造业				
2610	其中：购买燃料	元		037	石油及核燃料加工业				

续表

农村住户消费项目			多部门时的分配比率	投入产出表135个部门编码和名称					
指标代码	指标名称	计量单位		编码	名称	编码	名称	编码	名称
2620	（六）文化、教育、体育、娱乐用品	*							
2622	1. 购买收录机	元		086	家用视听设备制造业				
2624	2. 购买组合音响	元		086	家用视听设备制造业				
2626	3. 购买电子游戏机	元		086	家用视听设备制造业				
2628	4. 购买黑白电视机	元		086	家用视听设备制造业				
2630	5. 购买彩色电视机	元		086	家用视听设备制造业				
2632	6. 购买录放像机	元		086	家用视听设备制造业				
2634	7. 购买影碟机	元		086	家用视听设备制造业				
2636	8. 购买摄像机	元		086	家用视听设备制造业				
2638	9. 购买照相机	元		086	家用视听设备制造业				
2640	10. 购买家用计算机（电脑）	元		084	电子计算机制造业				
2641	11. 购买家用计算机外部设备	元		084	电子计算机制造业				
2642	12. 购买中高档乐器	元		036	文教体育用品制造业				
2643	13. 购买体育健身器材	元		036	文教体育用品制造业				

农村住户消费项目			多部门时的分配比率	投入产出表135个部门编码和名称					
指标代码	指标名称	计量单位		编码	名称	编码	名称	编码	名称
2645	14. 购买观赏盆栽植物	元		001	农业				
2647	15. 购买宠物	元		003	畜牧业				
2660	（七）医疗卫生、保健用品	元							
2661	1. 购买药品	元	5－5分	046	医药制造业	127	卫生		
2662	2. 购买医疗卫生器械	元		072	其他专用设备制造业				
2663	3. 购买药品类保健品	元		021	其他食品制造业				
2664	4. 购买保健器材	元		072	其他专用设备制造业				
2665	（八）其他杂项商品	元							
2666	1. 购买首饰	元		090	工艺品及其他制造业				
2668	2. 购买手表	元		088	仪器仪表制造业				
2669	3. 购买化妆品	元		045	日用化学产品制造业				
2670	4. 购买迷信、宗教用品	元		034	造纸及纸制品				
904	B. 食品消费服务性支出	元							
905	（1）在外饮食	元		110	餐饮业				

农村住户消费项目			多部门时的分配比率	投入产出表135个部门编码和名称					
指标代码	指标名称	计量单位		编码	名称	编码	名称	编码	名称
906	（2）食品加工费	元		124	居民服务业				
907	（3）其他服务性支出	元		124	居民服务业				
914	B. 衣着消费服务性支出	元		124	居民服务业				
924	B. 居住消费服务性支出	元							
925	（1）建筑、维修生活用房雇工工资	元							
926	（2）房租	元		113	房地产业				
927	（3）生活用水	元		094	水的生产和供应业				
928	（4）生活用电	元		092	电力、热力的生产和供应业				
929	（5）清洁费、卫生费	元		125	其他服务业				
930	（6）其他服务性支出	元		125	其他服务业				
938	B. 家庭设备用品服务性消费支出	元							
939	（1）家庭设备修理费	元		125	其他服务业				
940	（2）日杂用品加工修理费	元		125	其他服务业				
941	（3）家政服务费	元		124	居民服务业				
942	（4）其他服务性支出	元		125	其他服务业				
950	B. 交通和通讯服务消费支出	元							
951	（1）交通消费服务支出	元							

续表

农村住户消费项目			多部门时的分配比率	投入产出表135个部门编码和名称					
指标代码	指标名称	计量单位		编码	名称	编码	名称	编码	名称
952	①交通客运费	元		096	铁路运输业	097	道路运输业		
953	②生活物品货运费	元		096	铁路运输业	097	道路运输业		
954	③交通工具修理费	元		125	其他服务业				
955	④其他（过路过桥费等）服务性支出	元		097	道路运输业				
956	（2）通讯消费服务支出	元							
957	①邮寄费	元		104	邮政业				
958	②通讯费	元		105	电信和其他信息传输服务业				
959	③通讯工具修理费	元		125	其他服务业				
960	④其他	元		105	电信和其他信息传输服务业				
973	B. 教育服务消费支出	元							
974	（1）托儿费	元	80%归教育，20%归居民服务业	126	教育	124	居民服务业		
975	（2）幼儿园赞助费	元		126	教育				
976	（3）学杂费	元		126	教育				
977	（4）入学赞助费	元		126	教育				
978	（5）私立学校就读费	元		126	教育				

续表

农村住户消费项目			多部门时的分配比率	投入产出表 135 个部门编码和名称					
指标代码	指标名称	计量单位		编码	名称	编码	名称	编码	名称
979	（6）成人培训费	元		126	教育				
980	（7）教育设备修理费	元		126	教育				
981	（8）其他服务性支出	元		126	教育				
982	C. 文化、体育、娱乐服务消费支出	元							
983	（1）旅游	元		116	旅游业				
984	（2）休闲娱乐费	元		134	娱乐业				
985	（3）文化、体育、娱乐用品修理费	元		125	其他服务业				
986	（4）其他服务性支出	元		134	娱乐业				
996	B. 医疗保健服务消费支出	元							
997	（1）医疗费	元		127	卫生				
998	（2）医疗设备修理费	元		125	其他服务业				
999	（3）保健费	元		124	居民服务业				
1000	（4）保健设备修理费	元		125	其他服务业				
1001	（5）其他服务性支出	元		127	卫生				
1009	B. 其他消费服务支出	元							

农村住户消费项目			多部门时的分配比率	投入产出表135个部门编码和名称					
指标代码	指标名称	计量单位		编码	名称	编码	名称	编码	名称
1010	（1）旅馆住宿费	元		109	住宿业				
1011	（2）美容美发	元		124	居民服务业				
1012	（3）殡殓费	元		124	居民服务业				
1013	（4）生活消费借贷利息	元		111	银行业、证券业和其他金融活动				
1014	（5）其他服务性支出	元	农村居民部门消费	124	居民服务业	125	其他服务业	115	商务服务业

第 11 章

个人所得税对居民收入分配的影响

第 9 章在评估我国税制的累进性时得到结论，即现行税制具有明显的累退性，但个人所得税具有累进性。既然个人所得税具有累进性，那么，它是否具有调控居民收入分配的明显作用呢？本章根据税率表和住户调查数据中个人收入结构的信息，计算了每个人个人所得税的应纳税额，进而测算出个人所得税的横向公平效应和纵向公平效应。研究结果显示，个人所得税虽然降低了居民收入不平等，但效果很小，甚至可以忽略不计；平均税率较低是个人所得税在调节收入分配上贡献不足的主要原因。

11.1 引　言

个人所得税的收入分配效应是学术界长期关注的问题。国际学术界对发达国家的研究相对较多，[①] 对发展中国家的研究相对较少。Wagstaff 等（1999）对 12 个 OECD 国家的个人所得税收入再分配效应进行了系统性的测量和分析，Bird 和 Zolt（2005a，2005b）对发展中国家个人所得税调节收入分配有限性进行了讨论。由于缺少相应的数据，尤其是各国个人所得税累进性的信息不充分，研究者

---

① 见本书第 2 章的有关综述。

对发展中国家的研究主要根据这些国家的税收制度特征考察个人所得税的收入分配效应。目前，我国学术界关于个人所得税的收入分配效应的实证研究，更是缺乏令人满意的分析结果。原因主要在两个方面：第一，许多研究成果均为评述性文章，较少客观分析，难以提供有参考价值的结论。第二，部分研究成果虽然进行了实证分析（例如，李延辉、王碧珍，2009；古建芹、张丽微，2011），但是由于数据问题，其分析结果难以置信。

就现有的实证分析成果来看，这类文献通常使用城镇住户调查的加总数据，样本通常为省，因此无法考察省内居民收入差距以及个人所得税效应。更严重的是，这些文献常把城镇居民人均全部年收入和人均可支配收入分别视为税前收入和税后收入，把二者之差视为个人所得税，由此考察个人所得税的收入再分配效应。按照国家统计局住户调查的定义，城镇居民全部年收入减去个人所得税、社会保障支出以及记账补贴三项之后等于可支配收入。本章使用的 2007 年城镇住户调查数据显示，人均个人所得税额为 111.7 元，人均社会保障支出为 975.0元，记账补贴为 47.0 元。其中社会保障支出中金额最大的为缴纳的住房公积金，人均 424.1 元。由此可见，城镇住户调查中全部年收入与可支配收入之差中，个人所得税占比很低（9.9%），其主要部分为社会保障支出（86.0%），而社会保障支出中一部分支出（如住房公积金）本质上不是税负，而是居民的收入。因此，把全部年收入与可支配收入之差视为个人所得税的做法是根本无法衡量个人所得税的收入再分配效应的。

更有甚者，国内有些文献甚至得出了在部分年份个人所得税扩大了城镇居民收入差距的结论，这一点显然是不可信的。岳树民等（2011）是少数使用住户层面数据的研究，但该研究重点在于考察工资薪金所得费用扣除额变化对个人所得税收入累进性的影响，对我国个人所得税其他构成要素对居民收入不平等的影响关注不够。另外，该研究对住户调查中的个人所得税信息存在的漏报和低报问题没有给予考虑。

总体上讲，尽管以往文献付出了极大的努力，但是由于数据资料等条件限制，我国个人所得税的收入再分配效应仍然未得到很好的研究，人们仍然无法准确地知道我国个人所得税调节居民收入不平等的效果如何，以及哪些因素影响着我国个人所得税调节居民收入功能发挥。

个人所得税的收入再分配效应取决于两个因素：税收的累进性和平均税率。可以预计，在保持累进性不变的前提下提高平均税率可以增加个人所得税对居民收入分配的调节作用，反之亦然。可以预测，我国个人所得税对居民收入不平等具有缩小功能，原因在于，我国居民收入主要构成（如工资性收入）的法定税率都是累进的。但是个人所得税对居民收入分配的效果究竟有多大？这一点并不清楚，原因在于除了税率的累进性之外，税率的高低是左右税收的收入再分配效应大小的另一主要因素。如果我国个人所得税的平均有效税率较低，那么即使个人所得税有利于居民收入不平等的改善，其效果也会很低。本章的分析证实了这一点。

11.2 分析方法与数据

个人所得税的收入分配效应，不仅包括个人所得税对居民收入差距的作用方向，还有其影响程度。因此，选择科学的评价方法至关重要。有了科学的方法，还需要有充分的、高质量的相关数据。本节就旨在解决这两个问题。

11.2.1 分析方法

第2章的2.2节曾对度量税收的收入分配效应的各种方法进行了详细综述。在局部度量法和全部度量法的十余种方法中，我们采用最常用的 MT 指数法和 K 指数法。

MT 指数为：

$$MT = G_X - G_Y \qquad\qquad (11-1)$$

式中，G_X 和 G_Y 分别为税前和税后的基尼系数。如果 MT 指数是正数，说明税收缩小收入分配差距，反之，说明税收扩大收入分配差距。

MT 指数的缺陷是不能很好地度量税收的累进性，这点恰好可以用 K 指数（Kakwani，1977）来弥补。K 指数等于税收集中率减去税前收入的基尼系数，用公式表示为：

$$K = C_T - G_X \qquad\qquad (11-2)$$

式中，C_T 为税收（收入）的集中率。当税收集中率与税前收入基尼系数相等时（也就是 K 指数为 0 时），税收负担与收入在个人之间的分布是完全相同的，即每个人在税收收入总额中的比重等于他在收入总额中的比重，此时税收为比例税。如果税收集中率大于税前收入基尼系数，税收负担的分布则偏重于高收入人群，高收入人群在税收总额中的比重较其在收入总额的比重高，或者说高收入人群的税率高于低收入人群，税收体现为累进性税收，此时 K 指数的值越大，税收的累进程度也越强。同理可以定义累退性税收。

Kakwani（1977）认为，衡量税收再分配效应的 MT 指数与衡量税收累进性的 K 指数有着密切联系，公式表示如下：

$$MT = (C_Y - G_Y) + \frac{t}{1-t}K \qquad (11-3)$$

式中，C_Y 为按税前收入排序计算的税后收入集中率；t 为平均有效税率。（11-3）式右边的两项实际上与税收的两个公平性原则有关，即横向公平和纵向公平。（11-3）式右边第一项即是税收的横向不公平的测量指标，它等于税后收入（按税前收入排序计算的）集中率（C_Y）以及税后收入（按其自身排序计算的）基尼系数（G_Y）的差值。很显然，每个人按税前和按税收收入的排序都相同的话，C_Y 等于 G_Y，也就是横向不公平指标的测度值为零。由 Kakwani（1980），Atkinson（1980）和 Plotnick（1981）的证明可知，与税前收入排序相比，个人的按税后收入排序如果发生变化的话，税后收入集中率一定小于税后收入基尼系数，即 $C_Y < G_Y$。也就是说，在（11-3）式右边第二项（税收纵向公平的衡量指标）给定的条件下，如果税收破坏横向公平原则，$C_Y - G_Y$ 则为负，MT 的值也会变小，而 MT 的值变小，则意味着税收的收入再分配效应减弱。

与（11-3）式右边第一项不同，第二项是税收通过发挥纵向公平原则对居民收入不平等发挥作用的衡量指标，它由税收累进性（或累退性）指标和税率两项组成。该项至少包含以下两个重要含义。第一，税收的累进性（或累退性）决定着税收通过纵向公平原则对收入分配不平等的作用方向。税率一项的值一定大于或等于零，而累进性指标可以任意值。也就是说，税收通过纵向公平原则对收入分配的作用方向完全取决于税收是累进的还是累退的，亦即 K 指数的取值。如果税收是累进的，即 K 指数取正数，意味着税收满足纵向公平原则，其对收入不平等的作用是积极的，会降低居民收入差距。第二，如果税收是累退的（收入越低，税率越高），即 K 指数取负值，这意味税收违背了纵向公平原则（产生了纵向不公平），因此其对收入不平等的作用是负面，会加剧收入分配不平等。如果 K 指数等于零，税收为比例税，这意味着税收通过纵向公平原则对收入分配没有起到任何作用。现实中，（11-3）式右边第一项横向（不）公平指标的取值十分接近零，[①] 因此 K 指数的符号直接决定税收对收入分配不平等的作用方向。

（11-3）式右边第二项所拥有的第二个重要含义是，在税收的横向（不）公平一定的条件下，税收的收入再分配效应大小不仅取决于税收的累进（退）

① 见本章下一节对我国的实证结果。

性程度，同时受税率高低的影响，在发挥税收收入再分配效应上，二者缺一不可。税收累进性的强弱和税率的高低在一定程度上是独立的。具体地说，在保持平均税率不变的条件下，可以改变税收的累进（退）性。同样，在保持税收累进（退）性不变的同时，可以提高或降低平均税率。比如，在保持税收收入不变的条件下，降低低收入人群税负的同时增加高收入人群的税负可以增强税收的累进性。同样，所有纳税人的纳税额增加一倍，税收的累进（退）虽然保持不变，但是平均税率也随之增加一倍。由于平均税率高低和税收累进（退）性强弱同时影响收入再分配效应，为了充分发挥个人所得税对居民收入分配不平等的调节作用，单靠加强税收累进性是不够的。在平均税率较低的情况下，依靠增强税收的累进性来加强税收对居民收入调节效应是有局限性的。我国自 2011 年 9 月 1 日起开始实施的新税制已经表现出这一局限性。①

11.2.2　数据

1. 数据信息的质量问题

本章的数据来自于国家统计局的住户调查。目前我国个人所得税仅对城镇居民征收，因此本章仅使用了城镇住户调查数据，样本量为 10000 户。数据提供了个人的总收入及其构成信息，同时包括个人缴纳的个人所得税额信息。我国个人所得税是分项征收的，即纳税人按照其收入来源不同分别缴纳个人所得税。在我们的数据里，缴税额信息没有按照收入构成分项列出，而是仅仅提供了纳税人个人所得税的缴纳总额。通过仔细观察和与其他相关数据的交叉检验，发现住户调查数据严重地低估了个人所得税的纳税额。这里有两个证据证明这一点。

第一，国家税务总局每年分税种公布全国个人所得税收入总额，作为税收统计，该统计较其他数据来源要准确、可靠。根据住户调查和国家税务总局的个人所得税信息分别计算的个人所得税平均税率显示在表 11–1 中。根据国家税务总局税收收入统计的计算结果是，个人所得税平均税率在 2002 年为 2.95%，2007 年为 3.60%，而根据我们住户调查数据的计算结果则分别为 0.33% 和 0.85%，远远低于前者。这一点验证了住户调查对个人所得税缴纳额的低估。

---

①　相关讨论见本章下一节。

表 11-1   住户调查与国家税务总局之间个人所得税平均税率对比

个人所得税的数据来源	2002 年	2007 年
本章的 10 000 户住户样本	0.33ᵃ	0.85ᵃ
国家税务总局	2.95ᵇ	3.60ᵇ

注：a 等于每户个人所得税加总除以每户家庭总收入加总，再乘以 100；b 等于国家税务总局个人所得税收入总额除以全国城镇居民家庭总收入，再乘以 100。全国城镇居民家庭总收入等于人均家庭总收入乘以城镇人口。

第二，根据我国个人所得税法对各项收入的扣除以及税率的规定，以及住户调查中个人分项收入的信息，可以计算每个人的应纳税额，把它与住户调查中的个人所得税信息相比，即可知道住户调查是否漏报了个人所得税。[①] 这里就工资薪金收入和经营性收入两种收入考察这一点。根据中国个人所得税法规定，2002 年，月工资薪金收入超过 800 元（该年工资薪金收入扣除额）的人必须缴纳个人所得税。在我们的样本中，2002 年，月平均工资收入超过 800 元的有 5 137 人，其中的 3 319 人没有报告个人所得税纳税额（或者个人所得税纳税额为零）占 64.6%，这个比例是相当高的。在没有报告个人所得税的个人样本中，工资收入较低人群的漏报比率较工资收入较高人群可能更严重，因为前者缴纳的税额较小，因此更容易忽视。为了验证这一推测是否成立，我们根据应税收入分组后观察了个人所得税漏报情况，结果显示在表 11-2 中。该表的数字证实了我们的推测。在 2002 年，应税收入不为零但未报告个人所得税缴纳额的比例随着收入的增加明显降低，最低组为 84.7%，而最高组则为 46.2%。与 2002 年相比，2007 年的情形没有很大的变化，略有不同的是，未报告个人所得税的比例在整体以及各收入组均有所降低，这也许反映了中国个人所得税征管工作的改善。

表 11-2   工资性收入者中未报告个人所得税的比重

分组	平均应税收入（元/月）	样本数（人）	是否报告个人所得税的比重（%）		
			否	是	合计
2002 年					
1	70	1 029	84.7	15.3	100
2	215	1 026	75.0	25.0	100
3	389	1 028	63.3	36.7	100

---

① 两种情况导致应纳税额不为零，但住户调查没有报告个人所得税：漏报和逃税，相关讨论见以下内容。

297

分组	平均应税收入（元/月）	样本数（人）	是否报告个人所得税的比重（%）		
			否	是	合计
4	657	1 028	54.0	46.0	100
5	1 551	1 026	46.2	53.8	100
平均/合计	576	5137	64.6	35.4	100
2007 年					
1	143	1 345	79.3	20.7	100
2	461	1 325	67.7	32.3	100
3	894	1 334	49.6	50.4	100
4	1 623	1 335	37.6	62.4	100
5	3 938	1 334	28.0	72.0	100
平均/合计	1 411	6 673	52.5	47.5	100

注：平均应税收入是月平均工资薪金总收入减去扣除额，2002 年的扣除额为 800 元，2007 年为 1 600 元。分组是按照月平均工资性收入排序得到的。

住户调查中个人所得税漏报同样发生在获得营业性收入的个人身上。按照个人所得税法，2002 年，个人必须为其得到的全部净经营收入缴纳个人所得税，而 2007 年需要为净经营收入中大于 19 200 元（每月 1 600 元 × 12 月）的部分缴纳个人所得税。表 11 - 3 给出了按净经营收入分组的税收漏报信息。从该表可以看出，2002 年，有 715 人得到了净营业收入，其中只有 5.0% 的人报告缴纳了个人所得税，这个数字在 2007 年为 9.39%，与 2002 年相比有所提高，其原因可能有两点。第一，个人所得税征管工作得到了加强和改善；第二，随着收入的增长，更多的私营个体者进入纳税者的行列。

表 11 - 3   经营性收入者中未报告个人所得税的比重

五等分组	平均应税收入（元/年）	样本人数（人）	是否报告个人所得税的比例（%）		
			否	是	总
2002 年					
1	1 153	145	95.9	4.1	100
2	3 548	141	100.0	0.0	100
3	5 691	143	96.5	3.5	100
4	8 902	143	93.7	6.3	100
5	19 539	143	88.8	11.2	100
平均/合计	7 760	715	95.0	5.0	100

五等分组	平均应税收入（元/年）	样本人数（人）	是否报告个人所得税的比例（%）		
			否	是	总
2007 年					
1	154	119	94.12	5.88	100
2	486	111	93.69	6.31	100
3	1 046	121	89.26	10.74	100
4	2 089	109	91.74	8.26	100
5	7 069	115	84.35	15.65	100
平均/合计	2 156	575	90.61	9.39	100

注：平均应税收入等于年平均收入减去扣除额，2002 年扣除额为 0，2007 年扣除额为 19 200 元（每月 1 600 元×12 月）。分组是按照年平均经营性收入排序得到的。

以上把应纳税额不为零，而没有报告个人所得税缴纳额的情况归结为漏报，当然除了漏报之外，逃税也可以导致同样的情况。在此的问题是漏报和逃税各占多大比重，相对重要性如何。回答这一问题并不容易。但是有一点可以肯定，那就是逃税不是导致个人应纳税所得额不为零但没有报告个人所得税缴纳额的唯一原因。如果没有住户调查中个人所得税信息漏报的话，根据住户调查数据计算的全国平均个人所得税税率与根据国家税务总局的税收统计的计算结果应当十分接近，但二者之间的差距很大。这一点我们在前面已经观察到了。

最后应当提及的是，住户调查中个人所得税信息存在的问题除了漏报之外，低报也可能是导致基于住户数据计算的平均个人所得税税率较低的原因。但是，住户调查中的个人信息没有按收入分项，只有个人所得税总额，因此无法验证低报的程度。

城镇住户调查中个人所得税信息存在的漏报和低报问题，给评价个人所得税的收入再分配效应带来了极大的障碍，它将从以下几个途径影响个人所得税收入再分配效应的估计。第一，个人所得税纳税额的漏报和低报直接导致个人所得税平均有效税率的低估。平均有效税率是左右税收的收入再分配效应大小的主要因素之一，如果直接使用住户调查中的个人所得税信息，税收的收入再分配效应不可避免地被低估。第二，从本节以上的讨论可知，工资薪金者的纳税漏报比重有随工资收入上升而减轻的趋势。由于工资收入占收入总额的比重较高，这一趋势会高估整体个人所得税的累进性，由此高估税收的收入再分配效应。第三，纳税额的漏报和低报有可能改变个人样本税前与税后收入排序，因此导致横向不公平的估计结果会出现偏差。

299

为了准确可靠地估计中国个人所得税的收入再分配效应，上述住户调查中个人所得税信息存在的问题必须得到纠正。对此本章的解决方法是，首先根据个人所得税税率表计算每个人的应纳税额，然后使用应纳税额估计 *MT* 指数及其分解。使用应纳税额实际上假定没有偷漏税现象，这显然不完全符合现实。即使如此，我们认为应纳税额较住户调查中报告的个人所得税信息更可取，并且它还能给出个人所得税法得到完全执行条件下个人所得税收入再分配效应的估计值。

2. 数据的分类调整问题

众所周知，我国目前个人所得税实行分项征收，针对不同的收入来源，个人所得税法规定的扣除额和税率也不同。在这种情况下，为了准确地计算每个人的应纳税额，住户调查提供的收入信息与个人所得税法中的分项收入在收入分类、收入定义以及计算收入的时间长短等方面应当基本保持一致，否则很难得到令人可以接受的应纳税额估计值。下面我们就这些问题进行仔细的讨论。

住户调查数据中收入的分类方法，以及每项收入的定义与我国个人所得税法的分项收入基本一致。住户调查中个人总收入首先划分为四大类：工资性收入、经营性收入、财产性收入以及转移性收入。第一大类的工资性收入进一步划分为两项：工资及补贴收入、其他劳动收入。其中前者与个人所得税法中工资薪金所得大致可以对应。从住户调查的指标解释上可以看出，工资性收入的另一部分，即其他劳动收入与税法中的劳务报酬所得和稿酬所得基本对应。由于税法中劳务报酬所得和稿酬所得的扣除和税率完全一致，因此尽管住户调查中没有区分劳务报酬所得和稿酬所得，对这两项所得应纳税额的估计并不因此受到影响。住户调查中经营性所得与税法中的个体工商户的生产、经营所得基本可以对应，而且两者对经营性收入的定义都使用了纯收入的概念，即总收入减去成本。财产性收入在税法中被分为了四部分：（1）特许权使用费所得；（2）利息、股息和红利；（3）财产租赁收入；（4）财产出售收入。这四类收入在我们的住户调查数据中均有独立的收入项目与之对应。

尽管在收入分类上住户调查数据和税法之间能够基本保持一致，但是在收入的计算时间上二者之间存在较大的差距，而这种差异直接影响应纳税额的估计，下面详细讨论这一点。住户调查中收入的报告时间为年，也就是个人在一年（本章考察的年份为 2002 年和 2007 年）内收入总额，换句话说是他们在一年内每月或者每次赚得收入的总额。但按税法的规定，除了个体工商户的生产、经营所得（住户调查中的经营性收入）之外，其他所有分项收入都不是按年收入课征个人所得税的。按着我国个人所得税法规定，工资薪金所得月（收入）缴纳个人所得税，也就是说，纳税人在每月领取工资时，对其中超出扣除额（2002年 800 元，2007 年 1 600 元）的应税所得，按收入级次纳税。与工资薪金所得不同，劳务报酬所得、稿酬所得、所有的财产收入（包括特许权使用费所得、利息、股息、红利所得财产租赁所得、财产转让所得）以及偶然所得等，现行税法规定按"次"缴纳个人所得税，也就是纳税人在每次收到这些收入，按税法规定减掉扣除额后缴纳个人所得税。因此，根据住户调查的收入数据计算个人应纳税额，必须把住户调查中年收入转化成月收入或者每次的收入。对此具体的做法如下：在计算工资薪金应纳税额时我们使用了月平均收入，也就是将住户调查中的年工资收入除以12得到月平均收入。使用工资收入的月平均值（而不是每月实际得到的工资收入）会低估这部分收入的税收负担。原因是这将高估每月扣除额，并降低工资收入中适用高边际税率的部分。

下面通过一个例子来说明这一点。假设一个纳税人在2007年只工作了两个月，共取得6 000元工资收入，第一个月1 000元，第二个月5 000元。根据个人所得税法规定，该纳税人应税总额为385元，税收在两个月之间的分配为，第一个月0元，第二个月385元。如果我们按其月平均收入计算应纳税额时，其应税总额将是230元，每个月115元。由此可见按平均月收入计算的税负要低于按每月实际收入计算的应纳税额。一般来说，按平均月收入计算应纳税额所导致估计误差的大小，取决于纳税人收入在一年各月份之间的变动幅度，变动幅度越大，估计误差也越大，反之越小。①

关于按"次"缴纳个人所得税的分项收入，根据商业惯例等相关信息，我们就个人接受这些收入的次数做了以下的假定。房屋出租是个人所得税法中财产租赁收入的主要部分，房屋出租通常是按月进行的，因此，假定个人一年内取得财产租赁收入的次数为12次。关于利息所得的支付频率，我国银行的现行做法是，活期存款利息按季度支付，定期存款利率在存款到期时一次性支付。关于股息、红利所得的支付，在我国，公司通常一年最多支付一次红利（大部分公司很多年都不支付红利），只有极少数情况一年支付两次。因此，把个人在一年内接受利息、股息、红利所得的次数假定为一年1次。关于劳务所得、稿酬所得、特许权使用费所得、财产转让所得和偶然所得，由于缺少必要的信息，假定个人接受这些收入的次数为一年12次，也就是每月1次。假定每年12次的根据在于：首先，月是会计上重要的核算周期；其次，按照现行税法的规定，在接受的收入总额一定的条件下，纳税人可以通过增多接受收入次数来提高扣除额，以此降低纳税负担。因此纳税人有增加接受收入次数的动机。为了检验以上关于接受各项收入次数假定对估计结果的影响，除了财产租赁所得以及利息、股息、红利所得之外，用每年1次取代每月1次的假定后重

---

① 月收入在扣除额之下的变动不影响应纳税额的估计，此时的应纳税额为0。

新进行了估计。① 另外，上述关于接受各项收入的"次"数，会因人而异，但是由于缺少必要的信息，只能忽略这一点。关于次数的假定，在绝大多数情况下仅仅影响扣除，而不影响使用的税率。因为除劳务报酬所得之外，其他应税所得的税率均为20%。②

关于个体工商户的生产、经营所得，税法规定按年收入征税，这一点与住户调查该项收入的报告时间一致，因此该项收入应纳税额的估计，较其他分项收入要准确。

11.3　个人所得税收入再分配效应估计

11.3.1　样本平均有效税率分析

在给出 MT 指数及其分解结果之前，表 11 – 4 中显示了按人均税前收入 10 等分组的平均有效税率。从该表可以看出，除极个别情况外（2002 年第 3 组与第 2 组相比），平均税率随收入的上升而上升，这表明个人所得税是累进的。这一点并不奇怪，因为分类个人所得税的法定税率一般为累进性税率，边际税率随收入（档次）上升而提高。

表 11 – 4　　　　　　　　　**10 等分组个人所得税平均有效税率**

10 等分组	平均有效税率（%）		相对税率（最低一组 = 1）	
	2002 年	2007 年	2002 年	2007 年
1	0.60	0.15	1.00	1.00
2	0.71	0.18	1.18	1.22
3	0.70	0.35	1.16	2.33
4	0.77	0.52	1.29	3.45
5	0.86	0.76	1.43	5.05

---

① 估计结果见下一节。

② 劳务报酬所得实行超额累进税率，应税所得的区间和税率分别是：0 ~ 20 000 元时税率为 20%；20 001 ~ 50 000 元时税率为 30%；50 001 元以上时税率为 40%。

续表

10 等分组	平均有效税率（%）		相对税率（最低一组＝1）	
	2002 年	2007 年	2002 年	2007 年
6	1.21	1.16	2.02	7.71
7	1.40	1.65	2.34	10.98
8	1.53	2.40	2.56	15.98
9	2.34	3.48	3.91	23.23
10	4.25	7.74	7.10	51.62
总样本	2.06	3.27	3.44	21.79

从累进性的时间趋势来看，2002 年 10 等分组最高组的平均税率为最低组的 7 倍多，2007 年上升到 51.6 倍，说明我国个人所得税的累进性在此期间有所增强。个人所得税累进程度增强的理由至少有两个，它们均与费用扣除有关。一是工资薪金所得的费用扣除自 2006 年 1 月 1 日起由每月 800 元提高到 1 600 元，扣除额的提高增加了个人所得税的累进性。二是自 2006 年 1 月 1 日起个体工商户的生产、经营所得开始允许每年 19 200 元（1 600 元×12 月）费用扣除，[①] 这一费用扣除主要是为了与工资薪金每月 1 600 元的费用扣除相匹配而设立的。和工资薪金所得相同，个体工商户经营所得费用扣除的设立同样增加了个人所得税整体的累进性。

11.3.2 MT指数和K指数测算分析

MT 指数的估计值如表 11 - 5 所示。从该表可以看出，无论 2002 年还是 2007 年，人均税后收入的基尼系数均低于税前收入的基尼系数，*MT* 指数为正数，而且在两个年份之间有所上升。这说明我国个人所得税对调整居民收入不平等起到了一定作用，并且说明其作用程度有所增强。个人所得税的这种积极效应源于其累进性，这一点留待下面解释。

[①] 财政部、国家税务总局：《关于调整个体工商户业主、个人独资企业和合伙企业投资者个人所得税费用扣除标准的通知》（财税〔2006〕44 号）。

303

表 11 – 5   *MT* 指数

	2002 年	2007 年
税前基尼系数（G_b）	0.3212	0.3459
税后基尼系数（G_a）	0.3148	0.3322
MT 指数（*MT*）	0.0064	0.0137

　　就我国个人所得税的收入再分配效应，我们的基本判断是：我国个人所得税的居民收入再分配效应十分有限甚至微乎其微，尤其在城镇居民收入不平等日益恶化的今天，与人们的期待相差甚远。从表 11 – 5 可知，*MT* 指数在 2002 年取值 0.0064，仅占税前基尼系数的 2%，2007 年相应数字分别为 0.0137 和 4%。这些关于 *MT* 指数的绝对和相对数字，都难以得出结论说我国个人所得税的收入再分配效应是十分显著的。总而言之，我国个人所得税对城镇居民收入差距虽然有缩小的作用，但是十分不显著。

　　那么，我国个人所得税的收入再分配功能为何如此微弱呢？上节介绍的 *MT* 指数分解可以从一个角度提供答案，其结果显示在表 11 – 6 中。从该表可以看出，测量横向公平的指标取负值，2002 年和 2007 年都为 – 0.0002，这意味着我国个人所得税制改变了个人税前收入排序，违背了横向公平原则，导致了横向不公平，但数值非常小，可以忽略不计。

表 11 – 6   *MT* 指数的分解和 *K* 指数

	2002 年	2007 年
MT 指数	0.0064	0.0137
横向公平效应	– 0.0002	– 0.0002
纵向公平效应	0.0066	0.0139
税收集中率	0.6330	0.7574
K 指数	0.3117	0.4115
平均有效税率	0.0206	0.0327

　　横向公平指标取值极小，表明 *MT* 指数与纵向公平效应的测量值很接近。换句话说，中国个人所得税的收入再分配效应程度主要取决于纵向公平效应的大小。比较表 11 – 6 的 *MT* 指数和纵向公平效应也说明了这一点。这样一来，有必要对纵向公平效应的决定因素给予进一步的考察。从上一节方法论的解释可知，

税收的纵向公平效应由两部分构成：由 K 指数衡量的税收累进（退）性以及平均有效税率。根据 K 指数的定义，在税前基尼系数给定的条件下，K 指数完全取决于税收的集中率。这些指标的计算结果显示在表 11-6 的最后三行里。具体地说，税率集中率和平均有效税率在 2002 年分别为 0.633 和 2.06%，2007 年均有所上升，分别为 0.7574 和 3.27%。

11.3.3 个人所得税收入再分配功能弱化的原因

前面提到，纵向公平效应依赖于平均有效税率和税收累进性两个因素，并与二者呈正比，也就是说，纵向公平效益估计值过小（从而导致 MT 指数过小）是由于平均有效税率过低和税收累进性过弱的其中之一或者二者同时造成的。这里要回答的问题是：MT 指数过小，从而我国个人所得税收入再分配效应不足的"责任"应当归咎于税率过低呢还是累进性不足呢？或者双方都有"责任"呢？与此相关的问题是：为了强化我国个人所得税的收入再分配功能，在提高平均有效税率和增强其累进性之间应当选择哪一个，或者是同时并举呢？

回答这一问题不是一件容易的事，不但见仁见智，而且可能存在不同的标准。一个较现实且有参考价值的做法是参照国际经验，其他国家个人所得税平均有效税率的高低和累进性强弱可以帮助我们回答这个问题。和其他很多研究领域相同，从收入再分配的角度考察个人所得税的研究对发达国家较多，对发展中国家较少。除了国别研究之外，Wagstaff 等（1999）对 12 个 OECD 国家的个人所得税收入再分配效应进行了系统性的测量和考察，所使用的方法与本章基本相同。在此我们看看这些国家的相应数值。首先看税收个人所得税的集中率。12 个国家中，最低的为 0.3895，最高的为 0.6628，简单平均数为 0.5251，我国 2007 年为 0.7574（见表 11-6），远远高出这些国家。再看个人所得税的累进性指数，12 个 OECD 国家中最低的为 0.0891，最高的为 0.2717，均值为 0.1963，我国 2007 年为 0.4115，是 OECD 组织 12 国均值的 2 倍以上。最后看个人所得税有效税率，12 国的简单平均数为 16.61%，最低的为 6.2%，最高的为 32.7%，这些数远远高出我国 2007 年的 3.27%（见表 11-6）。关于以上比较值得注意的是，12 个 OECD 国家的数值包括各国所有的住户，而本研究仅仅包括我国城镇居民。如果本研究的样本扩大到农村住户的话（所有农户住户的个人所得税都为零），那么我国个人所得税的累进性会更高，相反，平均有效税率会更低。

以上是发达国家的经验，再看发展中国家的情况。关于发展中国家的相关研究在英文文献很难找到，即使有，也没有提供本章使用的 K 指数分解结果，因此无法找到可供比较的相关指标。可以借鉴的是，Bird 和 Zolt（2005a、2005b）给出了 2005 年前后亚洲主要国家个人所得税收入占 GDP 比重以及占中央政府税收收入比重的信息，我国个人所得税的两个比重分别为 0.3% 和 1.7%，它们不仅低于菲律宾（2.1% 和 17.2%）、马来西亚（2.7% 和 14.7%）等国（韩国和日本更高），同时低于越南（0.4% 和 2.6%）、印度（1.4% 和 16.1%）等国，是亚洲最低的。[1]

以上国际经验对思考我国个人所得税收入再分配效应具有重要的参考价值。从以上讨论可知，我国个人所得税的城镇居民收入再分配效应十分微弱，其原因或者是平均有效税率过低，或者是个人所得税累进性过弱，或者是二者同时有之。国际经验告诉我们，我国个人所得税再分配效应不足主要是平均有效税率过低的结果，而不是其累进性不强所致。也就是说，为了发挥收入再分配功能的个人所得税制改革，应当是提高平均有效税率，而不是提高累进性。如果发达国家今天的个人所得税制是我国个人所得税的未来改革方向，那么我国个人所得税制改革应当是提高平均有效税率。

要提高个人所得税的平均有效税率，就要让更多的人成为个人所得税的纳税人。降低费用扣除标准似乎是该逻辑推演的自然结果，但是我们认为这不应成为我们政策的首选方案。主要措施应是尽快推进综合与分类相结合的个人所得税税制改革，让工薪所得、劳务报酬所得、稿酬所得、特许权使用费所得这四项同属于劳动所得的收入汇总纳税，在征管技术提高后，可以有选择地将部分资本所得（如股息所得、红利所得）等纳入综合征税范围。原因在于，在保证税款应收尽收前提下，个人所得税调节收入分配功能强弱，主要依赖于费用扣除额和累进税率的设计；而在分类所得税税制下，该设计的主要对象是工资薪金所得，在居民收入来源日益广泛的今天，只调节工薪收入差距不能有效地起到调节整体收入分配差距的作用。实行综合与分类相结合的税制，无疑会扩大个人所得税税基，一般也会使得纳税人数大幅度上升，相应地会提高个人所得税平均有效税率，更好地发挥个人所得税的收入分配调节功能。

11.3.4 稳健性检验

如前所述，我国现行所得税法对一些分项收入按"次"课征个人所得税，

---

[1] 准确地应当比较平均有效税率（个人所得税与住户部门收入的比率），而不是个人所得税与 GDP 以及与中央税收收入的比率。但是在一定条件下也是合适的。例如，如果住户部门初次分配收入占 GDP 比重在不同国家大致相同的话，无论是比较平均有效税率，还是比较个人所得税对 GDP 比重，由此得到各国相对水平都是一样的。

即纳税人在每次收到这些收入时，都要按规定扣除和并按适用税率纳税。在我们使用的数据中，收入均为年收入，计算这些分项收入的应纳税额需要对个人在一年里接受这些收入的"次"数进行假定。以上计算使用的"次"数假定是除利息、股息、红利所得（一年1次）之外，其他所有分项收入均为一年12次，也就是每月1次。为了检验"次"数假定对个人所得税的收入再分配效应估计值的影响，我们采取不同假设之后又重新进行了估算。这次假定是，除利息、股息、红利所得（每年1次）和财产租赁所得（每月1次）之外的所有分项收入均为一年1次。[①] 重新估算的结果显示，表11-4至表11-6的估计结果变化不大。例如，MT 指数在2002年由表11-5的0.0064变为0.0061，2007年由0.0137变成了0.0133。MT 指数缩小的原因是，个人一年内取得相关分项收入的次数由每月1次变为每年1次之后，在年总收入一定的条件下，扣除额增加，应纳税所得额和应纳税额减少，个人所得税的收入再分配效应减弱。

11.4 小 结

本章使用2002年和2007年城镇住户调查数据对我国个人所得的收入再分配效应进行了评价。为了纠正住户调查数据中个人所得税的漏报和低报问题，我们根据住户调查中收入构成以及个人所得税法中的税率表，计算了每个家庭成员的应纳税额。使用这一应纳税额，我们计算了衡量税收收入再分配效应尺度的 MT 指数，并将其分解为横向公平效应和纵向公平效应。结果显示，我国个人所得税虽然降低了城镇居民收入不平等，但是幅度非常小，甚至可以忽略不计。个人所得税平均有效税率过低是阻碍个人所得税充分发挥居民收入再分配功能的主要原因。

本章研究具有很强的政策含义。为了进一步发挥我国税收对居民收入分配的调节功能，应尽快推进个人所得税由分类所得税向综合与分类相结合转变。这样，个人所得税累进税率适用范围会增加，在费用扣除额不变的情况下，平均有效税率会提高，会进一步发挥个人所得税调节收入分配功能。

[①] 关于这两类所得"次"数假定的根据，参见本章上一节的相关讨论。

第 12 章

新个人所得税法的收入再分配效果

第 11 章研究了我国过去实行的个人所得税的累进性及其收入再分配效应,但我国自 2011 年 9 月起实施《个人所得税修正案》,那么,该修正案对收入分配产生多大的影响?本章将税收再分配指数和税收累进性指数进行分解,分别考察工资薪金所得和非工资薪金所得的扣除额和税率结构对税收再分配效果的贡献。实证分析发现,2011 年 9 月起实施的《个人所得税修正案》使得个人所得税的收入再分配效果进一步弱化了,这是由于它的减税效果超过了他的累进效果。在未来个人所得税制改革中,我们应对该现象予以充分关注。

12.1 引 言

在我国的税制结构中,具有明显的调节收入分配功能的税种是个人所得税,但是由于个人所得税税收规模小和实行分类所得税的原因,其调节收入分配功能一直未得到充分发挥。就个人所得税税收规模而言,2010 年仅占总体税收收入的 6.78%,规模较小就难以对整体收入分配结构产生较大影响。就个人所得税内在结构而言,我国个人所得税有 11 个税目,超过 50% 的个人所得税税收收入来自针对工薪所得的征税,也就是说,主要针对劳动所得征税。在个人收入来源日益多样化的今天,征税对象以劳动所得为主难以调整收入分配差距。

我国自 2011 年 9 月起实施《个人所得税修正案》，其主要内容是：第一，工薪所得扣除额由 2 000 元/月提高到 3 500 元/月。第二，调整工薪所得税率结构，由 9 级调整为 7 级；取消了 15% 和 40% 两档税率，并将最低的一档税率由 5% 降为 3%。第三，适当扩大了低档税率和最高档税率的适用范围，低档税率是指 3% 和 10% 这两档税率；这两档税率所适用的人群和原来 9 级情况下相比有一个比较大的扩大。第四，调整个体工商户生产经营所得和承包承租经营所得税率级距。

这次个人所得税制改革，其政策意图体现在三个方面。第一，大幅度减轻中低收入纳税群体的负担。工薪所得扣除额上升体现了国家对因物价上涨等因素造成居民生活成本上升的一个补偿，并且通过调整工薪所得税率结构，使绝大部分的工薪所得纳税人在享受提高扣除额标准的同时进一步减轻税负。第二，加大对高收入者的调节力度。工薪所得税率结构变化将会提高高收入者的税负。第三，减轻了个体工商户和承包承租经营者的税收负担。

个人所得税制改革是否能够实现改革者的政策意图呢？从第 2 章和第 11 章的分析可以看出，影响个人所得税收入分配效应的因素主要有两个：平均有效税率和累进性。平均有效税率和累进性增加均会增强个人所得税的收入分配调节功能。由于新的个人所得税政策大幅度提高工薪所得的扣除额，以及低档税率的降低，这势必会降低平均有效税率水平。国家税务总局统计，工薪收入者的纳税面经过调整以后，由目前的约 28% 下降到约 7.7%，纳税人数由约 8 400 万人减至约 2 400 万人。这就意味着经过这样的调整，有约 6 000 万人不需要缴纳个人所得税①。这些信息显示，个人所得税制改革尽管有减轻中低收入纳税群体的负担一面，但是从整体上看，它对收入分配的调整作用却未必一定加强。新的个人所得税政策强化收入分配效应的原因如前文对政策意图的描述一致，但是它还有弱化收入分配效应的一面，原因有两个：一是工薪收入扣除额的增加，同样会使高收入者享受到好处；二是工薪收入扣除额的增加和实行低档税率，与原来税收政策比较，会扩大低于 2 000 元收入者与 2 000~3 500 元收入者之间的收入差距。

那么，《个人所得税修正案》对收入分配的调整作用是增强了还是减弱了？它的作用方向主要体现在哪些方面？本章基于国家统计局 2009 年城镇住户调查数据，通过精细的运算，对新个人所得税法的收入再分配效果进行实证分析。

---

① 《全国人大个税法修正案草案发布会及答记者问实录》，http://money.163.com/11/0630/18/77QKAHAB00254LG5.html。

12.2 分析方法

12.2.1 基本公式

与第 11 章一样，本章采用的测算税收再分配效应的最基本指标仍是 Musgrave 和 Thin（1949）提出的 MT 指数和 Kakwani（1977）提出的 K 指数，基本表达式分别为：

$$MT = G_X - G_Y \qquad\qquad (12-1)$$

$$K = C_T - G_X \qquad\qquad (12-2)$$

G_X 和 G_Y 分别为税前收入和税后收入的基尼系数；C_T 为税收集中率（concentration ratio）。衡量税收再分配效应的 MT 指数与衡量税收累进性的 K 指数有着密切联系，有：

$$MT = (C_Y - G_Y) + \frac{t}{1-t}K \qquad\qquad (12-3)$$

其中，C_Y 为按税前收入排序的税后收入集中率；t 为平均有效税率。（12-3）式的右边两部分分别衡量了税收影响收入分配的两种类型的公平：横向公平和纵向公平。以上公式的经济含义在第 11 章中已进行详细解释，在此不再赘述。

通过简单的变形，K 指数可以进一步分解为反映税率结构和扣除额的两部分，在（12-2）式右边分别加减应税收入（用 Y_T 表示）的集中率，有：[①]

$$K = (C_T - C_{Y_T}) + (C_{Y_T} - G_X) \qquad\qquad (12-4)$$

C_{Y_T} 为应税所得按税前收入排序的集中率。（12-4）式右边第一项 $C_T - C_{Y_T}$ 衡量的是税率结构对税收累进性的贡献，以下称之为税率效应，并用 K_r 表示。因为税收等于应税所得乘以税率，如果 C_T 等于 C_{Y_T}，说明每一个人在总税收中所占的份额等于这个人在总应税所得中所占的份额，这意味着该税种的税率结构

---

① Loizides（1988）将 K 指数分解为：$K = (C_T - C_{Y_\varphi}) + \dfrac{\overline{D}}{1-\overline{D}}(G_X - C_D)$，其中，$C_D$ 为扣除额 D 的集中率，$\overline{D}$ 为平均扣除率，即总扣除额占总税前收入的比例。Loizides 采用这种分解方式分析希腊数据的原因在于，希腊个人所得税采取的是综合征收模式，就总收入存在多种类型的扣除。C_D 可以进一步分解为各种扣除的集中率之和，用以分析各种扣除对收入再分配的影响。而由于我国个人所得税采取的是分类征收模式，每一种类型的所得只有一种扣除。因此，Loizides 的分解方法并不适用于分析我国的个人所得税数据。

是比例的（暂不考虑扣除额）。如果 C_T 大于 C_{Y_T}，说明对高收入者来说税收份额高于应税所得份额，对低收入者来说税收份额低于应税所得份额，因此该税种的税率结构是累进的。反之，税率结构是累退的。

（12-4）式右边第二项 $C_{Y_T} - G_X$ 衡量的是扣除额对税收累进性的贡献，我们称之为扣除效应，并用 K_d 表示。因为应税所得等于税前收入减去扣除额，如果 C_{Y_T} 等于 G_Y，说明每一个人在总应税所得中所占的份额等于这个人在总税前收入中所占的份额，这意味着每个人的扣除额占其税前收入的比例是一样的。如果 C_{Y_T} 大于 G_Y，说明对高收入者来说应税所得份额高于税前收入份额，对低收入者来说应税所得份额低于税前收入份额，低收入者所享受的扣除额占税前收入的比例要大于高收入者，意味着扣除额加大了税收的累进性。

把（12-4）式代入（12-3）式，MT 指数可表示为：

$$MT = (C_Y - G_Y) + \frac{t}{1-t}[(C_T - C_{Y_T}) + (C_{Y_T} - G_X)] \qquad (12-5)$$

在此，把（12-5）式中的横向公平效果（$C_Y - G_Y$）表示为 H，纵向公平效应（$(t/(1-t))[(C_T - C_{Y_T}) + (C_{Y_T} - G_X)]$）表示为 V。另外，根据（12-4）式对 K 指数的分解，纵向公平效应有可以进一步分解为税率结构贡献和扣除贡献两部分，并分别表示为 V_r 和 V_d：

$$V_r = t/(1-t)(C_T - C_{Y_T}) \equiv t/(1-t)K_r$$

以及：

$$V_d = t/(1-t)(C_{Y_T} - G_X) \equiv t/(1-t)K_d$$

由此可见，基尼系数的变化可分解为三个组成部分：税收的横向公平、税率结构的收入分配效应和扣除额的收入分配效应。根据符号的简化，（12-5）式可以改写成：

$$MT = H + (V_r + V_d)$$

（12-5）式或（12-3）式的分解能够衡量整体税收收入的收入分配效应，但在分项纳税时无法考察每项税收（或每项收入构成的税率结构和扣除）的收入分配效应大小。

12.2.2　按应税收入构成构建MT指数和K指数

在我国，个人所得税实行分项征收模式，不同的收入来源，税率结构和扣除标准各不相同。工资性收入在我国居民总收入中占较大的比重，因此工资薪金所得的课税办法备受关注，迄今为止人们对个人所得税的关注主要集中在工资薪金所得扣除额大小上，而对工资薪金所得扣除额的关注主要表现在普遍要求提高扣除额上。从税收专业人士角度来看，我国在实行新的个人所得税法之前，对工资薪金所得实施 9 级超额累进税率，存在着级次过多的弊端，因此减少工资薪金所得税率级次的呼声一直没有中断过。工资薪金所得扣除额的提高对个人所得税收入分配效应有何影响？级次的减少以及相应的税率变化是否能够加强个人所得税的收入再分配效应？为了回答这些问题，需要把工资薪金收入从其他收入中分离出来，进行独立的考察。

从方法论上看，对工资薪金所得的独立考察，可以在对总收入进行分类（工资薪金所得为独立的一项）基础之上对 MT 指数以及其他上述相应指数的分解和计算来实现。那么，在总收入进行分类之后（应税收入和纳税额也相应地进行分类），上述 MT 指数是否可以进行分解呢？或者说，（12−5）式是否还可以分解？如果可以的话，分解之后的各项是否具有明显的经济学含义呢？下面我们将尝试这一点。

在满足我们需求的前提下使分解尽可能简单化是我们在分解时遵循的原则。为此，我们把个人总收入仅仅划分为两项：工资薪金所得和除工资薪金之外的其他所得（以下也称为非工资薪金所得）。由此，每个人的税前总收入等于工资薪金所得和其他所得之和。在符号表示上，我们用 1 来表示工资薪金所得，2 表示其他所得，因此有：

$$X = X_1 + X_2 \qquad (12-6)$$

显而易见，X_1 和 X_2 分别为工资薪金所得和其他所得。税前总收入的分类产生税后收入（Y_1 和 Y_2）、应税收入（Y_{T_1} 和 Y_{T_2}）以及纳税额（T_1 和 T_2）的相应分类，用公式表示是：

$$Y = Y_1 + Y_2; \ Y_T = Y_{T_1} + Y_{T_2}; \ T = T_1 + T_2 \qquad (12-7)$$

在上述收入分类的基础之上，尝试（12−5）式的重新分解。为了便于读者理解以下分解，我们首先给出两个恒等式。第一个恒等式是基尼系数按收入构成分解公式。基尼系数按收入构成分是收入分配研究常见的分析手段，其目的是测量分项收入对以总收入衡量的收入总体不平等的相对贡献。以上述税前总收入由工资薪金所得和其他所得构成为例，基尼系数的分解公式如下：

$$G_X = w_{X_1} C_{X_1} + w_{X_2} C_{X_2} \qquad (12-8)$$

式中，w_{X_1} 和 w_{X_2} 分别为工资薪金所得和其他所得在总收入中的比重。该公式显示，当总收入由分项收入构成时，总收入的基尼系数等于分项收入集中率的加权平均数，权数为各分项收入在总收入中的比重。不仅总收入的基尼系数可以分解，当某一变量等于其分项加总时，该变量的集中率也可以分解。仍然使用上面的例子，当个人的税前总收入由工资薪金所得和其他所得两项组成时，个人的纳税额也相应由工资薪金所得纳税额和其他所得纳税额构成，此时按税前收入排序计算的总纳税额的集中率分解为按同样收入指标排序计算的两项纳税额集中率的加权平均数，用公式表示如下：

$$C_T = w_{T_1} C_{T_1} + w_{T_2} C_{T_2} \qquad (12-9)$$

按本章符号使用的惯例，该式中各个符号的含义不需要更多的解释。在理解两个恒等式含义之后，我们开始对（12-5）式的 MT 指数分解在税前收入分项的基础之上进一步分解。如下所述，进一步分解的结果比想象的要简单，但具有明确的经济学含义。以下就（12-5）式右边三项分解进行分解和解释。

根据上述两个恒等式，（12-5）式中的横向公平效果 H 不难分解成：

$$H = C_Y - G_Y \equiv (w_{Y_1} C_{Y_1} + w_{Y_2} C_{Y_2}) - (w_{Y_1} C_{Y_1}^Y + w_{Y_2} C_{Y_2}^Y)$$

通过简单的移项整理，上式可以变形为：

$$H \equiv (w_{Y_1} C_{Y_1} - w_{Y_1} C_{Y_1}^Y) + (w_{Y_2} C_{Y_2} - w_{Y_2} C_{Y_2}^Y) \qquad (12-10)$$

其中，$w_{Y_1} C_{Y_1} - w_{Y_1} C_{Y_1}^Y$ 为工资薪金所得税对横向公平的影响，记为 H_1；$w_{Y_2} C_{Y_2} - w_{Y_2} C_{Y_2}^Y$ 为非工资薪金所得税对横向公平的影响，记为 H_2。则有 $H = H_1 + H_2$。

前面曾经说过，若税后收入排序和税前收入排序相同，则横向公平 H 是等于零的，若税收改变了收入排序，使税后收入排序与税前不同，则横向公平 H 会小于零，也就是说横向公平 H 的符号一定是非正的。但是按照（12-10）式分解后，它的分解值 H_1 和 H_2 的符号则并不确定。以 H_1 为例，式中 $H_1 = w_{Y_1} C_{Y_1} - w_{Y_1} C_{Y_1}^Y = w_{Y_1}(C_{Y_1} - C_{Y_1}^Y)$，它的符号取决于 C_{Y_1} 与 $C_{Y_1}^Y$ 的大小关系。根据 Kakwani（1980），Atkinson（1980）以及 Plotnick（1981）的证明，只要 X 和 Y 的排序与 Y_1 不同，那么 $C_{Y_1}^X$ 和 $C_{Y_1}^Y$ 就都是小于 G_Y 的，而 $C_{Y_1}^X$ 和 $C_{Y_1}^Y$ 的大小就取决于 X 和 Y 中谁的排序与 Y_1 的排序更加接近。通过洛伦兹曲线的形状可以比较形象地说明这一点，我们模拟一组数据 $a=1$，2，3，…，100 的 100 个数，下面观察它的洛伦兹曲线。

图 12-1 中曲线为变量 a 根据自身排序得到的洛伦兹曲线，它与 45°曲线围成的面积代表着 C_a^a 的大小。曲线越高，这个面积越小，集中率的值也越小。我们发现以 a 自身排序得到的洛伦兹曲线是最低的，排序的任何变化都会带来曲线的上移。例如，图 12-1（2）中的虚线是将 x 的 10 与 80 两个值换了位置得到的洛伦兹曲线，图 12-1（3）中的虚线是将 10~15 的值与 80~85 的值调换了位置得到的曲线，图 12-1（4）中的虚线是将 10~30 与 80~100 的值调换了位置得到的洛伦兹曲线，此时洛伦兹曲线大部分已经位于 45°线的上方，得到的集中率已经为负值。通过不断试验我们可以发现，对一组数据求集中率时，按照它本身为排序得到的值是最大的，等于它的基尼系数，而排序越偏离它自身，得到的集中率就越小。

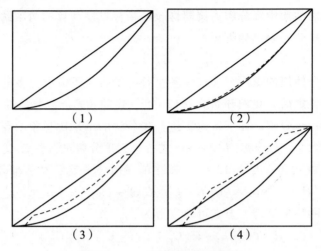

图 12 - 1 洛伦兹曲线模拟

因此，H_1 的符号也就取决于税前收入 X 与税后收入 Y 二者的排序哪一个与工资薪金税后收入 Y_1 更加接近，H_2 的符号也就取决于税前收入 X 与税后收入 Y 二者的排序哪一个与非工资薪金税后收入 Y_2 更加接近。

（12 - 5）式中纵向公平效应中的税率结构部分 V_r 等于平均税率部分与 K 指数中税率结构效应 K_r 的乘积，即 $V_r = t/(1-t)K_r$。出于易于理解的考虑，在此对 K_r 进行分解，把 K_r 的分解式乘以 $t/(1-t)$ 即是 V_r 的分解式。K_r 的分解式如下：

$$K_r = C_T - C_{Y_T} \equiv (w_{T_1}C_{T_1} + w_{T_1}C_{T_2}) - (w_{Y_{T1}}C_{Y_{T1}} + w_{Y_{T2}}C_{Y_{T2}})$$
$$K_r = (w_{T_1}C_{T_1} - w_{Y_{T1}}C_{Y_{T1}}) + (w_{T_2}C_{T_2} - w_{Y_{T2}}C_{Y_{T2}}) \qquad (12 - 11)$$

其中，$w_{T_1}C_{T_1} - w_{Y_{T1}}C_{Y_{T1}}$ 为工资薪金所得税率结构对税收累进性的贡献，记为 K_{r1}；$w_{T_2}C_{T_2} - w_{Y_{T2}}C_{Y_{T2}}$ 为非工资薪金所得税率结构对税收累进性的贡献，记为 K_{r2}。那么，$\dfrac{t}{1-t}K_{r1}$ 为工资薪金所得税率结构对收入再分配的影响，记为 MT_{r1}；$\dfrac{t}{1-t}K_{r2}$ 为非工资薪金所得税率结构对收入再分配的影响，记为 MT_{r2}。有：

$$K_r = K_{r1} + K_{r2}; \quad MT_r = MT_{r1} + MT_{r2}$$

因我国个人所得税的工资薪金所得税的税率结构是累进的，则有 $C_{T_1} > C_{Y_{T1}}$。若 $w_{T_1} > w_{Y_{T1}}$，则能保证 K_{r1} 和 MT_{r1} 是正值。w_{T_1} 为全部税收中工资薪金所得税的比例（T_1/T）；$w_{Y_{T1}}$ 为全部应税所得中工资薪金应税所得的比例（Y_{T1}/Y_T），因此 $w_{T_1} > w_{Y_{T1}}$ 也就是 $\dfrac{T_1}{T} > \dfrac{Y_{T1}}{Y_T}$，变形可得到 $\dfrac{T_1}{Y_{T1}} > \dfrac{T}{Y_T}$。其中，$\dfrac{T_1}{Y_{T1}}$ 为工资薪金所得的平均税率（暂时忽略扣除额）；$\dfrac{T}{Y_T}$ 为总所得的平均税率。因此，在除掉扣除额之后，

如果工资薪金所得的平均税率大于总所得的平均税率，那么可以保证工资薪金所得的税率结构促进了收入分配更加公平。并且工资薪金所得的平均税率越大，对调节收入分配的贡献也就越大。

同样，K 指数中扣除效应 K_d 可以分解如下：

$$K_d = C_{Y_T} - G_X \equiv (w_{Y_{T1}}C_{Y_{T1}} + w_{Y_{T2}}C_{Y_{T2}}) - (w_{X_1}C_{X_1} + w_{X_2}C_{X_2}) \qquad (12-12)$$

$$K_d \equiv (w_{Y_{T1}}C_{Y_{T1}} - w_{X_1}C_{X_1}) + (w_{Y_{T2}}C_{Y_{T2}} - w_{X_2}C_{X_2}) \qquad (12-13)$$

其中，$w_{Y_{T1}}C_{Y_{T1}} - w_{X_1}C_{X_1}$ 为工资薪金所得扣除额对税收累进性的贡献，记为 K_{d1}；$w_{Y_{T2}}C_{Y_{T2}} - w_{X_2}C_{X_2}$ 为非工资薪金所得扣除额对税收累进性的贡献，记为 K_{d2}；那么，$\frac{t}{1-t}K_{d1}$ 为工资薪金所得税率结构对收入再分配的影响，记为 MT_{d1}；$\frac{t}{1-t}K_{d2}$ 为非工资薪金所得税率结构对收入再分配的影响，记为 MT_{d2}。$K_d = K_{d1} + K_{d2}$；$MT_d = MT_{d1} + MT_{d2}$。

首先，扣除额对累进性的贡献 K_d 的符号取决于应税收入的集中率 C_{Y_T} 和税前收入基尼系数 G_X 的大小关系。当扣除额为税前收入的固定比例时，Y_T 与 X 完全是比例关系，C_{Y_T} 和 G_X 的值会相等，$K_d = 0$，此时扣除额对累进性没有起到任何作用；当扣除额占税前收入的比例随着收入增加而增加时，应税收入 Y_T 的累进性将会低于总收入 X，$C_{Y_T} < G_X$，K_d 的值为负，意味着扣除额具有减小累进性的作用或者说起到了累退的作用；而当扣除额占税前收入的比例随着收入的增加而减小时，应税收入的累进性会高于总收入，K_d 的值为正，扣除额起到了累进的作用。联系到我国个人所得税的实际情况，总体上扣除额在总收入中所占比例一般是随着收入的上升而下降的，因此 K_d 和 MT_d 的值也会是正值。

接下来观察分解值的符号，$K_{d1} = w_{Y_{T1}}C_{Y_{T1}} - w_{X_1}C_{X_1}$，与前面的分析同理，我国个人所得税政策中工资薪金扣除额是累退的，因此 $C_{Y_{T1}} > C_{X_1}$，只要 $w_{Y_{T1}} > w_{X_1}$，就能保证 K_{d1} 和 MT_{d1} 是正值。$w_{Y_{T1}}$ 为工资薪金应税收入占总应税收入的比例 (Y_{T1}/Y_T)；w_{X_1} 为工资薪金收入占总收入的比例 (X_1/X)。$w_{Y_{T1}} > w_{X_1}$ 也就是 $\frac{Y_{T1}}{Y_T} > \frac{X_1}{X}$，变形可得到 $\frac{Y_{T1}}{X_1} > \frac{Y_T}{X}$，意味着如果工资薪金应税收入占工资薪金总收入的比例大于总应税收入占总收入的比例的话，就能保证 K_{d1} 和 MT_{d1} 是正值。

综上所述，个人所得税对收入分配的影响可以被分解为工资薪金所得和非工资薪金所得的横向公平、税率结构的影响和扣除额的影响 6 个部分：

$$MT = (H_1 + H_2) + (MT_{r1} + MT_{r2}) + (MT_{d1} + MT_{d2}) \qquad (12-14)$$

可利用（12-14）式来具体分析我国个人所得税工资薪金所得和非工资薪金所得的税率结构和扣除对收入分配的影响。

在利用数据进行计算时需要特别注意的是，计算的基尼系数和集中率应是加权的基尼系数和集中率。因为抽样数据存在的一个问题是有的组别可能被高估或低估，这时就需要用权重来进行调整。例如，假设总人口数不同的省份所抽取的样本数是相同的，A省总人口数为500万，B省总人口数为1 000万，但A省和B省所抽取的样本数均为100。此时，与实际总人口数相比，样本高估了A省的人口，而低估了B省的人口。因此，需要计算各个省份的样本权重来进行调整。带权重的基尼系数的计算方法如下：

$$G = \frac{2}{\bar{y}\left(\sum w_i\right)^2} \sum_{i=1}^{n} w_i \frac{1 - w_i + 2\sum_{j=1}^{j=i} w_j}{2}(y_i - \bar{y}) \qquad (12-15)$$

其中，w_i 为样本权重；y_i 为第 i 个人的收入；$\bar{y}$ 为加权的平均收入，计算方法如下：

$$\bar{y} = \frac{1}{\sum_{i=1}^{n} w_i} \sum_{i=1}^{n} w_i y_i \qquad (12-16)$$

集中率的计算也是同理，需要加入权重进行调整，并且各个指标的均值都是加权的均值。

12.3 新个人所得税法的收入分配效应

本章使用的数据为国家统计局2009年城镇住户调查数据，共包括38 815人，9 918户可用样本，收入数据包括家庭中个人的总收入和各项分项收入。这一部分我们设计了两种税制，一种为2011年9月个人所得税制改革以前的旧税制，其中工资薪金所得税扣除额为2 000元每月，分9级累进税率；另一种为2011年9月开始实施的个人所得税制改革后的新税制，工资薪金所得税扣除额为3 500元每月，分7级累进税率（见表12-1）。我们利用这两种税制计算出个人所应缴纳的个人所得税税额，根据这个税额可再计算出两种税制的 K 指数、MT 指数及其分解值，据此就可进一步详细分析两种税制的收入再分配作用。

表12-1　　个人所得税法修改前后的影响变化：整体对比

	旧税制	新税制
个人所得税平均税率	0.0303	0.0163
税前基尼系数	0.3395	0.3395

	旧税制	新税制
税后基尼系数	0.3265	0.3319
MT 指数	0.0129	0.0076
横向公平	−0.000215	−0.000181
纵向公平	0.0132	0.0078
税收集中率	0.7603	0.8086
K 指数	0.4208	0.4691

12.3.1 新个人所得税制的总体影响

从表 12−1 可以看出，新税制下个人所得税的平均税率由原来的 3.03% 降到了 1.63%。据此可作如下判断：这次个人所得税制改革是一种减税政策。

根据表 12−1，税前基尼系数为 0.3395，两种税制的税后基尼系数都比税前要低，旧税制下为 0.3265，新税制下为 0.3318。可以看出，两种税制都有改善收入分配的作用，而旧税制对基尼系数的改变量更大，因此旧税制的 MT 指数（税前基尼系数减去税后基尼系数）比新税制大，新税制调节收入分配的作用变弱了。

根据（12−3）式，将 MT 指数分解为横向公平和纵向公平，观察表 12−1 的结果首先可以发现，两种税制下的横向公平度量指标值都小于零。根据前面的分析，小于零的值代表着发生了横向不公平，这是由我国个人所得税分项征收模式所导致的，不同来源的收入拥有不同的扣除额和税率，使得总收入相同但收入构成不同的人缴纳的税额却可能不同，也可能会发生高收入的人比低收入的人缴纳的税额更低的现象，这些都会使人们的收入排序发生变化，造成横向不均衡。再对比具体数值，可以发现新税制下的横向公平值更加接近零，也就是说，新税制虽然改变了居民收入排序，但是这个改变量比旧税制变小了，横向不公平现象得到了改善。纵向公平的变化趋势与横向公平完全不同，从表 12−1 可以看出，新税制下的纵向公平度量指标值由原来的 0.0131 降到了 0.0078，纵向公平的降低也就是新税制调节收入分配作用减弱的主要原因。

对比 K 指数，我们可以发现新税制下的 K 指数提高了：旧税制下为 0.4208，新税制下为 0.4691，说明新税制的累进性比旧税制增强了，这主要是因为新税制下的税收集中率大于旧税制。根据（12−3）式，纵向公平与 K 指数和税率呈正向的关系，前面我们说过，新税制的 K 指数是上升的，平均税率是下降的，而纵向公平值的下降就是因为平均税率下降给收入分配带来的负的影响要大于 K 指数的上升所带来的正的影响。因此根据表 12 - 1 可以看出较低的税率是新税制下纵向公平较低的主要原因，进而也是新税制对收入分配的调节作用较小的主要原因。

综上所述，从表 12 - 1 可以看出，新税制的税收累进性与旧税制相比提高了，但是它对收入分配的调节作用却变小了，这完全是由纵向公平的恶化所带来的。平均税率的降低是新税制纵向公平效应变低的主要原因，进而也就是新税制调节收入分配作用较低的主要原因。

12.3.2 新个人所得税制的横向公平效应

如前所述，新税制下横向公平作用更接近于零，但不等于零，意味着新税制也改变了收入排序，但对收入排序的改变量比旧税制要小，新税制与旧税制相比横向更加公平了（见表 12 - 2）。根据（12 - 10）式，可以将横向公平分解为工资薪金的横向公平作用和其他收入的横向公平作用。分解后的结果很有意思，旧税制下工资薪金所得税的横向公平效应为正值而其他收入的横向公平效应为负值，新税制则与之相反。

表 12 - 2   **横向公平效应：分解对比**

	旧税制	新税制
横向公平 H	- 0.000215	- 0.000181
工资薪金所得税的横向公平作用 H_1	0.0005	- 0.0016
其他收入所得税的横向公平作用 H_2	- 0.0007	0.0015

前面曾经分析过，H_1 的符号取决于税前收入 X 与税后收入 Y 二者的排序哪一个与工资薪金税后收入 Y_1 更加接近，换句话说也就是工资薪金税后收入 Y_1 的排序更接近于税前收入 X 还是税后总收入 Y。若 Y_1 更接近于 X，那么它的横向公平作用就是正值；若 Y_1 更接近于 Y，那么它的横向公平作用就是负值。同理，H_2 的符号取决于非工资薪金税后收入 Y_2 的排序更接近于税前收入 X 还是税后收入 Y。

根据表 12 - 2 的结果以及前面的分析可以知道，旧税制下工资薪金所得税的横向公平作用是正值，因为工资薪金的税后收入更接近于个人税前总收入，所以它可以起到有利于横向公平的作用；旧税制下非工资薪金收入所得税的横向公平作用是负值，因为它的税后收入排序更接近于个人的税后总收入，也就是说它对改变收入排序起到了促进作用。而在新税制下却与之正好相反，工资薪金所得税的横向公平作用是负值，其他收入所得税的横向公平作用是正值。工资薪金税后收入的排序更接近于个人总的税后总收入的排序，而其他收入税后收入的排序更加接近于个人税前总收入的排序。

综上所述，可以看出：第一，新税制与旧税制相比横向更加公平。第二，旧税制下总税后所得的排序与工资薪金以外的所得税后收入排序较为接近，而新税制下工资薪金所得税的降低使得工资薪金所得额税后所得在总税后所得中占的比例增加，致使税后总所得的排序与旧税制相比更加接近工资薪金所得税后收入的排序，造成表 12-2 中横向公平分解值在新旧税制下符号相反的局面。

12.3.3　新个人所得税制的纵向公平效应

根据（12-4）式，可以将 K 指数值分解为税率结构的贡献和扣除额的贡献；根据（12-12）式和（12-13）式，还可以进一步将它们分解为工资薪金收入的贡献和非工资薪金收入的贡献。表 12-3 给出了新旧税制下的 K 指数极其分解值。

表 12-3　　　　　　　　　　　　K 指数分解

	旧税制	新税制
累进性 K	0.4208	0.4691
税率结构的贡献 K_r	0.0585（13.9%）	0.0182（3.87%）
工资薪金所得税税率结构的贡献 K_{r1}	-0.0469	-0.169
其他收入所得税税率结构的贡献 K_{r2}	0.1055	0.1872
扣除额的贡献 K_d	0.3623（86.1%）	0.451（96.12%）
工资薪金所得税扣除额的贡献 K_{d1}	0.327	0.284
其他收入所得税扣除额的贡献 K_{d2}	0.0353	0.1669

表 12-3 显示新税制的 K 指数值变大了，也就是说累进性比旧税制要高，这在前面已经提到。将 K 指数分成两部分可以发现，税率结构的贡献绝对值由 0.0585 下降到 0.0182，相对比例也由 13.9% 下降到 3.87%。而扣除额的贡献绝对值由 0.3623 提高到 0.4510，相对比例由 86.1% 提高到 96.12%。可见，新税制提高扣除额使得税制的累进性增强了，而税率级次的调整实际上降低了税制的

累进性。

进一步将税率结构的贡献和扣除额的贡献分别分解为工资薪金的贡献和其他收入的贡献。首先看到工资薪金税率结构对累进性的贡献是负的。在前面关于(12-12)式的分析中曾说过，只要工资薪金所得税的平均税率高于总所得的平均税率（这里的平均税率是指人均税额除以人均应税收入），就可以保证工资薪金税率结构能够促进收入分配更加公平，对 K 指数的贡献是正的。因此，此处工资薪金税率结构的贡献为负值，其原因是工资薪金所得的平均税率低于总所得的平均税率。新税制下工资薪金税率结构的贡献值变得更低了，也就是说他的负面贡献变得更强了，可能跟新税制下工资薪金所得税的税率与总所得税税率相比大大降低有关。

与此相对应，其他收入税率结构对累进性的贡献是正值，并且新税制下这个贡献上升了。这一点很好理解，工资薪金所得的平均税率低于总所得的平均税率那么其他收入的税率必然会高于总所得的平均税率，根据理论部分的分析，其他收入税率结构的贡献就一定是正值。而新税制下工资薪金所得的平均税率相对于总所得的平均税率的下降必定伴随着其他收入的平均税率相对于总所得的平均税率的上升，因此其他收入税率结构的贡献值在新税制下上升了，但是上升幅度并没有工资薪金所得贡献下降的幅度大，它的作用和税率结构的总贡献是下降了的。根据计算的结果，旧税制下总所得的平均税率为 12.52%，工资薪金的平均税率为 10.56%，其他收入的平均税率为 19.85%，而新税制下总所得的平均税率为 9.66%，工资薪金的平均税率为 6.92%，其他收入的平均税率为 19.85%。

根据(12-13)式，还可以将扣除额的贡献分解为工资薪金扣除额的贡献和其他收入扣除额的贡献。表 12-3 显示出二者都是正值，新税制下工资薪金扣除额的贡献值下降了，而其他收入扣除额的贡献值上升了，可以说扣除额贡献的上升主要是来自于其他收入扣除额贡献的上升。分析(12-13)式可以发现，式中工资薪金扣除额对税收累进性的贡献不只取决于工资薪金应税收入集中度 $C_{Y_{T1}}$ 与工资薪金总收入集中度 C_{X_1} 的关系，还取决于 $w_{Y_{T1}}$ 与 w_{X_1} 的关系，也就是工资薪金应税收入占总应税收入的比例与工资薪金收入占总收入的比例之间的关系。由于新税制提高了工资薪金收入的扣除额，所以工资薪金应税收入比例大幅度降低，也就导致工资薪金扣除额所做的贡献降低了；与此相对应，其他收入的应税收入比例的提高也就使它的扣除额所做的贡献提高了。

将表 12-3 综合来看，可以发现新税制下工资薪金收入对税收累进性的贡献不管是从税率结构来说还是从扣除额来说都下降了，而其他收入对税收累进性的贡献不管是从税率结构还是从扣除额来说都上升了。本次改革以对工资薪金的扣除额和税率结构修改为主，使得个人所得税的累进性有所提高，但是工资薪金的贡献却下降了。根据前面的分析，工资薪金税率结构对累进性的贡献降低是因为工资薪金平均税率的降低，而工资薪金扣除额对累进性的贡献降低是因为工资薪金应税收入的降低，也就是因为工资薪金扣除额的提高。有理由说，工资薪金对税收累进性贡献的降低是因为它的减税效果超过了他的累进效果。

综上所述，由表 12-3 可以看出，新税制下个人所得税的累进性提高了，它完全是由扣除额的贡献所带来的。而由于新税制工资薪金所得税的减税效果，所以工资薪金所得税对总税收累进性的贡献降低了。

根据（12-3）式，累进性指数 K 乘以 $t/(1-t)$ 即是纵向公平值，将表 12-3 的结果分别乘以各自的 $t/(1-t)$ 即可得到纵向公平及其分解结果。计算之后可以发现，新税制下的纵向公平及其分解值与新税制相比都有所降低，其他收入扣除额对纵向公平的影响除外。

综合本节的全部分析，可以得出结论：第一，新个人所得税法的收入分配调节作用变弱了，主要原因在于纵向不公平变得更加突出了。第二，新个人所得税法更加符合横向公平原则，对个人收入排序的改变量变小了，其中工资薪金所得税对横向公平的作用由公平作用转变为了不公平作用。第三，新税制下个人所得税的累进性提高了，这完全是由扣除额的贡献所带来的。而由于新税制工资薪金所得税的减税效果，所以工资薪金所得税对总税收累进性的贡献是降低了的。第四，新税制纵向公平恶化的原因是平均税率的降低。简单说来就是，新税制与旧税制相比累进性更强，但是由于平均税率变低，使得新税制调节收入分配的作用变得弱化。

12.4　税率结构与扣除额的作用效果

2011 年 9 月的个人所得税制改革涉及了工资薪金所得税的两个方面，即扣除额与税率结构，本节进一步分开考察扣除额与税率结构变化的影响。

12.4.1　扣除额既定情况下税率结构变化的影响

根据新个人所得税法，在税率结构方面，新税制将原来的 9 级累进税率调整为 7 级累进税率，取消了 15% 和 40% 两档税率，将最低的一档税率由 5% 降为 3%。为了对比税率级次的调整对收入分配的影响，在两种扣除额的假设下对比新旧税率结构的影响，分别是工资薪金扣除额为 2 000 元的前提下 9 级累进税制和 7 级累进税制，工资薪金扣除额为 3 500 元的前提下的 9 级累进税制和 7 级累进税制。结果见表 12 - 4。

表 12 - 4　　　　　　　　扣除额与税率结构的影响对比

	扣除额为 2 000 元		扣除额为 3 500 元	
	9 级累进税制	7 级累进税制	9 级累进税制	7 级累进税制
人均应税工资薪金收入 $Y1$（元/年）	3 699. 371	3 699. 371	1416. 71	1416. 71
个人所得税税率 t	0. 0303	0. 0234	0. 0188	0. 0163
K 指数	0. 4208	0. 4439	0. 4734	0. 4691
MT 指数	0. 0129	0. 0104	0. 0089	0. 0076
横向公平 H	- 0. 000215	- 0. 000183	- 0. 000186	- 0. 000181
纵向公平 V	0. 0132	0. 0106	0. 0091	0. 0078
税率的贡献 MT_r	0. 0018	0. 0020	0. 0004	0. 0003
扣除额的贡献 MT_d	0. 0113	0. 0087	0. 0086	0. 0075
工资薪金所得税横向公平贡献 H_1	0. 000469	- 0. 000649	- 0. 001401	- 0. 001637
其他收入横向公平贡献 H_2	- 0. 000683	0. 000466	0. 001215	0. 001457
税率结构对累进性的贡献 K_r	0. 0585	0. 0816	0. 0225	0. 0182
工资薪金税率结构累进性贡献 K_{r1}	- 0. 0469	- 0. 0976	- 0. 1045	- 0. 1690
其他收入税率结构累进性贡献 K_{r2}	0. 1055	0. 1792	0. 1269	0. 1872
工资薪金税率结构对 MT 指数的贡献 MT_{r1}	- 0. 0015	- 0. 0023	- 0. 0020	- 0. 0028
其他收入税率结构对 MT 指数的贡献 MT_{r2}	0. 0033	0. 0043	0. 0024	0. 0031
扣除额对累进性的贡献 K_d	0. 3623	0. 3623	0. 4510	0. 4510
工资薪金扣除额累进性贡献 K_{d1}	0. 3270	0. 3270	0. 2840	0. 2840
其他收入扣除额累进性贡献 K_{d2}	0. 0353	0. 0353	0. 1669	0. 1669
工资薪金扣除额对 MT 指数的贡献 MT_{d1}	0. 0102	0. 0078	0. 0054	0. 0047
其他收入税扣除额对 MT 指数的贡献 MT_{d2}	0. 0011	0. 0008	0. 0031	0. 0028

对比两个扣除额假定情况下 9 级累进税率和 7 级累进税率的计算结果可以

发现：

第一，不管是扣除额为 2 000 元的情况还是扣除额为 3 500 元的情况，7 级累进税制的个人所得税的平均税率都是低于 9 级累进税率的，这也说明了本次税率级次的调整也有减税效果。

第二，扣除额为 2 000 元时，7 级累进税制的 K 指数要高于 9 级累进税率，而在扣除额为 3 500 元时，却是 9 级累进税率下的 K 指数比较高。这说明在扣除额较低时，本次税率级次的调整是有利于税制更加累进的，但是在扣除额较高时，这种调整则会降低税制的累进性。

第三，两种扣除额的假设下 7 级累进税制都使 MT 指数降低了，根据前面的公式，在扣除额为 2 000 元的时候，这是因为平均税率的降低带来的 MT 指数的下降效应超过了累进性的上升给 MT 指数带来的上升效应；而在扣除额为 3 500 元时，7 级累进税制下平均税率和累进性都是下降的，因此 MT 指数的下降也就不足为奇了。

第四，两种扣除额假设下 7 级累进税制下的横向公平值都更加趋近于零，也就是横向不公平效应有所改善了，但是纵向公平都下降了很多。其中扣除额的贡献都是降低的，而税率的贡献在扣除额为 2 000 元时提高了但在扣除额为 3 500 元时降低了。

第五，扣除额为 2 000 元时工资薪金所得税横向公平贡献 H_1 在 9 级税率时为正值，而在 7 级税率时为负值，其他收入横向公平贡献 H_2 与之正相反；扣除额为 3 500 元时 H_1 始终为负而 H_2 始终为正。

第六，税率结构对累进性的贡献 K_r 在扣除额为 2 000 元时是 7 级累进税制下较大，而在扣除额为 3 500 元时却是 9 级累进税制下较大。其中工资薪金税率结构对累进性的贡献 K_{r1} 在两种假设下都降低了，而其他收入税率结构对累进性的贡献 K_{r2} 在两种假设下都上升了，只不过在扣除额为 2 000 元时是 K_{r2} 的增加超过了 K_{r1} 的降低，而在扣除额为 3 500 元时是 K_{r1} 的降低超过了 K_{r2} 的增加。工资薪金税率结构对 MT 指数的贡献 MT_{r1} 其他收入税率结构对 MT 指数的贡献 MT_{r2} 与 K_{r1} 和 K_{r2} 的变化很类似。

第七，扣除额对累进性的贡献 K_d 在两种假设下都保持不变，它的分解值也不变。但由于税率的降低，扣除额对 MT 指数的贡献变低了，分解值也变低了。

12.4.2 税率结构既定情况下扣除额变化的影响：综合分析

新个人所得税法涉及的另一个问题，也是改革过程中讨论最多的问题就是工资薪金所得税的扣除额问题，新税制将工资薪金所得税的扣除额从 2 000 元提高到了 3 500 元，3 500 元这个数字是高还是低各界说法不一。关于扣除额的确定原则，有人从个人基本生活保障的角度考虑，有从调节收入分配的角度考虑，有人从人们的心理预期角度考虑。接下来考察扣除额的变化对税收调节收入分配作用的影响。

这里继续使用上面税制模拟的方法进行研究，在工资薪金以外的所得税保持不变的前提下设定不同的扣除额，考察工资薪金所得扣除额的变化带来的个人所得税的 K 指数和 MT 指数的变化。税制中的工资薪金所得税率结构我们使用了新税制中提出的 7 级累进税率，税率和级次完全不变，而扣除额从 2 000～5 000 元变化，每增加 500 元为一级，共 7 个税制假设。在这些假设下得到了各税制的 K 指数、MT 指数以及他们的分解值的结果（见表 12 – 5）。

表 12 – 5　　工薪所得适用 7 级累进税率下各种扣除额的影响对比

	2 000 元	2 500 元	3 000 元	3 500 元	4 000 元	4 500 元	5 000 元
人均应税工资薪金收入 Y_1（元/年）	3 699.37	2 659.20	1 923.58	1 416.71	1 068.21	820.85	637.51
个人所得税税率 t	0.0234	0.0202	0.0180	0.0163	0.0151	0.0143	0.0136
K 指数	0.4439	0.4615	0.4686	0.4691	0.4662	0.4617	0.4566
MT 指数	0.0104	0.0093	0.0084	0.0076	0.0070	0.0065	0.0061
横向公平 H	– 0.000183	– 0.000181	– 0.00018	– 0.00018	– 0.00018	– 0.00018	– 0.00018
纵向公平 V	0.0106	0.0095	0.0086	0.0078	0.0072	0.0067	0.0063
税率的贡献 MT_r	0.0020	0.0011	0.0005	0.0003	0.0002	0.0002	0.0002
扣除额的贡献 MT_d	0.0087	0.0085	0.0080	0.0075	0.0070	0.0065	0.0061
工资薪金所得税横向公平贡献 H_1	– 0.0006	– 0.0012	– 0.0015	– 0.0016	– 0.0017	– 0.0018	– 0.0019
其他收入横向公平贡献 H_2	0.0005	0.0010	0.0013	0.0015	0.0016	0.0016	0.0017

	2 000 元	2 500 元	3 000 元	3 500 元	4 000 元	4 500 元	5 000 元
税率结构对累进性的贡献 K_r	0.0816	0.051	0.0299	0.0182	0.0134	0.0129	0.015
工资薪金税率结构累进性贡献 K_{r1}	− 0.0976	− 0.1385	− 0.1614	− 0.1690	− 0.1649	− 0.1545	− 0.1396
其他收入税率结构累进性贡献 K_{r2}	0.1792	0.1895	0.1913	0.1872	0.1783	0.1674	0.1546
工资薪金税率结构对 MT 指数的贡献 MT_{r1}	− 0.0023	− 0.0029	− 0.0030	− 0.0028	− 0.0025	− 0.0022	− 0.0019
其他收入税率结构对 MT 指数的贡献 MT_{r2}	0.0043	0.0039	0.0035	0.0031	0.0027	0.0024	0.0021
扣除额对累进性的贡献 K_d	0.3623	0.4104	0.4387	0.4509	0.4528	0.4488	0.4416
工资薪金扣除额累进性贡献 K_{d1}	0.3270	0.3348	0.3182	0.2840	0.2414	0.1960	0.1495
其他收入扣除额累进性贡献 K_{d2}	0.0353	0.0756	0.1205	0.1669	0.2114	0.2528	0.2921
工资薪金扣除额对 MT 指数的贡献 MT_{d1}	0.0078	0.0069	0.0058	0.0047	0.0037	0.0028	0.0021
其他收入税扣除额对 MT 指数的贡献 MT_{d2}	0.0008	0.0016	0.0022	0.0028	0.0033	0.0037	0.0040

表 12 - 5 共有 20 个观测变量，每个变量随着扣除额的变化呈现出不同的变化趋势，归纳总结如下：

第一，随着扣除额的提高而持续降低的变量是人均应税收入 Y_1、个人所得税税率 t、MT 指数、纵向公平 V、扣除额的贡献 MT_d、税率的贡献 MT_r、工资薪金所得税横向公平贡献 H_1、工资薪金所得税税率结构对 MT 指数的贡献 MT_{r2}、工资薪金所得税扣除额对 MT 指数的贡献 MT_{d1}。其中，Y_1、t、MT、V、H_1 都是从下降幅度较大趋向于较为平缓；MT_d、MT_{r2}、MT_{d1} 的下降趋势先变大后变小；MT_r 在前三级迅速下降后缓慢下降最后保持不变。

第二，随着扣除额的提高而不断上升的变量包括工资薪金以外收入所得税横向公平贡献 H_2、工资薪金以外收入所得税扣除额累进性贡献 K_{d2}、工资薪金以外收入所得税扣除额对 MT 指数的贡献 MT_{d2}，其中 H_2 由明显上升逐渐趋于平缓上升；而 K_{d2} 和 MT_{d2} 大致呈现匀速上升的趋势。

第三，随着扣除额的提高先上升后下降的变量包括 K 指数、工资薪金以外收入所得税税率结构累进性贡献 K_{r2}、扣除额对累进性的贡献 K_d、工资薪金所得税扣除额累进性贡献 K_{d1}，但是它们的变化其实并不完全相同。其中，K 指数在 3 500 元达到最高值；K_{r2} 变化幅度较小且在 3 000 元达到最高值；K_d 在 4 000 元达到最高值；K_{d1} 在 2 500 元最高。

第四，随着扣除额的提高先降低后上升的变量包括税率结构对累进性的贡献 K_r、工资薪金所得税税率结构累进性贡献 K_{r1}、工资薪金所得税税率结构对 MT 指数的贡献 MT_{r1}。其中，K_r 在 4 500 元最低；K_{r1} 一直为负值且在 3 500 元最低；MT_{r1} 在 3 000 元最低。

第五，横向公平 H 在前三级呈下降趋势，然后开始基本保持不变。

12.4.3 税率结构既定情况下扣除额变化的影响：分项分析

1. 扣除额变化对累进性（K 指数）的影响

从在整体上看，首先在扣除额从 2 000 元增加到 5 000 元的区间内，扣除额的增加会带来应税收入的减少继而带来个人所得税的税率的持续降低，但是随着扣除额的增加，它能带来的减税效果会变弱，平均税率的下降幅度逐渐减小。

根据前面的描述，K 指数呈现先上升后降低的趋势，在 3 500 元达到最高值。K 指数与扣除额的关系如图 12 - 2 所示。

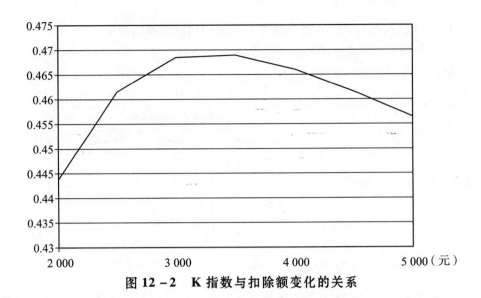

图 12 – 2　K 指数与扣除额变化的关系

由图 12 – 2 可知，扣除额为 2 000 元的时候，税制的累进性是相对较低的，且这时提高扣除额带来的累进性的增加幅度最大，而新税制将工资薪金所得税扣除额提高到 3 500 元，实际上是使税收累进性达到了最大。

2. 扣除额变化对公平性（MT 指数）的影响

但是，累进性最大却不一定最有利于收入分配。前面说过，税制对收入分配的调节作用是 MT 指数表示的，而 MT 指数的值又主要取决于 K 指数和平均税率。在图 12 – 2 所示的 K 指数的变化趋势与随着扣除额的提高而不断降低的平均税率的共同作用下，MT 指数呈现出逐渐降低的趋势。

MT 指数以及横向公平和纵向公平值的折线图形状如图 12 – 3 所示。

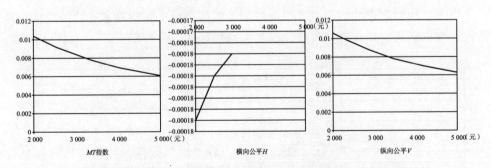

图 12 – 3　MT 指数及其分解值与扣除额变化的关系

由图 12 – 3 可以看出，纵向公平的变化趋势与 MT 指数都是逐渐减小的，横向公平与 MT 指数的变化趋势完全不同，但是由于它的值较小，它对 MT 指数的值并没有很大的影响作用，MT 的值主要是由纵向公平所决定的。

327

3. 扣除额变化对 *MT* 指数中税率贡献和扣除额贡献的影响

纵向公平可分解为税率结构的贡献和扣除额的贡献，分解值的变化趋势如图 12 – 4 所示。

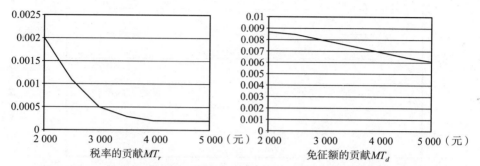

图 12 – 4　税率结构和扣除额对累进性的贡献与扣除额变化的关系

首先看到二者都是随着扣除额的增加而减小的，但是在扣除额由 2 000 元增加到 3 000 元的过程中，税率的贡献下降的幅度较大，扣除额的贡献则是较平缓的下降，而扣除额从 3 000 元增加到 5 000 元的过程确正好相反，这是因为在扣除额较低的时候，提高扣除额得减税效果较强，平均税率大幅度的下降必然使得税率对收入分配的调节作用大大地降低了。而随着扣除额不断上升，提高扣除额带来的减税效果也越来越不明显，税率的贡献的变化趋势也趋于缓和，在扣除额在 4 000 ~ 5 000 元之间时基本保持不变。扣除额的贡献与此相反，在扣除额较小时，应税收入较多，提高扣除额对应税收入的影响相对小一些，而随着扣除额的增加，应税收入逐渐变小，提高扣除额对它的影响也就越来越明显。

4. 扣除额变化对累进性（*K* 指数）中税率结构贡献的影响

税率结构对累进性的贡献可以分解为工资薪金税率结构对累进性的贡献和其他收入税率结构对累进性的贡献，得到的趋势如图 12 – 5 所示。

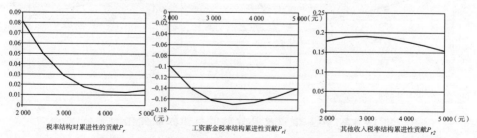

图 12 – 5　税率结构对累进性的贡献及其分解值与扣除额变化的关系

税率结构对累进性的贡献 K_r 的变化趋势是先降低后上升，在 4 500 元达到最低值。在扣除额较小时它的下降幅度较大，迅速地从 0.08 以上降低到了 0.02

以下，而后是缓慢下降，在 4 500 元达到最低值然后开始上升；工资薪金税率结构对累进性的贡献 K_{r1} 一直为负值，也是随着扣除额的提高而先下降后上升，但是下降幅度没有 K_r 那么大，且在 3 500 元达到最低值；其他收入税率结构的累进性贡献 K_{r2} 是随着扣除额的提高而先上升后下降的，它的变化幅度较小，在 3 000 元达到最高值。

导致这一结果的原因何在？我们可以根据它们的定义来分析之。根据（12 - 11）式，K_r 等于税收集中度与应税收入集中度的差值，在扣除额较低的时候，提高扣除额可以带来很大的减税效果，税收集中率的变化幅度较大，而在扣除额较低时提高扣除额对应税收入的影响并不大，应税收入集中率的变化幅度较小，使得 K_r 的值变化幅度也比较大；随着扣除额的变大，提高扣除额的减税效果会逐渐减小，而扣除额对应税收入的影响却逐渐变大，因此 K_r 的下降幅度逐渐变小，最后在 4 500 元以后开始上升。

5. 扣除额变化对累进性（K 指数）中扣除额贡献的影响

扣除额对累进性的贡献也可以分解为工资薪金扣除额对累进性的贡献和其他收入扣除额对累进性的贡献，得到的趋势如图 12 - 6 所示。

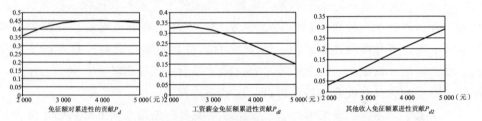

图 12 - 6　扣除额对累进性的贡献及其分解值与扣除额变化的关系

扣除额对累进性的贡献的变化趋势是先增加后减小，在 4 000 元达到最高值，而将其分解为工资薪金扣除额累进性贡献和其他收入扣除额累进性贡献之后，分解值的变化趋势也是完全不同的，其中工资薪金扣除额累进性贡献在最开始变大了一些，然后开始降低，且降低的幅度在变大，而其他收入扣除额累进性贡献则呈现出匀速上升的趋势。K_d 等于应税收入集中度与税前基尼系数的差值，税前基尼系数值是固定的，因此 K_d 的变化趋势完全取决于应税收入集中度的变化。我们认为，应税收入随着工资薪金扣除额的提高出现先增加后降低的变化趋势的原因是工资薪金收入只是总收入中的一部分，在工资薪金扣除额较低的时候，总的应税收入中工资薪金应税收入所占的比例较大，因此提高扣除额可以使总应税收入减小而且对应税收入的排序改变不大，应税收入集中率是变大的，此时的变化幅度较大，而随着工资薪金扣除额的提高，工资薪金应税收入在总收入中的比例逐渐降低，它的变化会使应税收入的排序发生变化，应税收入集中率的变化幅度也就会逐渐变小，最后在 4 000 元达到最高值后开始降低。

根据（12－12）式工资薪金扣除额的累进性贡献 $K_{d1} = w_{Y_{Y1}} C_{Y_{T1}} - w_{X1} C_{X_1}$，其中，$w_{X1}$ 和 C_{X_1} 是不随着扣除额的变化而变化的，$C_{Y_{T1}}$ 随着扣除额的提高而提高，$w_{Y_{Y1}}$ 随着扣除额的提高而降低。如图 12－6 所示，显然在扣除额为 2 000 元时，$w_{Y_{Y1}}$ 的影响超过了 $C_{Y_{T1}}$ 的影响，使得 K_{d1} 在第一次提高扣除额的时候提高了。但是，随着扣除额的变大，提高工资薪金扣除额带来的工资薪金应税收入的降低会逐渐减少，$C_{Y_{T1}}$ 的影响会超过 $w_{Y_{Y1}}$ 的影响，因此在扣除额大于 2 500 元时，提高扣除额会带来 K_{d1} 的降低，且降低的幅度在变大。根据（12－12）式，其他收入扣除额的累进性贡献 $K_{d2} = w_{Y_{Y2}} C_{Y_{T2}} - w_{X2} C_{X_2}$，其中 $C_{Y_{T2}}$、w_{X2} 和 C_{X_2} 都是不随扣除额的变化而变化的，而 $w_{Y_{Y2}}$ 随着扣除额的提高而降低，因此 K_{d2} 呈现出稳定的下降趋势。

6. 扣除额变化对公平性（MT 指数）中不同应税收入贡献的影响

根据（12－14）式可以把 MT 指数分解为 6 部分，下面分别考察这 6 部分的变化趋势（如图 12－7 所示）。

根据图 12－7 可知，横向公平 H 始终为负值且随着扣除额的提高先上升后保持不变，但是将横向公平分解为工资薪金横向公平贡献和其他收入横向公平贡献时，分解值的大小和变化趋势完全不同。H_1 始终为负值且随着扣除额的提高而不断下降，下降幅度逐渐减小，H_2 始终为正值且随着扣除额的提高而不断增加，增加幅度逐渐减小，逐渐趋于平稳，除了最后一级稍有转折。横向公平的分解值的符号的含义在前面已经分析过，这里不再赘述。

在图 12－7 中，税率结构对 MT 指数的贡献 MT_r 先是大幅下降后趋于缓和最后保持不变，而它的分解值 MT_{r1} 是先下降后上升，在 3000 元最低，MT_{r2} 是持续下降的。这是图中所示的 K_r 及其分解值的变化趋势以及逐渐下降的平均税率共同作用得出的。同理扣除额对 MT 指数的贡献及其分解值也是如此。

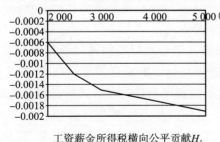

工资薪金所得税横向公平贡献H_1　　　　其他收入横向公平贡献H_2

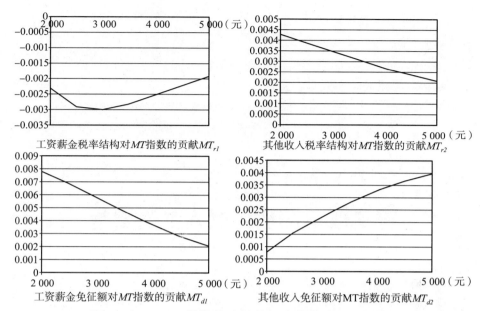

图 12 - 7　MT 指数的分解值与扣除额变化的关系

12.5　小　结

本章利用国际公认的衡量税收累进性的 K 指数和衡量税收对收入分配调节作用的 MT 指数以及它们的分解值，全面研究了 2011 年 9 月 1 日个人所得税制改革对收入分配的影响。

实证研究发现，新税制与旧税制相比，在调节收入分配的效果上呈现出明显差异，主要结论是：

（1）新税制针对工薪所得征税的累进性提高了，但是平均税率却下降了，综合影响是新税制对收入分配的调节作用变弱。

（2）新税制更加符合横向公平原则，征税对个人收入排序的改变量变小了。

（3）新税制针对工薪所得征税的累进性来自两方面，一是扣除额上调，二是税率级次调整，它们都使得工薪所得税收的累进性提高，而以扣除额的影响为主。

（4）新税制针对工薪所得征税的累进性虽然有所提高，但是由于税基的大幅度缩小，导致工薪所得税对个人所得税的整体累进性的贡献实际是降低了。

第13章

税制改革的居民收入分配效应

通过第 10 ~ 12 章的分析可以看出，税收影响居民收入分配的主要税种是增值税和个人所得税，而在我国现行税制中，增值税和个人所得税的改革呼声都很高，那么针对增值税和个人所得税的税制改革会产生怎样的收入分配效应呢？税制改革通过生产要素相对价格的变化和住户收入的构成来影响收入分配。本章运用可计算一般均衡模型和微观模拟分析方法，模拟了以增值税减税和个人所得税增税为核心内容的税制改革的收入分配效应，对未来税制改革的效果进行严谨的论证。

13.1 引　言

税制改革是一项极其复杂的系统工程，其宏观经济影响波及整个社会经济。在现有的经济学分析方法中，一般均衡分析（general equilibrium）或者一般可计算均衡分析（computable general equilibrium，CGE）是分析宏观经济政策最合适、最常用的工具。通过比较两个不同均衡点的变量变化，考察宏观经济政策实施前后的经济效果。与回答上述问题相关联，CGE 分析方法有以下两个特点：第一，CGE 分析所依据的数据资料是对微观个体高度加总得到的社会核算矩阵（social accounting matrix，SAM）；第二，CGE 模型中所包含的个体（企业、行业、住户等）通常是有限的。

与 CGE 分析不同，诸如居民收入分配分析等微观分析是以住户或个人等微观个体为分析对象，并以在住户或个人等微观个体层面上收集到的微观数据为前提进行的。比较 CGE 分析和居民收入分配等微观分析不难发现，单独的 CGE 分析或者收入分配等微观分析都不可能实现对宏观政策的微观效应的考察，最理想的做法是将二者结合起来，通过恰当的方式把宏观经济政策效果传递到住户或个人等微观个体上，由此考察宏观经济政策对微观个体的影响。

实际上，在过去几十年里，把 CGE 分析和收入分配等微观分析结合起来，由此分析税制改革和贸易自由化等宏观经济政策对收入分配和贫困影响的尝试一直没有中断过，而在这方面付出努力的人通常是从事收入分配和贫困等微观分析的研究者。在 CGE 和微观分析结合上，最大的困难（同时也是最大的分歧之处）在于如何把由 CGE 分析得到的宏观经济效果传递到微观个体上。以增值税减税和个人所得税增税为内容的税制改革为例，税制结构的变化直接导致生产要素价格的（相对）变化，从而改变不同住户在收入分配中的位置。在此过程中，一些人可能仍然保留在原来的工作岗位上，而另外一些人可能会改变职业。生产要素价格的变化仅仅是宏观经济政策对微观个体产生作用的渠道之一，其他仍有多种途径影响着住户的收入。在此过程中，有些渠道和效果是明显的、可以预见的，有些则是隐蔽的、难于观测的。如何挖掘宏观经济政策对微观个体产生作用的渠道，从而准确地评价宏观政策的微观效果，这既是困扰以往相关研究的难点，也是以往研究的分歧之处。

不过，虽然微观模拟和 CGE 分析方法都引起了广泛的关注，但事实上它们在转型国家中运用得并不多。一个原因是两种方法对数据的要求较高，而转型国家缺少构建模型所需的数据资源。另一个原因可能是因为不知道如何在这些经济体中构造这些模型。并且 CGE 分析适合衡量中期和长期的效果，在这些发生迅速变化的转型经济体中这样的模型可能显得不太适用。随着转型经济体开始步入正轨，可以得到更完善的数据，并且关于如何构建模型也逐渐达成一致，将来可能会有更多的研究者使用微观模拟分析和 CGE 分析相结合的模型。本章应用一般均衡（CGE）和微观模拟相结合的分析方法，考察以增值税减少和个人所得税增税为内容的税制改革对居民收入分配的影响。

13.2　可计算一般均衡模型设定

本章使用 Hosoe 等（2010）提供的小国开放经济的标准 CGE 模型。根据 2007 年中国投入产出表的 42 个部门表，假定经济由 42 个部门（或行业）组成，生产要素有两种：资本和劳动。j 生产部门使用的资本和劳动 $F_{h,j}$ 通过柯布-道格拉斯（Cobb-Douglas）生产技术加总为合成生产要素 Y_j 之后，与各种中间消费 $X_{i,j}$ 一起生产国内产出 Z_j（gross domestic output），生产技术为列昂惕夫生产函数。由此生产的国内产出 Z_j 通过不变弹性转换函数（constant elasticity of transformation，CET）分为国内使用 D_j 和出口 E_j 两部分，其中的国内使用部分 D_j 与进口 M_j 通过不变替代弹性生产函数转化为阿明顿合成产品 Q_j 之后，最终用于住户消费 X_j^p，政府消费 X_j^g，投资 X_j^v，以及各种中间消费 $X_{i,j}$。

整个经济的消费者有一个代表性住户（the representative household）组成，其效用函数为柯布—道格拉斯函数。该代表性住户拥有一定量的生产要素 FF_h，也就是劳动和资本，并将其无弹性地提供给劳动力市场。假定生产要素在部门之间自由流动，因此部门间要素收益率没有差异。住户储蓄 S^p 由投资储蓄均衡条件决定。关于政府部门，假定其消费 X_j^g、对住户的转移性支出 R、以及储蓄 S^g 是固定不变的，来自间接税的税收收入（增值税 T_j^v、消费税 T_j^c、营业税 T_j^b 以及其他间接税 T_j^v）和企业所得税税收收入 T^r，由给定的从价税率决定，财政收支平衡最终由人头税 T^d 来实现，或者说人头税收入由财政收支均衡决定。

假定投资需求量 X_j^v 为外生给定的，在资本供给上，政府储蓄 S^p、以及国外储蓄 εS^f 为外生变量。这里的 ε 和 S^f 分别表示汇率和以外币表示的国外储蓄。资本需求与资本供给的不均衡有内生变量的住户储蓄 S^p 来弥补，或者说资本市场的均衡条件决定住户储蓄量。根据开放型小国经济的假定，以外币表示的进口价格 p_j^{Wm} 和出口价格 p_j^{We} 为固定不变的外生变量。

以上是对宏观模型结构的简单描述，图 13-1 用流程图的形式再现了宏观模型结构，本章附录详细地给出模型的变量和方程式。

以 2007 年中国投入产出表为基础，我们编制了该年社会核算矩阵（SAM）。该矩阵用于除弹性之外宏观模型中参数的计算。关于弹性（包括替代弹性和转换弹性）的取值，我们假定为 2。① 根据现有的税收收入数据，把间接税区分为增值税、消费税、营业税和其他间接税四类，它们均已从价税形式出现在 CGE 模型中。由于税收统计中间接税总额与投入产出表中的间接税总额不尽相同，以投入产出表为税收总额来源，并通过调整其他间接税来保持分项税收收入加总和税收总额相等。② 根据住户消费篮子计算的消费者价格指数（CPI）被用作价格基准，包括生产要素价格在内的其他所有价格均以该价格基准表示的相对价格。

---

① GTAP 数据库提供了关于阿明顿弹性的详细假定，由于本章的着重点在于国内税制改革及其影响，因此假定替代弹性和转换弹性为 2，对我们的模拟结果不会产生太大影响。

② 在编制 SAM 时，我们忽略了投入产出表中的统计误差一列，并根据 Hosoe 等（2010）提供的方法进行矩阵平衡调整。

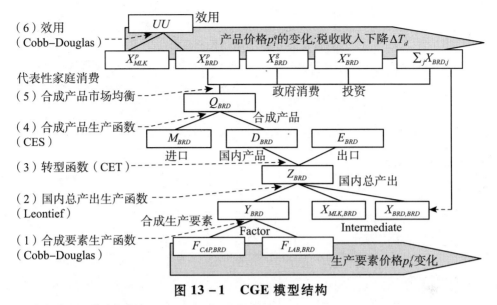

图 13－1　CGE 模型结构

资料来源：作者根据 Hosoe et al.（2010）修改。

在模拟中，税制改革通过以下渠道对住户收入及其分配产生影响：（1）用 CPI 表示的生产要素价格变化；（2）42 个部门产品价格的变化；（3）为了补偿间接税收入下降而需要的直接税税负的增加。在估计产品价格变化的影响时，由于投入产出表的部门分类与住户生活消费支出分类不同，有必要建立二者之间的对应关系，使 CGE 模型中产生的 42 个部门产品价格变化传递到住户消费支出的价格变化。在住户调查数据中，无论是城镇住户还是农村住户，居民消费支出通常划分为八大类：食品类、衣着、居住、家庭设备用品及服务、医疗保健、交通和通信、教育文化娱乐服务、其他商品和服务。

表 13－1 给出了两种分类的对照表，从 42 个投入产出部门到 8 大类住户消费支出分类的对应，在多大多数情况下只需要合并，需要拆分的情况较少。该表还就住户消费支出构成，把我们转换结果与住户调查数据进行了比较，结果显示，二者十分接近，这说明我们的转换表是可行的。

表 13－1　住户调查消费支出分类与投入产出表部门分类之间的对应关系

住户调查消费支出	投入产出表部门	城镇住户消费支出构成（%）		农村住户消费支出构成（%）	
		住户调查	投入产出表	住户调查	投入产出表
食品	1，6	36.3	29.6	42.6	45.3
衣着	7～8	10.4	8.0	6.0	5.7

续表

住户调查消费支出	投入产出表部门	城镇住户消费支出构成（%）		农村住户消费支出构成（%）	
		住户调查	投入产出表	住户调查	投入产出表
居住	2，11，22～26，33～34，37～38	9.8	19.7	18.0	15.8
家庭设备用品及服务	9，12～21	6.0	14.7	4.7	11.7
医疗保健	40	7.0	6.0	10.3	1.5
交通和通信	27～29	13.6	5.9	9.6	4.8
教育文化娱乐服务	10，31，39，41	13.3	11.5	6.5	12.3
其他商品和服务	（3～5），32，35～36，42	3.6	4.8	2.3	2.9
合计		100.0	100.0	100.0	100.0

资料来源：作者根据各年《中国统计年鉴》制成。

注：不存在与投入产出部门中3～5、14、22、35～36以及42相对应的住户消费支出。投入产出表中的部门30（批发和零售业）按比例分摊到非服务部门，即投入产出表中的部门1～21。

13.3　税收归宿的微观模拟

在可计算一般均衡模型和微观模拟研究中，宏观经济政策效果向微观个体的传递机制有多种，本章采取较为简单的办法。具体地说，税制改革首先通过改变生产要素相对价格的方式影响住户收入的绝对水平及其相对差距。受税种改革的影响，资本和劳动的价格可能有升有降，也可能同时上升或下降，但是幅度会有所不同。生产要素价格的相对变化对住户收入的影响最终取决于每个家庭生产要素赋存的差异。如果某个家庭较多持有价格上涨幅度较大或下降幅度较小的话，其收入上升幅度也较大，因此会从税制改革中相对受益。相反，较多持有价格下降幅度较大，或者上升幅度较小生产要素的家庭，在收入分配中的位置会相对恶化，因此因税制改革而受损（见图13-2）。

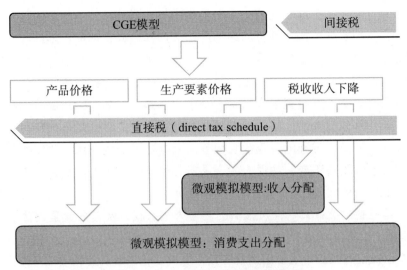

图 13 - 2　CGE - 微观模拟模型

除生产要素相对价格变化之外，通过何种方式弥补税制改革所带来间接税收入下降是税制改革影响居民收入及其分配的另一个途径。本章考察的税制改革是税制结构性改革，也就是说，在保持税收收入不变的条件下，在降低某一（些）税种税收收入的同时，增加另外一个（一些）税种税收收入的税制改革。具体地说，在以下考察的税制改革中，减税税种为增值税，而增税税种为个人所得税。考察这样税制改革的原因有两个。第一，目前我国税制是以间接税为主的税制，间接税收入在整个税收收入中占绝大部分。间接税为累退性税，具有恶化居民收入分配的作用。要想改变我国现行税制对居民收入分配的不良影响，真正实现税收的纵向公平原则，降低间接税收入比重和提高直接税收入比重（尤其是个人所得税收入比重）是不可避免的。第二，与上述一点有关，正是由于间接税具有的收入再分配的负效应，几乎所有发达国家税制均以直接税为主，个人所得税以及财产税在税收收入总额中所占重比较大。因此，从我国未来趋势来讲，税制改革应当以降低间接税比重和提高直接税（尤其是个人所得税和财产税）比重为主要内容。

税制改革对住户收入的影响体现在税后收入上，根据上述税制改革对居民收入的影响途径，每个家庭的税后收入用公式表示如下：

$$Y_b = Lw + Kr + TR - TAX \qquad (13-1)$$

式中，Y_b 为税后收入，或者可支配收入；L 和 K 分别为该家庭拥有的劳动和资本的数据；w 和 r 分别为税制改革后形成的劳动和资本的价格，也就是工资和利息。由于税制改革之前的工资和利息被标准化为 1，因此，此时的 w 和 r 又称为工资和利息指数。TR 为各种转移收入，包括来自民间和政府的，我们假定它是一定的，不受税制改革的影响。TAX 为个人所得税，其中包括两部分，一部分是家庭在税制改革之前缴纳的个人所得税，另一部分是因为弥补增值税减税而增加的税负。为弥补增值税减税而增加的个人所得税税负如何在不同住户之间分摊？或者如何重新设计增值税减税之后的个人所得税？这是我们所考察的税制改革的重要组成部分之一，它直接影响税制改革的收入再分配效应。

可以预料，个人所得税制改革是一个争议非常大的问题，达成共识有一定的难度。在此，采取简单的办法，即以税制改革前每个人缴纳的个人所得税额为标准来分摊增值税减税带来的税收收入减税。根据这种分摊办法，税制改革前个人所得税的累进性保持不变，纳税人的个人所得税税负同比例增加，个人所得税收入中每个人所占的比重与税制改革前保持不变。

以上是税制改革对家庭收入影响的测量方法。收入及其变化是衡量宏观经济政策对微观个体影响的途径之一，是收入分配研究通常使用的指标，但可计算一般均衡模型以及福利经济学通常用消费者效用及其变化来衡量宏观政策对住户或消费者影响。在假定效用为序数效用的情况下，效用只能用于比较，通过比较效用，可以判断某个人比另外一个人的福利水平高，但是高多少却无法判断。不仅如此，不同消费者效用是不能相加的，这一点对于衡量某一宏观政策的净福利效果尤其不便。比如，某项宏观经济政策实施之后，某些消费者从中受益，效用提高，但是另外一部分消费者则由此受损，效用下降。由于消费者效用不能相加，因此也就无法知道宏观政策的净福利效果，从而无法判断该政策是否提高了全社会的福利水平。

福利经济学在把序数效用转化成基数效用的过程中付出了极大的努力，其结果体现在补偿变化（compensating variation；CV）和等价变化（equivalent variation；EV）两个概念上。两个概念都是消费支出来评价消费者福利变化的。在产品价格一定或在相同价格的条件下，消费支出是实现给定效用水平的最小支出额，支出额的大小直接反映效用的大小，而用货币表示的支出额可度量基数效用，可以在不同消费者之间加总。根据支出大小比较效用大小时，消费品价格必须相同，否则比较没有意义。计算消费支出时使用的产品价格，既可以是税制改革之前的价格，也可以是税制改革之后形成的新价格，二者没有优劣之分；而采取前者计算的效用变化即为等价变化（EV），采用后者则是补偿变化（CV）。本章使用税制改革之前的价格计算税制改革之后的效用，并将其与税制改革之前的效用相比，由此观察哪些住户因税制改革受益，哪些家庭受损，并通过计算税制改革前后人均效用的不平等指数来衡量税制改革的收入分配效果。由此可见，本章通过收入和效用两个尺度来衡量税制改革的收入再分配效应。

有了消费者福利水平的衡量指标之后，需要不平等指数来测量福利指标的不平等程度。不平等指数有很多，其中最为常用的是基尼系数。我们采用该不平等指数在测量收入不平等程度，并考察税制改革对收入分配的影响。基尼系数的计算公式如下：

$$G = \frac{2}{\bar{y}N^2} \sum_{i=1}^{N} \left(i - \frac{N+1}{2} \right) y_i \qquad (13-2)$$

式中，G 为基尼系数；y_i 为（人均）收入或者其他福利指标；$\bar{y}$ 为收入 y_i 的均值；N 为样本总数。y_i 按由小到大的顺序排序，i 为顺序号。对于收入最低的个人来说，$i = 1$，而对收入最高的人来说，$i = N$。

13.4 税制改革的收入分配效应

我国现行税制以间接税为主，这不利于改善居民收入分配状况：从整体上看，不仅不能缩小居民收入分配不平等，反而会加剧税收收入不平等。因此要想发挥税收对居民收入的调节作用，缩小间接税收入比重，提高个人所得税收入比重是不可避免的。不仅如此，从发达国家税制结构演变规律来看，随着收入水平提高，各国均显示出间接税收入比重下降，直接税尤其是个人所得税收入比重上升的演变趋势。有鉴于此，本章考察的税制改革方案即以增值税减税、个人所得税增税为主要内容的方案。

13.4.1 三种税制改革方案假定

增值税减税导致税收收入的减少，由个人所得税的增税弥补，税收收入总额保持不变。在保持税收收入不变的前提下，考察税制结构变化对税收归宿影响的分析方法可谓差别税收归宿（differential incidence）分析法。利用这种差别税收归宿分析法，考察增值税的三种减税方案，具体假定见表 13 - 2。

表 13 - 2 三种减税方案

减税方案	减税内容	减税金额（亿元）
1	增值税减税 50%	7 455
2	食品免税*	875
3	食品，电力、煤气、水免税**	2 456

注：* 这里利用 2007 年具有 42 部门的投入产出表来测算免税效果，其中食品对应的部门是农林牧渔业（1）和食品制造及烟草加工业（5）。括号里的数字为部门号。下同。

** 除方案 2 外，另外包括电力、热力的生产和供应业（23）、燃气生产和供应业（24）以及水的生产和供应业（25）。

339

税制改革方案1的具体内容是增值税减税一半，由此导致的税收收入减少由个人所得税增税弥补。税制改革方案2是对食品进行免税，或者对食品生产实行零税率，由食品免税造成的税收收入下降同样由个人所得税增税弥补。食品支出是居民消费支出重要组成部分，在居民日常生活中占有重要的地位，这一点对于低收入人群来说尤其如此。正因为如此，各国对食品均实施低税率或者免税。我国虽然对农业生产者销售自产农业产品免征增值税，且粮食、食用植物油、鲜奶以及农业产品实施13%的低税率，但从投入产出表来看，农、林、牧、渔业和食品制造业的增值税税率依然很高。把食品增值税完全取消之后，居民的收入和福利将如何变化呢？回答这个问题正是设计该税制改革方案2的主要目的。食品仅仅是居民基本生活消费支出的一部分，电力、煤气、水也是居民日常生活不可缺少的部分，除食品之外，对这些行业也实施免税政策是我们将要考察的税制改革方案3。根据表13-2可知，从减税幅度来讲，税制改革方案1幅度最大，增值税减税额（同时也是个人所得税增税额）为7 455亿元。其他两个方案的增减税幅度分别为875亿元和2 456亿元。

13.4.2 生产要素价格变化与住户收入构成变化

如13.4.1节所述，税制改革的宏观经济效果通过生产要素价格变动影响从业人员的收入，进而对居民人均收入产生影响；同时，生产要素价格变动通过住户收入构成变化，进而影响居民收入分配。由于生产要素价格有跌有涨，以及涨跌幅度不一，因此住户的收入来源不同，生产要素价格变化对居民的相对收入影响也不同。比如，与高收入人群相比，如果低收入人群的工资收入在总收入中所占重比较大，而且税制改革导致工资收入（劳动价格）的上涨幅度大于利率（资本价格），或者前者的下降幅度低于后者的话，那么税制改革会通过相对生产要素价格的变化相对地提高低收入人群的收入水平，从而改善收入分配。

1. 不同税制改革方案下的生产要素价格变化

表13-3给出了不同税制改革方案下的劳动要素和资本要素的价格。从中可以看出，无论是劳动要素的价格，还是资本要素的价格，税制改革后都比税制改革前上升了，但上升的幅度有所不同。

表 13 – 3 不同减税方案下的生产要素价格变化
（税制改革前价格 = 1）

	减税方案			
	0	1	2	3
劳动	1.0000	1.0283	1.0089	1.0152
资本	1.0000	1.0311	1.0063	1.0134
劳动/资本	1.0000	0.9973	1.0026	1.0018

注：减税方案 0 为税制改革之前的状态。

在税制改革方案（减税方案）1 下，资本要素价格的上升超过劳动要素，但在其他两种税制改革方案下，劳动要素价格的上升则高于资本要素，特别是税制改革方案 2 下的劳动要素价格上升得更多。

2. 税制改革前的现实住户收入构成变化

表 13 – 4 分城乡给出住户收入构成。表 13 – 4 中，住户收入被划分为三种：工资收入、资本收入和转移收入，其中，资本收入由经营收入和财产收入两部分组成。由税制改革导致的生产要素价格变化仅仅影响前两种收入来源，住户转移性收入假定不受税制改革的影响。

表 13 – 4 分城乡收入构成 单位：%

	工资收入	资本收入	转移收入
农村	41.28	53.83	4.89
城镇	67.23	8.05	24.72
全国	52.94	33.26	13.80

从表 13 – 4 可以看出，农村住户收入构成中，资本收入比重最高，占总收入的近 54%，工资收入次之，占比略高于 41%，转移收入极少，占比仅为4.89%。农业生产经营以及其他行业的个体经营是农户的主要从业方式，这是资本收入占农村总收入比重较高的主要原因。与农村住户不同，城镇住户收入中占比最高的是劳动收入（工资收入），近 53%，资本收入次之，占 33.26%，转移性收入占比为 13.8%。城镇从业人员主要是受雇他人的工薪收入者，这是工资收入成为城镇住户收入主要来源的原因。与农村住户相比，城镇住户总收入中转移收入占比较高，其主要原因是城镇职工退休后可以领到退休金，以及社会保障较为完善。

表 13 - 5 分城乡同时按收入 10 等分组给出了住户收入构成。在农村，总收入中工资收入占比随收入上升而呈现直线上升趋势。唯一例外的是，与第 9 等分组的 48.68% 相比，第 10 等分组的比重有所下降，为 45.01%。与工资收入正好相反，资本收入占总收入比重收入水平上升而直线下降，唯一例外的仍然是第 10 等分组。总收入中资本收入的比重由第 1 等分组的 67.95% 下降至第 9 等分组的 46.22%，第 10 等分组仅略有上升，为 49.29%。转移性收入占总收入中的比重随呈现下降后增的趋势，但是整体来说变化不大。

表 13 - 5   **分城乡 10 等分组收入构成**   单位：%

10 等分组	工资收入	资本收入	转移收入
农村			
1	26.36	67.95	5.70
2	35.65	58.94	5.41
3	39.90	54.90	5.20
4	40.38	55.06	4.56
5	42.35	53.61	4.04
6	43.92	51.81	4.27
7	44.44	51.22	4.34
8	46.04	49.32	4.64
9	48.68	46.22	5.11
10	45.01	49.29	5.70
全国农村	41.28	53.83	4.89
城镇			
1	62.88	10.89	26.23
2	65.25	6.85	27.90
3	65.66	6.77	27.57
4	66.27	8.64	25.09
5	67.83	6.85	25.33
6	65.45	8.70	25.84
7	69.76	5.93	24.31
8	69.93	7.21	22.86
9	68.94	7.97	23.09
10	70.30	10.74	18.96
全国城镇	67.23	8.05	24.72

10 等分组	工资收入	资本收入	转移收入
全国			
1	30.50	63.90	5.60
2	40.40	53.97	5.64
3	42.98	51.30	5.72
4	46.71	46.29	7.00
5	51.35	37.76	10.88
6	57.23	26.60	16.16
7	60.26	19.04	20.70
8	64.04	13.07	22.89
9	67.26	9.63	23.11
10	68.63	11.02	20.34
全国城乡	52.94	33.26	13.80

城镇住户收入构成的变化趋势与农村住户有明显的差异。首先劳动收入占比在最初的几个等分组之内呈现上升的趋势，其后有升有降，但变化幅度非常小。除最低收入组外，资本收入占总收入的比重随收入呈现上升趋势，尽管不是直线上升的。最低收入组的资本收入占比较高，可能主要由于经营性收入比工资收入易变、经营和市场状况不良对其收入影响较大，因此出现最低收入组资本收入比重较高的现象。或者反过来说，最低收入组中以经营收入为主的住户，其低收入是暂时的，是由于收入波动造成的。与总收入中工资收入和资本收入比重上升相伴产生的是转移性收入比重随收入的上升而下降，其原因可能是低收入人群从政府得到社会保障收入，另外领取退休金的离退休人员在城镇也是收入低收入人群。

城乡合并的全国住户收入构成与收入水平具有明显的相关关系。工资收入占总收入比重与收入水平存在显著正相关，收入水平越高的住户工资收入比重越高。与工资收入相反，资本收入占总收入比重随收入的上升而下降，其主要原因在于农村人口为低收入人口，其从业方式主要是个体经营，由此取得资本收入。农村住户和城镇住户合并之后，转移性收入占总收入比重与收入水平呈现明显正相关，收入越高的住户，总收入中转移性收入的比重也越高。这主要因为城镇中领取低保和退休金的人口与农村人口相比仍然为高收入人口，因此呈现收入越高，转移性收入占比越高的现象。

13.4.3 税制改革的收入分配效应：平均税率视角

前面分析了增值税减税方案对生产要素价格以及住户收入构成的影响，现在就可以分析伴随增值税减税的个人所得税增税对居民收入分配的影响。我们曾多次说过，税收的居民收入再分配效应是否显著，主要取决于两大因素，一是税收累进性的强弱，二是平均有效税率的高低。首先看看我们设计的税制改革方案的平均税率状况。

计算平均（有效）税率首先遇到的一个问题是：若用个人所得税增税弥补增值税减税，那么，个人所得税将如何在住户之间分摊？这一点显然争论较大。对此，我们采取简单的分摊方式，用目前住户支付的个人所得税额分摊个人所得税的增税。这样分摊的结果是，只有城镇住户缴纳个人所得税，农村住户与个人所得税无关。

与税制改革之前（或者现在）缴纳的个人所得税额相比，税制改革之后城镇住户缴纳的个人所得税按统一比例增长，增长比例的大小取决于增值税减税的多少。与税制改革之前相比，税制改革之后的个人所得税累进性不变，但税率上升，因此个人所得税对居民收入分配调节作用增强了。

表13-6给出住户不同分组的人均纳税额和有效税率，从中可以看出，目前我国城镇个人所得税的人均纳税额为659元，税率为2.39%；农村的相应数字均为零，因为目前我国农村居民无需缴纳个人所得税。城镇和农村合并之后的全国人均纳税额和税率分别为296元和1.08%。税制改革改变城镇住户人均纳税额和税率，包括城镇和农村的全国相应的合并数字同时发生变化。

表13-6　　不同税制改革方案下的人均个人所得税纳税额和有效税率

税制改革前		税制改革方案1		税制改革方案2		税制改革方案3	
人均税额（元）	税率（%）	人均税额（元）	税率（%）	人均税额（元）	税率（%）	人均税额（元）	税率（%）
分城乡							
农村　0	0	0	0	0	0	0	0
城镇　659	2.39	2 097	7.42	827	2.98	1 132	4.06
全国　296	1.08	942	3.33	372	1.34	509	1.82

	税制改革前		税制改革方案 1		税制改革方案 2		税制改革方案 3	
	人均税额（元）	税率（%）	人均税额（元）	税率（%）	人均税额（元）	税率（%）	人均税额（元）	税率（%）
城镇 10 等分组								
1	43	0.91	133	2.78	53	1.13	73	1.54
2	59	0.79	181	2.38	74	0.99	101	1.34
3	94	1.00	292	3.06	118	1.26	158	1.68
4	154	1.38	486	4.28	195	1.74	264	2.35
5	187	1.45	593	4.50	230	1.77	320	2.46
6	310	2.06	946	6.16	391	2.58	531	3.49
7	383	2.18	1 232	6.88	478	2.70	653	3.68
8	624	2.95	1 978	9.16	781	3.67	1 066	4.99
9	1 111	4.14	3 507	12.80	1 397	5.17	1 914	7.06
10	3 625	7.07	11 627	22.20	4 562	8.84	6 248	12.04
全国城镇	659	2.39	2 097	7.42	827	2.98	1 132	4.06
全国 10 等分组								
1	0	0.01	0	0.02	0	0.01	0	0.01
2	1	0.03	2	0.08	1	0.03	1	0.04
3	2	0.05	5	0.15	2	0.06	3	0.08
4	7	0.15	21	0.47	9	0.19	12	0.26
5	13	0.22	40	0.68	16	0.27	22	0.37
6	32	0.41	99	1.23	40	0.51	53	0.68
7	91	0.88	286	2.69	115	1.10	157	1.50
8	197	1.44	621	4.43	246	1.78	337	2.43
9	442	2.33	1 409	7.26	556	2.92	761	3.97
10	2 177	5.25	6 941	16.33	2 735	6.55	3 743	8.91
全国城乡	296	1.08	942	3.33	372	1.34	509	1.82

从表 13－6 可知，税制改革方案 1 实施后城镇人均纳税额将是 2 097 元，税率为 7.42%，人均纳税额和税率分别为税制改革之前的 3.18 和 3.10 倍，包括城镇和农村的全国相应的合并数据也是如此。如前所述，与税制改革方案 1 相比，其他两个方案的增值税减税幅度较小，由此产生的个人所得税增税幅度也较小。

345

就城镇而言，税制改革之前的税率为2.39%，税制改革方案2的税率为2.98%，税制改革方案3的税率为4.06%，税率的提高幅度显然低于税制改革方案1。这一结论也适用于全国城乡合并情况。

总之，无论是从城镇来看还是从全国来看，税制改革后的平均税率都明显提高了，表明新税制方案更有助于公平收入分配。

13.4.4 税制改革的收入分配效应：基尼系数视角

在考察了住户收入构成、由税制改革引起生产要素价格变化以及个人所得税增税之后，我们通过计算不同税制改革方案下的税前和税收收入不平等指数来分析税制改革的收入分配效应。作为不平等程度的衡量指标，在此我们使用最常用的基尼系数，相关结果显示在表13-7中。

表13-7   不同减税方案的收入分配效应

		税制改革方案			
		0	1	2	3
农村	税前收入	0.3794	0.3793	0.3794	0.3794
	税后收入	0.3794	0.3793	0.3794	0.3794
城镇	税前收入	0.3448	0.3453	0.3449	0.3450
	税后收入	0.3320	0.3109	0.3291	0.3236
全国	税前收入	0.4851	0.4845	0.4851	0.4849
	税后收入	0.4747	0.4533	0.4720	0.4671

表13-7分城乡给出不同税制改革方案下的税前和税后收入基尼系数。通过比较税制改革前（表13-7中的税制改革方案0）和某种税制改革方案下的基尼系数变化，可以知道税制改革对居民收入分配的影响。其中税前收入基尼系数的变化反映由税制改革引起的生产要素价格变化对居民收入分配的影响，而税后收入基尼系数的变化则反映伴随增值税减少出现的个人所得税制改革的收入分配效应。下面通过表13-7中的数据分析不同税制改革方案的居民收入分配效应的差异。

首先考察税制改革对农村居民收入分配的影响。由于农村住户无需缴纳个人所得税，无论是现行税制，还是新税制（3个税制改革方案），居民收入分配在税前税后保持不变，因此我们只需要就税前收入分配比较现行税制和新税制。与现行税制（表13-7的税制改革方案0）相比，新税制下居民收入的基尼系数变化几乎没有变化，尤其税制改革方案 2 和 3 的基尼系数，在小数点后 4 位与现行税制完全相同。税制改革方案 1 的基尼系数与现行税制相比仅仅下降了 0.01 个百分点（从 0.3794 到 0.3793），基尼系数下降的主要原因是税制改革带来的资本价格上升幅度高于劳动价格的上升幅度（见表 13－5），以及资本收入占总收入的比重对于农村低收入农户来说较高，对于高收入农户来说较低（见表 13－4）。

城镇基尼系数的变化较农村复杂。首先就税前收入基尼系数对现行税制和新税制进行比较。无论哪一种税制改革方案，新税制下的基尼系数均高出现行税制，说明税制改革通过生产要素价格的相对变化扩大了城镇居民收入分配的不平等，就基尼系数上升的幅度而言，税制改革方案 1 为最大，方案 3 次之，方案 2 最小。不同税制改革方案下基尼系数变化不一，主要由于不同税制改革方案的减税幅度不同，由此导致的生产要素价格变化幅度也不同，其中税制改革方案 1 的减税幅度最大，生产要素价格变化也最大，其次为方案 3，最后为方案 2。税制改革通过生产要素价格变化提供基尼系数，也就是扩大了城镇居民收入不平等，这一点也不难理解。在所有税制改革方案下，劳动价格和资本价格都是上涨的（见表 13－5），而无论是劳动收入还是资本收入，其在总收入中的比重均有缓慢上升的趋势（见表 13－4），因此生产要素价格的上涨，使工资收入者和资本收入者与主要靠转移性收入生活的人之间差距扩大，从而导致城镇居民整体不平等程度的加剧。

与农村不同，城镇从业人员须按个人所得税法的规定，根据其收入的高低和构成缴纳个人所得税，如果个人所得税是累进的，税后收入基尼系数与税前收入相比会降低，也就是税收会缩小收入分配差距。我国个人所得税是累进的，它具有缩小城镇居民收入差距的作用。相关分析和分解方法告诉我们，[①] 税收收入分配调节作用的方向与大小，取决税收的累进（退）性与平均有效税率的高低。累进性税收缩小收入分配差距，累退性税收加剧收入不平等，比例税不改变居民相对收入。在税收累进程度给定的情况下，税收缩小收入差距的幅度（也就是税后收入基尼系数的下降幅度）取决平均有效税率的高低，税率越高，收入差距缩小的幅度越大，反之越小。

理解了这些基本关系之后，表 13－7 中有关城镇税后收入基尼系数的相对变化（与税前收入相比），以及不同税制改革方案下税后收入基尼系数差异就不难理解了。首先，新税制的税前税后基尼系数相比，税后收入的基尼系数变小，表明我国个人所得税是累进的。从上一节对税制改革方案设计的解释知道，新税制

① Kakwani（1984）。

（3 种税制改革方案）下的税收累进性与现行税制（表 13 - 7 中税制改革方案 0）完全相同，税后收入基尼系数的下降幅度完全取决平均有效税率的高低，这一点解释了现行税制以及不同税制改革方案下税后收入基尼系数的差异。其次，新旧税制的基尼系数相比，在新税制的任何一个税制改革方案下，税后收入的基尼系数均小于现行税制，其原因新税制的平均有效税率与现行税制相比上升了（见表 13 - 6）。最后，比较 3 个税制改革方案，税率最高的方案是方案 1，其次是方案 3，最低的是方案 3（见表 13 - 6）；相应地，税后收入基尼系数最小的是方案 1，其次是方案 3，最大的是方案 2。

在考察农村和城镇基尼系数及其变化之后，我们来观察城乡一体的全国居民收入的基尼系数及其变化。从表 13 - 7 中有关全国基尼系数的估计值看出，税制改革的收入分配效应可以综合以下三点：第一，与现行税制相比，任何一种税制改革方案下的税前收入基尼系数变化不大，这表明税制改革通过生产要素价格变化的途径对居民收入不平等的影响不大。这一点与上述农村和城镇的情况基本相同。第二，与税前收入相比，税后收入基尼系数都变小。3 个税制改革方案中，方案 1 下的基尼系数下降幅度最大，由税前的 0.4845，下降到税后的 0.4533，下降幅度超过 3 个百分点；方案 3 的下降幅度次之，为 1.78 个百分点；方案 2 最小，为 1.31 个百分点。第三，任何一种税制改革方案下的税后基尼系数比税前基尼系数下降的幅度都大于改革前的基尼系数下降幅度。改革前税后收入基尼系数比税前下降 1.04 个百分点，而改革后下降最小的方案 2，下降幅度也为 1.31 个百分点。

以上分析了税制改革对居民收入不平等的影响，分析结论可以简单总结如下：税制改革缩小居民收入差距的作用主要通过个人所得税增税实现的，生产要素价格变化途径的效果不仅不明显，有时反而扩大了居民收入差距。

13.5 小　结

本章应用可计算一般均衡模型和微观模拟分析相结合的分析手法，模拟分析了以增值税减税和个人所得税增税为主要内容的税制改革的收入分配效应。根据本章模型的设计，税制改革通过生产要素价格变化以及个人所得税增税（为弥补增值税减税）两个途径影响收入分配得到如下主要结论：

（1）税制改革通过生产要素价格变化途径对收入分配不平等产生效应的方向是不确定的，有时缩小了收入差距，有时扩大了收入不平等，不论方向如何，其效果均很小，甚至可以忽略不计。

（2）通过个人所得税增税途径而产生的税制改革的收入分配效应十分显著，但效果的大小依赖于增税之后个人所得税的累进性和平均有效税率的高低。从本章的模拟分析可以看出，如果欲以个人所得税作为公平收入分配主要手段，我国就需要提高现行的个人所得税平均有效效率。

附录　CGE 模型方程式

1. 变量

i，j：商品

h，k：生产要素

（1）内生变量（endogenous variables）

Y_j：组合生产要素（composite factor）

$F_{h,j}$：生产要素投入（factor input）

$X_{i,j}$：中间投入（intermediate input）

Z_j：本国产品总产出（gross domestic output）

X_i^p：家庭消费（household consumption）

E_i：出口（exports）

M_i：进口（imports）

Q_i：阿明顿合成产品（Armington's composite good）

D_i：国内产品（domestic good）

p_h^f：生产要素价格（factor prices）

p_j^y：合成生产要素价格（composite factor price）

p_j^z：国内总产出价格（gross domestic output price）

p_i^q：阿明顿合成产品价格（Armington's composite good price）

p_i^e：出口产品价格（export price）

p_i^m：进口产品价格（import price）

p_i^d：国内产品价格（domestic good price）

ε：汇率（exchange rate：domestic currency/foreign currency）

S^p：家庭储蓄（household savings）

T^d：直接税（direct tax）

T^r：企业所得税（corporate tax）

T_j^v：增值税（value added tax）

T_j^c：国内消费税（domestic consumption tax）

T_j^b：营业税（business tax）

T_j^o：其他间接税（other indirect tax）

T_i^m：进口关税（import tariffs）

（2）外生变量（exogenous variables）

X_i^g：政府消费（government consumption）

X_i^v：投资需求（investment uses）

S^g：政府储蓄（government savings）

S^f：外币表示的国外储蓄（foreign savings in terms of the foreign currency）

τ^r：企业所得税税率（corporate tax rate）

τ_j^v：增值税税率（value added tax rate）

τ_j^c：国内消费税税率（domestic consumption tax rate）

τ_j^b：营业税税率（business tax rate）

τ_j^o：其他间接税税率（other indirect tax rate）

τ_i^m：进口关税（import tariff rate）

p_i^{We}：外币表示的出口价格（international export price in terms of the foreign currency）

p_i^{Wm}：外币表示的进口价格（international import price in terms of the foreign currency）

2. 国内生产函数（domestic production）

柯布－道格拉斯型组合要素生产函数（Cobb–Douglas type composite factor production function）

$$Y_j = b_j \prod_h F_{h,j}^{\beta_{h,j}} \quad \forall j$$

初级要素需求函数（primary factor demand function）

$$F_{h,j} = \frac{\beta_{h,j} p_j^\gamma}{p_h^f} Y_j \quad \forall h, j$$

中间投入需求函数（intermediate demand function）

$$X_{i,j} = ax_{i,j} Z_j \quad \forall i, j$$

合成要素需求函数（composite factor demand function）

$$Y_j = ay_j Z_j \quad \forall j$$

本国产品生产企业的零利润条件（zero-profit condition for the gross domestic good-producing firm）

351

$$p_j^z = ay_j p_j^y + \sum_i ax_{i,j} p_i^q \quad \forall j$$

3. 政府（government）

直接税收入（direct（poll）tax revenue）

$$T^d = \left(\sum_i p_i^q X_i^g + R + S^g \right) - \left(\sum_j \left(T_j^v + T_j^c + T_j^b + T_j^o + T_j^m \right) + T^r \right)$$

企业所得税收入（corporate tax revenue）

$$T^r = \tau^r p_{CAP}^f FF_{CAP}$$

增值税收入（value added tax revenue）

$$T_j^v = \tau_j^v p_j^y Y_j \quad \forall j$$

国内消费税收入（domestic consumption tax revenue）

$$T_j^c = \tau_j^c p_j^z Z_j \quad \forall j$$

营业税收入（business tax revenue）

$$T_j^b = \tau_j^b p_j^z Z_j \quad \forall j$$

其他间接税收入（other indirect tax revenue）

$$T_j^o = \tau_j^o p_j^z Z_j \quad \forall j$$

进口关税收入（import tariff revenue）

$$T_i^m = \tau_i^m p_i^m M_i \quad \forall i$$

4. 投资储蓄均衡（Investment and savings balance）

$$S^p = \sum_i p_i^q X_i^v - \left(S^g + \varepsilon S^f \right) \quad \forall i$$

5. 住户消费函数（household consumption function）

$$X_i^p = \frac{\alpha_i}{p_i^q} \left(\sum_h p_h^f FF_h + R - S^p - T^d \right) \quad \forall i$$

6. 国际贸易（international trade）

进出口价格和国际收支平衡约束（export and import prices and the balance of payments constraint）：

$$p_i^e = \varepsilon p_i^{We} \forall i$$

$$p_i^m = \varepsilon p_i^{Wm} \quad \forall i$$

$$\sum_i p_i^{We} E_i + S^f = \sum_i p_i^{Wm} M_i$$

进口和本国产品之间的替代（substitution between imports and the domestic goods）

阿明顿合成产品生产函数（Armington's composite good production function with a CES function）

$$Q_i = \gamma_i (\delta m_i M_i^{\eta_i} + \delta d_i D_i^{\eta_i})^{\frac{1}{\eta_i}} \quad \forall i$$

进口需求函数（import demand function）

$$M_i = \left[\frac{\gamma_i^{\eta_i} \delta m_i p_i^q}{(1 + \tau_i^m) p_i^m} \right]^{\frac{1}{1-\eta_i}} Q_i \quad \forall i$$

本国产品需求函数（domestic good demand function）

$$D_i = \left[\frac{\gamma_i^{\eta_i} \delta d_i p_i^q}{p_i^d} \right]^{\frac{1}{1-\eta_i}} Q_i \quad \forall i$$

出口和本国产品之间的转换（transformation between exports and the domestic goods）

不变弹性转换函数（a CET transformation function）：

$$Z_i = \theta_i (\xi e_i E_i^{\phi_i} + \xi d_i D_i^{\phi_i})^{\frac{1}{\phi_i}} \quad \forall i$$

出口供给函数（export supply function）：

$$E_i = \left[\frac{\theta_i^{\phi_i} \xi e_i [(1 + \tau_i^c + \tau_i^b + \tau_i^o) p_i^z + \tau_i^y ay_i p_i^y]}{p_i^e} \right]^{\frac{1}{1-\phi_i}} Z_i \quad \forall i$$

本国产品供给函数（domestic good supply function）：

$$D_i = \left[\frac{\theta_i^{\phi_i} \xi d_i [(1 + \tau_i^c + \tau_i^b + \tau_i^o) p_i^z + \tau_i^y ay_i p_i^y]}{p_i^d} \right]^{\frac{1}{1-\phi_i}} Z_i \quad \forall i$$

7. 市场出清条件（market-clearing conditions）

产品市场（goods market）

$$Q_i = X_i^p + X_i^g + X_i^v + \sum_j X_{i,j} \quad \forall i$$

生产要素市场（factor market）

$$\sum_j F_{h,j} = FF_h \quad \forall h$$

第 14 章

主要结论与政策建议

本章在前面各章研究基础上，概括出全书的主要研究结论，提出调整国民收入分配格局的政策建议。尽管理论上强调税收对国民收入分配格局的形成具有重要影响，但是政策调整的导向应以宏观经济政策调整为主，税收政策调整为辅。

14.1 主要研究结论

为了便于读者了解本书的核心论点，本节简要概括出本书的主要研究结论。

14.1.1 国民收入分配格局不尽合理

（1）从国民收入部门收入分配来看，居民所占比重偏低，而政府和企业所占比重偏高。改革开放以来，部门收入初次分配关系的演变大体可划分为向居民倾斜（1978～1994 年）和向政府、企业倾斜（1995～2008 年）两个阶段。部门收入再分配格局变化大体分为向居民倾斜（1978～1990 年）、向居民和企业倾斜（1990～1995 年）、向政府和企业倾斜（1996～2008 年）三个阶段。但若将居民分配份额在 2003～2008 年的平均水平与在 1986～1999 年（不含 1992 年）的平均水平相比，在初次分配结果上低 6.7 个百分点，在再分配结果上低 9.1 个百分点。因此，从当前情况来看，无论是初次分配和再分配，居民部门收入分配的份额都偏低；不仅如此，经过再分配之后，居民收入分配份额反而更低了！这种部门收入分配格局在一定程度上有益于增强政府宏观调控能力和推动企业快速发展壮大，反映了过去 20 年来我国致力于加强宏观调控、促进经济增长的总体战略意图。因此，可以说，这种部门收入分配格局在这个特定的历史时期具有一定的客观合理性。但是，我国社会经济发展到今天，在"经济蛋糕"做到如此之大且在这一过程中各种矛盾越来越尖锐的时候，这种分配格局就显得不尽合理。因为这种部门分配格局会抑制居民消费需求增长，降低居民福利水平，不利于转变经济发展方式。

（2）从要素收入分配来看，劳动要素收入分配份额虽已出现止跌回升迹象，但静止地看其份额仍然偏低。从全国整体看，虽然从 2005 年开始资本要素分配份额呈现下降趋势，劳动要素分配份额呈上升趋势，但若将劳动要素分配份额在 2005～2008 年的平均水平与在 1980～1986 年的平均水平相比，在初次分配结果上仍低 11.7 个百分点，在再分配结果上仍低 12.7 个百分点；而且可以清楚地看出，政府在要素收入的再分配过程中并没有充分发挥有利于劳动要素收入分配的作用。特别是从省际视角来看，就 1997～2007 年要素收入分配与人均 GDP 的关系而言，随着人均 GDP 的增加，劳动要素再分配份额呈下降趋势，而资本要素再分配份额随着人均 GDP 上升而提高。

（3）从居民收入分配来看，不仅居民收入分配的差距不但拉大，而且已经达到了收入差距悬殊的地步。据测算，1988 年、1995 年、2002 年和 2007 年全国居民收入分配的基尼系数分别为 0.382、0.445、0.464 和 0.492。按照联合国有关组织规定：基尼系数若低于 0.2 表示收入绝对平均；0.2～0.3 表示比较平均；0.3～0.4 表示相对合理；0.4～0.5 表示收入差距较大；0.5 以上表示收入差距悬殊。国际上通常把 0.4 作为收入分配差距的"警戒线"，而我国早已突破这一警戒线，直逼"悬殊"的危险境地。不仅如此，同图 14-1 列示的 16 个国家相比，我国的基尼系数已超过发达国家中基尼系数最高的美国，仅次于基尼系数最高的两个发展中国家——巴西和墨西哥。

14.1.2 税收影响要素收入分配状况

（1）从要素收入再分配与城乡收入差距的关系来看，政府对要素征税通过要素收入效应和要素替代效应，显著地影响了要素分配份额。资本平均税率上升 1 个百分点，将导致资本要素再分配份额下降 0.368 个百分点和劳动要素再分配

355

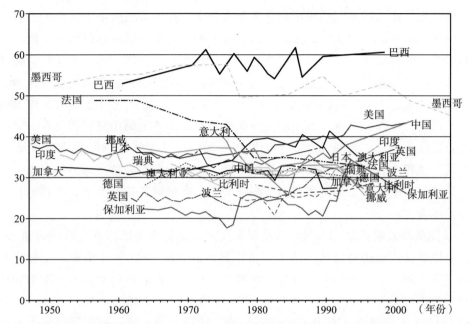

图 14 – 1　第二次世界大战以来 17 个国家的收入不平等状况基尼系数

资料来源：http://en.wikipedia.org/wiki/Gini_coefficient。

份额上升 0. 332 个百分点；劳动平均税率上升 1 个百分点，将导致资本要素再分配份额上升 0. 592 个百分点和劳动要素再分配份额下降 0. 629 个百分点。

（2）从主要税种与要素收入分配的关系来看，不同税种对要素收入分配的影响程度不同。企业所得税明显降低了资本分配份额，个人所得税中对劳动征税部分明显降低了劳动分配份额；增值税对降低劳动分配份额的影响明显，而对降低资本分配份额不明显；营业税对降低资本分配份额影响明显，而对降低劳动分配份额不明显。

（3）从三大税基与要素收入分配的关系来看，劳动所得课税和资本所得课税影响要素收入分配，而消费支出课税对要素收入分配没有明显影响。劳动所得平均税率上升会通过要素收入效应降低劳动分配份额，通过要素替代效应提高资本分配份额——劳动所得平均税率每上升 1 个百分点，将导致劳动分配份额下降 0. 823 ~ 1. 377 个百分点、资本要素分配份额上升 1. 042 ~ 1. 505 个百分点。资本所得平均税率上升会通过要素收入效应降低资本分配份额，通过要素替代效应提高劳动分配份额——资本所得平均税率每上升 1 个百分点，将导致资本分配份额下降 0. 145 ~ 0. 191 个百分点、劳动要素分配份额上升 0. 080 ~ 0. 215 个百分点。

14.1.3 现行税制无助公平收入分配

（1）从我国税制整体来看，现行税制不仅不具有累进性，反而具有明显的累退性，加剧了居民收入分配的不平等。按收入 10 等分组测算出的全国平均有效税率可知，最低收入组的平均有效税率高达 42.1%，随收入水平的提高而逐渐下降到第 7 组的 25.4%，最高收入组虽微升至 25.5%，但仅为最低收入组的61%！我国税制的这种明显累退性，主要源于两大因素：一是本质上就具有累退性的间接税收入占税收总收入的比重过大，2011 年国内增值税、国内消费税、营业税以及进口货物增值税、消费税和关税收入占税收总收入的比重高达67.9%，而最具累进性的个人所得税，其收入占税收总收入的比重仅为 6.7%；[①]二是间接税的平均有效税率大大高于所得税，国内增值税、国内消费税、营业税以及进口货物增值税、消费税的平均有效税率的简单算数平均值为 6.1%，而个人所得税和企业所得税的平均有效税率的简单算数平均值（0.62%）仅为前者的 10%！[②]

（2）从间接税来看，间接税的累退性质在我国没有丝毫改变，只是在我国城乡二元结构下，间接税还引起了城乡收入不平等的加剧，并且主要源于城乡内部不平等程度提高，而城乡之间因为间接税引起的不平等的程度略有缩小。

（3）从个人所得税来看，现行个人所得税制虽降低了城镇居民收入不平等，但影响效果非常小，甚至可以忽略不计。个人所得税之所以不能充分发挥调节居民收入再分配功能，主要在于个人所得税平均有效税率过低。自 2011 年 9 月 1日起实施的新个人所得税法，虽然使新税制比旧税制的累进性变大了，但这是由工资薪金所得的扣除额提高所致，而因新税制的平均税率大幅度降低，反而使个人所得税对收入分配的调节作用弱化了。

（4）从税制改革来看，倘若以增值税减税和个人所得税增税为核心内容进行税制改革，其公平收入分配效果较为明显。这种税制改革通过生产要素价格变化途径对收入分配不平等产生影响的方向是不确定的，并且效果甚至可以忽略不计。而与此同时，通过个人所得税途径而产生的收入分配效应十分显著，且效果的大小依赖于增税之后个人所得税的累进性和平均有效税率的高低。

---

① 财政部税政司：http://szs.mof.gov.cn/zhengwuxinxi/gongzuodongtai/201202/t20120214_628012.html。

② 见表 9 - 4。

14.2　调整国民收入分配格局的税制改革建议

本书通过大量的实证研究发现，我国现行税制对国民收入分配格局的形成起着重要作用，但同时我们也从上一节概括的全书研究结论来看，现行税制不仅不利于提高劳动要素收入分配份额，而且对居民收入差距的缩小更是无能为力。因此，要调整国民收入分配格局，特别是在今后构建和谐社会过程中，要遏制贫富两极分化，就不能忽视对一系列税收政策的调整。当然，我们也应看到，税收要实现的政策目标不止一个，诸如筹集财政收入、促进经济稳定增长、调整经济结构、保护生态环境等，促进公平收入分配只是税收多个目标之一，税制改革方向不应顾此失彼。在综合考虑税收的多重目标的前提下，本书提出如下调整国民收入分配格局的税制改革建议。

14.2.1　优化税制结构，构建有助于纵向公平的税制体系

如果从税收负担能否转嫁分类，税收可分为直接税和间接税。这样区分开来的两大税系，具有两个明显的特点。第一，直接税的纳税人和负税人是一致的，而间接税的纳税人能将税负转嫁给他人，纳税人往往不是真正的负税人。第二，直接税特别是其中的主要税种——个人所得税，一般都实行超额累进税率，具有明显的累进性；而间接税一般都实行比例税率，具有明显的累退性。一国选择什么样的税制结构，与该国的经济发展水平、税收管理水平、财政支出的结构、税收政策目标等有密切联系（郭庆旺、赵志耘，2010，第246页）。总体来说，直接税适合实现分配公平目标，间接税适合实现经济增长目标。如果政府的政策目标以分配公平为主，税制结构就应选择直接税为主；如果政府的政策目标是经济增长为主，税制结构就应选择间接税为主。

当然，上述判断暗含着一个假设前提，那就是增长与公平是彼此关联的两个不相容目标，而且促进其中一个目标实现的政策可能会对另一个目标的实现产生不利影响。的确，在经济学家看来，公平与增长两个目标可能存在着一定的取舍关系，对发展中国家来说这意味着存在着两种不同的发展战略（Sundrum，1990）：一种是增长导向战略，另一种是公平导向战略。在图 14 - 2 中，横轴表示平均收入（y），纵轴表示平等程度（e）。如果一个国家选择路径 A——增长导向战略，应集中精力加快其平均收入增长，在人均收入达到一个很高水平（即

使在这一过程中出现收入不平等程度加剧）之后，才去追求收入分配更加平等。相反，一个国家如果选择路径 *B*——公平导向战略，就应首先致力于使收入分配更加公平，在公平程度达到很高之后，才去追求更快的增长。当然，在理论上还存在第三种战略——路径 *C* 代表一种折中战略，即增长和公平一起追求，至少确保在经济增长过程中不会出现不平等程度加剧。

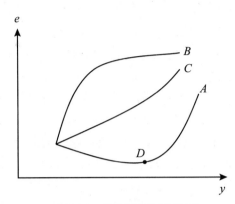

图 14 - 2 三种发展战略

资料来源：Dunderum（1990，p. 265）。

显然，回顾过去 30 年的经济发展，我国似乎选择的正是增长导向战略。从人均不变价国内生产总值来看，1978 年仅为 368.6 元，到 2009 年就一跃增至 21 344.7 元；从一个"一穷二白"的低收入国家，一跃跨入上中等收入国家！那么，如今我国已提出"转变经济发展方式"，是否可以在图 14 - 2 的 A 路径线上确定转折点 *D*。倘若如此，政府就必须制定相应的政策措施，致力于收入公平分配。

从发达国家和发展中国家的税制结构差异来看，似乎也印证了这样的发展规律：人均收入水平很高的发达国家以直接税为主体，以公平收入分配；人均收入水平很低的发展中国家以间接税为主体，以促进经济增长。目前，经济合作与发展组织（OECD）成员国中发达国家直接税（个人所得税、公司所得税、社会保障税、工薪税和财产税）占税收收入比重平均为 70% 左右，而发展中国家的间接税所占比重平均为 60% 左右。发达国家和发展中国家税制结构的差异由多种原因引起，其中一个重要原因是它们的税收政策目标有很大不同：发达国家强调公平收入分配，而发展中国家比较强调加快经济发展。

我国当前的税制结构是，间接税所占比重不仅大大高于直接税所占比重，而且也比发展中国家间接税比重平均水平高出 6 个百分点左右：或者说，我国间接税收入比重水平接近于发达国家直接税收入比重水平。① 可是，间接税不是按收入的多少征税，而收入中用于消费支出的比例通常随收入水平的上升而下降，因此以消费支出为税基的间接税负对收入的比例（即有效税率）与收入水平之间呈现负相关关系，也就是收入越高的住户或个人，有效税率越低，而低收入人群的有效税率反而更高。间接税的这种累退性直接导致它对收入分配的调节是逆向的，将加剧收入分配差距，而不是改善收入分配的不平等。显然，我国目前的间接税收入比重过大，无疑导致现行税制不利于公平收入分配。

从中长期来看，税制改革的目标是应按照科学发展观和构建和谐社会的要求，调整好间接税和直接税之间的比例关系，降低商品税的比重，提高所得税和财产税的比重，实现税制结构的优化。实现税制结构优化的可行税制改革措施是：完善个人所得税制，强化个人所得税的管理，提高其在税收收入中比重；加快推进房产税制改革，兼顾其调整财富分配和健全地方税系功能；保持增值税的主体税种地位，适度调整其征税范围和税率。

14.2.2　完善个人所得税，促进收入分配公平

个人所得税针对个人收入征税，是最能直接有效地调整居民间收入分配差距的税种。但是，本书通过大量的实证分析发现，我国个人所得税对调整收入分配的作用非常有限。为了充分发挥个人所得税的调节收入分配的作用，我国现行个人所得税制需要进一步改革与完善。

不过，我国经济体制改革是渐进式改革，税制改革也应如此。根据我国个人所得税改革的目标及其存在的问题，同时考虑到我国的经济发展阶段、税收征管水平以及纳税人的纳税意识，当前个人所得税的改革应按照简便易行、公平规范的原则，重点解决抑制个人所得税功能发挥的突出问题，为个人所得税的进一步完善奠定基础。

1. 加快个人所得税由分类所得税向综合所得税转型

个人所得税主要有两种形式，一是分类所得税（schedular income tax），它对纳税人的各种应纳税所得，分为若干类别，不同类别（或来源）的所得适用不同的税率，分别课征所得税。这种税制的优点是征收简便，税源易控，可有效地防止逃漏税行为，但其缺点是不能按纳税能力原则课征，难以实现公平收入分配的目标。综合所得税（global income tax）是对纳税人的各种应税所得综合计征，其优点是能够量能课税，公平税负，为世界各国普遍采用。

---

① 关于我国各税种的收入比重，见表9–1。

为了推进我国现行个人所得税制改革的方向——建立分类与综合相结合的税制模式,近期应通过对工资薪金、劳务报酬等项目在计征方式上实行"小综合",从而为下一步个人所得的全面综合计征奠定基础。

(1)归并同属工资薪金性质的所得。现行个人所得税对工资薪金所得在基本计征办法之外,还规定有较多的特殊计征方式。年终奖、年终绩效工资、股票期权、一次性补偿收入、企业年金企业缴费计入个人账户部分、央企负责人绩效薪金和任期奖励收入、单位低价售房等个人在任职内取得的多项收入,按规定均属于工资薪金收入,但这些项目均采取特殊方式单独计征。这些特殊计征方式不仅使税制复杂化,还降低了个人所得税的累进性,不利于公平收入分配。对这类收入项目,应采取在发放时,与个人取得的全年工资薪金所得合并,再按 12 个月平均计算实际应纳的税款,多退少补。这将实现工资薪金性质所得的"小综合税制",也是切实可行的一种改进措施。

(2)统一同属于劳动所得的计征方法。工资薪金、劳务报酬、稿酬等同属于劳动所得项目,但这三类所得的计征方法不同,从而产生下列问题:首先,同是劳动所得,但由于适用的费用扣除标准、扣除办法、税率都不同,税负高低不同,明显不公平,也不利于鼓励灵活就业。其次,在现行计征方法下,个人收入分别来自工资、劳务报酬、稿酬等多个项目,均有各自的费用扣除,其整体税负要低于同等数额来自一个收入项目所承担的税负,造成税负不公,甚至出现收入低的需要纳税,而收入高的不需要纳税的现象。对此,应通过统一劳动所得的计征方法加以解决。比如对个人取得工资薪金、劳务报酬、稿酬等劳动所得应采用相同的费用扣除标准、扣除办法,都采用工资薪金所得适用的税率表,以平衡各类劳动所得的税负,促进社会公平;又如对于在单位任职有工资薪金所得的个人,再取得劳务报酬、稿酬收入不再进行费用扣除,而无工资薪金所得的个人取得劳务报酬、稿酬收入可以进行费用扣除。这样,可以避免取得多项收入的个人多扣除费用的现象,有利于税收公平,也有利于促进纳税人进行纳税申报。

2. 优化税率结构

个人所得税的再分配功能之所以强大,主要是因为该税种实行超额累进税率制度——收入越高的人适用的税率越高。为此,从公平收入分配角度优化税率结构十分重要。

(1)保持现行最高边际税率。最高边际税率是对最高收入者的超高收入课征的税率,具有强大的"劫富"作用。也正因为如此,个人所得税的最高边际税率的选择反映出一国的税收政策在公平和效率之间的权衡。如果一国对社会公平越是重视,其选择的最高边际税率往往也就越高。第二次世界大战后,欧美国家为了强调社会公平，纷纷制定很高的个人所得税最高边际税率。[1] 只是从 20世纪 70 年代后期起，发达国家由于石油危机经济出现衰退，特别是到了 80 年代盛行的供给学派主张减税政策，各国的税收政策才开始侧重经济效率，故而纷纷降低个人所得税的最高边际税率。目前，我国工薪所得的最高边际税率为 45%，有人认为此税率过高，应当降低。可是，如前所述，要有力度地公平收入分配，最高边际税率必然要到达一定水平，何况就是已经走向折中发展战略的一些发达国家，个人所得税的最高边际税率仍然很高：2010 年，经合组织（OECD）成员国中有 8 个国家个人所得税（含中央和地方所得税）的最高一档税率在 45% 以上，最高的丹麦为 59%。因此，在"加大对高收入者的调节力度，缓解社会分配不公的矛盾"原则下，我国即使不再提高最高边际税率，最低也要维持 45%的最高税率不变。

（2）增加税率档次。我国自 2011 年 9 月起实施的《个人所得税修正案》将过去实施多年的 5%～45% 的 9 级超额累进税率改为 7 级，甚至有些人主张降至4 级或 5 级，这实际上有损税收公平原则。一般来说，税率档次越多，纳税人适用税率的跳跃性越小，边际收入的税收负担越平稳，也越有利于实现收入分配的公平。正因为如此，第二次世界大战后的五六十年代，致力于公平收入分配的发达国家，都无一例外地设定了多级税率结构，有的国家个人所得税的税率档次设定为 16 级、32 级甚至 64 级。因此，如果要进行新一轮个人所得税改革，在税率档次上，应该适当增加税率档次，而不是压缩税率档次。

3. 完善费用扣除制度

个人所得税制除了累进税率结构之外，免税项目、费用扣除、税收抵免等规定，也有助于增强其累进性，特别是能够照顾低收入者。我国个人所得税的费用扣除实行的是标准扣除额，现行规定为每月 3 500 元。有人认为该标准太低，还应该大幅度提高。其实，标准扣除额越高，对最低收入者毫无意义，反而会降低高收入的税收负担。为此，我们主张在保持现行规定不变的情况下，完善费用扣除制度。

（1）建立科学的费用扣除标准自动调整机制。我国在 1993 年个人所得税立法时制定了每月 800 元的费用扣除标准，到 2005 年 10 月将其修改为每月 1 600元，6 年后又调整为每月 3 500 元。这种每过一段时间提高费用扣除标准的做法存在一定的缺陷。首先，个人所得税费用扣除标准的每次提高，均存在数额高低之争，更容易使人们形成了一种惯性思维，似乎过一段时间若不提高费用扣除标

---

[1] 以美国为例，个人所得税的最低边际税率和最高边际税率，1945 年分别为 23% 和 94%，1954 年分别为 20% 和 91%，1971 年分别为 14% 和 70%（喻雷、郭庆旺，1989，第 108 页）。

税收对国民收入分配调控作用研究

准就是一种错误。其次，每次费用扣除标准调整都要修订税法，使得税法频繁修订，而法律应有一定的稳定性，不应频繁调整。最后，更为重要的是，在两次调整规定之间的时间间隔比较长，而此期间的物价水平变动可能比较大，费用扣除额的实际价值在降低。针对这种情况，我国应当建立一种有科学依据的个人所得税费用扣除标准自动调整机制，即税收指数化。在税法中可明确规定，政府每年根据物价指数变动情况调整费用扣除标准；若进一步简化这一调整方法，可以考虑在现行 3 500 元扣除标准的基础上每年按一定比例提高扣除标准，比如 5%。这样形成了根据物价水平变动而自动调整费用扣除标准的机制，避免了税法的频繁修订，也使费用扣除标准的调整具有科学的依据。

（2）不宜增加扣除项目。个人所得税的费用扣除一般有标准扣除和分项扣除两种方式，在有些国家（比如美国）纳税人只能选择其一。在我国，人们一般认为目前采用的是标准扣除。其实，根据我国现行个人所得税法，标准扣除和分项扣除两种方式是并存的。因为，除了每月 3 500 元的费用扣除之外，还有"三险一金"可以扣除。目前，社会上有人提出应按家庭人口、对失业人员、对赡养（老人）人口，另规定相应的费用扣除标准。这虽然有助于低收入家庭保持一定的生活水平，但在制度上不是扣除项目问题而属于纳税单位问题，即是以个人，还是以夫妇或是以家庭为纳税单位？这是我国今后进行个人所得税制改革时需要考虑的问题。还有人主张对个人医疗费用、子女教育费用等予以限额扣除，这虽然有助于减轻低收入的家庭负担，但考虑到我国当前的征收管理水平以及纳税人素质，执行起来可能相当困难。因此，在相当长的一段时期内，还不宜增加扣除项目。

4. 加强个人收入监控

个人所得税制度能否早日由分类所得税向综合所得税转变，以及现行税制下个人所得税调节收入分配功能能否有效发挥，取决于对居民个人的收入是否能够有效地监控。从我国当前情况看，健全个人收入监控制度应从三方面着手进行。第一，应当以个人身份证号（或以社会保障号）作为纳税人永久单一税号，并在社会征信、社会保障、财产转让、个人信贷等领域统一使用。第二，在个人收入全面货币化基础上，积极推动对个人支付的非现金结算，严格控制现金结算。第三，各政府部门协调运作，推动税务、工商、民政、社保、海关、公安、房产、交通等政府部门、公共管理部门与金融机构、工商企业信息网络的全面连通，实现对个人信息的共享，为税收信息化管理创造条件。

14.2.3　改革增值税和营业税，促进税负分配公平

我国现行增值税与营业税对征税范围划分的一个主要区别是，增值税主要对

货物征税，营业税主要对劳务征税。根据本书的研究，我国增值税和营业税具有较强的累退性。由于增值税和营业税是我国的主体税种，主要发挥保障财政收入的作用，税制改革的结果不能有损这个目标。在稳定增值税和营业税的主体税种地位前提下，可以对增值税和营业税实行联动改革，促进税负分配公平。

1. 逐步扩大增值税征税范围

在 1994 年税制设计中，为保证地方财力需要，税制中保留了营业税，它的收入归地方政府所有。增值税和营业税都属于间接税，它们并存的后果是对一些税目存在重复征税行为，这会强化间接税的累退效应。原因在于，在欧洲国家，增值税征税对象范围包括生产、批发、零售以及服务等所有交易活动，而我国 1994 年采用的增值税设计没有把所有服务交易都列入征税范围，只列入加工和修理修配服务，大多数服务交易属于营业税计征范围。营业税的税基是销售劳务和销售财产收入，增值税进项税不能抵扣，换句话说，营业税税制设计强化了对生产投入的重复征税问题。这种情况主要体现在营业税九大税目中对交通运输业（税率 3%）、建筑业（税率 3%）、销售不动产（税率 5%）的征税上，这三种服务生产投入的费用大。营业税和增值税并存的后果是，政府在对这些行业的生产投入征收了一次增值税后，又对它们的销售收入征收了一次营业税，即对生产投入存在双重征税问题。

增值税和营业税的两税并存除了会强化间接税的累退效应外，两税并存造成的问题还有：一是增值税抵扣链条断裂，增加管理困难；二是营业税重复征税制约了服务业专业化分工发展；三是两税之间有交叉重叠部分，国地税两家税务部门争抢税源的情况时常发生；四是由于服务业征收营业税，服务贸易出口无法退税，不利于拓展服务贸易。因此，无论是从调节收入分配角度出发，还是从税制自身的科学设计逻辑出发，也应实行增值税和营业税的联动改革，即逐渐扩大增值税征税范围，缩小营业税的征税范围。

2011 年 11 月 16 日，财政部和国家税务总局联合下发了《营业税改征增值税试点方案》，并于 2012 年 1 月 1 日起在上海市的交通运输业和部分现代服务业等率先开展增值税改革试点，[①] 迈出了"营业税改为增值税"的第一步。通过增值税和营业税的联动改革，在一定程度上会降低间接税的累退性。

2. 调整增值税税率结构

我国现行增值税的标准税率为 17%，对部分生活用品、农产品实行 13% 的

---

① 按《试点方案》，纳入增值税征税范围包括：交通运输业、建筑业、邮电通信业、现代服务业、文化体育业、销售不动产和转让无形资产（原则上适用增值税一般计税方法），金融保险业和生活性服务业（原则上适用增值税简易计税方法）以及服务贸易进口（在国内环节征收增值税，出口实行零税率或免税制度）。

低税率，对小规模纳税人实行 3% 的征收率。从国际比较看，我国增值税标准税率较为合适，但是低税率有些偏高，适用低税率的范围过窄，不利于体现对民生的关怀，不利于降低普通消费者承担的税负。特别是小规模纳税人因为无法抵扣进项税，在同等条件下，小规模纳税人商品增值率低于 21.4% 时缴纳的税收还多于一般纳税人①；况且，小规模纳税人的商品销售对象大多是直接针对消费者，其税负增加会通过税收转嫁形式将税负转嫁给消费者。

因此，为降低消费者承担的增值税税负，应适当调整增值税税率结构：第一，将 13% 的低税率降为 10%，对与百姓衣食住行密切相关的生活必需品如食品、儿童服装、药品等，实行 5% 左右的低税率或免税。这样现行的一般纳税人适用 17% 和 13% 两档税率变为 17%、10% 和 5% 三档税率。② 第二，将小规模纳税人的适用税率由 3% 降为 1%，并大幅度提高增值税的起征点。在没有完全实现营业税改为增值税之前，为保持税收负担平衡，可同时适度降低小型服务业的营业税税率和起征点。

14.2.4　开征房产税，促进财富分配公平

针对居民拥有的房产（有时包括土地）征收的房产税（或房地产税），有利于调节居民财产分配上的差距，也是地方税制体系的一个重要组成部分。在一些发达国家，以房（地）产税为主的财产税是地方税收的主体税种。比如，就 2009 年的情况看，③ 财产税收入占地方本级财政收入比重最高的是加拿大，为 67.5%，其次是新西兰，为 57.6%，法国、英国和澳大利亚都在 43.3% 左右。当然，在发达国家中，也有一些国家财产税收入占地方本级财政收入比重不足 10%，比如德国、意大利、荷兰、丹麦等。在一些发展中国家，该比重也有国家接近或超过 30%，比如保加利亚（69.2%）、罗马尼亚（42.1%）、智利（32.2%）以及秘鲁（28.5%）和韩国（28.5%）等。而在我国，若按国际货币基金组织（IMF）《财政统计年鉴》的口径，2008 年该比重仅为 7.6%，但对个人自用住房不征税。

---

① 假定商品的增值率为 x，那么一般纳税人交纳的增值税为 $x \times 17\%$，小规模纳税人交纳的增值税为 $(1+x) \times 3\%$，如果两者交纳的税收相等，那么 $x = 3\% / (17\% - 3\%) = 21.4\%$。

② 《试点方案》规定，在现行增值税 17% 标准税率和 13% 低税率基础上，新增 11% 和 6% 两档低税率。租赁有形动产等适用 17% 税率，交通运输业、建筑业等适用 11% 税率，其他部分现代服务业适用 6% 税率。

③ 下列数据是作者根据 IMF（2011）《财政统计年鉴》相关数据计算而得。

从长期来看，我国应该对个人自用住房开征房产税。① 这不仅是因为房产税是调节居民财产分配的重要工具，同时也是健全财产税制，完善地方税收体系，稳定地方财政收入的一项重要途径。2011 年 1 月份，上海市和重庆市宣布开始试点房产税，虽然从理论上说"试点房产税"并非规范的房产税，但这毕竟是"万里长征第一步"！一旦条件和时机成熟，应在全国范围内开征房产税。

14.3　调整国民收入分配格局的宏观政策建议

根据本书的研究结果，我国国民收入分配格局存在问题是：国民收入在政府、企业和居民三大部门分配中，居民部门初次分配和再分配份额呈持续下降趋势；国民收入在资本和劳动两大生产要素分配中，劳动要素相对资本要素分配份额不断下降；居民间收入分配状况不断恶化。根据党的十七大报告中"提高劳动报酬在初次分配中的比重"和"逐步扭转收入分配差距扩大趋势"精神，需要对我国目前国民收入分配格局进行大幅度的调整，调整方向是：部门收入分配中提高居民部门分配比重；要素收入分配中提高劳动要素收入比重；缩小居民收入分配差距。

但是我们应看到，目前我国国民收入分配格局的形成，不仅仅是多种经济因素共同作用的结果，更是增长导向战略的实施结果。因此，首先必须转变观念，认清我们也许已处在了增长导向路径的拐点，乘"转变经济发展方式"之机，综合运用宏观经济政策来调整国民收入分配格局。诚然，改变国民收入分配格局的经济政策较多，这里我们仅就其荦荦大者予以简要讨论。

1. 理顺要素价格体系

最近几十年来，我国长期采用低利率、低土地价格、低能源价格、低原材料价格的政策来推动经济发展，直到现在，这些价格体系扭曲还没有完全得到矫正。林毅夫、苏剑（2007）对此有详细的分析，在此不再赘述。当前我国要素市场的发育程度严重低于产品市场的发展程度，据测算，我国 2001 ~ 2005 年要素市场平均发育指数为 3.87，远远低于产品市场平均发育指数 7.23（樊纲等，2010）。由于我国资本相对稀缺、劳动力相对饱和，劳动所有者的议价能力大大低于资本所有者，劳动者工资收入长期处于低水平，在利率、土地价格、能源价

---

① 其实，这里所说开征房产税，并非是又一个新税种。在早已存在多年的《中华人民共和国房产税暂行条例》中，第 5 条规定免纳房产税的房产有"个人所有非营业用的房产"；只要取消这一规定，拥有房产者就要纳税。

格、原材料价格长期处于低位的情况下，势必使得资本所有者收入上升。要素价格体系扭曲对国民收入分配的影响是很明显的，它加剧了要素收入分配不平等，进而加剧了居民收入分配不平等，同时使得部门收入分配向企业倾斜。林毅夫、苏剑（2007）的一个重要判断是"有什么样的要素价格体系，就有什么样的经济增长方式"，据此我们似乎可以说，"有什么样的要素价格体系，就有什么样的国民收入分配方式"。要调整国民收入分配格局的不合理状况，应从理顺要素价格体系入手，如取消利率双轨制，调整煤电等能源价格，发挥市场机制在价格定位中的作用。

2. 实施积极的就业政策

就业扩大是提高劳动要素收入、增加居民部门收入和改善居民收入分配的重要途径，也有利于缓解由失业、收入分配不公所造成的各种社会矛盾。实施积极就业政策可采取的政策措施有：大力发展非公有制经济和第三产业，广开就业门路，特别是扩大农民进城务工的就业渠道；完善劳动力市场机制，改革户籍制度，促进城乡劳动力合理有序流动；国家应更多地将优惠和扶持政策转向国内中小企业（因为中小企业往往吸纳劳动力能力较强），除向民营企业开放许多行业的准入禁区外，还应在税收优惠、资金支持上给予更多的倾斜；加强公共就业的服务和培训，促进下岗失业者再就业，促进农村劳动者非农就业。

3. 遏制城乡收入差距扩大趋势

居民收入分配差距扩大的一个重要原因，在于城乡收入差距的迅速扩大，而由于农村居民收入的主要来源是劳动要素收入，缩小城乡收入差距也就意味着要素收入分配向劳动倾斜。因此大幅提高农民收入有利于国民收入分配格局调整，其政策措施主要有：推进现代农业建设，发展农业产业化经营，提高农业综合生产能力；加强农村基础设施建设；增加对农村义务教育、医疗卫生等的投入；继续深化农村税费改革，逐步加大对粮食主产区和种粮农民的直接补贴力度；加大金融支农力度；加大农村扶贫开发力度；推进城镇化建设，发展壮大县域经济；加快征地制度改革，提高对农民的补偿标准。

4. 规范收入分配秩序

当前我国居民收入来源较多，有不少收入属于灰色收入甚至腐败收入，恶化了居民收入分配状况，也是社会各界舆论反应比较强烈的问题。要坚决打击和取缔非法收入，逐步形成公开透明、公正合理的收入分配秩序；继续开展治理工程建设、土地出让、产权交易、医药购销、政府采购等领域的商业贿赂行为；建立健全职务消费管理制度，规范国有企业负责人的职务消费。

5. 减少行业垄断，控制垄断行业工资增长

放开对电力、电信、金融、保险、烟草等垄断行业的"准入限制"，让国内

民营企业进入这些行业充分竞争，同时放松政府对价格的管制，让政府之手从这些施加影响的领域逐步退出，发挥市场的选择优势。当这些行业不再享受垄断暴利，行业之间的收入差距就会逐步拉平。完善对垄断行业工资总额和工资水平的双重调控政策，严格控制工资水平偏高企业的工资总额和工资水平及其增长。严格规范国有企业经营管理人员特别是高管的收入，调节国企高管与职工收入、社会平均工资的比例。抓紧落实国有及国有控股金融企业负责人薪酬管理办法，切实解决非国有金融机构经营管理人员薪酬畸高的问题。

6. 促进慈善事业的发展

慈善事业的发展对改变要素收入分配和居民收入分配也非常重要。因为慈善活动的资金捐赠者往往是高收入的人，特别是利用资本要素取得高收入的人，因而慈善活动可有效地减小资本所有者与劳动所有者的收入差距，改善居民收入分配状况。如果说，初次分配以市场为主导，再分配以政府为主导，那么，依托于各类慈善组织的慈善活动是第三次分配的主导，它是社会再分配的重要组成部分。但是众所周知，我国慈善事业发展极度滞后，据中华慈善总会统计，慈善公益组织所掌握的资金总额，仅占国内 GDP 的 0.1%，而美国 120 万家免税慈善基金组织，分配 6 700 亿美元，占到 GDP 总额的 9% （安体富、任强，2007）。不仅如此，我国慈善活动还呈现更多的"中国特色"，如资金来源主要来自政府拨款、地位是半官半民、受登记管理机关和业务主管机关的双重管理等。因此可以说，慈善活动的发展滞后严重削弱了它对改善两种收入分配的作用。调整国民收入分配格局不应忽视促进慈善事业发展，政府应从慈善事业的主要参与者变为监管者，放手促进其大力发展。

14.4　有待进一步研究的问题

本书从国民收入分配不同层次、税制结构不同税系等多维视角研究了税收对国民收入分配的调控作用，但我们在研究中发现，有关税收的收入分配效应仍有很多问题值得深入探讨（郭庆旺，2012）。这些问题可大致归纳为三个方面：一是税制累进性与经济发展阶段、平均税率和税收道德之间的关系，二是税收负担、税制结构与收入不平等的关系，三是税收工具与支出工具（特别是福利性转移支出、税收支出）之间的关系。

税收对国民收入分配调控作用研究

14.4.1　税收累进性生命周期问题

本书的研究发现，从一个国家的经济发展阶段来看，[①] 在经济起飞阶段，税制的累进性相当微弱甚至是累退性明显，而在成熟阶段，税制累进性显著提高；到了大众高消费阶段，税制累进性不再增强，而到了超越大众高消费阶段，税制累进性反而有所降低。从当前处于不同发展水平的国家来看，在发展中国家，税制普遍具有累退性，而在发达国家，20 世纪 40 ~ 70 年代税制累进性普遍很高，但近 20 余年来其税制累进性有所降低。我们把税制累进性与经济发展水平之间的这种关系称为税收累进性生命周期（tax progressivity life cycle），如图 14 - 3 所示。

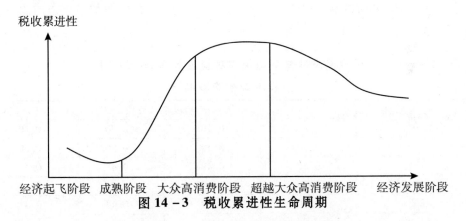

图 14 - 3　税收累进性生命周期

现在的问题是，这种所谓的税收累进性生命周期命题是否成立？如果成立的话，我国目前正处于经济起飞阶段的后期，正在走向成熟阶段，扭转税制累退性是否已是一个迫在眉睫的问题？特别是，鉴于我国当前国民收入分配问题十分严峻，尤其是居民收入分配差距相当大，现在是否就应当进入一个加速提高税制累进性的时期？一旦步入增强税制累进性的轨道，在经济全球化背景下，又如何与发达国家走向扁平的或不那么累进的税制相协调？

14.4.2　累进性与平均税率关系问题

从本书第 9 ~ 13 章的分析可以看出，我国税收的收入再分配效应之所以很

---

① 根据罗斯托（Rostow，1960）的经济发展阶段理论，经济现代化要经历 5 个发展阶段，即传统社会阶段、准备起飞阶段、经济起飞阶段、成熟阶段和大众高消费阶段。后来，他（Rostow，1971）又将 5 个阶段变为 6 个阶段，最后一个最高阶段为超越大众高消费阶段。

弱，不仅是因为税制累进性不强，还因为平均税率较低；特别是第 12 章在分析新个人所得税法时得到了这样的结论：新税制的税收累进性与旧税制相比提高了，但是它对收入分配的调节作用却变小了，平均税率的降低是新税制调节收入分配作用低下的主要原因。可见，居民收入分配差距缩小程度不仅取决于税制累进性，还取决于平均税率。我们借用 Sunderum（1990，p. 301）的数值例子来说明税制累进性和平均税率在公平收入再分配作用中的相互关系。

假定占总人口 20% 的最高收入人群获得税前总收入的 50%，该人群适用的税率是 k 乘以其余人口适用的税率，那么 k 就是度量税制累进性的简化指数。于是，最高收入 20% 人口所获得的税后收入比例 p 即为：

$$p = \frac{k + 1 - 2kt}{2 (k + 1) (1 - t)}$$

其中，t 为平均税率。据此，就可以利用表 14 - 1 的数值例子来说明累进性与平均税率之间的关系。

表 14 - 1 　　　　税收累进性与平均税率对最高收入 20% 人口
收入份额的影响

累进程度（k）	平均税率（t）			
	0	0.10	0.20	0.30
1.0	0.50	0.50	0.50	0.50
1.5	0.50	0.49	0.48	0.46
2.0	0.50	0.48	0.46	0.43
2.5	0.50	0.48	0.45	0.41
3.0	0.50	0.47	0.44	0.39
4.0	0.50	0.47	0.43	0.37

从表 14 - 1 可以看出，无论是增强税制累进性还是提高平均税率，都会降低富人的税后收入份额。既然收入分配公平程度的高低是累进性和平均税率共同作用的结果，那么，在追求缩小个人收入差距的个人所得税制改革中，二者不可偏废。接下来的问题是：在缩小个人收入差距上，税收累进性和平均税率谁的作用更大？如何通过累进性与平均税率的设计来兼顾税收的纵向公平与横向公平？如果通过扩大纳税人群和综合所得范围来提高平均税率，这需要怎样的现代化税收管理和税收文化？

14.4.3 税收累进性与税收道德关系问题

本书的研究表明，我国现行税制没有明显起到公平收入分配的作用，一是因为整体税制累进性比较弱，二是因为平均税率比较低。其实，倘若我国要大力提高税制的累进性，方法并不难找到：比如在个人所得税方面，适当提高应税所得的最高边际税率，增加税率表的纳税档次，增设一些免税项目、扣除项目或抵免项目等。倘若我国要努力提高平均税率，方法也比较清晰：比如扩大纳税人范围，尽可能地按综合所得课税等。可是，问题在于，要保证累进性税收充分发挥作用，就必须做到税制设计上的名义累进性与税制实施后的实际累进性相一致，而二者的不一致的主要原因在于纳税人的逃税行为。

逃税行为普遍存在于各个国家。不要说在发展中国家，就是在像美国这样的发达国家也同样不乏逃税行为。据美国财政部和国内收入署估计，2001 年美国应纳税额与实纳税额之差额占应纳税额的 13.7%（Slemrod，2007）；换言之，逃税额比例为 13.7%。可以想象，倘若逃税行为猖獗，设计再好的累进税制，也不会有良好的累进性效果。

然而，问题就出来了：逃税行为真的影响税收累进性吗？如果有影响，逃税行为和逃税程度对税收累进性会产生多大影响？到目前为止，国际学术界鲜有讨论。最近，Dörrenberg 和 Peichl（2010）从税收道德高度，[①] 讨论了逃税行为与税收累进性的关系。在很多人都属于不平等厌恶者，一个人的效用取决于他人的效用，因而再分配得到广泛支持的假设条件下，他们建立一个不平等厌恶个人的税收累进性理论模型，并利用微观调查数据进行实证检验，得到如下两个结论：第一，个人的税收道德越高，税率表的累进性越高；第二，税收累进性越高，意味着税收道德越高。紧接着的问题是：税收道德是税收累进的前提还是相反？它们之间存在的不同的因果关系的前提条件又是什么？倘若税收道德是保证税收累进性条件之一，那么，如何保证纳税人依法照章诚实纳税？如何提高税收道德水平、培育良好的税收文化？

14.4.4 税收负担与收入再分配关系问题

最近，Pippin（2006）在研究税收负担与收入不平等关系时，提出了 4 种假设：假设 1——税收负担（tax burden，税收收入占 GDP 比率）与收入不平等负相关；假设 2——所得税依存度（income tax reliance，所得税收入占税收总收入的比重）与收入不平等负相关；假设 3——剩余税收负担（residual tax burden，扣除所得税后的税收收入占 GDP 比率）与收入不平等负相关；假设 4——所得

---

① 所谓税收道德（tax morale），通常是指纳税人把纳税作为对社会贡献一种道义上的责任而具有的内在的纳税动机（Feld and Frey, 2007；Torgler, 2007；Alm and Gomez, 2008；Cummings et al., 2009）。

税依存度对收入不平等的影响大于剩余税收负担的影响。然后，他利用北美、欧洲和澳大利亚的数据进行实证检验发现，假设 1 和假设 3 得到验证，即总体税收负担和剩余税收负担与收入不平等呈现显著的负相关关系，而假设 2 和假设 4 不成立，即所得税依存度与收入不平等并不相关，而且所得税依存度越高也不一定就有利于改善收入不平等状况。我们可以看出，Pippin（2006）关于这一问题的研究实质上是从两个层面展开的：一是宏观税收负担与收入不平等的关系，二是税制结构与收入不平等的关系。

关于宏观税收负担与收入不平等的关系，从理论到实践似乎都已证明，税收负担越高的国家（在一定限度内），收入分配也更加公平。这也许是因为，只有税收收入规模达到一定程度，税收对收入不平等的影响才可能有力度。[①] 倘若如此，我国目前的税收收入规模是否能够满足调控收入不平等的要求？我们首先来分析一下我国 2009 年和 2010 年的财政收入状况（见表 14 - 2）。

表 14 - 2　　　　　　　　我国全口径预算收入

收入预算项目	2009 年		2010 年	
	绝对额（亿元）	占 GDP 比率（%）	绝对额（亿元）	占 GDP 比率（%）
一、公共预算收入	68 518	20.1	83 102	20.9
其中：税收收入	59 522	17.5	73 211	18.2
二、政府性基金预算收入	19 274	5.7	36 785	9.2
其中：国有土地使用权出让收入	14 248	4.2	29 415	7.4
三、国有资本经营预算收入	989	0.3	559	0.1
四、社会保险基金预算收入	12 779	3.7	14 761	3.7
政府收入合计	101 561	29.8	135 206	33.97
IMF 口径的政府财政收入	87 313	25.6	105 791	26.4

注：（1）社会保险基金收入为扣除财政补助后的五项社会保险基金收入。（2）根据 IMF 定义，国有土地出让行为是一种非生产性资产的交易，结果只是政府土地资产的减少和货币资金的增加，并不带来政府净资产的变化，不增加政府的权益，因而不计作财政收入。

资料来源：财政部网站。

[①] 当然，宏观税收负担与收入不平等负相关性也有可能是另一种情形所致，即宏观税收负担越高无疑意味着财政支出规模越大，而财政支出规模高到一定程度之上的那些国家基本上都是西方发达国家，而这些国家的财政支出结构又具有鲜明特征——直接和间接用于低收入阶层的支出规模占比在 30% 以上，于是就形成了下列逻辑关系：宏观税收负担越高→财政支出规模越大→用于低收入阶层的支出规模越大→收入不平等程度越低。

如果按照国际统一的 IMF 口径计算的政府财政收入占 GDP 比率，26% 左右的收入规模显然不能对收入不平等的改善产生强大影响，特别是其中的税收收入占 GDP 的比率仅为 18% 左右，对收入分配的调控作用可能更无能为力。问题是：在当前社会上广泛流传的"国富民穷"声音一浪高过一浪的情况下，政府是否还要大幅增加税收收入？还是要改变现行的财政收入结构，扩大税收收入比重、缩小其他收入比重？

关于税制结构与收入不平等的关系，本书多次强调，我国现行税制的收入分配调控作用之所以微弱，在很大程度上是因为所得税收入比重过低所致。然而，按照 Pippin（2006）的研究结论，所得税收入比重的高低与收入分配状况的改善没有多大关系。这其中的原因是什么？是因为他所研究的对象都是所得税收入比重已经很高了的发达国家而不适用于发展中国家，还是因为发达国家的间接税制也具有一定的累进性？

14.4.5 税收支出与收入再分配关系问题

本书主要讨论的是正规税制结构对国民收入分配的影响，而在实践中，各国税法中都存在着大量的偏离正规税制的税收条款。这些条款在税收政策上通常称为税收优惠措施，在政府预算中与直接支出相类比而称之为税收支出（tax expenditure）。所谓税收支出，亦有人译作"税式支出"，是指以特殊的法律条款规定的，给予特定纳税人或活动以税收优惠待遇而损失或放弃的税收收入，是一种具有补贴性质的、隐性间接支出。[①]

从理论上说，税收支出能够在一定程度上增加最低阶层的收入。主要原因在于，政府可以通过对许多项目给予不予课税、税额抵免、所得扣除等特殊规定，增加低收入阶层的实际收入。比如，直接对低收入阶层的许多纳税项目给予税收优惠照顾，这些项目包括医疗费用扣除、儿童抚养费用扣除、劳动所得抵免、老年人和残疾人所得扣除、失业福利扣除、社会保险扣除等；又如，对有助于间接增加最低阶层收入的行为给予税收优惠照顾，如雇主和高收入者向慈善机构、公益事业机构等的捐款，在他们纳税时给予税收优惠，以鼓励他们慷慨解囊。我国现行个人所得税法规定，不仅对工薪所得课税时有一项标准费用扣除，而且单位为个人缴付和个人缴付的基本养老保险费、基本医疗保险费、失业保险费、住房公积金，从纳税义务人的应纳税所得额中扣除。

现在的问题是：五花八门的税收支出项目到底对谁更有利？是对低收入阶层

---

① 有关税收支出概念、表现形式以及预算理方法等内管，详见郭庆旺（1990）的著述。

更有利还是对高收入阶层更有利？Toder 等（2011）分析了美国三大类社会项目（自用住房、健康保险和退休储蓄）税收支出的分配效应，认为尽管在不同项目上的税收支出对不同人群的影响不尽相同，但总的来看，这三类税收支出使高收入纳税人税后收入的增加高于低收入纳税人，但最高收入纳税人获得的税收支出占其收入的比例要比所有纳税人获得的税收支出占其收入的比例低些。高收入纳税人获益高于低收入纳税人，原因可能在于前者更有可能参与受补贴的活动。Burman 等（2008）研究了美国个人所得税的非经营性税收支出（即个人所得税申报表中除了像折旧扣除、经营性税收抵免等之外的所有税收支出）的分配效应，结论是：个人税收支出使高收入纳税人税后收入的增加大于低收入纳税人，故其净效应是累退的。Smith（2001）的实证分析表明，澳大利亚私人健康保险的税收支出大部分都被最富有的家庭所获。Wang 等（2004）认为澳大利亚给予住房所有者的税收支出主要受益于高收入家庭，而 Ling 等（1992）针对美国的住房税收支出分配效应所作的研究发现，在房主总税收支出中，低收入家庭获得较多，高收入家庭获得较少。

看来，税收支出是否真的有利于公平收入分配，还需要进一步深入研究。特别是在我国，虽然在税法中存在着大量的税收优惠，但目前政府仍没有建立税收支出预算，一年的税收支出规模到底有大多以及在各个项目上的税收支出是多少尚不清楚，这也给研究税收支出的分配效应增添了困难，但也提供了机遇。

14.4.6 累进性税收与有益于穷人的财政支出综合效应问题

本书因研究税收对国民收入的调控作用，所以强调的是税收的分配效应，但这并非说税收是调节收入分配的唯一工具。政府在调节收入分配的工具上不止一个，就财政手段来说，还有财政支出政策。在公平收入分配的财政政策上，税收工具主要是拿富人钱，而支出工具主要是给穷人钱，从而形成"劫富济贫"的一整套措施。

近年来，许多西方经济学家开始研究税收—支出制度的收入分配效应（Bargain and Callan，2010；Bargain and Keane，2010；Bargain，Dolls，Neumann，Peich and Siegloch，2011；Bourguignon and Spadaro，2012；Claus et al.，2012），认为只有综合考虑税收与支出的分配效应，才能全面评价财政政策的收入分配效应，构建最优税制。现在，我们面临的需要进一步研究的问题是：

第一，如何设计良好的税收—支出制度？目前国际学术界已开始着手讨论这一问题，认为设计良好的税收—支出制度使得财政制度具有更强的累进性，或者说对收入分配的调控作用更大（Pippin，2006；Chamberlain and Prante，2007；

Hungerford，2010）。

第二，如何设计合理的累进税制？一般认为，税制的累进程度要适度，特别是最高边际税率不能过高，否则会削弱工作、投资和创造财富的激励（Prasad，2008），人们甚至会出现不道德的行为（Boadway，Marceau and Mongrain，2007）。[①]

第三，如何设计有助于穷人的财政支出结构？在财政支出中，转移性支出（包括社会救济金、社会保险金、各种补助补贴等）具有直接的、显著的再分配效应，社会性支出（如教育支出、卫生支出，也可称为基本公共服务支出）具有一定的收入再分配作用，而物质基础设施支出在发展中国家在创造就业的同时还有助于减少贫困和收入不平等（Calderón and Chong，2004；Ogun，2010）。

可见，不同类型财政支出的收入分配效应是有差异的。对于我国来说，如何设计既不牺牲增长或就业目标又有助于缓解收入不平等的支出结构？

14.4.7 税制累进性与宏观经济运行关系问题

从本书的大量研究可以发现，税收对要素收入分配、居民收入分配和部门收入分配均产生较大的影响，这势必会对宏观经济运行产生一系列冲击。比如，间接税的累退性会抑制居民消费需求增长（吕冰洋，2010），导致总供给和总需求失衡，成为经济不景气的一个重要诱因，可能促使政府采取扩张性财政政策来消除经济衰退（吕冰洋，2011）。再比如，税基选择资本所得、劳动所得还是消费支出，对经济影响有很大区别：选择资本所得为主要税基不利于激发经济活力，选择劳动所得为主要税基对扩大居民消费需求不利。那么，当前中国税基结构组合会产生什么样的经济影响呢？我们还可以进一步思考，我国间接税具有累退性，个人所得税具有累进性，那么这种累退性和累进性是否会随着经济周期的变化而变化呢？诸如此类的问题，需要我们作进一步拓展研究。

总之，要想让税收更有效地发挥公平收入分配的作用，还需要从理论的深度和实践经验的总结中挖掘新思路。不过，最后需要指出的是：第一，上述所提出的这些问题完全是从税收作为公平收入分配工具的角度提出需要深入探讨的一些问题，这些问题的解决无疑会使税制更加完善，但从这个角度上说的税制越完善，可能越会对效率（包括经济效率和管理效率）产生不良影响。如何做到税

---

① 需要说明的是，早在20世纪70年代初，Mirrlees（1971）就已创立了将再分配和激励同时考虑在内的现代最适所得税理论，从而荣获了1996年度诺贝尔经济学奖。该理论的重要结论就是边际税率在0~100%之间（Mirrlees，1971）且在收入分配的两端为零（Sadka，1976；Seade，1977，1982）。Tuomala（1990）详细而深入地分析了最适所得税与收入再分配的关系。

收的公平作用适可而止？这本身就是一个值得深思的问题。第二，随着时间的推移，社会经济发展变化，就是过去在理论上已得到认可，在实践中得到普遍采用的一些所谓"先进的"做法，也时常被质疑，甚至出现"复辟"的迹象。比如我国学术界目前针对个人所得税改革而极力主张的综合所得税制，在许多发达国家就存在不同的声音。先不要说如何界定和计算综合所得这一从未停止过争论的问题，就是实行这种税制所需的三个基本元素——纳税单位、累进税率和自行申报，也都受到越来越多的质疑，有些国家甚至回归到原来被认为是"落后的"做法。比如是以个人还是以家庭作为纳税单位？我国学者正在历数以家庭为纳税单位的种种好处之时，美国学者早已提出质疑（Kornhauser，1999）；又如是实行申报制还是扣缴制？正当我国管理当局将申报制目标列入××时期规划之际，一些发达国家正在谋求废弃该制度（Davidson，2009；Gale and Holtzblatt，1997）。可见，即使原来已成熟的理论和多年做法也有新的问题，也可以说是老问题的新挑战。

参 考 文 献

1. 安体富、任强：《税收在收入分配中的功能和机制研究》，《税务研究》，2007 年第 10 期。

2. 白重恩、钱震杰 a：《国民收入的要素分配：统计数据背后的故事》，《经济研究》，2009 年第 3 期。

3. 白重恩、钱震杰 b：《我国资本收入份额影响因素及变化原因分析——基于省际面板数据的研究》，《清华大学学报》（哲学社会科学版），2009 年第 4 期。

4. 白重恩、钱震杰 c：《谁在挤占居民的收入——中国国民收入分配格局分析》，《中国社会科学》，2009 年第 5 期。

5. 白重恩、钱震杰、武康平：《中国工业部门要素分配份额决定因素研究》，《经济研究》，2008 年第 8 期。

6. 北京大学中国经济研究中心宏观组：《产权约束、投资低效与通货紧缩》，《经济研究》，2004 年第 9 期。

7. 藏旭恒、裴春霞：《预防性储蓄，流动性约束与中国居民消费计量分析》，《经济学动态》，2004 年第 12 期。

8. 曹裕、陈晓红、马跃如：《城市化、城乡收入差距与经济增长》，《统计研究》，2010 年第 3 期。

9. 陈浪南、杨子晖：《中国政府支出和融资对私人投资挤出效应的经验研究》，《世界经济》，2007 年第 1 期。

10. 大卫·李嘉图：《政治经济学及赋税原理》，译林出版社 2011 年版。

11. 邓小平：《邓小平文选》第 2 卷，人民出版社 1983 年版。

12. 邓小平：《邓小平文选》第 3 卷，人民出版社 1993 年版。

13. 邓子基、王道树：《论转轨时期中国个人收入的分配及其税收政策》，《财贸经济》，1997 年第 8 期。

14. 迪克·奈兹编著，刘丽等译：《土地价值税：今天是否行之有效》，中国大地出版社 2004 年版。

15. 刁守研：《国民收入分配要实现综合平衡》，《经济研究》，1982 年第 10 期。

16. 范一飞：《国民收入流程及分配格局分析》，中国人民大学出版社 1994 年版。

17. 方福前：《中国居民消费需求不足原因研究》，《中国社会科学》，2009 年第 2 期。

18. 高培勇：《中国税收持续高速增长之谜》，《经济研究》，2006 年第 12 期。

19. 格林沃尔德：《现代经济词典》，商务印书馆 1981 年版。

20. 龚刚、杨光：《从功能性收入看中国收入分配的不平等》，《中国社会科学》，2010 年第 2 期。

21. 郭庆旺：《税收支出简论》，东北财经大学出版社 1990 年版。

22. 郭庆旺：《税收与经济发展》，中国财政经济出版社 1995 年版。

23. 郭庆旺：《税收公平收入分配的几个深层次问题》，《财贸经济》，2012 年第 8 期。

24. 郭庆旺、何乘材：《论个人所得税的收入再分配功能》，《中国税务》，2001 年第 12 期。

25. 郭庆旺、吕冰洋：《论税收对要素收入分配的影响》，《经济研究》，2011 年第 6 期。

26. 郭庆旺、吕冰洋：《论要素收入分配对居民收入分配的影响》，《中国社会科学》，2012 年第 12 期。

27. 郭庆旺、赵志耘：《论税收与收入分配公平》，《财经问题研究》，1994 年第 12 期。

28. 郭庆旺、赵志耘：《公共经济学》，高等教育出版社 2010 年版。

29. 国家统计局国民经济核算司编著：《中国 2007 年投入产出表编制办法》，中国统计出版社 2009 年版。

30. 国家统计局课题组：《我国区域发展差距的实证分析》，《中国国情国力》，2004 年第 3 期。

31. 哈维·罗森：《财政学》，中国人民大学出版社 2006 年版。

32. 荷雷·H·阿尔布里奇著，马海涛、顾明、李贞译：《财政学——理论与实践》，经济科学出版社 2005 年版。

33. 江泽民：《江泽民文选》，人民出版社 2006 年版。

34. 蒋洪、于洪：《居民消费结构与商品课税归宿问题分析》，《财贸经济》，2004 年第 6 期。

35. 寇铁军、赵桂之：《现行税制对城镇居民收入分配差距调控效应测度与分析》，《贵州财经学院学报》，2008 年第 1 期。

36. 李稻葵、刘霖林、王红领：《GDP 中劳动份额演变的 U 型规律》，《经济研究》，2009 年第 1 期。

37. 李德森、许光建：《中国税收增长快于经济增长的原因讨论综述》，《经济理论与经济管理》，2007 年第 12 期。

38. 李绍荣、耿莹：《中国的税收结构、经济增长与收入分配》，《经济研究》，2005 年第 5 期。

39. 李实：《中国个人收入分配研究回顾与展望》，《经济学季刊》，2003 年第 2 期。

40. 李实、卡尔·李思琴：《中国居民收入分配再研究：经济改革和发展中的收入分配》，中国财政经济出版社 1999 年版。

41. 李实、史泰丽、别雍·古斯塔夫森：《中国居民收入分配研究 Ⅲ》，北京师范大学出版社 2008 年版。

42. 李实、岳希明：《中国城乡收入差距调查》，《财经》第 3/4 期合刊，2004 年。

43. 李实、赵人伟：《中国经济改革中的收入分配变动》，为 1997 年 8 月研讨会准备的论文。

44. 李实、赵人伟：《中国居民收入分配再研究》，《经济研究》，1999 年第 4 期。

45. 李实、赵人伟：《收入差距还会持续扩大吧?》，《理论参考》，2006 年第 10 期。

46. 李实、赵人伟：《市场化改革与收入差距扩大》，《洪范评论》，2007 年第 3 期。

47. 李实、佐藤宏、岳希明：《中国农村税赋的再分配效应》，《经济学报》第 2 卷第 1 辑，清华大学出版社 2006 年版。

48. 李扬：《收入功能分配的调整：对国民收入分配向个人倾斜现象的思考》，《经济研究》，1992 年第 7 期。

49. 李振宏：《"不患寡而患不均"的解说》，《二十一世纪》，2005 年第 3 期。

50. 李芝倩：《资本、劳动收入、消费支出的有效税率测算》，《税务研究》，2006 年第 4 期。

51. 林毅夫、刘明兴：《中国的经济增长收敛与收入分配》，《世界经济》，2003 年第 8 期。

52. 林毅夫、苏剑：《论我国经济增长方式的转换》，《管理世界》，2007 年第 11 期。

53. 刘初旺：《我国消费、劳动和资本有效税率估计及其国际比较》，《财经论丛》，2004 年第 7 期。

54. 刘广仲：《税制结构与收入调节》，《税务研究》，2002 年第 2 期。

55. 刘溶沧、马拴友：《论税收与经济增长——对中国劳动、资本和消费征税的效应分析》，《中国社会科学》，2002 年第 1 期。

56. 刘怡、聂海峰：《间接税负担对收入分配的影响分析》，《经济研究》，2004 年第 5 期。

57. 陆铭、陈钊：《城市化、城市倾向的经济政策与城乡收入差距》，《经济研究》，2004 年第 6 期。

58. 陆铭、陈钊、万广华：《因患寡，而患不均——中国的收入差距、投资、教育和增长的相互影响》，《经济研究》，2005 年第 12 期。

59. 吕冰洋：《中国资本积累：路径、效率和制度供给》，中国人民大学出版社 2007 年版。

60. 吕冰洋：《我国税收负担走势与国民收入分配结构的变动》，《财贸经济》，2009 年第 3 期。

61. 吕冰洋：《政府间税收分权的配置选择和财政影响》，《经济研究》，2009 年第 6 期。

62. 吕冰洋：《我国税收制度与三类收入分配的关系分析》，《税务研究》，2010 年第 3 期。

63. 吕冰洋：《财政扩张与供需失衡：孰为因？孰为果？》，《经济研究》，2011 年第 3 期。

64. 吕冰洋、郭庆旺：《中国税收高速增长的源泉：税收能力和税收努力框架下的解释》，《中国社会科学》，2011 年第 2 期。

65. 吕冰洋、郭庆旺：《中国要素收入分配的测算》，《经济研究》，2012 年第 11 期。

66. 罗长远、张军：《经济发展中的劳动收入占比：基于中国产业数据的实证研究》，《中国社会科学》，2009 年第 4 期。

67. 马强：《我国居民消费需求不足的成因与对策》，《宏观经济管理》，2004 年第 5 期。

68. 马斯格雷夫：《美国财政理论与实践》，中国财政经济出版社 1987 年版。

69. 聂海峰、刘怡：《增值税的负担分布和累进性演变研究》，《经济科学》，2010 年第 3 期。

70. 聂海峰、刘怡：《城镇居民的间接税负担：基于投入产出表的估算》，《经济研究》，2010 年第 7 期。

71. 聂海峰、刘怡：《城镇居民间接税负担的演变》，《经济学季刊》，2010 年第 9 卷第 4 期。

72. 彭海艳：《我国个人所得税累进性的实证分析：1995～2006 年》，《财经论丛》，2008 年。

73. 彭海艳、伍晓榕：《税收累进性测量方法之比较》，《统计与决策》，2008 年第 20 期。

74. 平新乔、梁爽、郝朝艳、张海洋、毛亮：《增值税与营业税的福利效应研究》，《经济研究》，2009 年第 9 期。

75. 齐代民：《流转税与所得税之比较与选择》，《经济师》，2007 年第 1 期。

76. 钱震杰：《中国国民收入的要素分配份额研究》，清华大学博士论文，2008 年。

77. 世界银行：《中国：社会主义经济的发展》，中国财政经济出版社 1983 年版。

78. 万广华、陆铭、陈钊：《全球化与地区间收入差距：来自中国的证据》，《中国社会科学》，2005 年第 3 期。

79. 王积业：《国民收入与积累和消费的综合平衡问题——兼谈国民收入超额分配》，《宏观经济研究》，1984 年第 25 期。

80. 王剑锋：《个人所得税超额累进税率结构有效性的一个验证——以对我国职工工薪所得数据的模拟为基础》，《当代财经》，2004 年第 3 期。

81. 王剑锋：《流转税影响个人收入分配调节的分析研究——以我国城镇居民支出结构为考察基础》，《财经研究》，2004 年第 7 期。

82. 王乔、汪柱旺：《我国现行税制结构影响居民收入分配差距的实证分析》，《当代财经》，2008 年第 2 期。

83. 王少平、欧阳志刚：《中国城乡收入差距对实际经济增长的阈值效应》，《中国社会科学》，2008 年第 2 期。

84. 王亚芬、肖晓飞、高铁梅：《我国城镇居民收入分配差距的实证研究》，《财经问题研究》，2007 年第 6 期。

85. 王亚芬、肖晓飞、高铁梅：《我国收入分配差距及个人所得税调节作用的实证分析》，《财贸经济》，2007 年第 4 期。

86. 魏明海、柳建华：《国企分红、治理因素与过度投资》，《管理世界》，2007 年第 4 期。

87. 闻媛：《我国税制结构对居民收入分配影响的分析与思考》，《经济理论与经济管理》，2009 年第 4 期。

88. 吴敬琏：《收入差距过大的症结》，《财经》，2006 年第 21 期。

89. 薛进军：《中国的不平等：收入分配差距研究》，社会科学文献出版社 2008 年版。

90. 亚当·斯密：《国富论》，译林出版社 2011 年版。

91. 严先溥：《中国消费市场运行现状与发展趋势分析》，《金融与经济》，2006 年第 2 期。

92. 杨波：《试论我国国民收入的分配问题》，《经济研究》，1957 年第 6 期。

93. 杨俊、黄潇、李晓羽：《教育不平等与收入分配差距：中国的实证分析》，《管理世界》，2008 年第 1 期。

94. 叶章和、孙小系、肖杰：《我国国民收入分配关系的调整》，《经济理论与经济管理》，1987 年第 4 期。

95. 尹恒、徐琰超、朱虹：《1995～2002 年中国农村税费公平性评估》，《世界经济文汇》，2009 年第 2 期。

96. 于国安、曲永义：《收入分配问题研究》，经济科学出版社 2008 年版。

97. 于洪：《消费课税的收入分配机制及其影响分析》，《税务研究》，2008 年第 7 期。

98. 余永定、李军：《中国居民消费函数：理论与验证》，《中国社会科学》，2000 年第 1 期。

99. 喻雷、郭庆旺：《外国税制》，东北财经大学出版社 1989 年版。

100. 袁志刚、朱国林：《消费理论中的收入分配与总消费》，《中国社会科学》，2002 年第 2 期。

101. 岳树民、卢艺：《我国工薪所得课税累进程度分析——基于数据模拟的检验》，《扬州大学税务学院学报》，2009 年第 6 期。

102. 岳巍：《关于国民收入生产、分配和使用问题》，《经济研究》，1981 年第 2 期。

103. 岳希明、李实、Terry Sicular：《垄断行业高收入问题探讨》，《中国社会科学》，2010 年第 3 期。

104. 岳希明、徐静：《个人所得税对居民收入分配的影响》，中国人民大学中国财政金融金融政策研究中心工作论文，2011 年。

105. 张斌：《税收制度与收入再分配》，《税务研究》，2006 年第 8 期。

106. 张东生、刘浩等：《中国居民收入分配年度报告》，经济科学出版社 2009 年版。

107. 张世伟、万相昱：《个人所得税制度的收入分配效应——基于微观模拟的研究途径》，《财经科学》，2008 年第 2 期。

108. 章奇、刘明兴、陶然等：《中国金融中介与城乡收入差距》，《中国金融学》，2004 年第 1 期。

109. 赵福昌：《税制结构与收入差距研究》，《中央财经大学学报》，2011 年第 9 期。

110. 赵俊康：《我国劳资分配比例分析》，《统计研究》，2006 年第 12 期。

111. 赵人伟、基斯·格里芬：《中国居民收入分配研究》，中国社会科学出版社 1994 年版。

112. 中国社会科学院经济研究所经济增长前沿课题组：《开放中的经济增长与政策选择》，《经济研究》，2004 年第 4 期。

113. 钟宏：《采取多种措施扩大居民消费》，《中国统计》，2006 年第 4 期。

114. 周黎安：《晋升博弈中政府官员的激励与合作——兼论我国地方保护主义和重复建设长期存在的原因》，《经济研究》，2004 年第 6 期。

115. 周黎安：《中国地方官员的晋升锦标赛模式研究》，《经济研究》，2007 年第 7 期。

116. 周肖肖、杨春玲：《个人所得税对浙江省城镇居民收入分配的影响》，《经济论坛》，2008 年第 17 期。

117. 庄子银、邹薇：《公共支出能否促进经济增长：中国的经验分析》，《管理世界》，2003 年第 7 期。

118. Aasness, J., A. Benedictow and M. F. Hussein, 2002, Distributional Efficiency of Direct and Indirect Taxes, Working Paper.

119. Ablett, J. and N. Hart, 2005, Corporate Income Tax Reform: the Neglected Issue of Tax Income, Economic Analysis and Policy, 35, 45 – 60.

120. Alchin, T. M., 1983, Intertemporal Comparisons of Income Tax Progressivity: 1950 – 51 to 1979 – 80, Australian Economic Papers, 22, 90 – 98.

121. Alchin, T. M., 1984, A New Measure of Tax Progressivity, Public Finance, 39, 1 – 10.

122. Alm, J. and J. L. Gomez, 2008, Social Capital and Tax Morale in Spain, Economic, Analysis & Policy, 38, 73 – 87.

123. Alm, J., F. Lee and S. Wallace, 2005, How fair? Changes in Federal Income Taxation and the Distribution of Income, 1978 to 1998, Journal of Policy Analysis and Management, 24, 5 – 22.

124. Altig, D. and C. T. Carlstrom, 1996, Marginal Tax Rates and Income Inequality in a Life-cycle Model, Working Paper 9621, Federal Reserve Bank of Cleve-

land.

125. Altig, D. , A. J. Auerbach, L. J. Kotlikoff, K. A. Smetters and J. Walliser, 2001, Simulating Fundamental Tax Reform in the United States, American Economic Review, 91, 574 – 595.

126. Alwyn Y. , 2000, The Razor's Edge: Distortions and Incremental Reform in the People's Republic of China, The Quarterly Journal of Economics, 115, 1091 – 1135.

127. Amarante, V. , M. Buchel, C. Oliveri and I. Perazzo, 2011, Distributive Impacts of Alternative Tax Structures: The Case of Uruguay, Paper prepared for the project Fiscal Schemes for Inclusive Development, New York UNDP.

128. Armington, P. , 1969, A Theory of Demand for Products Distinguished by Place of Production, IMF Staff Papers, 16, 159 – 178.

129. Arulampalam, W. , M. P. Devereux and G. Maffini, 2010, The Direct Incidence of Corporate Income Tax on Wages, IZA Discussion Papers 5293.

130. Asensio, J. , A. Matas and J. Raymond, 2003, Petrol Expenditure and Redistributive Effects of Its Taxation in Spain, Transportation Research Part A, 37, 49 – 69.

131. Asimakopulos, A. , 1988, Theories of Income Distribution, Kluwer Academic Publishers.

132. Atinc, T. M. , 1997, Sharing Rising Incomes: Disparities in China, Washington D. C. , World Bank Publications.

133. Atkinson, A. B. and J. E. Stiglitz, 1980, Lectures on Public Economics, Mc Graw – Hill Book Co. , New York.

134. Atkinson, A. B. , 1980, Horizontal Equity and the Distribution of the Tax Burden, The Economics of Taxation, Washington D. C. , The Brookings Institution.

135. Atkinson, A. B. , 1994, The Distribution of the Tax Burden, Modern Public Finance, Harvard University Press.

136. Atkinson, A. B. , 2000, The Changing Distribution of Income: Evidence and Explanations, German Economic Review, 1: 3 – 18.

137. Atkinson, A. , 1973, How Progressive Should Income Tax Be, Modern Economics, London, Longmans.

138. Auerbach, A. J. and L. J. Kotlikoff, 1987, Dynamic Fiscal Policy, Cambridge University Press, Cambridge.

139. Auerbach, A. J. , 2006, Who Bears the Corporate Tax? A Review of What

We Know, Tax Policy and the Economy, 20, The MIT Press.

140. Australian Bureau of Statistics, 2007, Review of Methodology for Estimating Taxes on Production in the Calculation of Household Final Income, Cat 1351. 0. 55. 012 – Research Paper.

141. Auten, G. and R. Carroll, 1999, The Effect of Income Taxes on Household Income, The Review of Economics and Statistics, 81, 681 – 693.

142. Bach, S., G. Corneo and V. Steiner, 2005, Top Income and Top Taxes in Germany, CESifo Working Paper No. 1641.

143. Bach, S., G. Corneo and V. Steiner, 2008, Effective Taxation of Top Incomes in Germany, CESifo Working Paper No. 2233.

144. Bahl, R. W. and R. M. Bird, 2008, Tax Policy in Developing Countries: Looking Back and Forward, National Tax Journal, 61, 279 – 302.

145. Barbosa, A., E. Fiuza, M. Scharth and S. Asano, 2003, Distributional Effects of Optimal Commodity Taxes Combined with Minimum Income Programs in Brazil. IPEA Discussion Paper No. 980.

146. Bargain, Olivier and Tim Callan, 2010, Analysing the Effects of Tax – Benefit Reforms on Income Distribution: a Decomposition Approach, Journal of Economic Inequality, 8 (1), pp. 1 – 21.

147. Bargain, Olivier, M. Dolls, D. Neumann, A. Peichl, S. Siegloch, 2011, Tax – Benefit Systems in Europe and the US: Between Equity and Efficiency. IZA Discussion Paper No. 5440.

148. Bargain, Olivier and Claire Keane, 2010, Tax – Benefit-revealed Redistributive Preferences Over Time: Ireland 1987 – 2005, Labour, 24 (s1), p. 141 – 167.

149. Barker, T. and J. Köhler, 1998, Equity and Eco Tax Reform in the EU: Achieving a 10 Percent Reduction in CO_2 Emissions Using Excise Duties, Fiscal Studies, 19, 375 – 402.

150. Barro, R. J. and Sala-i – Martin, 2004, Economic Growth 2nd Edition, MIT Press.

151. Barro, R. J., 1990, Government Spending in a Simple Model of Endogenous Growth, Journal of Political Economy, 98, 103 – 117.

152. Batini, N., B. Jackson and S. Nickell, 2000, Inflation Dynamics and the Labour Share in the UK, Bank of England External MPC Unit Discussion Paper.

153. Baum, S. R., 1987, On the Measurement of Tax Progressivity: Relative

Share Adjustment, Public Finance Quarterly, 15, 166 – 187.

154. Beath, J. , 1979, Target Profits, Cost Expectations and the Incidence of the Corporate Income Tax, The Review of Economic Studies, 46, 513 – 525.

155. Bertola, G. , 1996, Factor Shares in OLG Models of Growth, European Economic Review, 40, 1541 – 1560.

156. Bertoli, S. and F. Farina, 2007, Functional Distribution of Income: Theory and Evidence, CRISS Working Paper No. 21.

157. Bird, R. M. and E. M. Zolt, 2005a, Redistribution via Taxation: The Limited Role of the Personal Income Tax in Developing Countries, UCLA Law Review 52.

158. Bird, R. M. and E. M. Zolt, 2005b, The Limited Role of the Personal Income Tax in Developing Countries, Journal of Asian Economics, 16, 928 – 946.

159. Bishop, J. K. , V. Chow, J. P. Formby, C. Ho, 1997, Did Tax Reform Reduce Actual US Progressivity? Evidence from the Taxpayer Compliance Measurement Program, International Tax and Public Finance, 4, 177 – 197.

160. Blackman, A. , R. Osakwe and F. Alpizar, 2010, Fuel Tax Incidence in Developing Countries: The Case of Costa Rica, Energy Policy, 38, 2208 – 2215.

161. Blackorby, C. and D. Donaldson, 1984, Ethical Social Index Numbers and the Measurement of Effective Tax/Benefit Progressivity, The Canadian Journal of Economics, 17, 683 – 694.

162. Blumenthal M. , 2001, Do Normative Appeals Affect Tax Compliance? Evidence from a Controlled Experiment in Minnesota, National Tax Journal, 54, 125 – 38.

163. Boadway, Robin and M. Keen, 2000, Redistribution, in A. Atkinson and F. Bourguignon (eds.), Handbook of income distribution, Amsterdam: Elsevier B. V. , Vol. 1, pp. 677 – 789.

164. Boadway, Robin, Nicolas Marceau and Steeve Mongrain, 2007, Redistributive Taxation under Ethical Behaviour, Scandinavian Journal of Economics, 109 (3), 505 – 529.

165. Borge, L. and J. Rattsф, 2004, Income Distribution and Tax Structure: Empirical Test of the Meltzer – Richard Hypothesis, European Economic Review, 48, 805 – 826.

166. Bork, C. , 2003, Distributional Effects of the Ecological Tax Reform in Germany: An Evaluation with a Microsimulation Method, Paper presented at Workshop on The Distribution of Benefits and Costs of Environmental Policies, organized by the

OECD.

167. Bourguignon, F. and A. Spadaro, 2006, Microsimulation as a Tool for Evaluating Redistribution Policies, Journal of Economic Inequality, 4, 77 – 106.

168. Bourguignon, F. , M. Bussolo and L. A. P. da Silva, 2008, The Impact of Macroeconomic Policies on Poverty and Income Distribution: Macro – Micro Evaluation Techniques and Tools, Washington D. C. , The International Bank for Reconstruction and Development, The World Bank.

169. Bourguignon, Francois and Amedeo Spadaro, 2012, Tax – Benefit Revealed Social Preferences, Journal of Economic Inequality, 10 (1) , p. 75 – 108.

170. Bracewell – Milnes, B. , 1971, The Measurement of Fiscal Policy, London, Confederation of British Industry.

171. Brenner, M. , M. Riddle and J. K. Boyce, 2007, A Chinese Sky Trust? Distributional Impacts of Carbon Charges and Revenue Recycling in China, Energy Policy, 35, 1771 – 1784.

172. Browning, E. K. , 1978, The Burden of Taxation, Journal of Political Economy , 86, 649 – 71.

173. Browning, E. K. and W. R. Johnson, 1979, The Distribution of the Tax Burden, Washington D. C. , American Enterprise Institute for Policy Research.

174. Bull, N. , K. Hassett and G. E. Metcalf. , 1994, Who Pays Broad – Based Energy Taxes? Computing Lifetime and Regional Incidence, The Energy Journal, 15, 145 – 64.

175. Burman, L. E. , C. Geissler and E. J. Toder, 2008, How Big Are Total Individual Income Tax Expenditures and Who Benefits from Them?, American Economic Review, 98, 79 – 83.

176. Calderón, C. and A. Chong, 2004, Volume and Quality of Infrastructure and the Distribution of Income: An Empirical Investigation, Review of Income and Wealth, 50, 87 – 106.

177. Callan, T. , S. Lyons, S. Scott, R. S. J. Tol and S. Verde, 2009, The Distributional Implications of a Carbon Tax in Ireland, Energy Policy, 37, 407 – 412.

178. Cameron, L. A. and J. Creedy, 1995, Indirect Tax Exemptions and the Distribution of Lifetime Income: A Simulation Analysis, The Economic Record, 71, 77 – 87.

179. Carey, D. and H. Tchilinguirian, 2000, Average Effective Tax Rates on Capital, Labour and Consumption, OECD Economics Department Working Papers

No. 258.

180. Cargill, T. F. and E. Parker, 2004, Price Deflation, Money Demand, and Monetary Policy Discontinuity: a Comparative View of Japan, China, and the United State, North American Journal of Economics and Finance 15, 125 – 147.

181. Chamberlain, A. and G. Prante, 2007, Who Pays Taxes and Who Receives Government Spending? An Analysis of Federal, State and Local Tax and Spending Distributions, 1991 – 2004, Tax Foundation Working Paper No. 1.

182. Chu, K., H. Davoodi and S. Gupta, 2000, Income Distribution and Tax and Government Social Spending Policies in Developing Countries, IMF Working Paper No. 00/62.

183. Claus, Iris, Jorge Martinez – Vazquez and Violeta Vulovic, 2012, Government Fiscal Policies and Redistribution in Asian Countries, International Studies Program Working Paper Series No. 1213, Andrew Young School of Policy Studies, Georgia State University.

184. Cockburn, J., 2002, Trade Liberalisation and Poverty in Nepal A Computable General Equilibrium Micro Simulation Analysis, Centre for the Study of African Economies, Working Paper Series No. 170.

185. Čok, M. and I. Urban, 2007, Distribution of Income and Taxes in Slovenia and Croatia, Post – Communist Economies, 19, 299 – 316.

186. Čok, M., 2003, Income Inequality during the Transition in Slovenia, Working Paper, Ljubljana, Faculty of Economics.

187. Cooley, T. F. and E. C. Prescott, 1995, Economic Growth and Business Cycles, Frontiers of Business Cycle Research, Princeton University Press, Princeton, 1 – 38.

188. Cornwell, A. and J. Creedy, 1996, Carbon Taxation, Prices and Inequality in Australia, Fiscal Studies, 17, 21 – 38.

189. Creedy, J., 1992, Revenue and Progressivity Neutral Changes in the Tax Mix, The Australian Economic Review, 292, 31 – 38.

190. Creedy, J., 1993, The Role of Selectivity In Consumption Taxes: Should Consumption Taxes Be Uniform?, Economic Analysis And Policy, 23, 1 – 13.

191. Creedy, J., J. Enright, N. Gemmell and N. McNabb, 2010, Income Redistribution and Direct Taxes and Transfers in New Zealand, Australian Economic Review, 43, 39 – 51.

192. Cubero, R. and I. V. Hollar, 2010, Equity and Fiscal Policy: The Income

Distribution Effects of Taxation and Social Spending in Central America, IMF Working Paper No. 10/112.

193. Cummings, R. G. , J. Martinez – Vazquez, M. McKee and B. Torgler, 2009, Tax Morale Affects Tax Compliance: Evidence from Surveys and an Artefactual Field Experiment, Journal of Economic Behavior & Organization, 70, 447 – 457.

194. Dalton, H. , 1955, Principles of Public Finance, New York, Frederick A. Praeger Inc.

195. Daly, K. and N. Hart, 1994, Mark-up Pricing and the Forward Shifting of the Corporate Income Tax, Australian Economic Review, 27, 45 – 54.

196. Datta, A. , 2010, The Incidence of Fuel Taxation in India, Energy Economics 32, 26 – 33.

197. Daudey, E. and C. Garcia – Penalosa, 2007, The Personal and the Factor Distributions of Income in a Cross – Section of Countries, Journal of Development Studies, 43.

198. Davidson, Sinclair, 2009, A "no-returns tax system" for Australia: Some inconvenient facts, Journal of Policy Analysis and Reform, 16 (4) .

199. Davies, D. G. , 1959, An Empirical Test of Sales – Tax Regressivity, The Journal of Political Economy, 67, 72 – 78.

200. Davies, D. G. , 1980, Measurement of Tax Progressivity: Comment, American Economic Review, 70, 204 – 207.

201. Davies, J. B. and A. F. Shorrocks, 1999, The Distribution of Wealth, Handbook of Income Distribution, 1, 605 – 675.

202. Davies, J. , 2004, Microsimulation, CGE and Macro Modelling for Transition and Developing Economies, paper prepared for the United Nations University/ World Institute for Development Economics Research (UNU/WIDER) .

203. Davies, J. , F. St – Hilaire and J. Whalley, 1984, Some Calculations of Lifetime Tax Incidence, The American Economic Review 74, 633 – 649.

204. Davoodi, H. R. and D. A. Grigorian, 2007, Tax Potential vs. Tax Effort: A Cross-country Analysis of Armenia's Stubbornly Low Tax Collection, IMF Working Papers 07/106.

205. De Mooij, R. A. and G. Nicodème, 2007, Corporate Tax Policy, Entrepreneurship and Incorporation in the EU, European Economy – Economic Papers No. 269.

206. Decoster, A. , E. Schokkaert and G. V. Camp, 1997, Is Redistribution Through Indirect Taxes Equitable? , European Economic Review, 41, 599 – 608.

207. Decoster, A. , J. Loughrey, C. O'Donoghue and D. Verwerft, 2009, Incidence and Welfare Effects of Indirect Taxes, European Measures of Income and Poverty: Lessons for the U. S. , International Policy Exchange Series.

208. Deininger, K. and L. Squire, 1998, New Ways of Looking at Old Issues: Inequality and Growth, Journal of Development Economics, 57, 259 – 287.

209. Deran, E. , 1967, Changes in Factor Income Shares under the Social Security Tax, The Review of Economics and Statistics, 49, 627 – 630.

210. Döerrenberg, P. and A. Peichl, 2010, Progressive Taxation and Tax Morale, Cologne Graduate School Working Paper Series 1, University of Cologne.

211. Dresner, S. and P. Ekins, 2006, Economic Instruments to Improve UK Home Energy Efficiency without Negative Social Impacts, Fiscal Studies, 27, 47 – 74.

212. Driscoll, J. C. and A. C. Kraay, 1998, Consistent Covariance Matrix Estimation with Spatially Dependent Panel Data, Review of Economics and Statistics, 80, 549 – 560.

213. Duncan, D. and K. S. Peter, 2008, Tax Progressivity and Income Inequality, Andrew Young School of Policy Studies Research Paper Series No. 08 – 26.

214. Ebert, U. , 1992, Global Tax Progressivity, Public Finance Quarterly, 20, 77 – 92.

215. Eichhorn, W. , 1984, Einige Folgerungen aus der Progression der Einkommensteuer. In: Beiträge zur neueren Steuertheorie, Herausgegeben von D. Bös, M. Rose and Ch. Seidl, Springer – Verlag, Berlin – Heidelberg – New York, 262 – 267.

216. Engel, E. M. R. A. , A. Galetovic and C. E. Raddatz, 1999, Taxes and Income Distribution in Chile: Some Unpleasant Redistributive Arithmetic, Journal of Development Economics, 59, 155 – 192.

217. European Commission, 2007, The Labour Income Share in the European Union, Employment in Europe 2007.

218. Feld, L. P. and B. S. Frey, 2007, Tax Compliance as the Result of a Psychological Tax Contract: The role of Incentives and Responsive Regulation, Law & Policy, 29, 102 – 120.

219. Feldstein, M. , 1976, On the Theory of Tax Reform, The Journal of Public Economics, 6, 77 – 104.

220. Felix, R. A. , 2007, Passing the Burden: Corporate Tax Incidence in

Open Economies, Working Paper, Federal Reserve Bank of Kansas City, October.

221. Fields, G. S. , 2001, Distribution and Development, A New Look at the Developing World, The MIT Press.

222. Formby, J. P. , T. G. Seaks and W. J. Smith, 1981, A Comparison of Two New Measures of Tax Progressivity, Economic Journal, 91, 1015 – 1019.

223. Freeman, R. B. , 1993, How Much Has De – Unionization Contributed to the Rise in Male Earnings Inequality, National Bureau of Economic Research.

224. Friedman, M. , 1980, Our New Hidden Tax, Newsweek, April 4.

225. Fullerton, D. and D. L. Rogers, 1991, Lifetime versus Annual Perspectives on Tax Incidence, National Tax Journal, 44, 1277 – 2871.

226. Fullerton, D. and D. L. Rogers, 1993, Who Bears the Lifetime Tax Burden?, Washington D. C. : Brookings Institution.

227. Fullerton, D. and G. E. Metcalf, 2002, Tax Incidence, Handbook of Public Economics, 4, 1787 – 1872.

228. Fullerton, D. and G. E. Metcalf, 2002, Tax Incidence, NBER Working Paper No. 8829.

229. Gale, William and, Janet Holtzblatt, 1997, On the possibility of a no-return tax system, National Tax Journal, 50, 475 – 85.

230. Gini, C. , 1912, Variabilità e mutabilità (Variability and Mutability), Reprinted in Memorie di metodologica statistica, Rome: Libreria Eredi Virgilio Veschi, 1955.

231. Giovannoni, O. , 2010, Functional Distribution of Income, Inequality and the Incidence of Poverty: Stylized Facts and the Role of Macroeconomic Policy, The University of Texas Inequality Project Working Papers No. 58.

232. Gomme, P. and P. C. Rupert, 2004, Measuring Labor's Share of Income, Federal Reserve Bank of Cleveland.

233. Gravelle, J. C. , 2010, Corporate Tax Incidence: Review of General Equilibrium Estimates and Analysis, Congressional Budget Office Working Paper, 2010 – 03, Washington D. C.

234. Gravelle, J. G. and K. A. Smetters, 2006, Does the Open Economy Assumption Really Mean that Labor Bears the Burden of a Capital Income Tax?, Advances in Economic Analysis & Policy, 6, 3.

235. Gravelle, J. G. , 1995, The Corporate Income Tax: Economic Issues and Policy Options, National Tax Journal, 48, 267 – 277.

236. Gravelle, J. G. , 2009, Corporate Income Tax: Incidence, Economic Effects, and Structural Issues, Tax Reform in the 21st Century, A Volume in Memory of Richard Musgrave, Netherlands: Kluwer Law International BV.

237. Grinberg, I. , 2006, Implementing a Progressive Consumption Tax: Advantages of Adopting the VAT Credit – Method System, National Tax Journal, 59, 929.

238. Groenewold, N. , A. J. Hagger and J. R. Madden, 2000, Competitive Federalism: A Political Economy General Equilibrium Approach, Australasian Journal of Regional Studies, 6: 451 – 465.

239. Hall, R. E. and D. W. Jorgenson, 1967, Tax Policy and Investment Behavior, American Economic Review, 57, 391 – 414.

240. Hamilton, K. and G. Cameron, 1994, Simulating the Distributional Effects of a Canadian Carbon Tax, Canadian Public Policy, 20, 385 – 399.

241. Hamond, M. J. , S. J. DeCanio, P. Duxbury, A. H. Sanstad and C. H. Stinson, 1997, Tax Waste, Not Work, Challenge, 40, 53 – 62.

242. Harberger, A. C. , 1962, The Incidence of the Corporation Income Tax, The Journal of Political Economy, 70, 215 – 240.

243. Harberger, A. C. , 1998, Monetary and Fiscal Policy for Equitable Economic Growth, Cambridge, The MIT Press.

244. Hartman, D. A. , 2002, Does Progressive Taxation Redistribute Income?, Policy Report , No. 162, Institute for Policy Innovation.

245. Hassan, F. M. A. and Z. Bogetic, 1995, Distribution of Income and the Income Tax Burden in Bulgaria, World Bank Policy Research Working Paper No. 1421.

246. Haufler, A. , A. Klemm and G. Schjelderup, 2009, Economic Integration and the Relationship Between Profit and Wage Taxes, Public Choice, 138, 423 – 446.

247. Haughton, J. , N. T. Quan and N. H. Bao, 2006, Tax Incidence in Vietnam, Asian Economic Journal, 20: 217 – 239.

248. Hoffman, R. F. , 1968, Factor Shares and the Payroll Tax: A Comment, The Review of Economics and Statistics, 50, 506 – 508.

249. Hosoe, N. , K. Gasawa and H. Hashimoto, 2010, Textbook of Computable General Equilibrium Modeling, Palgrave – Macmillan.

250. Hungerford, Thomas L. , 2010, The Redistributive Effect of Selected Federal Transfer and Tax Provisions, Public Finance Review, 38 (4), pp. 450 – 472.

251. IMF, 2007, The Globalisation of Labor, World Economic Outlook: Spillovers and Cycles in the Global Economy, Washington D. C.: International Monetary Fund.

252. IMF, 2011, Government Finance Statistics Yearbook, 2010, Washington D. C.: International Monetary Fund.

253. Immervoll, H. and C. O'Donoghue, 2001, Towards a Multi – Purpose Framework for Tax – Benefit Microsimulation: A Discussion by Reference to EURO-MOD, a European Tax – Benefit Model, EUROMOD Working Paper.

254. Jakobsson, U. , 1976, On the Measurement of the Degree of Progression, Journal of Public Economics, 5, 161 – 168.

255. Jenkins, G. P. , H. Jenkins, C. Kuo, 2006, Is the Value Added Tax Naturally Progressive?, Working Papers, 1059, Queen's University, Department of Economics.

256. Johnson, D. G. , 1954, The Functional Distribution of Income in the United States: 1850 – 1952, The Review of Economics and Statistics, 36, 175 – 182.

257. Kakinaka, M. and R. Pereira, 2006, A New Measurement of Tax Progressivity, GSIR Working Paper, Economic Development & Policy Series EDP06 – 7.

258. Kakwani, N. and P. J. Lambert, 1998, On Measuring Inequity in Taxation: a New Approach, European Journal of Political Economy, 14, 369 – 380.

259. Kakwani, N. , 1977, Measurement of Tax Progressivity: An International Comparison, The Economic Journal, 87, 71 – 80.

260. Kakwani, N. , 1977a, Applications of Lorenz Curves in Economic Analysis, Econometrica, 45, 719 – 728.

261. Kakwani, N. , 1980, Income Inequality and Poverty Methods of Estimation and Policy Applications, New York, Oxford University Press.

262. Kakwani, N. , 1984, On the Measurement of Tax Progressivity and Redistribution Effect of Taxes with Applications to Horizontal and Vertical Equity, Advances in Econometrics, 3, 149 – 168.

263. Kaldor N. , 1948, Towards a Dynamic Economics, London, Macmillan.

264. Kaldor, N. , 1955, Alternative Theories of Distribution, The Review of Economic Studies, 23, 83 – 100.

265. Karoly, L. A. , 1994, Trends in Income Inequality: the Impact of, and implications for, Tax Policy, Tax Progressivity and Income Inequality, 95 – 125, Cambridge University Press.

266. Kasten, R. and F. Sammartino, 1988, The Distribution of Possible Federal

Excise Tax Increases, Congressional Budget Office.

267. Katz, L. F. and K. M. Murphy, 1992, Changes in Relative Wages, 1963 – 1987: Supply and Demand Factors, Quarterly Journal of Economics, 107, 35 – 78.

268. Kerkhof, A. C. , H. C. Moll, E. Drissen and H. C. Wilting, 2008, Taxation of Multiple Greenhouse Gases and the Effects on Income Distribution: A Case Study of the Netherlands, Economics, 67, 318 – 326.

269. Khasru, S. M. and M. M. Jalil , 2004, Revisiting Kuznets Hypothesis: An Analysis with Time Series and Panel Data, The Bangladesh Development Studies, 30, 89 – 112.

270. Khetan, C. P. and S. N. Poddar, 1976, Measurement of Income Tax Progression in a Growing Economy: The Canadian Experience, The Canadian Journal of Economics, 9, 613 – 629.

271. Kiefer, D. W. , 1984, Distributive Tax Progressivity Indices, National Tax Journal, 37, 497 – 513.

272. Klein, L. R. and R. F. Kosobud, 1961, Some Econometrics of Growth: Great Ratios of Economics, The Quarterly Journal of Economics, 75, 173 – 198.

273. Kornhauser, Marjorie E. , 1999, Comment, Deconstructing the Taxable Unit: Intrahousehold Allocations and the Dilemma of the Joint Return , New York Law School Journal of Human Rights 16.

274. Kotlikoff, L. J. and L. H. Summers, 1987, Tax Incidence, Handbook of Public Economics, 2, 1043 – 1092.

275. KPMG Peat Marwick, 1990, Changes in the Progressivity of the Federal Tax System, 1980 to 1990, Prepared for the Coalition against Regressive Taxation, Washington D. C.

276. Krzyzaniak, M. and R. A. Musgrave, 1963, The Shifting of the Corporation Income Tax, Baltimore: Johns Hopkins Press.

277. Kuznets, S. , 1955, Economic Growth and Income Inequality, The American Economic Review, 45, 1 – 28.

278. Kuznets, S. , 1971, Economic Growth of Nations, Cambridge, MA: Harvard University Press.

279. Labandeira, X. and J. M. Labeaga, 1999, Combining Input – Output Analysis and Micro – Simulation to Assess the Effects of Carbon Taxation on Spanish Households, Fiscal Studies, 20, 305 – 320.

280. Lambert, P. , 1993, The Distribution and the Redistribution of Income: a

Mathematical Analysis, Manchester: Manchester University Press.

281. Lane, P. R., 1998, Profits and Wages in Ireland, 1987 – 1996, Journal of the Statistical and Social Inquiry Society of Ireland, 27, 223 – 252.

282. Leahy, E., S. Lyons and R. S. J. Tol, 2011, The Distributional Effects of Value Added Tax in Ireland, The Economic and Social Review, 42, 213 – 235.

283. Leuthold, J. H., 1991, Tax Shares in Developing Economies: A Panel Study, Journal of Development Economics, 35, 173 – 85.

284. Levy, Alice, 2008, Tax Regressivity and the Choice of Tax Base, Journal of the Washington Institute of China Studies, 3 (2), 28 – 38.

285. Lin, H. and T. Zeng, 2010, The Distributional Impact of Income Tax in Canada and China: 1997 – 2005, Journal of Chinese Economic and Foreign Trade Studies, 3, 132 – 145.

286. Ling, D. C. and G. A. McGill, 1992, Measuring the Size and Distributional Effects of Homeowner Tax Preferences, Journal of Housing Research, 3, 273 – 303.

287. Liu, L. and R. Altshuler, 2011, Measuring the Burden of the Corporate Income Tax under Imperfect Competition, Oxford University Centre for Business Taxation, Working Paper No. 11/05.

288. Lorenz, M. O., 1905, Methods of Measuring the Concentration of Wealth, Publications of the American Statistical Association, 9, 209 – 219.

289. McLure, C. E., 1970, Tax Incidence, Macroeconomic Policy, and Absolute Price, Quarterly Journal of Economics, 84, 254 – 267.

290. Meltzer, A. H. and S. F. Richard, 1981, A Rational Theory of the Size of Government, Journal of Political Economy, 89, 914 – 927.

291. Mendoza, E. G. and L. L. Tesar, 1998, The International Ramifications of Tax Reforms: Supply – Side Economics in a Global Economy, American Economic Review, 88, 226 – 245.

292. Mendoza, E. G., A. Razin and L. L. Tesar, 1994, Effective Tax Rates in Macroeconomics: Cross-country Estimates of Tax Rates on Factor Incomes and Consumption, Journal of Monetary Economics, 34, 297 – 323.

293. Mendoza, E. G., G. M. Milesi – Ferretti and P. Asea, 1997, On the Ineffectiveness of Tax Policy in Altering Long-run Growth: Harberger's Superneutrality Conjecture, Journal of Public Economics, 66, 99 – 126.

294. Metcalf, G. E., 1994, Lifecycle vs. Annual Perspectives on the Incidence of A Value Added Tax, NBER Working Paper, No. 4619.

295. Metcalf, G. E. , 1999, A Distributional Analysis of Green Tax Reforms, National Tax Journal, 52, 655 – 681.

296. Milanovic, B. , 1999, Do More Unequal Countries Redistribute More? Does the Median Voter Hypothesis Hold? , Policy Research Working Paper Series, 2264, The World Bank.

297. Milanovic, B. , 1999, True World Income Distribution, 1988 and 1993: First Calculations, Based on Household Surveys Alone, Policy Research Working Paper Series, 2244, The World Bank.

298. Mill, J. S. , 1844, Essays on Some Unsettled Questions of Political Economy, London: Longman.

299. Mirrlees, J. , 1971, An Exploration in the Theory of Optimal Income Taxation, Review of Economic Studies, 38, 135 – 208.

300. Murphy, K. and F. Welch, 1992, The Structure of Wages, Quarterly Journal of Economics, 107, 285 – 326.

301. Musgrave, R. A. and T. Thin, 1948, Income Tax Progression, 1929 – 48, Journal of Political Economy, 56, 498 – 514.

302. Musgrave, R. A. , 1959, The Theory of Public Finance, New York, McGraw – Hill Book Company, 3 – 27.

303. Musgrave, R. A. , E. E. Case and H. B. Leonard, 1974, The Distribution of Fiscal Burdens and Benefits, Public Finance Quarterly, 2, 259 – 311.

304. Musgrave, R. A. and T. Thin, 1948, Income Tax Progression, 1929 – 48, Journal of Political Economy, 56, 498 – 514.

305. Nestić, D. , 2003, Inequality in Croatia in the Period from 1973 to 1983, Occasional Paper No. 17, Institute of Public Finance.

306. Nestić, D. , 2005, Income Distribution in Croatia: What Do the Household Budget Survey Data Tell Us?, Occasional Paper No. 26, Institute of Public Finance.

307. O'Toole, F. , 1997, Tax and PRSI Reform from a Low Income Perspective, Poverty & Policy Discussion Paper No. 3.

308. Oates, W. E. , 1969, The Effects of Property Taxes and Local Spending on Property Values: An Empirical Study of Tax Capitalization and the Tiebout Hypothesis, Journal of Political Economy, 77, 957 – 971.

309. Oberhofer, T. , 1975, The Redistributive Effect of the Federal Income Tax, National Tax Journal, 28, 127 – 133.

310. OECD, 2000, Effective Average Tax Rates On Capital, Labour, and Con-

sumption Goods: Cross-country Estimates, Economics Department Working Paper No. 258.

311. OECD, 2011, Revenue Statistics 1965 – 2010, Organization for Economic Co – Operation and Development.

312. Ogun, T. P. , 2010, Infrastructure and Poverty Reduction: Implications for Urban Development in Nigeria, UNU – WIDER Working Paper, No. 2010/43.

313. Okner, B. A. , 1975, Individual Taxes and the Distribution of Income, The Personal Distribution of Income and Wealth, NBER Books.

314. Orcutt, G. , 1957, A New Type of Social-economic System, Review of Economics and Statistics, 39, 116 – 123.

315. Pearson, M. and S. Smith, 1991, The European Carbon Tax: An Assessment of the European Commission's proposals, London, The Institute of Fiscal Studies.

316. Pechman, J. A. and B. A. Okner, 1974, Who Bears The Tax Burden, Washington D. C. , Brookings Institution.

317. Pechman, J. A. , 1985, Who Paid the Taxes, 1966 – 1985? , Washington D. C. , The Brookings Institution.

318. Pfähler, W. , 1990, Redistributive Effect of Income Taxation: Decomposing Tax Base and Tax Rates Effects, Bulletin of Economic Research, 42, 121 – 129.

319. Pfingsten, A. , 1986, The Measurement of Tax Progression, Berlin, Springer – Verlag.

320. Pigou, A. C. , 1928, Public Finance, London, Macmillan.

321. Piketty, T. and E. Saez, 2007, How Progressive is the U. S. Federal Tax System? A Historical and International Perspective, Journal of Economic Perspectives, 21, 3 – 24.

322. Pippin, S. E. , 2006, An Analysis of the Impact of Tax Systems on Income Distribution, Poverty, and Human Well-being: Evidence from Cross-country Comparisons, A Dissertation, Business Administration (Accounting), Texas Tech University.

323. Plotnick, R. , 1981, A Measure of Horizontal Equity, Review of Economics and Statistics, 63, 283 – 288.

324. Poltimäe, H. and A. Võrk, 2009, Distributional Effects of Environmental Taxes in Estonia, Discussions on Estonian Economic Policy, 17, 196 – 211.

325. Porter, E. , 2006, After Years of Growth, What About Workers' Share?, New York Times, October 15.

326. Poterba, J. M, 1989, Lifetime Incidence and the Distributional Burden of

Excise Taxes, American Economic Review, 79, 325 – 330.

327. Poterba, J. M. , 1991, Is the Gasoline Tax Regressive? , NBER Working Paper No. 3578.

328. Poterba, J. M. , 1997, The Rate of Return to Corporate Capital and Factor Shares: New Estimates Using Revised National Income Accounts and Capital Stock Data, NBER Working Paper No. 6263.

329. Prasad, N. , 2008, Policies for Redistribution: The Use of Taxes and Social Transfers, International Labour Organization Discussion Papers, Geneva.

330. Prasada, P. , R. de Silva and J. Weerahewa, 2005, An Analysis of Incidence of Commodity Taxation on the Income Distribution in Sri Lanka, Working paper.

331. Pyatt, G. and E. Thorbecke, 1976, Planning Techniques for a Better Future, International Labour Organization, Geneva.

332. Randolph, W. C. , 2006, International Burdens of the Corporate Income Tax, CBO Working Paper No. 2006 – 09.

333. Ravallion, M. and M. Lokshin, 2008, Winners and Losers from Trade Reform in Morocco, Chapter 2 in Bourguignon.

334. Ravallion, M. and S. Chen, 2007, China's (Uneven) Progress against Poverty, Journal of Development Economics, 82, 1 – 42.

335. Razin, A. , E. Sadka and P. Swagel, 1998, Tax Burden and Migration: A Political Economy Theory and Evidence, NBER Working Paper, No. 6734.

336. Reynolds, M. and E. Smolensky, 1977, Post – Fisc Distributions of Income in 1950, 1961, and 1970, Public Finance Quarterly, 5, 419 – 438.

337. Robert, L. and S. Yitzhaki, 1985, Income Inequality Effects by Income Source: a New Approach and Applications to the United States, The Review of Economics and Statistics, 67, 151 – 156.

338. Robilliard, A. , F. Bourguignon and S. Robinson, 2001, Crisis and Income Distribution: A Micro – Macro Model for Indonesia, World Bank, June.

339. Roodman, D. M. , 2009, How to Do Xtabond2: An Introduction to Difference and System GMM in Stata, Stata Journal, 9, 86 – 136.

340. Rosen, H. S. , 1978, An Approach to the Study of Income, Utility, and Horizontal Equity, The Quarterly Journal of Economics, 92, 307 – 322.

341. Rostow, W. W. , 1960, The Stages of Economic Growth: A Non – Communist Mnifesto, Cambridge: Cambridge University Press.

342. Rostow, W. W. , 1971, Politics and the Stages of Growth, Cambridge:

Cambridge University Press.

343. Sadka, E., 1976, On Income Distribution, Incentive Effects and Optimal Income Taxation, Review of Economic Studies, 43, 261 – 268.

344. Samuelson, P. A., 1980, Economics, 11th ed., International Student ed., Mc Graw – Hill, Tokyo.

345. Santos, G. and T. Catchesides, 2005, Distributional Consequences of Gasoline Taxation in the United Kingdom, Transportation Research Record, 1924, 103 – 111.

346. Scutella, R., 1999, The Final Incidence of Australian Indirect Taxes, Australian Economic Review, 32: 349 – 368.

347. Seade, J., 1977, On the Shape of Optimal Tax Schedules, Journal of Public Economics, 7, 203 – 236.

348. Seade, J., 1982, On the Sign of Optimum Marginal Income Taxation, Review of Economic Studies, 49, 637 – 643.

349. Sebold, F. D., 1979, The Short – Run Shifting of the Corporation Income Tax: A Simultaneous Equation Approach, The Review of Economics and Statistics, 61, 401 – 409.

350. Shal, A. and J. Whalley, 1991, Tax Incidence Analysis of Developing Countries: An Alternative View, The Would Bank Economic Review, 5, 535 – 552.

351. Sherman, H. J., 1990, Cyclical Behavior of the Labor Share, Review of Radical Political Economics, 22, 92 – 112.

352. Shoven, J. B. and J. Whalley, 1984, Applied General Equilibrium Models of Taxation and International Trade: An Introduction and Survey, Journal of Economic Literature, 22, 1007 – 7051.

353. Silber, J., 1994, Income Distribution, Tax Structure, and the Measurement of Tax Progressivity, Public Finance Quarterly, 22, 86 – 102.

354. Slemrod, J. (ed.), 1996, Tax Progressivity and Income Inequality, Cambridge: Cambridge University Press.

355. Slemrod, J., 2007, Cheating Ourselves: The Economics of Tax Evasion, Journal of Economic Perspectives, 21, 25 – 48.

356. Slitor, R. E., 1948, The Measurement of Progressivity and Built-in Flexibility, Quarterly Journal of Economics, 62, 309 – 313.

357. Smith, J., 2001, How Fair is Health Spending? The Distribution of Tax Subsidies for Health in Australia, The Australia Institute Discussion Paper, No. 43.

358. Solow, R. M. , 1956, A Contribution to the Theory of Economic Growth, The Quarterly Journal of Economics, 70, 65 – 94.

359. Sorenson, P. B. , 1995, Changing Views of the Corporate Income Tax, National Tax Journal, 48, 279 – 294.

360. Stanovnik, T. , 1999, Income Distribution in Slovenia in 1991 and 1996, Ljubljana: Faculty of Economics.

361. Sterner, T. and A. L. Lozada, 2009, The Income Distribution Effects of Fuel Taxation, Working Paper.

362. Sterner, T. , 2012, Distributional Effects of Taxing Transport Fuel, Energy Policy, 41, 75 – 83.

363. Steuerle, E. and Hartzmark, 1981, Individual Income Taxation 1947 – 79, National Tax Journal, 34, 145 – 66.

364. Stroup, M. D. , 2005, An Index for Measuring Tax Progressivity, Economics Letters, 86, 205 – 213.

365. Suits, D. B, 1977, Measurement of Tax Progressivity, American Economic Review, 67, 747 – 752.

366. Sundrum, R. M. , 1990, Income Distribution in Less Developed Countries, London, Routledge.

367. Sutherland, H. , 2001, EUROMOD: an Integrated European Benefit-tax Model, EUROMOD Working Paper, No. EM9/01.

368. Symons, E. , J. Proops and P. Gay, 1994, Carbon Taxes, Consumer Demand and Carbon Dioxide Emissions: A Simulation Analysis for the UK, Fiscal Studies, 15, 19 – 43.

369. Tajika, E. and I. Furutani, 2002, Distribution of Personal Income Tax in Japan: Evidence from a Microeconomic Survey, Journal of Population and Social Security, 1, 17 – 26.

370. Tamaoka, M. , 1994, The Regressivity of a Value Added Tax: Tax Credit Method and Subtraction Method: A Japanese Case, Fiscal Studies, 15, 57 – 73.

371. Tanzi, V. , 1998, Fundamental Determinants of Inequality and the Role of Government, IMF Working Paper, No. 98/178.

372. Tiezzi, S. , 2005, The Welfare Effects and the Distributive Impact of Carbon Taxation on Italian Households, Energy Policy, 33, 1597 – 1612.

373. Toder, E. , B. Harris and K. Lim, 2011, Distributional Effects of Tax Expenditures in the United States, Tax Expenditures: State of the Art, Canadian Tax

Foundation.

374. Torgler, B. , 2007, Tax Compliance and Tax Morale: A Theoretical and Empirical Analysis, Cheltenham, UK: Edward Elgar.

375. Tuomala, M. , 1990, Optimal Income Tax and Redistribution, New York: Oxford University Press.

376. Turnovsky, S. , 2000, Fiscal Policy, Elastic Labor Supply, and Endogenous Growth, Journal of Monetary Economics, 45, 185 – 210.

377. Urban, I. , 2008, Income Redistribution in Croatia: The Role of Individual Taxes and Social Transfers, Financial Theory and Practice, 32, 387 – 403.

378. Verbist, G. , 2004, Redistributive Effect and Progressivity of Taxes: an International Comparison across the EU using EUROMOD, EUROMOD Working paper, No. em5/04.

379. Verbist, G. , K. De Swerdt, A. Decoster, 2006, Indirect Taxes and Social Policy: Distributional Impact of Alternative Financing of Social Security, Paper for the ESPAnet-conference.

380. Verde, S. F. and R. S. J. Tol, 2009, The Distributional Impact of a Carbon Tax in Ireland, The Economic and Social Review, 40, 317 – 338.

381. Vermaeten, F. , W. I. Gillespie and A. Vermaeten, 1994, Tax Incidence in Canada, Canadian Tax Journal, 42, 348 – 416.

382. Wagstaff, A. , 2004, Decomposing Changes in Income Inequality Into Vertical and Horizontal Redistribution and Rebranding, with Applications to Japan, Mimeo, World Bank.

383. Wagstaff, A. , E. V. Doorslaer, 2001, What Makes the Personal Income Tax Progressive? A Comparative Analysis for Fifteen OECD Countries, International Tax and Public Finance, 8, 299 – 316.

384. Walls, M. and J. Hanson, 1999, Distributional Aspects of an Environmental Tax Shift: the Case of Motor Vehicle Emissions Taxes, National Tax Journal, 52, 53 – 65.

385. Wang, H. , D. Wilson and J. Yates, 2004, Measuring the Distributional Impact of Direct and Indirect Housing Assistance, AIHW cat. no. HOU 108, Australian Institute of Health and Welfare.

386. Warren, N. A. , 1979, Australian Tax Incidence in 1975 – 76: Some Preliminary Results, Australian Economic Review, 12 (3), 19 – 30.

387. Warren, N. A. , 2008, A Review of Studies on the Distributional Impact of

Consumption Taxes in OECD Countries, OECD Social, Employment and Migration Working Papers No. 64, Directorate For Employment, Labour and Social Affairs, OECD.

388. Warren, N. A. , 2009, The Distributional Effect of Consumption Taxes in Tax Systems, Tax Reform in the 21st Century: A Volume in Memory of Richard Musgrave, Kluwer Law International: Netherlands, 217 – 276.

389. Wasilewski, L. , 2005, Economic Analysis of The Japanese Individual Income Tax, Working Paper.

390. Wei, S. and Y. Wu, 2001, Globalization and Inequality: Evidence from within China , NBER Working Paper, No. 8611.

391. Weinberg, D. H. , 1987, The Distributional Implications of Tax Expenditures and Comprehensive Income Taxation, National Tax Journal, 40.

392. Whalley, J. , 1975, A General Equilibrium Assessment of the 1973 UK Tax Reform, Economica, 42, 139 – 161.

393. Whalley, J. , 1984, Regression or Progression: The Taxing Question of Incidence Analysis, The Canadian Journal of Economics, 17, 654 – 682.

394. Whalley, J. , 1997, The Incidence of the Corporate Tax Revisited, NBER Working Paper No. 97 – 7.

395. Wier, M. , K. Birr – Pedersen, H. K. Jacobsen and J. Klok, 2005, Are CO2 Taxes Regressive? Evidence from the Danish Experience, Ecological Economics, 52, 239 – 251.

396. Wulf, L. D. , 1983, Taxation and Income Distribution, Comparative Tax Studies, North Holland Publishing Company.

397. Xie, D. , 1997, On Time Inconsistency: A Technical Issue in Stackelberg Differential Games, Journal of Economic Theory, 76, 412 – 430.

398. Yeldan, A. E. , 1998, On Structural Sources of the 1994 Turkish Crisis: A CGE Modeling Analysis, International Review of Applied Economics, 12, 397 – 414.

399. Younger, S. D. , D. E. Sahn, S. Haggblade and P. Dorosh, 1999, Tax Incidence in Madagascar: An Analysis Using Household Data, The World Bank Economic Review, 13, 303 – 328.

400. Yusuf, A. A. , 2008, The Distributional Impact of Environmental Policy: the Case of Carbon Tax and Energy Pricing Reform in Indonesia, Singapore: Environment and Economy Program for Southeast Asia, Research Report No. 2008 – RR1.

401. Zhang, Q. , 2001, Essays on Income Tax Progressivity and Redistribution,

Department of Economics, Finance, and Legal Studies in the Graduate School of The University of Alabama.

402. Zodrow, G. R. , 2001, The Property Tax as a Capital Tax: A Room with Three Views, National Tax Journal, 54.

教育部哲学社會科學研究重大課題攻關項目
成果出版列表

书　名	首席专家
《马克思主义基础理论若干重大问题研究》	陈先达
《马克思主义理论学科体系建构与建设研究》	张雷声
《马克思主义整体性研究》	逄锦聚
《改革开放以来马克思主义在中国的发展》	顾钰民
《新时期　新探索　新征程 ——当代资本主义国家共产党的理论与实践研究》	聂运麟
《当代中国人精神生活研究》	童世骏
《弘扬与培育民族精神研究》	杨叔子
《当代科学哲学的发展趋势》	郭贵春
《服务型政府建设规律研究》	朱光磊
《地方政府改革与深化行政管理体制改革研究》	沈荣华
《面向知识表示与推理的自然语言逻辑》	鞠实儿
《当代宗教冲突与对话研究》	张志刚
《马克思主义文艺理论中国化研究》	朱立元
《历史题材文学创作重大问题研究》	童庆炳
《现代中西高校公共艺术教育比较研究》	曾繁仁
《西方文论中国化与中国文论建设》	王一川
《楚地出土戰國簡册［十四種］》	陳　偉
《近代中国的知识与制度转型》	桑　兵
《中国抗战在世界反法西斯战争中的历史地位》	胡德坤
《京津冀都市圈的崛起与中国经济发展》	周立群
《金融市场全球化下的中国监管体系研究》	曹凤岐
《中国市场经济发展研究》	刘　伟
《全球经济调整中的中国经济增长与宏观调控体系研究》	黄　达
《中国特大都市圈与世界制造业中心研究》	李廉水
《中国产业竞争力研究》	赵彦云
《东北老工业基地资源型城市发展可持续产业问题研究》	宋冬林
《转型时期消费需求升级与产业发展研究》	臧旭恒
《中国金融国际化中的风险防范与金融安全研究》	刘锡良
《中国民营经济制度创新与发展》	李维安
《中国现代服务经济理论与发展战略研究》	陈　宪

书 名	首席专家
《中国转型期的社会风险及公共危机管理研究》	丁烈云
《人文社会科学研究成果评价体系研究》	刘大椿
《中国工业化、城镇化进程中的农村土地问题研究》	曲福田
《东北老工业基地改造与振兴研究》	程 伟
《全面建设小康社会进程中的我国就业发展战略研究》	曾湘泉
《自主创新战略与国际竞争力研究》	吴贵生
《转轨经济中的反行政性垄断与促进竞争政策研究》	于良春
《面向公共服务的电子政务管理体系研究》	孙宝文
《产权理论比较与中国产权制度变革》	黄少安
《中国企业集团成长与重组研究》	蓝海林
《我国资源、环境、人口与经济承载能力研究》	邱 东
《"病有所医"——目标、路径与战略选择》	高建民
《税收对国民收入分配调控作用研究》	郭庆旺
《中国加入区域经济一体化研究》	黄卫平
《金融体制改革和货币问题研究》	王广谦
《人民币均衡汇率问题研究》	姜波克
《我国土地制度与社会经济协调发展研究》	黄祖辉
《南水北调工程与中部地区经济社会可持续发展研究》	杨云彦
《产业集聚与区域经济协调发展研究》	王 珺
《我国民法典体系问题研究》	王利明
《中国司法制度的基础理论问题研究》	陈光中
《多元化纠纷解决机制与和谐社会的构建》	范 愉
《中国和平发展的重大前沿国际法律问题研究》	曾令良
《中国法制现代化的理论与实践》	徐显明
《农村土地问题立法研究》	陈小君
《知识产权制度变革与发展研究》	吴汉东
《中国能源安全若干法律与政策问题研究》	黄 进
《城乡统筹视角下我国城乡双向商贸流通体系研究》	任保平
《产权强度、土地流转与农民权益保护》	罗必良
《矿产资源有偿使用制度与生态补偿机制》	李国平
《生活质量的指标构建与现状评价》	周长城
《中国公民人文素质研究》	石亚军
《城市化进程中的重大社会问题及其对策研究》	李 强
《中国农村与农民问题前沿研究》	徐 勇
《西部开发中的人口流动与族际交往研究》	马 戎

书　名	首席专家
《现代农业发展战略研究》	周应恒
《综合交通运输体系研究——认知与建构》	荣朝和
《中国独生子女问题研究》	风笑天
《我国粮食安全保障体系研究》	胡小平
《城市新移民问题及其对策研究》	周大鸣
《中国边疆治理研究》	周　平
《边疆多民族地区构建社会主义和谐社会研究》	张先亮
《中国大众媒介的传播效果与公信力研究》	喻国明
《媒介素养：理念、认知、参与》	陆　晔
《创新型国家的知识信息服务体系研究》	胡昌平
《数字信息资源规划、管理与利用研究》	马费成
《新闻传媒发展与建构和谐社会关系研究》	罗以澄
《数字传播技术与媒体产业发展研究》	黄升民
《互联网等新媒体对社会舆论影响与利用研究》	谢新洲
《网络舆论监测与安全研究》	黄永林
《教育投入、资源配置与人力资本收益》	闵维方
《创新人才与教育创新研究》	林崇德
《中国农村教育发展指标体系研究》	袁桂林
《高校思想政治理论课程建设研究》	顾海良
《网络思想政治教育研究》	张再兴
《高校招生考试制度改革研究》	刘海峰
《基础教育改革与中国教育学理论重建研究》	叶　澜
《公共财政框架下公共教育财政制度研究》	王善迈
《农民工子女问题研究》	袁振国
《当代大学生诚信制度建设及加强大学生思想政治工作研究》	黄蓉生
《从失衡走向平衡：素质教育课程评价体系研究》	钟启泉　崔允漷
《处境不利儿童的心理发展现状与教育对策研究》	申继亮
《学习过程与机制研究》	莫　雷
《青少年心理健康素质调查研究》	沈德立
《WTO 主要成员贸易政策体系与对策研究》	张汉林
《中国和平发展的国际环境分析》	叶自成
＊《中国政治文明与宪法建设》	谢庆奎
＊《非传统安全合作与中俄关系》	冯绍雷
＊《中国的中亚区域经济与能源合作战略研究》	安尼瓦尔·阿木提
＊《冷战时期美国重大外交政策研究》	沈志华

......

＊为即将出版图书